新加坡华语语法

陆俭明 著

商务印书馆
The Commercial Press
创于1897

2019年·北京

图书在版编目(CIP)数据

新加坡华语语法/陆俭明著. —北京:商务印书馆,
2018(2019.11 重印)
ISBN 978 - 7 - 100 - 15020 - 0

Ⅰ. ①新… Ⅱ. ①陆… Ⅲ. ① 现代汉语－语法－
研究－新加坡 Ⅳ. ①H146

中国版本图书馆 CIP 数据核字(2017)第 184299 号

新加坡华语语法

陆俭明 著

商 务 印 书 馆 出 版
(北京王府井大街 36 号 邮政编码 100710)
商 务 印 书 馆 发 行
北京新华印刷有限公司印刷
ISBN 978 - 7 - 100 - 15020 - 0

2018 年 2 月第 1 版 开本 880×1230 1/32
2019 年 11 月北京第 2 次印刷 印张 14¾
定价:52.00 元

序

周 清 海

　　俭明兄的新著《新加坡华语语法》就要出版,嘱我写序。这部书,和我有一些关系。我在语言方面的许多看法,也都和这部书所说的内容有关。我享受了预先阅读的乐趣,也被这本书带回了 20 世纪 90 年代。因此,这篇序,除了从学术上说说这本书的价值之外,也涉及温馨的回忆。

一、回忆往事

　　已故李光耀资政生前极为重视华语,曾于 1979 年发起了讲华语运动。为了让新加坡人民能更方便地学华语、用华语,有关部门也发起了"打电话学华语"课程,让有意学华语的新加坡民众通过电话学华语,把华语送到他们身边。作为课程的顾问之一,我就曾经为一个句子"贵也贵不到哪里去"踌躇。当时,我们是以现代汉语作为华语的规范标准。这样的句子,方言里是能说的,但普通话能说吗?我没有到过中国,而在所有能看到的语法书里,如吕叔湘、朱德熙合著的《语法修辞讲话》、赵元任的 *A Grammar of Spoken Chinese* 等,都找不到有关的说明。后来在老舍的著作里找到这样的用法,我才放心。"打电话学华语"的教材里,也就保留了这个说法。

　　1985 年,第一届国际汉语教学讨论会在北京香山举行,我和卢绍昌、陈重瑜、谢泽文、谢世涯等人参加了会议。这是我第一次到北京。在北京的几天交流里,我发现中国的普通话和新加坡的华语是有差别的,但差别在哪些方面? 俭明兄说:"有必要了解新加坡华语的特点,发现这些特点,描写这些特点,以便为华语的规范化提供依据。"在华语教学里,才能正确地对待、处理这些差距。这些都是我时时挂在心上的事。

中国改革开放之后,有不少中国知识分子到新加坡来,他们对《联合早报》的用语,有很多意见。当时,我是《联合早报》的咨询委员之一,有机会看到他们所批评的《早报》用语。那些用语,除了一些明显是用词错误、是语病之外,也有一大部分是大多数新加坡人都在用的。因此,我向时任总理的李光耀先生建议,《早报》应该聘请一位语文顾问,专责审查记者们的用语。此外,我也在思考:新加坡华语必须完全以普通话为规范标准吗?

1994 年,南洋理工大学成立了中华语言文化中心,我担任主任,云惟利教授担任副主任。在语言研究方面,我们就开展了三个研究计划:(1)东南亚华人语言研究;(2)新加坡华语与现代汉语标准语的比较研究;(3)新加坡华人语言运用研究。

俭明兄就是中心聘请的第一位客座教授。我一直认为,中国内地一流的知识分子应该受到适当的尊重,因此俭明兄到中心来的待遇,是和聘请欧美教授的待遇相等的。中国香港大专的友人就批评我说:"你破坏了行情。"亏待中国内地的专家学者,是当时中国香港的风尚。

俭明兄到中心来从事新加坡华语与现代汉语标准语的比较研究,完成了《新加坡华语语法的特点》一文。当时,我因为行政任务繁重,没有参加研究,但研究组的每次会议,我都出席,也就非常了解研究的进程。俭明兄的研究,对我产生了以下的影响:一是改变了我一切以普通话为规范标准的看法,而强调新加坡华语的规范应该向普通话倾斜;二是后来我倡导编写《全球华语词典》《全球华语大词典》,研究"全球华语语法",以解决全球华语沟通中出现的问题。

俭明兄在新加坡的日子,通过研究会议,日常相处,我们也就建立了友谊。从 1994 年至今,二十几年的相处,他成了我坦诚知心的朋友,成了我北京可以拜托的朋友。

1995 年,俭明兄回国之前,还特地带回了不少本地作家的作品,他准备写一本关于新加坡华语的语法书。这本《新加坡华语语法》就是以书面语为语料,描写他所看到的 20 世纪八九十年代新加坡华语书面语的句法现象。

二、《新加坡华语语法》的特点与贡献

第一,对 20 世纪八九十年代本地的新加坡华语语法研究,作者做了下列总结:(1)本地学者的研究,不太注意区分共同语和方言,似乎只要跟中国普通话不同的都当作新加坡华语语法的特点看待。事实上,其中所谈到的不少语法现象只是方言成分,而并非作为新加坡华人共同语的新加坡华语所有之语法现象。(2)存在着以偏概全的毛病。譬如在谈到双宾语的词序时,说新加坡华语由于受到闽、粤语的影响,双宾语语序是:指物宾语(即直接宾语)在前,指人宾语(即间接宾语)在后(如"他给三本书我")。这给人一个错觉,似乎在新加坡华语里双宾结构只有这一种说法。实际情况是,在新加坡华语里,既有指物宾语在前、指人宾语在后的双宾结构(如上面所举的例子),也有指人宾语在前、指物宾语在后的双宾结构(如"给他五块钱""告诉他一个好消息"),而且后者在书面上更常见,前者倒要受到一定的限

制。这些都是非常中肯的总结。此外,当时的华语语法研究都将书
面语和口语混杂起来,以举例的方式说明华语和现代汉语的差距,而
研究者都是不说中国当代普通话的,对现代汉语的语法现象也不甚
清楚,所根据的是当时或以前出版的语法书。

　　俭明兄和这些研究者不同,他生活在说当代普通话的环境里,又
深入研究了普通话语法。由他来研究新加坡华语语法,就能避免"不
识庐山真面目,只缘身在此山中"的困难。因此,全书有太多的发现,
是我们作为新加坡华语使用者所没能发现的。书里指出的差异,至
今仍存在于新加坡华语里。

　　第二,本书主要以新加坡华语的书面语为考察对象,同时兼顾口
语。作者认为:(1)书面语是经过加工、提炼的语言,相对说来较具规
范性。(2)一个民族的共同语一般包括口语和书面语两种形式,它们
形成共同语的历史过程是不同的。一般说来,一个民族的共同语的
形成,书面语要早于口语。(3)新加坡华人的口语,还未达到作为新
加坡华人共同语的成熟阶段,如果以口语为主要考察材料,就容易把
本不属于新加坡华语的现象看成是新加坡华语的特点。因此,他考
察了由新加坡作家、学者撰写的华文图书共一百一十多本,包括小
说、戏剧、散文集、游记、学术论文集和中小学华文教材(见附录《语料
来源》),也考察了部分新加坡发行的华文报纸,主要是《联合早报》,
此外还收听了新加坡电视台第八波道的部分华文节目。力求语料具
有代表性、普遍性。以做到"凡是跟中国普通话一致的地方,本书要
描写、说明;凡是跟中国普通话不一致的地方,本书更将特别指明"。

　　我曾经说:"从新加坡华语的情况看来,因为没有共同的、成熟的
口语为基础,却建立了共同的书面语,所以新加坡华语口语受外语的
影响,远远超过书面语所受的影响。"这和俭明兄认为"新加坡口语并

不成熟"的看法是一致的。但从语言接触的角度看,新加坡华语的口语却比书面语更能体现新加坡华语语法的变异,而这些变异有的在口语里已经固定下来了,而且也出现在其他华语区,如马来西亚,这些现象今后也需要加以注意。如果在其他华语区也出现的现象,还能算是新加坡华语的语法特点吗?

第三,本书是第一本成系统地讨论新加坡华语语法的专著,读者在学习、了解华语的语法特点、造成这些特点的原因,以及和普通话不同的细致分析之外,也同时学习一套语法体系。比如说:

"一般上"是新加坡华语里所特有的一个副词,用得很普遍。

在中国普通话里,在带状态补语的述补结构中只用"得",不用"到"。当然,也没有"使到"的说法。

在新加坡华语中,有一个特殊的助词"来",它专门加在述补结构"V 好"的后边。"V 好来"在意思上大致跟"V 好"相当,但含有强调希望达到预期的好结果的语法意义。

形容词谓语句中用"是"(不重读):我认为这是很不公平。在中国普通话里没有这种欧化句式。

由于受英语的影响,在新加坡华语里"被"字句用得很广泛,不止出现在翻译作品中。

这些,都是在一个完整的语法体系里论述的,在词法、词组、句子的不同项目下讨论新加坡华语的语法特点,让读者了解语法差别之外,也学了一套语法体系。

上述的特点,说明了本书特别适合作为本地报刊、传媒的从业人员的参考书,作为大专学府里华文师资培训、中文系汉语科目以及语言比较的教材。俭明兄谦虚地说书的出版,只是想给自己留下印记。以一个一辈子关心新加坡的华文发展、应用,参与华语华文的推动工作,以及从事华文师资培训的前从业人员。我认真地说:这是一个不小的印记。

最后,我要再强调俭明兄对新加坡华语规范问题的看法:"普遍性和系统性这二者之中,普遍性是首要的,系统性最终要服从于普遍性。"在这个看法的引领之下,我才有了"大华语"这个概念。在语文教学里,我也提出了"教学从严,评鉴从宽"的原则。所谓"教学从严",就是在选材与教学中,特别注意向普通话倾斜,而"评鉴从宽"则应该充分考虑语言应用的事实。

目　　录

第1章　绪论

1.1　什么是语法？

什么是语法？说得通俗一点，语法就是说话所要遵守的一种规则。我们说话都是有一定规则的。请看实例：

① 老爸最喜欢吃榴梿。

② 榴梿老爸最喜欢吃。

③ ＊老爸喜欢最吃榴梿。

④ ＊老爸榴梿吃最喜欢。

⑤ ＊吃喜欢最榴梿老爸。

例①—⑤所包含的语言成分是相同的（都是"老爸""最""喜欢""吃""榴梿"），但是说华语的人都会感到，例①、例②能说，例③—⑤都不能说。这是因为例①、例②符合华人说话的规则，而例③—⑤违背了华人说话的规则。例①和例②虽然都能说，但意思又有细微的差别（例①的意思是"老爸最喜欢吃的是榴梿"；例②的意思是"榴梿是老爸最喜欢吃的"），原因就在于例①和例②所依据的说话规则并不相同。以上情况说明，"老爸""最""喜欢""吃"和"榴梿"这五个成分不是任意拼凑在一起就能成话的，而必须按照一定的规则组织在一起才能形成表达一定意义的话语；所依据的规则不同，表示的意思也就不一样。可见，说话是有规则的，只是我们平时说话已习以为常，感觉不到罢了。语法就是指这种说话的规则。

说"语法就是说话所要遵守的一种规则",这是一种通俗的说法。但这也是最不严密的说法,因为说话时所要遵守的规则不限于语法,还有语音规则、语义规则、语用规则等。说得科学一点,语法就是语言中组词造句的规则。我们平时说话总是一句一句说的,每一句话,都可以分解为若干个词,换句话说,句子都是由词构成的;而语言里的词都是由语素构成的。"语法是语言中组词造句的规则",这个说法,所指范围明确,但缺乏概括性。为什么这样说呢?因为按这种说法,有些组合规则概括不进去,譬如说"形声字"这个词,它的内部构造是"形声+字"。"形声字"里的"形声"不是词,但又不是一个语素。对于"形声"的内部组合,上面的说法就概括不进去。到目前为止,比较科学的说法是:语法是一种语言中由小的音义结合体组合成大的音义结合体所依据的一套规则。为什么说这是比较科学的说法呢?因为众所周知语言是一个音义结合的符号系统,而作为语言符号的音义结合体,有大有小。由小的音义结合体组合成大的音义结合体所依据的规则,就是我们一般所说的语法。

一般将语法分为句法和词法两部分。句法研究造句规则,即主要研究词怎么构成句子;词法研究组词规则,即主要研究语素怎么构成词。就现代汉民族共同语(包括新加坡华语)来说,研究、学习句子的构造规则要比研究、学习词的构造规则重要得多。从实用的角度说,学习华语语法主要是学习华语的造句法。因此,本书重点描写、说明新加坡华语的造句法。

说到语法,大家很容易想到它跟逻辑的关系。语法和逻辑的关系是错综复杂的,这里我们要特别注意它们之间的界限。

不合语法的话,当然是不通的,但是合乎语法的话不一定都是通顺

的。举例来说,华语里有这样一种语法格式"X 把 Y 怎么样了",例如:

⑥ 哥哥把汽车修好了。

⑦ 他把车卖了。

⑧ 弟弟把杯子打破了。

⑨ 风把门吹开了。

下面的话从语法上说符合上述语法格式的要求:

⑩ ＊蚂蚁把灯吹灭了。

但是它所表示的意思是荒谬的,因为蚂蚁不可能成为"吹"的动作者(在童话里另当别论)。可见,合乎语法的话不一定合乎逻辑,因而不一定是通顺的。再如:

⑪ ＊鬼子兵一下子倒了一大片,死了的、半死不活的都躺在血泊里乱喊乱叫。

这句话从语法上来说也没有错,但内容显然不合逻辑,半死不活的鬼子兵会乱喊乱叫,死了的鬼子兵怎么会乱喊乱叫呢?

　　反之,有些话从表面看似乎是不合逻辑、违背事理的,但大家都这么说,而且也懂得什么意思,应该承认是合法的话。例如我们可以说"你吃大碗,我吃小碗",这从字面上看有违事理(试与"你吃米饭,我吃面条"相比较)。但是说华语的人谁也不会把上面那句话的意思理解为"你把那个大碗吃了,我把那个小碗吃了"。再譬如"恢复疲劳",从字面看也不合逻辑(对比"恢复体力"),可是这也是人们习惯的说法,是合乎语法的,我们就不能用机械的逻辑眼光来否定这种说法。

　　可见,语法和逻辑虽有密切联系,但语法毕竟不等于逻辑。逻辑是思维的规则,人类的思维是共同的,作为思维规则的逻辑是全人类都必须一致遵守的;语法是语言的规则,语言是思维的物质外壳,各民族使用的语言不同,作为语言规则的语法,各语言都不相同,它跟

逻辑并不对应。因此,无论在语法教学或语法研究中,切忌用逻辑来
代替语法分析。

　　最后需要附带说明的是,"语法"一词有两个含义:一是指语法规
则本身,如"这句话不合语法""华语语法跟中国普通话语法有所区
别",这里的"语法"都是指语法本身;一是指对某种语言的语法规则
所做的描写、说明,如"他今天买了本语法""明天上午考语法",这里
的"语法"就是指后者的意思。一种语言的语法规则是客观存在的,
一种语言只有一种语法;可是对一种语言的语法所做的描写、说明可
以多种多样,这是由于人们对这种语言的语法认识不一致而造成的。
我们所以要特别说明这一点,只是希望大家能明确认识到语法书只
是一种工具,它可以帮助我们观察、了解一种语言的语法现象,给我
们提供某种研究、分析语法的方法,但是我们在学习的过程中,绝不
能完全被书上的说法牵着鼻子走,以为书上讲的百分之百正确。在
学习的过程中,我们应该不断地用实际的语言事实来检验书上的说
法,以便根据语言事实不断地补充、修正书上的说法。

1.2　什么是新加坡华语语法?

　　新加坡华语语法是指新加坡华语的组词造句的规则。新加坡华
语是新加坡华人的共同语,它是现代汉民族共同语的重要组成部分。
众所周知,现代汉民族的共同语在中国大陆叫"普通话",在中国台湾
和香港叫"国语",在新加坡、马来西亚等区域叫"华语"。因此新加坡
华语跟中国的普通话是一脉相承的。应该说新加坡华语与中国的普
通话基本上是一致的,都以北京语音为标准音,以中国北方话为基础
方言。但是,无论在语音上、词汇上或语法上,二者又有所区别。举

例来说,中国普通话里有轻音、儿化,可是在新加坡华语口语中几乎听不到轻音、儿化。这是在语音方面的区别。词汇方面的区别就更明显了,像"组屋、使到、太过、摆放"等都是新加坡华语里的常用词语,可是在中国普通话里没有这样的词;而像中国普通话里的"服务员、乘客、宇航员、救护车、摩托车、洗澡、劫持",在新加坡华语里则分别是"侍应生、搭客、太空人、救伤车、电单车、冲凉、骑劫"。在语法方面也有区别,最明显的如:在中国普通话里双音节动词、形容词构成反复问时,通常得说成"参观不参观?/干净不干净?",可是在新加坡华语里,既可以说"参观不参观?/干净不干净?",也可以说"参不参观?/干不干净?",而且后一种说法更常见。再譬如,在新加坡华语里存在着"我也有想过。""你妈妈有在家吗?"这样一种说法(即在谓语动词前加"有"),在中国普通话里就没有这样的说法,上面这两句话在中国普通话里就都得说成:"我也想过。""你妈妈在家吗?"。总之新加坡华语有它自己的特点,在语法上也是如此。凡是跟中国普通话一致的地方,本书要描写、说明;凡是跟中国普通话不一致的地方,本书更将特别指明。至于为什么会造成新加坡华语语法跟中国大陆普通话语法的差异,我们将在本书第 15 章加以说明。

我们以新加坡华语的书面语为主要考察对象,同时兼顾口语。为什么要以书面语为主要考察对象呢?(1)一般说来,书面语是经过加工、提炼的语言,相对说来较具规范性。(2)一个民族的共同语一般包括口语和书面语两种形式,前者是以口耳进行交际的口头形式,后者是用文字记载下来的书面形式。它们形成共同语的历史过程是不同的。一般说来,一个民族的共同语的形成,书面语要早于口语。拿汉语来说,现代汉民族共同语的书面语可追溯到唐末(公元 9 世纪),到宋、元之际(公元 12、13 世纪)已经发展成为相当成熟的书面语了。这种书面语是在北方话的基础上形成的，通行于全国各地。而现代汉民族共同语的口语形式早说也到元、明之际（公元 14 世纪）才趋于形成（当时称为"官话"），这种公用的口语到清朝（公元 17、18 世纪）才达到成熟的阶段。

　　新加坡是一个多元种族社会，新加坡是一个城市国家。根据新加坡的社会和经济发展特点，新加坡政府决定在新加坡实行双语政策，应该说这是正确的、明智的。双语政策实施的结果，绝大部分华人（特别是中青年）既能说华语，又能说英语。这是一个可喜的现象，这有利于新加坡各民族的团结，有利于新加坡的经济发展，也有利于每个人的工作、学习。但是，这对学习华语语法却有一些不利的影响，主要是大家很容易用英语语法来套华语语法。应该明白，华语语法跟英语语法有很大的不同，最突出的一点是，华语属于非形态语言，"缺少严格意义的形态变化"（吕叔湘，1979），即不像英语那样有形态标志和形态变化。举例来说，下面各句话里都有"他"：

　　① 他正在吃饭。

　　② 大家都尊重他。

　　③ 他爸爸从中国回来了。

"他"在例①—③里的地位和作用是各不相同的，可是在华语中用同一个"他"，没有任何变化。英语则不同，上面三句话要译成英语，其中的"他"在形式上（读音上）就各不相同了。试看：

　　④ He is having his lunch.

　　⑤ Everybody respects him.

　　⑥ His father has come back from China.

再如：

　　⑦ 我们将调查事故原因。

⑧ 调查事故原因是必要的。

⑨ 我们正在对事故进行调查。

这三句话里都有"调查"这个词,它在每句话里的地位和作用也是各不相同的,但用的是同一个词,没有任何形式上的变化。可是翻译成英语就不同了,请看:

⑩ We will investigate the cause of the accident.

⑪ Investigating the cause of the accident is necessary.

⑫ We are making an investigation on the accident.

三句话里的"调查"形式就各不相同了——例⑩用 investigate,例⑪用 investigating,例⑫用 investigation。

我们学习华语语法时应充分注意上述特点,千万不要用英语语法来套华语语法。

由于华语缺乏形态,所以我们在学习华语时还要注意下面两点:

第一,要重视词的次序(简称"词序")。由于华语缺乏形态,因此词序对于华语来说显得很重要。在华语中,如果将一句话里的某些词挪动一下位置,就会改变原句的结构和意思。例如:"买榴梿了"和"榴梿买了",意思就有所不同,因为结构关系不同了,前者是述宾关系(即动宾关系,下同),后者是主谓关系。在学习、研究华语语法时一定要充分注意词序对语法的影响。

第二,要重视虚词的运用。虚词,是指"的、了、呢、吗、而、又、也、把、被"等这样一些词。这些词在语言里的主要功用是帮助表达词语之间的语法关系,或帮助词语添加某些语法意义。例如"借书"是一种语法关系,加进一个"的","借的书"便是另一种语法关系了,二者的意思也就不同了。再如:

⑬ 只有好政府和好公民,才能让我们赖以自强不息,而面对千变万化的国

际局势。(报 1995 年 8 月 21 日 7 版)

如果把这句话里的两个虚词"只有"和"才"去掉,那么"好政府和好公民"跟"让我们赖以自强不息,而面对千变万化的国际局势"之间的意义联系就很不一样了,原句所突出说明的"好政府和好公民"是"让我们赖以自强不息,而面对千变万化的国际局势"的必要条件这一层意思就没有了。

　　虚词在各种语言里都占极重要的地位,但由于华语缺乏形态,所以虚词在华语中担负着更为繁重的语法任务,起着更为重要的语法作用。华人要提高文化水平和语文修养,外族人要学好华语,不能不重视虚词的运用。

　　对新加坡华语语法,先前已有人做过研究,比较成系统而且有影响的如陈重瑜(1993/1981)、新加坡标准华语委员会语法小组(1985)、吴英成(1986)。他们的研究成果很有参考价值。但也有美中不足之处:(一)都比较偏重于口语,而新加坡华人的口语,说句实在话,似还未达到作为新加坡华人共同语的成熟阶段。所以,如以口语为考察新加坡华语特点的材料就很容易把本不属于新加坡华语的现象看成是新加坡华语的特点。(二)不太注意区分共同语和方言,似乎只要跟中国普通话不同的都当作新加坡华语语法的特点看待。事实上,其中所谈到的不少语法现象只是方言成分,而并非作为新加坡华人共同语的新加坡华语所有之语法现象。(三)存在以偏概全的毛病。譬如在谈到双宾语的词序时,说新加坡华语由于受到闽、粤语的影响,双宾语语序是:指物宾语(即直接宾语)在前,指人宾语(即间接宾语)在后(如"他给三本书我")。这给人一个错觉,似乎在新加坡华语里双宾结构只有这一种说法。实际情况是,在新加坡华语里,既有指物宾语在前、指人宾语在后的双宾结构(如上面所举的例子),也有指人宾语在前、指物宾语在后的双宾结构（如"给他五块钱""告诉他一个好消息"），而且后者在书面上更常见，前者倒要受到一定的限制。

考虑到新加坡华语的书面语更具新加坡华人共同语的代表性，因此我们选用新加坡华语的书面语作为考察对象。我们考察了 20 世纪八九十年代出版的、由新加坡作家、学者撰写的华文图书共一百一十多本，包括小说、戏剧、散文集、游记、学术论文集和中小学华文教材（见附录《语料来源》），我们也考察了部分新加坡发行的华文报纸，主要是《联合早报》；此外我们也收听了新加坡电视台第八波道的部分华文节目。以上这些就是我们研究的语料的来源。语料力求具有代表性、普遍性。从所依据的语料看，本书所描写的语法，确切地说，是 20 世纪八九十年代的新加坡华语语法。

本书所举的例句都注明出处。为了表明我们所描写的每种语法现象的普遍性，所以在叙述某种语法现象之后所举的例句都尽可能不局限于某一本语料，都分别摘引自多种不同的语料。

1.3 语法单位

要描写、说明一种语言的语法规则，需要以某种形式的语言成分作为语法分析的单位，这种单位一般称之为"语法单位"。我们学习、研究语法必须掌握好各种语法单位。

一般人以为，华语的句子是由字组成的，可是我们讲语法的时候，不用"字"这个名称，而用"词""语素"这样的名称。比如："今年葡萄丰收。"如果我们对这句话进行语法分析，我们只说这句话由"今年""葡萄""丰收"三个词构成，或者也可以说这句话包含"今""年""葡萄""丰""收"五个语素，而不说这句话由六个字组成。我们学习、研究华语语法首先得把字、语素、词这些概念分辨清楚。

但是,要知道语素、词是什么,还得先从字说起。

我们所用的汉字,绝大部分都是有意义的,也有极少数字没有意义。按有没有意义这个标准,可以把汉字分成两类:

A. 有意义的,如"人、牛、好、红、吃、走、咨、机、了、的、呢……"。

B. 没有意义的,如"垃、橄、蜻、葡、徘、蚯、圾、榄、蜓、萄、徊……"。A类字都有意义,这类字占汉字的绝大多数。B类字都没有意义,比如"垃"和"圾"单独都没有意义,它们合起来才有意义。在语法上,A类字可以看作是语素,B类字都不是语素,"垃圾""橄榄""蜻蜓""葡萄"这些合在一起的东西才算是语素。A类字可以是语素,但也不能认为一个字就是一个语素。汉字和语素之间还有错综复杂的关系:

第一,一个汉字代表几个不同的语素。这又有两种情况:

A. 一个汉字代表声音相同、意义不相同的不同语素。例如:"信"起码代表了四个语素:

　a. 相信。如"信不信由你""别信他的话"。

　b. 书信。如"写了一封信""带一封介绍信"。

　c. 信用。如"言而有信""别失信于民"。

　d. 随意,放任。如"信步走来""信口开河"。

　B. 一个汉字代表声音、意义都不相同的不同语素。例如:"乐"起码代表了两个声音不同的语素:

　a. 音乐(yuè)。如"奏乐""乐器"。

　b. 快乐(lè)。如"欢乐""他乐了"。

第二,同一个语素用不同的汉字来代表。最典型的实例是表示数目的一些字,即同一个数目可以用不同的字来表示。例如:"一"和"壹"都可以表示"1","二"和"贰"都可以表示"2","七"和"柒"都可以表示"7",等等。这实际就是同一个语素用不同的汉字来代表。

第三,一个汉字包含两个语素。例如"仨",读起来只一个音节(sā),写出来只一个汉字,可是它包含了两个语素——"三"和"个"。"俩"也是这样,它包含着"两"和"个"两个语素。

第四,有些汉字在某些场合代表语素,在某些场合则又不代表语素。例如"沙"和"发"在"泥沙""沙土"和"发展""发达"里分别代表语素,可是在"沙发"里,"沙"和"发"就不代表语素,只是作为一个音节的代表。音译词里的每一个汉字都只是作为音节的代表,而不代表语素。

由此可见,汉字和语素并不是一个东西,汉字是书面上记录语言的书写单位,语素则是语言中最小的、有意义的语法单位。讲语法的时候不能以字为单位。

就华语来说,有四种语法单位,这就是语素、词、词组、句子。语素是最小的语法单位,句子是最大的语法单位。在华语中,这四种语法单位之间的关系是:由语素构成词,由词构成词组,由词或词组加上句调实现为句子。本章我们先只介绍语素和词。

1.4 语素和词

语素和词的关系十分密切,因为词都是由语素构成的。

语素是最小的语法单位,是最小的音和义相结合的语言成分。例如"妹妹不吃白菜",这句话里就包含"妹""妹""不""吃""白""菜"这六个语素,每个语素都既有声音又有意义。语素的特点是不能再被分割为更小的音和义结合的语言成分。例如"妹"如果单纯从语音上来说,还可以分割为更小的单位(可以分析为一个上声声调,一个声母 m，一个韵母 ei；韵母还可以分析为元音 e 和元音 i)，但是从音义结合的角度说，它不能再被分割为更小的单位了，所以"妹"是华语中的一个语素。华语中的语素绝大部分是单音节的，也有少数是双音节或多音节的，如"葡萄、咖啡、巴刹、甘榜"和"巧克力、比基尼、迪斯科"等，这些大多是外来音译语素。语素的功用是构成词，它是词的建筑材料。

词是比语素高一级的语法单位，是语言中最小的独立运用的语言成分。在华语中，有的词由一个语素构成，例如前面举过的"不""吃"，再如"人、水、酒、大、红、亮、拿、坐、买、他、我"等。由一个语素构成的词一般称为"单纯词"。有的词由两个或两个以上的语素构成，如前面举过的"妹妹""白菜"，再如"衣服、组屋、学校、电脑、漂亮、伟大、参观、研究、刚才、已经、但是、因为"和"工程师、房地产、建屋局、地球仪、太空梭、江湖医生、帝国主义"等。由两个或两个以上的语素构成的词一般称为"合成词"。一个"妹"字似乎也能表示"妹妹"的意思，那为什么说"妹妹"才是一个词呢？要知道，"妹"虽然能表示"妹妹"的意思，但是"妹"不能独立运用。我们从不说＊妹不吃白菜""＊我有一个妹""＊妹很漂亮""＊我喜欢妹"等这样的话。这说明"妹"在华语里不是一个词，只是一个语素，由"妹"字重叠合成的"妹妹"才是一个词。"白"和"菜"都能独立运用，有时是词，例如"这张纸很白""妈妈买了许多菜"里的"白""菜"都是词。那么为什么说"白菜"是一个词，而不说它是两个词呢？那是因为在"白菜"里的"白"和"菜"结合得很紧，不能随意拆开，而且"白菜"的意义也不等于"白"和"菜"这两个字的意义的简单相加，换句话说，"白菜"不能说成"白的菜"，"白菜"在意思上也并不等于"白的菜"，所以"白菜"是一个词。"白"和"菜"在"白菜"里只是以语素的身份出现。"不吃"也连在一起用,那为什么"不吃"不看作一个词,而看作两个词呢? 那是因为"不"和"吃"不仅都有意义,而且都能独立运用,如"不吃、不说、不看、不写、不去、不想""吃白菜、吃榴梿、吃面包、吃冰激淋、吃中国菜";再说,"不"和"吃"结合得不紧,可以拆开,如"不吃→不怎么吃/不常吃/不天天吃/不少吃/不好好吃/……"。可见,"不吃"还能分解为更小的、能独立运用的单位,所以说"不吃"不是词,"不"和"吃"分别是词。

总之,词是语言中最小的独立运用的语言成分,它是句子的建筑材料。

关于词组和句子,在下面有关的章节中加以介绍说明。

1.5 有关用例的说明

第一点,本书用例,有注明出处的,有没有注明出处的。在注明出处的用例里,有一种情况是,在注明用例来源的"引书书名代号"前加了个"△"号,例如 3.4 节"传统文化(△趣谈 70)""中学的大门(△含羞草 8)"。这表明该例子是有出处的,但由于工作上的疏忽,那所引之书在《语料来源》里漏了,即未曾录入,而现在已无法查证其书名及其出版单位、出版年份。此外,新加坡有《新明日报》,由于当时研究中心未订阅此报,只是偶然有一天见到该报,引用了一例(见14.19 节),并注明了详细出处,故未将《新明日报》列入《语料来源》。未注明出处的用例,当时都曾请新加坡黄祖铭和蔡美丽二位帮助认定这些用例在新加坡华语里是认可的。他们二位都出生于新加坡。当时他们都是北京大学中文系的留学生。他们现在都在新加坡教育系统工作。

第二点,用例中有些词语,新加坡用字与我国不同。请看:

新加坡	中国大陆
噜嗦	噜苏／啰嗦／啰唆
毛毛絮雨	毛毛细雨
好象	好像
腊烛	蜡烛
多脑河	多瑙河
伊莉莎白	伊丽莎白
座落	坐落

……

本书一律按我国词语规范用字，而这不影响新加坡华语语法的描写。

　　第三点，书面上作为状语标记的"地"，在新加坡华语作品中大多写作"的"。本书用例一律按照原文，即原文如果用"的"不改为"地"，以保持原貌。

第 2 章　五种最基本的词组

2.1　什么是词组？

词组是由词和词按一定的句法规则所组成的比词大的语法单位。词组的功用是组成更大的词组或实现为句子。例如"骑马"是一个词组，它是由"骑"和"马"两个词构成的。"骑马"可以作为一个成分组成更大的词组，如：

　　① 朵丽丝教我骑马……（大胡子 11）

在一定的语境中它也可以独立形成句子，如：

　　② 马丁侧头问我："要骑马吗？""骑马？"我反问："上哪儿骑？"（大胡子 8）

例②里的"骑马？"就是一个句子，它是由词组"骑马"加上句调实现而成的。

词和词按照不同的语法规则进行组合就造成不同类型的词组。华语中最常见、最基本的词组有五种类型，即：

　　1. 偏正词组，如"小鱼""空瓶子""很深""刚出世"（晚上 47—48）。

　　2. 述宾词组，如"读书""听唱片""看电视"（梦 55）。

　　3. 述补词组，如"拉长""借来""挤出""看得完"（金狮奖 105—107）。

　　4. 主谓词组，如"时间过得快""孩子要念书""船开了"（万花筒 62—63）。

　　5. 联合词组，如"父亲、母亲""亲戚和朋友们""（他们的恋爱始终建立在)健康、理智(的基础上)""生男生女(都一样)"(无弦月 4—5)。

　　本章就先介绍这五种最基本的词组。在具体介绍之前,还需做一点说明,那就是由于华语缺乏形态,所以华语跟英语在语法上有一个很重要的不同之处,那就是在英语里语素和词之间、词和词组之间、词组和句子之间都是组成关系,即在英语里由语素构成词,由词构成词组,由词组构成句子;在华语里,语素和词之间、词和词组之间是组成关系,词、词组跟句子之间则是实现关系,即在华语里由语素构成词,由词构成词组,而句子不是由词组构成的,而是由词或词组加上一定的句调实现而成的。以上所述可表示如下:

英语:语素→词→词组→句子

华语:语素→词→词组

句子

"→"表示组成关系,"↓"表示实现关系。就华语来说,"词组的结构和功能讲清楚了,句子的结构基本上也就清楚了"(朱德熙,1985)。所以,本书从华语的基本词组讲起。

2.2　偏正词组

　　"鱼"这个词概括了各种各样的鱼,指的是一个大类。如果在"鱼"前边加上"小"成为"小鱼",所指的范围就缩小了,只指形体小的鱼。可见,"小"对"鱼"起着修饰、限制的作用。像"小鱼"这样的格式就是偏正词组。

　　偏正词组由两部分组成,它的后一部分(如"小鱼"里的"鱼")是主体,一般叫作"中心语";它的前一部分(如"小鱼"里的"小")是修

饰、限制后面中心语的，一般叫作"修饰语"。修饰语和中心语之间的
关系是修饰关系。下面所举的也都是偏正词组，只是修饰语和中心
语之间意义上的联系各不相同：

  A.　新/车   干净/衣服 欢乐的/气氛

  B.　木头/桌子 塑料/雨伞 棉布的/衣服

  C.　红红的/太阳 雪白的/衬衣 阴森森的/感觉

  D.　我们/学校 他/弟弟   公司的/利益

  E.　三辆/车   五粒/鸡蛋 许多/礼物

  F.　细细/研究 认真地/学习 慢慢/写

  G.　马上/走   刚/来   已经/看了

  H.　很/高   非常地/重要 十分/安静

A 组，中心语表示事物，修饰语说明事物的性质（"新车"的"新"说明
"车"的性质）；B 组，中心语也表示事物，修饰语说明事物的质料（"木
头桌子"的"木头"说明"桌子"的质料）；C 组，中心语也表示事物，修
饰语描写、说明事物的性状（"红红的太阳"的"红红的"从颜色上描写
说明"太阳"）；D 组，中心语也表示事物，而修饰语则说明事物的所属
（"我们学校"的"我们"和"学校"之间有领属关系）；E 组，中心语也表
示事物，修饰语则说明事物的数量（"三辆车"的"三辆"说明"车"的数
量）；F 组，中心语表示行为动作，修饰语说明行为动作的方式（"细细
研究"的"细细"说明"研究"的方式）；G 组，中心语也表示行为动作，
修饰语说明行为动作的时间（"马上走"的"马上"说明"走"的时间）；
H 组，中心语则表示性质，修饰语说明性质所达到的某种程度（"很
高"里的"很"说明"高"的程度）。

  不难看出，上面所举的八组例子，可分两类：A—E 五组是一类，
中心语都表示事物，整个词组在意思上也表示事物；F—H 三组是一

类,中心语都不表示事物,它们或表示行为动作,或表示性质,整个词组也不表示事物。后面我们将会讲到,这两类偏正词组在造句中所起的作用也是很不相同的。为区别起见,一般将第一类(即 A—E组)偏正词组里的修饰语称为"定语",而将第二类(即 F—H 组)偏正词组里的修饰语称为"状语",并径直将第一类偏正词组称为"'定-中'偏正词组",将第二类偏正词组称为"'状-中'偏正词组"。

　　上面列举的偏正词组的实例里,有的有"的"或"地"("定-中"偏正词组里用"的","状-中"偏正词组里用"地"),如"欢乐的气氛、棉布的衣服、红红的太阳、公司的利益"和"认真地学习、非常地重要"等,有的没有"的"或"地",但一般也可以加进"的"或"地",例如:

新车 ～ 新的车

木头桌子 ～ 木头的桌子

我们学校 ～ 我们的学校

细细研究 ～ 细细地研究

十分安静 ～ 十分地安静

有没有"的"或"地",并不影响结构的性质,如"新车""细细研究"(没有"的"或"地")是偏正词组,加进"的"或"地"后,"新的车""细细地研究"也是偏正词组("新的"是定语,"车"是中心语;"细细地"是状语,"研究"是中心语),而且意思也基本不变。

2.3　述宾词组

　　"小鱼"是上一节所讲的偏正词组,如果把其中的"小"换成"钓"或"吃",那么"钓鱼""吃鱼"跟"小鱼"不仅在意义上大不相同,结构关系也完全变了。"钓鱼""吃鱼"这种格式就是述宾词组。

　　述宾词组也由两部分组成,前一部分是主体,举出一种行为动作;后一部分是受这种行为动作影响、支配的对象。例如"钓鱼"的"钓"是一种行为动作,"鱼"是受"钓"这一行为动作影响、支配的事物。我们管前一部分叫"述语",管后一部分叫"宾语"。述语和宾语之间的关系是支配关系。下面再举些述宾词组的实例:

洗／衣服　　　　读／书

盖／楼房　　　　写／信

想／办法　　　　考虑／问题

坐／德士　　　　去／牛车水

吃／大碗　　　　写／毛笔

爱／干净　　　　喜欢／唱歌

做／实验　　　　接受／训练

　　述宾词组中间往往可以插入"了""着""过",例如:

洗／衣服→洗了／衣服

盖／楼房→盖着／楼房

想／办法→想过／办法

述宾词组中间插入"了""着"或"过"之后,仍是述宾词组,例如"洗衣服"是述宾词组,"洗了衣服"也是述宾词组,"洗了"是述语,"衣服"是宾语。

　　述宾词组中间似乎也能插入"的",例如:

洗衣服→洗的衣服

盖楼房→盖的楼房

想办法→想的办法

但是,插入"的"以后,整个词组的性质就变了,"洗的衣服、盖的楼房、想的办法"就不是述宾词组了,而变成偏正词组了。意义也大不一样了。这一点一定要注意。

2.4 述补词组

"洗衣服"是上面所介绍的述宾词组,如果把其中的"衣服"换成
"干净","洗干净"就跟"洗衣服"的性质不一样了。在"洗干净"里,
"洗"表示一种手段,"干净"是采取这种手段后所得到的一种结果。
同一种手段可以得到不同的结果,例如:

　　洗/干净　　洗/白(了)　　洗/破(了)　　洗/丢(了)

同样的结果也可以由不同的手段达到,例如:

　　洗/干净　　刷/干净　　擦/干净　　扫/干净

我们管"洗干净"一类词组叫"述补词组"。

述补词组也由两部分组成,前一部分是主体,一般称为"述语",
后一部分称为"补语"。述语和补语之间的关系是补充关系。下面是
同类的例子:

　　说/清楚　　写/明白　　看/完　　抓/紧

　　跑/出去　　拿/进来　　走/开　　关/上

述补词组中间往往可以插入一个"得",例如:

　　洗/干净→洗得/干净

　　说/清楚→说得/清楚

　　看/完→看得/完

　　跑/出去→跑得/出去

　　关/上→关得/上

插入"得"后性质不变,还是述补词组。例如"洗干净"是述补词组,
"洗得干净"还是述补词组,"洗得"是述语,"干净"是补语。当然插入
"得"后意思上会有区别(见 7.4 节)。

2.5 主谓词组

主谓词组由主语和谓语两部分组成,主语在前,是说话人所要陈述的对象,指出要说的是谁或是什么;谓语在后,是对主语的陈述,说明主语所指怎么样或是什么。例如"爸爸回来了"就是一个主谓词组。"爸爸"是主语,是说话人所要陈述的对象;"回来了"是谓语,用来说明主语"爸爸"怎么样。再如"这是芒果"也是一个主谓词组,"这"是主语,"是芒果"是谓语,说明主语所指是什么。主谓词组的主语和谓语之间是陈述关系。下面再举些主谓词组的实例:

阿宋/去	妈妈/不看	我们/走
这本书/看过	江鱼仔/不吃	杯子/打破了
观点/很明确	新加坡/很美	这里/干净
爸爸/是司机	我/是公务员	今天/是星期一

主谓词组中间往往能插入"是不是"转化为问话形式,例如:

阿宋/去→阿宋/是不是去?

这本书/看过→这本书/是不是看过?

观点/很明确→观点/是不是很明确?

爸爸/是司机→爸爸/是不是司机?[①]

插入"是不是"后结构性质不变,仍是主谓词组。

2.6 联合词组

几个成分排列在一起,在语法上地位平等,不分主次轻重,这样

---

① 如果谓语部分本来就包含"是",插入"是不是"后,按说谓语部分应变成"是不是是……",但是语言表达讲究经济原则,重合的两个"是"中要删去一个。

形成的词组叫"联合词组"。联合词组可以不限于两部分,这是联合
词组和上面介绍的四种词组不同的地方。例如:

    爸爸妈妈　　　北京、上海、天津

    春夏秋冬　　　哥哥、姐姐、弟弟、妹妹

    分析研究　　　听、说、读、写

    活泼可爱　　　酸、甜、苦、辣

联合词组有的中间没有停顿,如"爸爸妈妈""分析研究";有的中间有
停顿,书面上一般用顿号表示,如"北京、上海、天津""听、说、读、写"。
有时联合词组中间也可以用关联词语来连接,例如:

    爸爸和妈妈　　　北京、上海和天津

    分析并研究　　　活泼而可爱

　　以上所举的联合词组,从意义上看,各部分之间都是一种并列关
系。下面所举的是另一类联合词组,各部分之间是一种选择关系,
请看:

    银行或保险公司　　　法学院或者文学院

    珍珠坊还是文礼坊　　　去香港还是去台湾

    吃不吃　　　有没有

    是男是女,是扁是圆?　　　(金狮奖(四)111)

2.7　复杂词组

　　上面我们简要介绍了新加坡华语中五种最重要、最基本的词组。
为了便于大家了解,我们在介绍各种类型的词组时,所举的例子都很
简单,组成部分大多只是一个单词。但是,不要以为词组的组成成分
只能是词,其实也可以是词组,而且更常见的情况是组成成分又是词
组。例如:

提高马来社会的教育及生活水平(报 1995 年 8 月 21 日 7 版)

这也是一个词组,这是一个由述语"提高"和宾语"马来社会的教育及生活水平"构成的述宾词组。述语"提高"是一个单词,充任宾语的"马来社会的教育及生活水平"则又是一个词组,这是一个"定-中"偏正词组,定语是"马来社会(的)"(这又是一个"定-中"偏正词组),中心语是"教育及生活水平"。而做中心语的"教育及生活水平"则又是一个"定-中"偏正词组,"教育及生活"是定语,"水平"是中心语。那做定语的"教育及生活"则又是一个联合词组。现图解分析如下:

```
提高  马来社会(的)教育及生活水平
1  ————————— 2 —————————     (述宾词组)
         3           4           ("定-中"偏正词组)
     5   6   ———— 7 ———— 8     (5-6、7-8,"定-中"偏正词组)
               9    10          (联合词组)
```

词组的组成成分又是词组,这样构成的词组就叫"复杂词组"。上面所举的"提高马来社会的教育及生活水平"就是一个复杂词组。

上面这个复杂词组一共包含八个词:"提高""马来""社会""的""教育""及""生活"和"水平"。从表面看,这八个词像我们排队一样,一个挨着一个地排着,但就内部构造看,它们并不处在同一个平面上,相邻的词并不是简单地挨次发生语法关系。事实上一个复杂的词组所包含的若干个词总是按一定句法规则一层一层地组合在一起的。这说明复杂词组内部在语法构造上是有层次性的。了解这一点很重要,我们分析复杂词组,乃至以后分析一个复杂的句子结构时,就要按它的内部语法构造层次,逐层进行分析,并指出每一层面的直接组成成分,一直分析到词为止。这种分析手续一般称"直接成分分析法",或称"层次分析法"。下面我们不妨再分析一个复杂的词组"孟紫也相当注重人物的心理刻画"(至性 118):

<u>孟紫</u> 也相当注重人物（的）心理刻画

1	2	（主谓词组）
3	4	（"状－中"偏正词组）
5	6	（"状－中"偏正词组）
7	8	（述宾词组）
9	10	（"定－中"偏正词组）
11	12	（"定－中"偏正词组）

第3章 词类

3.1 为什么要划分词类？

　　词类是词的语法分类。为什么要对词从语法上加以分类呢？我们知道,语言里的词有许许多多,它们就像建造楼房用的砖瓦、木料、水泥、铁钉一样,是语言的建筑材料。我们说的每一句话,都是由词"建造"成的。各种建筑材料在盖楼房中所起的作用是各不相同的;作为语言的建筑材料——词,它们在"建造"话语中所起的作用也是各不相同的。举例来说:

　　A. 看、洗、吃、借、了解

　　B. 报纸、衣服、木瓜、小说、情况

　　C. 正在、刚、常常、马上、十分

A、B、C 这三组词在"建造"话语中的作用就各不相同。如进行两两组合,那我们将会看到,A 组词和 B 组词可以彼此组合,组合时既可以 A 组词在前,也可以 B 组词在前,只是所构成的词组性质不同:当A 组词在前(即"A＋B"),构成述宾词组,如"看报纸、洗衣服、吃木瓜、借小说、了解情况";当 B 组词在前(即"B＋A"),构成主谓词组,如"报纸看(了)、衣服洗(了)、木瓜吃(了)、书借(了)、情况了解(了)"。A 组词和 C 组词也能组合,但是只能 C 组词在前(即只能"C＋A",不能"A＋C"),而所构成的词组是"状-中"偏正词组,如"正在看、刚洗、常常吃、马上借、十分了解"。B组词和C组词不能组合，因为在华语中既不存在"B＋C"这样的组合，如不说"＊报纸正在、＊衣服刚、＊木瓜常常、＊小说马上、＊情况十分"；也不存在"C＋B"这样的组合，如不说"＊正在报纸、＊刚衣服、＊常常木瓜、＊马上小说、＊十分情况"。从上面所做的简单比较中，我们不难看出，语言中的词实际存在着类的不同。我们划分词类为的就是如实反映语言的客观事实，以利于语法研究和语法教学。事实告诉我们，在语法研究和语法教学中，依据词在造句中的作用给词分类，建立"词类"的概念，是十分必要的。这有利于分析、描写、说明语法规则。如上面我们所举的三组词，如果我们明确地把它们分为三类，管A组词叫动词，管B组词叫名词，管C组词叫副词，那么当我们来描写、说明"看报纸、洗衣服、吃木瓜、借小说、了解情况"这类词组时，就可以这样说：这些词组是表示支配关系的述宾词组，述语由动词充任，宾语由名词充任；同样，当我们来描写、说明"正在看、刚洗、常常吃、马上借、十分了解"这些词组时也就可以这样说：这些词组是表示修饰关系的"状–中"偏正词组，状语由副词充任，中心语由动词充任。显然，有了"词类"的概念，给词分了类，语法规则的描写、说明就会变得十分简单、明了；反之，如果没有词类的概念，那么语法规则的描写、说明将会十分啰唆，十分麻烦。

给词分类，还有助于人们了解每一类词的语法特点，以便更准确地使用每一个词。下面这些病句都是由于不了解不同词类的词的语法性质而造成的：

①＊我只觉得她很面熟，可怎么也记忆不起她的名字了。

②＊我恐怕天下雨，所以早早地把晾在外面的衣服都收了进来。

③＊老人家很感触地说："真是青出于蓝胜于蓝，后生可畏呀！"

④ ＊大家一走进展览大厅,就兴致地观赏着每一幅画。

例①"记忆"是 B 类词,不能带补语,也不能带宾语,应将"记忆"改为"记"("记"是 A 类词)。例②"恐怕"是 C 类词,不能带宾语,应将"恐怕"改为"怕"("怕"是 A 类词)。例③"感触"属于 B 类词,不能受"很"修饰,应将"感触"改为"感慨"("感慨"是下面将要讲到的形容词,可以受"很"修饰)。例④"兴致"也是 B 类词,不能做状语,宜改用成语"兴致勃勃"(成语"兴致勃勃"可做状语)。

以上说明,在语法研究和语法教学中,划分词类不仅是可能的,而且是必要的。

3.2　华语词类概貌

根据词在造句中的作用,华语里的词可以划分为以下十五类:

1. 名词,例如:

书　水　桌子　面包　学生　国家　情况　作风　今天　伦敦　新加坡
后面　左边

2. 动词,例如:

走　吃　看　参观　调查　希望　相信　能够　可以　来　去　游行
鞠躬　是　有

3. 形容词,例如:

好　坏　高　大　深　宽　甜　胖　矮　干净　重要　美丽　大方
伟大　严重　深刻

4. 状态词,例如:

通红　雪白　蜡黄　红通通　绿油油　亮晶晶　干干净净　认认真真
大大方方　肮里肮脏　马里马虎　小里小气

5. 区别词,例如:

男　女　金　银　雌　雄　急性　慢性　良性　恶性　大型　微型
野生　人造　彩色　唯一　公共

6. 数词,例如:

一　二　四　七　十二　二十三　一百零八　百　千　万　亿　两　半
第一　第三　第一千五百六十三　三分之一　三点一四一六

7. 量词,例如:

个　粒　只　间　匹　条　张　群　双　公斤　公里　下(等一下)
趟　遍　回(去过两回)　阵子　年　天(看了三天)

8. 代词,例如:

你　我　他(她、它)　你们　我们　他们(她们、它们)　这　那　这里
那里　这样　那样　这么　那么　谁　什么　哪　哪里　多少　几

9. 副词,例如:

不　很　没　都　也　就　只(只学了一年)　刚　马上　忽然　常常
简直　已经　亲自

10. 介词,例如:

把　被　比(我比他高)　往　从　朝　向　由
在(我在抽屉里发现一只蟑螂)　以　对于　关于　自从

11. 连词,例如:

和(爸爸和妈妈)　或　并　不但　而且　因为　所以　虽然　但是
或者　即使　如果

12. 助词,例如:

了(写了一封信)　　着(说着话)　过(吃过榴梿)
的(我的、红的、吃的)　得(唱得好)　地(他爽快地答应了)
所(他所写的文章)　似的(木头似的)

13. 语气词，例如：

啊(真漂亮啊!)　吗　吧　呢　啦　了(爷爷回唐山了)

14. 感叹词，例如：

啊(啊! 我的祖国!)　哎　唉　喂　呸　哼

15. 拟声词，例如：

啪　唑　叮　哗啦啦　乒呤乓嘟

这十五类词中，一般把名词、动词、形容词、状态词、区别词、数词、量词、代词合为一大类，称为"实词"；把副词、介词、连词、助词、语气词合为另一大类，称为"虚词"；而把感叹词和拟声词看作特殊词类。

实词和虚词，语法性质很不一样，在语言中的作用也很不相同。实词的意义比较实在，容易捉摸、体会；虚词则主要起语法上的作用，意义都比较虚灵。试比较一下名词"作风"和助词"得"。"作风"是抽象名词，它的意义虽然比较抽象，但我们还是能体会到它是指什么；"得"表示什么意义，实在说不出来，也不好体会，我们只能说它总是附着在动词或形容词后边，帮助动词或形容词带上补语(如"写得清清楚楚""亮得耀眼")。就语法功能说，实词能在前面介绍的五种词组中充任主要成分——主语、谓语、述语、中心语，虚词则不能充任这些主要成分。虚词在数量上比实词少得多，可是使用频率却很高。它在语言中起着血脉、经络的重要作用。假如说我们从华语里去掉几个实词，譬如说去掉"狗、桌子、面包、看、喝、好"等这些词，当然对说华语会有一些影响，但还不至于不能说华语；可是，如果从华语里去掉几个虚词，譬如说去掉"的、了、不、也、吗"这五个虚词，那简直就没法说华语了。由此可见虚词的重要。

3.3　划分词类的依据

　　上面我们把华语里的词分为十五类,主要是依据词的语法功能,即词在造句中的作用,同时考虑到词的语法意义。词的语法功能和词的语法意义是密切不可分的。依据词的语法功能划分出来的词类,每一类在语法意义上也必然有一定的共同性。例如名词、动词、形容词、状态词、区别词等都是依据词的语法功能划分出来的,而它们在语法意义上各有共同性——名词表示事物,动词表示行为动作,形容词表示性质,状态词表示情状,区别词表示事物的区别性特征,等等。从理论上来说,直接依据词的语法意义来给词分类,应该是可以的。事实上有几类词就是直接依据词的语法意义划定的,如数词、拟声词、代词等。但是词的意义极为复杂,如果只考虑词的意义,不管词的语法功能,要把所有的词给以符合语法研究和语法教学需要的分类是不容易的。这里特别要注意的是,意义相同的词不一定属于同一个词类。举例来说,“忽然”和“突然”意义十分相近,好像是同一类词,其实不然。从语法功能上看,虽然“忽然”和“突然”都能做状语,例如:

　　① 他忽然病倒了。

　　② 他突然病倒了。

但是,“忽然”只能做状语,不能再做别的任何句法成分,而“突然”除了做状语外,还具有多种语法功能,请看:

　　能受“不”“很”等副词的修饰,如“并不突然”“很突然”“太突然”(太阳 58);

　　能做谓语,如“这件事情突然,太突然了”;

　　能做宾语,如“我并不感到突然”;

能做补语,如"一切来得突然"(寻庙 15)。

这些语法功能"忽然"都不具有,上面各例中的"突然"都不能换成"忽然"。依据词的语法功能,"忽然"属于副词,"突然"属于形容词。类似的例子还很多,如:

刚刚(副词)——刚才(名词)　　害怕(动词)——恐怕(副词)

经常(形容词)——常常(副词)　　阻碍(动词)——障碍(名词)

勇敢(形容词)——勇气(名词)　　干脆(形容词)——索性(副词)

战争(名词)——打仗(动词)——战斗(名词)

红(形容词)——红色(名词)——通红(状态词)

偶尔(副词)——偶然(形容词)

其实,上述情况(意义相同或相近的词不一定属于同一个词类)各种语言里都存在。下面是英语的例子:

建设、建造:construct(动词)　construction(名词)

仁慈、和气:kind(形容词)　kindness(名词)

快、迅速:quick(形容词)　quickly(副词)

　　总之,划分词类不能只依据词的意义,得依据词的语法功能。

　　西方语言划分词类一般依据形态(mophology)。拿英语来说,名词有数的变化(一般复数名词末尾要加-s),形容词有级的变化(比较级,形容词末尾加 -er,或在形容词前加 more;最高级,形容词末尾加 -est,或在形容词前加 most),动词有人称、时态等的变化(如当第三人称、单数、现在时,动词末尾要加 -s)。在英语中划分名词、动词、形容词就可以依据形态。词的形态是看得见的东西,容易为人们所掌握。形态标准虽好,然而华语用不上,因为华语缺乏形态。这里需要指出的是,依据词的形态从本质上说还是依据词的语法功能,因为形态只是词的语法功能的外在表现。举例来说,英语里也有少数名词没有数的变化,如 sheep(羊)、deer(鹿)复数和单数的形式一样,没有变化,但是研究英语语法的人都把它们划入名词,其原因就在于它们在语法功能上跟有数的变化的名词是一样的。再如 female(女性的)、round(圆的)以及 vertical(垂直的),没有级的变化,但研究英语语法的人都把它们划入形容词,因为它们在语法功能上跟有级的变化的形容词是一样的。

依据词的语法功能给词分类时,有一点必须注意,那就是划分词类时一定要全面考察一个词的语法功能,即一定要综合一个词在造句中的各方面的作用,然后才能确定它属于哪一类,切不可只依据它某一方面的语法功能就给它定词类。举例来说,"认真"这个词,它能做状语(如"认真学习"),我们不能只根据这一点,就轻率地认为它跟"都、也、常常、已经"一样同属副词。要知道"都、也、常常、已经"只能做状语,所以它们都是副词;而"认真"除了做状语,还能做谓语(如"态度认真"),还能分别受"不""很"的修饰(如"不认真""很认真"),还能做补语(如"做得认真"),等等,所以"认真"应划入形容词。

下面我们分别对每一类词做扼要介绍。

3.4 名词

3.4.1 什么是名词?

名词表示事物。这里所说的事物,是一个很宽泛的概念。可以指具体的事物,例如"书、桌子、学生、钢笔、猪、狗、汽车、房子、苹果"等;也可以指抽象的事物,例如"友谊、感情、作风、勇气、压力、弹性、政治、文化、道理、机会"等。表示时间、处所、方位的词也属于名词,因为事物也可以包括时间、处所、方位,例如:

现在　去年　明天　刚才　元旦　国庆节(表示时间)

中国　北京　纽约　裕廊　牛车水　新加坡(表示处所)

东　南　西　北　里　外　前　后　后面　左边(表示方位)

3.4.2　名词的语法功能

1. 经常做主语、宾语。例如：

① 三姐分娩了(无弦月 3)

② 妻子当然不会同意(女儿 108)

③ 木棉花掉了(寻庙 34)

④ 艺术是什么？(科学 55)

⑤ 结构严谨,文字浓缩(△新华文学 135)

⑥ 中秋节还未到临(回忆 66)

⑦ 海边尽是大大小小失去棱角的石头(怀旧 112)

以上是名词做主语的实例。下面是名词做宾语的例子：

⑧ 决不求人(青青 80)

⑨ 她立即竖起耳朵(梦 159)

⑩ 他留在学府里温习功课(大胡子 70)

⑪ 未能把握民意(风筝 170)

⑫ 他们已经回去印度了(吾土·小说上 223)

2. 一般说,事物都有量的区别,所以名词一般都能受数量词的修饰(关于"数量词"见 3.8 节),例如：

⑬ 一名士兵(金狮奖 11)

⑭ (还有)一粒苹果(微型 39)

⑮ (渐渐地变成了)一粒气球(跳舞 129)

⑯ (又是)一个病房(心情 21)

⑰ 两间公司(胜利 58)

⑱ 8 间工厂(报 1995 年 3 月 12 日 16 版)

⑲ (隔着)一道篱笆(晚上 114)

⑳（哭了）一个晚上（心情 20）

3. 名词都能带上定语，这是名词的语法特点之一，例如：

小动物（壁虎 4）　　　　传统文化（△趣谈 70）

餐馆职员（万花筒 116）　玉手镯（跳舞 63）

深远意义（薪传 101）　　中学的大门（△含羞草 8）

教员的情况（鞭子 196）　东方色彩（冰灯 76）

清迈的周围（华文教材 2B）　星期六晚上（追云 87）

4. 名词也可以直接（不带"的"）修饰另一个名词，做定语，例如上面举过的"传统文化""玉手镯""东方色彩""星期六晚上"里的定语"传统""玉""东方""星期六"就都是名词，它们分别直接修饰另一个名词"文化""手镯""色彩""晚上"。再如：

儒家思想（文艺 19）　　　话剧演员（话剧 39）

华文作品（△新华文学 250）英文文件（金狮奖（四）36）

美学效果（至性 43）　　　新闻事业（△中国作家 181）

爱情故事（万花筒 174）　　政治领袖（伦理·中三 82）

3.4.3　名词负面的语法功能

1. 不能受"不"的修饰，如不能说"＊不狗、＊不猫、＊不桌子、＊不文化、＊不学生"等。

2. 不能受"很"的修饰，如不说"＊很人、＊很狗、＊很芒果、＊很学校、＊很态度"等。

3. 不能出现在述补词组中，即既不能做述语，也不能带补语。

4. 不能带宾语。

5. 一般也不怎么能做谓语（可以有条件地做谓语，见 5.10 节）。

名词的这些负面功能，足以将名词与动词、形容词、状态词区分开。

此外，名词一般不能做状语（有例外，部分表示时间、处所的名词

能做状语）。名词一般也不能重叠，只有个别例外，如"人"能重叠为
"人人"（相当于"每个人"的意思，含周遍意义），例如：

㉑ 他认为当代社会的闲暇时间的极大丰富，是人人皆为艺术家的一个重
要前提。（科学 196）

㉒ 儒家理论……流传到今日，成为一套人人适用的人生哲理。（伦理·中
三 1）

㉓ 如果人人都讲礼貌，家庭就能和睦，社会就能和谐安宁。（△南风 24）

3.5　动词、形容词

动词和形容词在语法功能上有许多共同点，所以我们把它们放
在一起讲；当然它们又有区别，所以把它们分为两类。

3.5.1　什么是动词？什么是形容词？

1. 动词表示行为动作，这里所说的行为动作也是一个很宽泛的
概念。下面列举的都是动词：

A. 走　吃　洗　敲　挖　说

B. 学习　研究　参观　批判

C. 喜欢　害怕　同意　考虑

D. 看见　听见　感到　觉得

E. 来　去　进　出　进来　出去

F. 存在　出现　消失　变成

G. 是　有

H. 能够　可以　应该　会

I. 加以　进行

A 组表示具体的动作，B 组表示抽象的行为，C 组表示心理活动，D
组表示感觉活动，E 组表示位移的趋向，F 组表示存现或变化，G 组

表示肯定或领有,H 组表示能愿,I 组表示一种虚化的行为动作。

2. 形容词表示性质,或者说属性,如"红、小、冷、强、高、轻、急、干净、秀丽、清楚、正确"等。

3.5.2　动词、形容词语法功能上的共同点

1. 从语法功能上看,动词、形容词都能做谓语,下面是动词做谓语的实例:

① 她吃(短篇 23)

② 我同意(笑眼 137)

③ 您说(扶轮 54)

④ 你选(跳舞 27)

⑤ 她想(万花筒 62)

⑥ 宝晴问(金狮奖(四)25)

⑦ 林伯走了(华韵 33)

⑧ 你去吧(再见 7)

下面是形容词做谓语的实例:

⑨ 天气冷(扶轮 52)

⑩ 民气高昂(△中国作家 54)

⑪ 能力强(风筝 77)

⑫ 心地善良(华文 157)

⑬ 灯光暗淡(△南风 13)

⑭ 情绪低落(一心 100)

⑮ 国土小(华文教材 4B 1)

⑯ 知识丰富(伦理·中三 111)

2. 动词、形容词一般都能做述补词组里的述语,即能带补语。例如:

⑰ 切碎(石头 10)

⑱ 看清楚(梦 96)

⑲ 挖出来(△含羞草 45)

⑳ 端上来(变调 76)

㉑ 握得紧紧的(女儿 123)

㉒ 说得眉飞色舞(回忆 54)

㉓ 看得懂(华文教材 3A 18)

㉔ 用不完(八方 100)

以上是动词带补语。下面是形容词带补语的实例:

㉕ 急坏了(撞墙 4)

㉖ 精致极了(牛车水 85)

㉗ 舒服得多(风雨 59)

㉘ 荒谬得令人懊恼(寻庙 16)

㉙ 静下来(燃烧 3)

3. 动词、形容词都能带状语,例如:

动词带状语	形容词带状语
不吃(患病 123)	不合理(怀旧 65)
没睡(大胡子 50)	太过便宜(南北 58)
(大家)都知道(平心 72)	十分严肃(渐行 39)
(大家)慢慢商量(短篇 61)	非常困难(冰灯 85)

4. 动词、形容词前头一般还都能加"不"表示否定,例如:

不十动词:不吃　不喝　不走　不看　不说　不学习　不研究　不同意　不休息　不知道　不出现　不认为　不愿意　不能够

不十形容词:不好　不大　不红　不细　不灵　不漂亮　不干净　不清楚　不严重　不认真　不聪明　不舒服　不便宜　不正确

上述语法功能足以把动词、形容词与名词区分开。

3.5.3　动词、形容词语法功能上的区别

动词和形容词在语法功能上有许多共同点,但是动词、形容词毕竟是两类词,在语法功能上又有区别。最明显的有两点:

1. 动词大多数都能带宾语,例如:

吃香蕉　喝啤酒　走大路　看电视　学习文化　研究新加坡经济

同意他的意见　休息三个人　知道这件事　出现新情况　认为好

愿意多给一点　能够洗干净

形容词则不能带宾语。

2. 形容词都能受"很"一类程度副词的修饰,例如:

很好　很大　很红　很细　很灵　很漂亮　很干净　很清楚　很严重

很认真　很聪明　很舒服　很便宜　很正确　很伟大　很实在

动词则一般不受"很"这类程度副词的修饰,例如我们不说"＊很吃、＊很喝、＊很走、＊很看、＊很学习、＊很研究"等。

有少数动词不能带宾语,如"游泳、咳嗽、游行、示威、办公、出发、崩溃、鞠躬"等都不能带宾语。但是它们也不能受"很"一类程度副词的修饰,所以还是能跟形容词区别开。一般管能带宾语的动词叫"及物动词",管不能带宾语的动词叫"不及物动词"。

有少数表示心理活动的动词,如"想、爱、怕、喜欢、愿意、害怕、赞成、同意"等,也能受"很"一类程度副词的修饰,例如:

很想　很爱　很怕　很喜欢　很愿意　很害怕　很赞成　很同意

但它们又都能带宾语,而且受"很"修饰与带宾语二者不对立。例如:

想她～很想她　爱祖国～很爱祖国　喜欢男孩子～很喜欢男孩子

怕猫～很怕猫　愿意参加～很愿意参加　害怕考试～很害怕考试

赞成他的意见～很赞成他的意见　同意这种观点～很同意这种观点

而这一点正可以把它们与形容词区别开来。

3.5.4　动词、形容词重叠方式不同

有相当一部分动词、形容词能重叠（这一点名词不具备），但二者的重叠方式又不一样。请看：

动词——单音节动词的重叠形式是"A·A"（第二个音节读轻声），例如：

想想（再见 74）　　　　等等（我）（万花筒 53）

听听（笑眼 12）　　　　试试（风雨 78）

双音节动词的重叠形式是"A·BA·B"（第二和第四个音节读轻声），例如：

教训教训（吾土·戏剧 148）　　　研究研究（吾土·小说上 20）

考虑考虑（胜利 44）　　　　　　欢聚欢聚（伦理·中三 79）

照顾照顾（吾土·小说上 134）

形容词——单音节形容词的重叠形式是"AA"（第二个音节不读轻声），例如：

轻轻（再见 70）　　　　远远（壁虎 28）

好好（风雨 68）　　　　甜甜（万花筒 28）

小小（追云 25）　　　　高高（无弦月 83）

在中国普通话里，单音节形容词重叠后，第二个音节常常儿化，读阴平调，例如：

轻轻儿（qīngqīngr）　　远远儿（yuǎnyuānr）

好好儿（hǎohāor）　　　甜甜儿（tiántiānr）

小小儿（xiǎoxiāor）　　慢慢儿（mànmānr）

新加坡华语里没有这种重叠形式，这是因为在新加坡华语里没有儿化韵。

双音节形容词的重叠形式是"AABB"（第二、第四音节不读轻声），例如：

清清楚楚(再见 66)　　结结实实(万花筒 35)

端端正正(胜利 92)　　正正式式(吾土·戏剧 83)

　　总之,相对名词而言,动词与形容词有一定的共同点,但它们毕竟是两类词,所以在语法功能上又有区别。

3.6　状态词

　　请先看些词:

碧绿　　雪白　　　　　通红(金狮奖 7)　冰冷(吾土·小说上 16)

红通通　绿油油(晚上 158)黑漆漆(跳舞 3)　冷冰冰(万花筒 31)

糊里糊涂 马里马虎　　　肮里肮脏(报 1995 年 3 月 15 日副刊 11 版)

这些词一般人都会以为是形容词,其实它们跟形容词很不相同。从语法功能上看,明显的不同有两点:

　　第一,形容词都能受"不""很"的修饰,可是这些词则既不能受"不"的修饰,也不能受"很"的修饰;

　　第二,形容词能带补语,而这些词都不能带补语。

　　从语法意义上说,它们跟形容词也不一样。形容词表示性质,即表示事物的属性,而这些词却表示事物的状况和情态。试比较:

　　① 那孩子的脸黄,这孩子的脸红。

　　② 这孩子的脸通红。

例①有判断性,"这孩子脸红"里的"红"指明"这孩子"的脸具有红的属性;例②有描写性,描写说明孩子的脸的情状。

　　鉴于上述区别,我们把这些词单列一类,称为"状态词"。上面说到的形容词的重叠式,从语法功能上说,也属于状态词。关于状态词在后面还要做进一步的说明。

3.7 区别词

区别词指以下一些词：

公 母 雌 雄 男 女 荤 素 金 银 阴 阳 公 私 正 副
单 夹 粉（～色） 温（～水） 本（～国） 急性 慢性 良性 恶性
大型 微型 野生 人造 彩色 黑白 日常 高等 首要 次要
唯一 公共

这些词的语法功能很特别，它们只能或直接修饰名词，做定语（如"男同学、女同学、正班长、副班长、急性肝炎、慢性肝炎、恶性肿瘤"等），或跟助词"的"组成名词性结构（如"公的、母的、雌的、雄的、单的、夹的、良性的、恶性的"等）。从语法功能上看，它们跟名词、动词、形容词、状态词都不一样，有必要单独立一类。这些词在意义上有区别事物的作用，所以我们把这类词称为"区别词"。

3.8 数词和量词

数词表示数目的多少或次序的先后，前者如"一、三、八、十、五十六"等，后者如"第一、第三、第八、第十、第五十六"等。量词表示事物或动作、时间的计量单位，如"个、粒、条、间""次、回（看一～）、下（打一～）""年、天、秒"等。数词最常见的用法是与量词组合，而量词一般只与数词或指示代词"这""那"组合，因此数词和量词经常结合在一起用，例如：

三个　　五粒　　八位　　两间　　这/那个　　这/那位
一下　　三次　　两回　　四趟　　这/那次　　这/那回

三年　　　七天　　　五秒　　　十分钟　　　这/那年　　　这/那天

数词一般不直接修饰名词,修饰名词时,数词后面必须带上量词。这一点是华语跟英语不同的地方。例如:

五个学生(＊五学生)　　　five students

一间公司(＊一公司)　　　a company

四粒鸡蛋(＊四鸡蛋)　　　four eggs

三本书(＊三书)　　　　　three books

数词和量词组合成的词组称为"数量词词组",简称"数量词"。数量词用来计算事物、行为动作或时间的量。数量词词组属偏正词组,如"三个"中的"三"是定语,"个"是中心语。

3.9　代词

代词是语言中用来起指代作用的一类词。一般按功用将代词分为三类:

A. 人称代词,如"你、我、他、你们、我们、他们"等;

B. 指示代词,如"这、这样、这么样、那、那样、那么样"等;

C. 疑问代词,如"谁、什么、怎样、怎么样、哪儿"等。

3.10　副词

副词是虚词,它的语法功能很窄,只能做状语。例如:

① 往医院的第一趟巴士终于来了。(青青 50)

② 我只写了几页。(心情 127)

③ 这一切都是上帝所赋予给他们的。(科学 43)

④ 又不是要举行什么庆典,注个册就行了。(追云 21)

⑤ 我已经闯过了数不清的关。(△含羞草 6)

⑥ 当年精巧细致的花边也已经脱落。(华韵 11)

例①—⑥里的"终于""只""都""又""不""就""已经"就都是副词,它们只能做状语,不能做其他句法成分。这里要注意"只能"这两个字,那就是不要以为能做状语的就是副词。例如:

⑦ 我……努力朝一个箭步距离之外的行人天桥缓行而去。(撞墙 16)

上例中的"努力"做状语,但它不是副词,因为它能受"不""很"的修饰(如"不努力""很努力"),能做谓语(如"他努力,你不努力"),能带补语(如"努力极了"),它是形容词。

3.11　介词

介词是指"把、被、由、使、从、向、往、对于、关于、按、为、比"等一类词。介词也是虚词,其作用主要是介绍出跟行为动作有关的对象(包括处所和时间),例如:

① 杨成已经把雪云忘记了。(梦 65)

② 我……脑海中,却一直看到"自己"被自己杀害!(华韵 73)

③ 从北边回来了。(回忆 54)

例①"把"介绍出"忘记"的对象"雪云",例②"被"介绍出"杀害"的动作者"自己",例③"从"介绍出行为动作"回来"的起点。介词的这一作用,决定了介词本身不能单独做主语、谓语、宾语等句法成分,它总得先跟名词、代词或其他词语组成介词结构(如"把雪云""被自己""从北边")。介词结构的基本用途是在句中做状语,例①—③里的"把雪云""被自己""从北边"在句中都是做状语。

关于介词和介词结构,后面还要详细介绍(详见第 10 章)。

3.12　连词

连词是连接词、词组或分句的虚词,例如:

① 地铁投入服务后,相信巴士和德士的生意将不会受到影响。(华文教材 1B 6)

② 对于鼻子扁了、嘴巴歪了或是秃了头的人,我们都觉得那是丑的。(科学 125)

③ 虽然无情的岁月已经在每个人的脸上留下了明显的痕迹,但"老"字似乎变成了一种讳,没有人愿意去触犯它。(冰灯 12)

例①中的"和"连接"巴士""德士"这两个词,例②中的"或是"连接"鼻子扁了""嘴巴歪了""秃了头"这三个词组,例③中的"虽然""但"连接前后的分句,它们都是连词。关于连词,我们将在第 13 章加以介绍。

3.13　助词

助词分两小类,一类是动态助词,包括"了、着、过";一类是结构助词,有"的、地、得、到、所、似的"等。

"了、着、过"在句中都读轻声,主要附着在动词后面,"了(le)"表示行为动作的实现、完成,例如:

① 黎明的天空露出了鱼肚白。(金狮奖 102)

"着(zhe)"表示行为动作的持续,例如:

② 老黄正在整理着农具。(短篇 85)

"过(guo)"表示行为动作或事情的经历,例如:

③ 我曾经参观过无数次。(晚上 159)

关于结构助词,这里先介绍"的、地、得、所"四个,其余的到后面有关部分去介绍。"的、地、得"都读作 de,轻声。它们的功用不一。

"的"主要有两种功用:一是附着在某些词或词组的后面,表示这些词语是定语,例如"光华乒乓队的功臣"(薪传 56)、"最后的牛车水"(牛车水 14)、"真正的人才"(八方 73)。二是附着在某些词或词组的后面,构成一个名词性的结构,一般称为"'的'字结构"。这种"的"字结构指代事物,相当于一个名词,例如"穿""吃"是动词,表示行为动作,加上"的","穿的""吃的"就是名词性的"的"字结构,表示事物——分别指衣服、食物,如"穿的,吃的,哪样缺你"(金狮奖(四)9);再如"日本的不要,买德国的"(再见 75)里的"日本的""德国的"也是"的"字结构,"日本的"是指日本的产品,"德国的"是指德国的产品;再如:

④ 净化不了的,是你重重的心事,层层的记忆。(牛车水 24)

"净化不了的"就是由述补结构"净化不了"加"的"形成的"的"字结构。

"地"附着在某些词或词组后面,表示这些词语是状语,例如"日以继夜地工作"(华文教材 2A 12)、"严格地要求自己"(伦理·中三 68)、"文艺工作者正认真地树立起他的形象"(至性 94)。现在有人把状语后的"地"写成"的",这不好,应加以规范。

"得"附在动词或形容词后面,表示"得"后边的词语是前面动词或形容词的补语,例如"生活得愉快"(金狮奖 177)、"忙得昏头转向"(△南风 51)。现在也有人把述补词组中间的"得"写成"的",这也是不规范的写法,应加以纠正。

"所"原是文言虚词,它总是附在及物动词之前,组成名词性的结构,表示事物,如"所见"(指看到的东西)、"所闻"(指听到的事情、消息)、"所述"(指说的话)。现在"所"常跟"的"搭配着用,构成"(名词)＋所＋动词＋的"结构("所"前面的名词可以不出现)。这种"所……的"结构也是名词性的,主要做定语,例如:

⑤ 小学预备班华文教材所采用的儿歌,一部分是传统儿歌,一部分是改编的,还有一部分是编者的创作。(华文 69)

⑥ 他那支诗笔所写出的诗,又犹如筷子所夹的"五千年的芬芳"。(△新华 167)

⑦ 我们的政府对公款的应用,是非常小心和严谨的,所设的条例,不会像北澳那样含糊不清,易被人误解和滥用。(风筝 217)

有时也做主语或宾语,例如:

⑧ 上面所谈的都说明了条例在法治社会里有存在的必要。(风筝 217)

⑨ 人最终是艺术所要关注的。(科学 110)

但是这种"所……的"结构不能做谓语,这是与"的"字结构不同的地方。

3.14 语气词

语气词常常粘附在句子末尾,表示陈述、祈使、疑问、感叹等语气,如"啊、了、啦、吧、吗、呢、而已"等。关于语气词,我们将在 14.13 节详细介绍。

3.15 感叹词

感叹词是表示应答、呼唤或感叹的词,如"嗳、哦、嗨、喂、啊、哟、哼、咳、咦、哇、哗、唉、嘿、呸、哎哟、哎呀"等。感叹词的语法特点是,它不跟别的词发生组合,前后一定有停顿。下面的例句都摘自《金狮奖获奖作品集(第一届 1981—1982)》里的《书城梦魇》一文:

① 哦,真抱歉,我还以为你是一年级的新生呢。(68)

② "子宇走了?"政生关心地问。

　　"哎。走了。"(77)

③ "你也这么清楚?"朱穆郎冷笑道。

　　"嗳,除了这个,还会有什么其他理由?"(72)

④ "喂,又闹思乡病了。""没有,想些东西。""想爱人。""……""唉,猜得没错吧。"(138)

⑤ 喂,你到哪里去?(71)

⑥ "咦,怎不见方愫?"政生看了看腕表。(81)

⑦ "呸! 还没有吃满一个月的马铃薯,就改名换姓了。"(81)

⑧ "哎哟,堂堂准博士怎么可以……"(109)

⑨ "哼! 抗议有个屁用。……"(114)

⑩ "哟,那怎么行?"(132)

⑪ "唉! 别啰唆了……"(76)

⑫ "嘿。我才顾不了那么多……"(139)

　　"嗨"和"哇"(也写作"哗")是新加坡华语中特有的两个感叹词,中国普通话里没有。"嗨"常用于打招呼,表示问候或用以唤起注意。这是从英语中借用来的("嗨"是英语 hi 的译音)。例如:

⑬ "嗨,密斯游。""嗨,柏斯教授,早。"(金狮奖 127)

⑭ 杰:嗨!

　　妮:嗨!

　　杰:一个人?

　　妮:两个人。(吾土·戏剧 79)

⑮ 嗨,想不想去游泳?(青青 67)

⑯ 嗨！阿 X 正在隔壁替那家新开张的美容院剪彩呢。（微型 219）

"哇（哗）"来自粤方言，表示赞美或出乎意外的感情色彩。例如：

⑰ 哇，九十二分，我的宝贝，你真行。（胜利 82）

⑱ 哗！好美的丝带花球！（今后 86）

⑲ 哇！这么苛刻！（醒醒 46）

⑳ 哗，想不到几个月不见，你倒发福了！（恶梦 83）

例⑰、例⑱表示赞美，例⑲、例⑳表示出乎意外。

3.16   拟声词

拟声词是模拟声音的词，如"砰、噔、轰、乒、轰、卜、嘟、咔嚓、哗啦、唧唧喳喳"等。拟声词经常做修饰语，而且可以叠用，例如：

① 老人听到"砰"一声，有人打破厨房的窗。（万花筒 26）

② 她喜欢看他走起路来"噔，噔，噔"的步子。（太阳 10）

③ "咔嚓"一声，摄影记者高叫"OK"，众人一齐发出"轰"的一声。（扶轮 66）

④ "哗啦！哗啦！"的河水汹涌而来。（晚上 180）

还经常单独成句，而且也可以叠用，例如：

⑤ "轰——"。一声巨响后，山头后方被燃得一片通红。（金狮奖 7）

⑥ 两个人心跳的声音，突然放大了几十倍。卜、卜、卜、卜、卜、卜、卜、卜。（跳舞 19）

3.17   关于词的兼类问题

依据词的语法功能划分出来的词类，各有各的特点，类和类之间应该说是清楚的。但是就某些具体的词来说，有可能同时具备两种或两种以上的词类的语法特性。这就是所谓词的兼类现象，也叫"一词多类"现象。

对于兼类词,可以有广义和狭义两种理解。按狭义的理解,是指词的意义相同而兼属不同词类的词,如"活跃"原是形容词,它具备形容词所有的语法性质,特别是能受"很"修饰,如"很活跃";但是它又能带宾语,如"活跃我们的思维"(华文 121),而这是动词所具有的特点。值得注意的是,它带上宾语后不能再受"很"的修饰,例如不说"＊很活跃我们的思维"。可见,"活跃"兼有形容词和动词的语法性质,但意义是一样的。"活跃"就属于狭义的兼类词。类似的例子如:

方便——形容词兼动词(形容词:这里交通很方便;动词:方便顾客)

巩固——形容词兼动词(形容词:我们的友谊很巩固;动词:巩固我们的国防)

高速——区别词兼副词(区别词:高速公路;副词:高速发展电子工业)

比——动词兼介词(动词:我们俩比一比;介词:我比他高)

让——动词兼介词(动词:请让开;介词:这事让他去做)

按广义的理解,除了包括上述狭义的兼类词之外,还包括词的意义虽不相同但彼此有联系而兼属不同词类的词,如"锁"就兼属动词和名词,做动词时表示动作,如"大门锁了";做名词时则表示事物,如"买了一把锁"。二者意义不同,但彼此有一定的联系。"锁"就属于广义的兼类词。类似的例子如:

导演——动词兼名词(动词:他导演了一部影片;名词:他是一位导演)

代表——动词兼名词(动词:他代表大家讲话;名词:他是南大的代表)

报告——动词兼名词(动词:报告大家一个好消息;名词:校长作了一个报告)

注意:同音词不属于词的兼类现象。例如"会",可以是名词(如"开了一个会"),可以是动词(如"她会弹钢琴"),但二者意义上毫无联系,是同音词,不属于词的兼类现象。类似的例子如"花"(名词:送她一束花；动词：今天花了一百块钱）、"制服"（名词：他穿了一身学校的制服；动词：大家制服了那个歹徒）、"只"（量词：捉了一只蟋蟀；副词：我只吃了一粒鸡蛋）等。

最后还需指出一点，兼类词只能占极少数。当我们把 A 和 B 分为两类词之后，如果有相当数量的 A 类词同时兼属 B 类，或者说如果有相当数量的 B 类词同时兼属 A 类，那只能说明当初我们把 A 和 B 分为两类词所依据的标准是很有问题的。

第4章 句子

4.1 句子概述

句子是最大的语法单位,我们讲语法只讲到句子为止;句子以上,譬如说句群、段落、篇章,则属于作文学或话语语言学(discourse linguistics)的范围。

从表达的角度说,句子又是基本的表述单位。人们运用语言进行思考或表达思想,总是以句子为基本单位的,因为只有句子才能表达一个相对完整的意思。所以我们说话总是一句一句说的,写文章也总是一句一句写的,由句子组成段落,由段落组成篇章。

句子有两个不同于其他语法单位的特点,一是都有一定的句调,二是句子的前后一定有较大的停顿。这是因为句子又是基本的表述单位的缘故。句调的作用在于表示句子不同的语气。在书面上,每个句子的末尾用句号(。)、问号(?)或感叹号(!)来表示语气和停顿,下面是摘自胡月宝小说集《撞墙》的三个句子:

① 我决定自己闯天下。(43)

② 怎么样的价格才叫合理?(21)

③ 抬起头来!(47)

这三个句子语调、语气各不相同,所以句末分别用了不同的标点符号——例①表示的是陈述语气,句末用了句号;例②表示的是疑问语气,句末用了问号;例③表示的是一种命令的祈使语气,句末用了感叹号。

华语的句子跟英语不同,它不是由词组构成的,而是由词组或词加上一定的句调实现而成的。换句话说,在华语里,一个词组或一个词加上一个句调只要能单独站得住(即能单说),那就是句子。通常把实现为句子的那个词组或词称为“造句单位”。可见,跟英语相比较来看,对于华语里的句子要有这样一个认识,那就是不要以为句子一定具备主语和谓语;反之,具备主语和谓语的语言成分不一定是一个句子。请看:

④ 天! 真是人心叵测! 原本还以为她是个“雪中送炭”的大好人哪!(狮子 56)

例④包含三个句子——a.“天!”;b.“真是人心叵测!”;c.“原本还以为她是个‘雪中送炭’的大好人哪!”。它们都不是具备主语和谓语的句子。再注意例④里的第三个句子,即 c.“原本还以为她是个‘雪中送炭’的大好人哪!”,在这个句子里,有一个包含主语和谓语的语言成分“她是个‘雪中送炭’的大好人”,但是它在 c 这个句子里不是一个句子。它前后没有较大的停顿,也没有完整的句调,它处在被包含状态。事实上它在 c 这个句子里是以词组的身份出现的。关于这一点,我们只要分析一下这个句子的语法结构就清楚了(见下页)。至此我们也可以了解到,跟英语相比较,在华语里,主谓词组同其他类型的词组一样,当处于单说地位时是句子,当处于被包含状态时只是词组,不是句子。

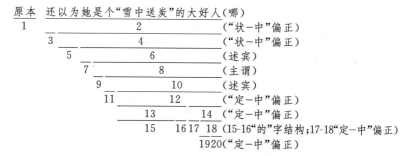

句子可以从多个角度进行分类,下面分别加以介绍说明。

4.2　主谓句和非主谓句

　　从结构上看,许多句子都包含主语和谓语,也就是说许多句子是由主谓词组实现而成的。例如:

　　① 你不要太激动。(追云 36)

　　② 杂文可视为文学领域中一个独立的环节。(至性 92)

　　③ 我轻轻地点了点头。(大胡子 31)

　　④ 温朵朵是荷兰村的常客。(跳舞 23)

　　⑤ 我几时才能那么洒脱呢?(独上 54)

　　⑥ 妈妈的脸也没那么圆呀!(△含羞草 65)

　　⑦ 人类本身是一种动物。(八方 36)

包含主语和谓语的句子可以看作是典型的句子,一般将包含主语、谓语的句子称为“主谓句”。

　　与主谓句相对的是“非主谓句”。非主谓句是指由主谓词组以外的词组或者由单词实现而成的句子。例如:

　　⑧ “看清楚那些树和屋的分界处了吗?”

　　　“看清楚了。”(牛车水 59)

⑨ 有人趋前来问："要换钱吗?"(石头 113)

⑩ 欢迎光临"茶渊"！（华韵 39）

⑪ 除了工作还是工作！机器一般的日子！（撞墙 57）

⑫ 可怜的孩子！（金狮奖(四)90）

⑬ 甲：走！

　　乙：慢着！

　　甲：又怎么啦？

　　乙：先给你心理上一个准备——

　　甲：又有什么花样儿？（笑眼 8）

　　一般说来,书面上以主谓句居多,口语里则以非主谓句居多；而书面上,在科技、政论性文章里以主谓句居多,在文艺作品的对话里则以非主谓句居多。

4.3　主谓句的再分类

　　根据其充任谓语的词语的不同性质,主谓句又可分为动词谓语句、形容词谓语句、状态词谓语句、名词谓语句和主谓谓语句五小类。

　　动词谓语句,即由动词性词语充任谓语的主谓句。例如：

① 您老夸奖了。（扶轮 62）

② 你们看不见。（心情 18）

③ 我很爱养蝌蚪。（△南风 54）

④ 你等等我！（万花筒 54）

⑤ 你们吵不吵架？（壁虎 94）

⑥ 这句话不一定是真理。（八方 52）

　　形容词谓语句,即由形容词性词语充任谓语的主谓句。例如：

⑦ 我茫然。（△南风 67）

⑧ 功课相当繁重。(华文教材 1A 3)

⑨ 那太好了！(追云 14)

⑩ 她愚昧而可怜。(短篇 32)

⑪ 文人也实在并不清高。(笑眼 65)

状态词谓语句,即由状态词充任谓语或谓语中心的主谓句。例如：

⑫ 周围朦朦胧胧的。(寻庙 31)

⑬ 她脸色青青的。(金狮奖(四)46)

⑭ 屋子黑漆漆的。(跳舞 3)

⑮ 天空灰蒙蒙的。(青青 79)

⑯ 她们讲话总是疯疯癫癫。(这里的"总是"是副词——引者注)(梦 33)

名词谓语句,即由名词性词语(包括数量词)充任谓语的主谓句。例如：

⑰ 杜运燮,福建古田人。(△中国作家 143)

⑱ 你臭人！(△含羞草 46)

⑲ 你这狗种！(金狮奖(四)107)

⑳ 天边一片鱼肚白。(短篇 95)

㉑ 多少钱一块香皂？(风雨 13)

主谓谓语句,即由主谓词组充任谓语的主谓句。例如：

㉒ 我的技术你尽管放心好了。(撞墙 80)

㉓ 钱我是没有。(华文教材 3A 57)

㉔ 热带的人性格便比温带的人直率单纯。(寻庙 16)

㉕ 这一带的人家多数迟睡。(风雨 22)

㉖ 苹果、橙、梨,一种一包。(胜利 26)

4.4 非主谓句的再分类

非主谓句,一般说来对上下文语境的依赖都比较大。根据其对上下文语境依赖程度的大小,可以将非主谓句再分为自足的非主谓句和非自足的非主谓句两小类。

自足的非主谓句如:

① 救火啊! 失火啦!(△南风59)

② 真是见鬼!(金狮奖(四)114)

③ 好一个晴朗的天气!(撞墙77)

④ 滚开! 滚! 滚!(华韵96)

⑤ 一个毛毛细雨的夜晚!(短篇45)

⑥ 请坐。(金狮奖166)

非自足的非主谓句如:

⑦ ("你上学期有修柏斯的课吗?")"有。"(金狮奖162—163)

⑧ ("国才,你吃过午饭了没有?"门外传来母亲对他关怀的呼唤。)"吃过了。"(短篇11)

⑨ ("你到底想怎样?")"不想怎样。"(再见35)

⑩ ("功课做完了没有?")"做了,没没没完!"(金狮奖(四)92)

⑪ (平:你吃什么药?)

　　玲:避孕药。(金狮奖(四)129)

⑫ (王:对了! 下午带了我们的朋友到哪里?)

　　灰:就你的旧家和我的旧家。(金狮奖(四)130)

自足的非主谓句不依赖一定的上下文就能表达完整的意思;我们也不能说它省略了什么,因此是补不出或无须补出确定的主语或谓语来。如例①"救火啊!""失火啦!"都是由述宾词组实现而成的非主谓句,无上下文,意思就表达得很清楚;它们前面也补不出确定的主语。再如例⑤"一个毛毛细雨的夜晚!"是由一个名词性"定-中"偏正词组实现而成的非主谓句,无上下文,意思也表达得很清楚;它后面也补不出确定的谓语来。非自足的非主谓句则与自足的非主谓句不同，它对上下文的依赖比较大。可以这样说，没有上下文，它们就不能表达完整的意思，听话人听了就会不知所云。拿例⑦来说，由于有上文的问话"你上学期有修柏斯的课吗？"，所以"有。"这个非主谓句所表达的意思是清楚的；我们设想，如果没有上文这个问话，说话人突然说句"有。"，听话人听了一定会不知所云。同样，例⑪只因为上文有"平"的问话"你吃什么药？"，所以"玲"的回答"避孕药。"意思是清楚的；如果没有上文的问话，说话人突然说一句"避孕药。"，听话人听了一定会感到莫名其妙。因此，非自足的非主谓句可以说是一种省略句，它们随上文而来，省略了一些句法成分，或主语，或谓语，或其他句法成分。也有人将自足的非主谓句叫作"无主句"；而将非自足的非主谓句叫作"不完全主谓句"，意思是它们是由主谓句省略了某些成分而变成的。

4.5　陈述句、祈使句、疑问句、感叹句、呼应句

根据句子所表达的内容和语气，又可以把句子分为陈述句、祈使句、疑问句、感叹句、呼应句这样五小类。

陈述句。用以报道、说明一件事实。例如：

① 强奸是一项极其严重的罪行。（平心 85）

② 我居住的这个住宅区里，也洋溢着节日的气氛。（回忆 87）

③ 火药、印刷术、纸、罗盘针，的确都是中国人最先发明的。（文艺 62）

④ 我们还未达到像瑞士或美国那样真正发达国的水准。（报 1995 年 8 月 21 日 6 版）

⑤ 我们把车子慢慢地开到约定地点。（梦 133）

陈述句可长可短。请看：

⑥ 以华语的特性为基础,根据学习者的程度和需要,以提高学习者的语文能力为目标,而设计的语文练习,就能将语法教学和语文教学密切地结合起来。(华文 159)

⑦ ("老师,还认得我吗?")"记得。"(牛车水 124)

例⑥很长,全句包含了 39 个词;例⑦则只包含 1 个词。

在书面上,陈述句句末用句号。

祈使句。用以向听话人提出某种意愿,包括请求、命令、商量、劝阻或警告等。例如:

⑧ 多少吃点吧。(华韵 43)

⑨ 快开门!(女儿 70)

⑩ 快点!(石头 102)

⑪ 你让我想想吧!(华文教材 4B 97)

⑫ 别整天看电视!(△南风 21)

⑬ 不准在房里吃东西。(石头 103)

祈使句一般比较短。在书面上,祈使句句末或用句号,或用感叹号。

疑问句。用以提问。例如:

⑭ 你的父母,是种田的吗?(跳舞 14)

⑮ 那些小鸭子大概全都长成大鸭子了吧?(怀旧 30)

⑯ 做儿女的,应该怎样孝顺父母呢?(伦理·中三 91)

⑰ 为什么你们还不回家来?(撞墙 27)

⑱ 这是人生的缺陷呢,还是社会的悲哀?(恶梦 8)

⑲ 对方是何许人啊?男的抑或女的?(第一 8)

⑳ 这是刘冲的基本观众,你们知不知道?(醒醒 83)

㉑ 我这次访英,有没有得到新的心得?(风筝 194)

疑问句一般也比较短。在书面上,疑问句句末用问号。

感叹句。用以抒发某种强烈的感情,或是喜悦,或是赞叹,或是

愤怒,或是惊讶,或是悲痛,或是惋惜,等等。例如:

㉒ 哗! 真美啊!(△南风 25)

㉓ 哗! 好美的丝带花球!(今后 86)

㉔ 真不错! 的确不错!(短篇 11)

㉕ (忠浩……咬牙切齿地骂道:)"他妈的,一定是你那个阴阳怪气的弟弟干的好事!"(狮子 86)

㉖ 警察来了!(石头 65)

㉗ 这个徐勤丽和坐在课室里那个呆呆的、静静的徐勤丽,简直判若两人!(跳舞 75)

㉘ 陈老太太,你安息吧!

㉙ 一切都太迟了。(大胡子 146)

感叹句一般也比较短。感叹句句末多用感叹号。

呼应句。用以招呼或应答。用以招呼的呼应句通常是由指人的名词或某些感叹词实现而成的。例如:

㉚ (小薇在门口轻轻咳了一声。)"妈。"("小薇,回来了?……")(短篇 69)

㉛ 小:妈咪!

(灰:你醒了?)　(金狮奖(四)144)

㉜ (姚老师双目如炬,扫向他,喊:)

"麦齐荣!(站起来!)"(狮子 36)

㉝ "喂!(穿上拖鞋吧?)"(追云 51)

㉞ 杰:嗨!

妮:嗨!

(杰:一个人?

妮:两个人。)(吾土·戏剧 79)

注意:不是很熟悉的人,用"喂!"招呼,是很不礼貌的。在书面上,这类呼应句句末可用句号,也可用感叹号;用逗号也很常见,例如:

㉟ "国伟,(为什么洗澡洗得那么久啊?)"(狮子 25)

㊱ "喂,(怎么是你?)"(金狮奖 78)

下面是用以应答的呼应句:

㊲ "唉。"(爸只那么地点了一下头。)(短篇 6)

㊳ "啊,啊——"(我漫应着,……)(大胡子 2)

㊴ (父:不要偷懒! 洋参喝了没有?)

　　莉:嗯嗯!　(金狮奖(四)92)

㊵ ("我刚在马路上碰到你妈。")"哦!"(金狮奖 248)

㊶ ("……您可以帮我补一补吗?")"行!"(涵珊一口应承。)(跳舞 3)

㊷ ("我今晚和朋友约好了在外头用餐,你自个儿在家里吃。")"好。"(丽妮点头应道。)(狮子 105)

㊸ ("……回去吧。")"是。(老师,我走了。再见!)"(追云 45)

㊹ (甲:替公司出门收账,能带着笑脸,理所当然地碰钉子的机会一定很少。)

　　乙:对!(笑眼 15)

用以应答的呼应句常由感叹词"唉、嗯、啊、哦"或"行、好、是、对"等单词实现而成。在书面上,句末或用句号,或用感叹号。

4.6　单句和复句

　　上面我们在介绍主谓句、非主谓句时,或介绍陈述句、祈使句、疑问句、感叹句、呼应句时,为便于读者了解,所举的例句都是由一个词组(这个词组可能很简单,也可能很复杂)或一个词加上句调实现而成的句子。这种由一个词组或一个词,即由一个造句单位实现而成的句子一般称为"单句"。

　　跟单句相对的是复句。当我们要表达一个复杂的意思时,得把两个或更多的造句单位按照某种逻辑联系连在一起,并加上一个句调,以成为一个复杂的句子,这种句子一般就称为"复句"。连成复句的各个造句单位一般叫作"分句",分句之间一定都有停顿,书面上用逗号或分号表示。例如:

① 这是个可爱的小岛,这是个幸福的小岛!(独上 36)

② 我国原本是移民商业社会,一般人民教育和文化水平不高。(风筝 122)

③ 格物、致知是学问的基础;诚意、正心是道德的基础。(伦理·中三 64)

④ 种子,需要种在泥土中,才能发芽;幼苗,必须细心呵护,才能长成大树。

(薪传 18)

有时,分句也可以是一个单词,例如:

⑤ 奇怪,你对她又没意思,袒护她干吗?(金狮奖 96)

⑥ 有,就给一点;你没有,也没关系。

例⑤里的"奇怪,"和例⑥里的"有,"也都是分句。

为了使复句的各分句之间的逻辑联系更加显豁,复句中也常使用一些关联词语,特别在书面上,例如:

⑦ 美学不但与艺术发生联系,与其他学科也有着极大的关系。(科学 115)

⑧ 只要你们团结一致支持我和我的政府,我将会继续服务下去。(报 1995 年 8 月 21 日 8 版)

⑨ 新加坡虽然只是地球上的一个小黑点,但新加坡社会却不是单纯的,甚至还异常复杂呢。(华文教材 4A 51)

例⑦里的"不但"、例⑧里的"只要"、例⑨里的"虽然""但""甚至"就都是连接分句的关联词语。

关于复句,我们将在第 13 章做进一步的详细介绍。

＊　　　　＊　　　　＊　　　　＊

从第 1 章到第 4 章,我们介绍了语素、词、词组、句子以及词类这样一些最基本的语法概念。这四章内容,是我们进一步全面了解华

语语法所应具有的基本知识。在这里,还需强调说明几点:

1. 由于华语的句子构造原则与词组的构造原则基本是一致的,因此了解、掌握好华语的词组的构造规则就显得十分重要。第 2 章我们介绍了华语里五种最基本的词组,实际就介绍了华语里五种最基本的造句格式。对于这五种造句格式,读者一定要辨别清楚,而且要牢固而熟练地掌握。

2. 我们在讲词组的时候,立了主语、谓语、述语、宾语、补语、定语、状语、中心语等名称;在讲词类的时候又立了名词、动词、形容词、状态词等名称。需要注意的是,主语、谓语、宾语等是就词和词结合时发生的语法关系说的;而名词、动词、形容词等则是就词本身的语法性质说的。这二者不能混淆。不妨打个比喻。就我们人来说,某人是新加坡人,还是中国人,还是日本人,还是英国人,这都是就他的国籍来说的;而他在家对妻子来说是丈夫,对儿子来说是父亲,在学校里对学生来说他是老师,那都是就他与别人发生的人际关系说的。一个人的国籍,那是相对固定的;至于他是丈夫,还是父亲,还是老师,那是只有当他与不同的人发生人际关系时才能确定的。同样道理,一个词属于哪个词类,是属于名词还是动词,还是形容词,那是固定的;至于这个词在句中是主语还是谓语,还是宾语,那只有当它与别的词发生关系时才能确定。譬如一个动词,不管它在句中是做谓语,还是做主语,还是做宾语,它的动词性质是不变的。

3. 我们说词组的时候,不考虑它是独立的(成句),还是不独立的(不成句)。例如:

① 他不会写的字很多。

② 我知道他不会写。

③ 他不会写。

在例①、例②、例③中,"他不会写"都是一个词组,属于主谓词组。当它处于被包含状态(如在例①和例②中),它只是词组;当它处于单说地位(如在例③中),那么它就同时是个句子,我们就说这是一个由主谓词组加上句调实现而成的句子。

词组可以独立实现而成句子,一个词也可以独立实现而成句子。例如:

④ "谁?""我。""进来。"

⑤ "蛇!"王小姐突然惊呼起来。

上面句子里的"谁?""我。""进来。""蛇!"便都是句子,因为它们具备句子所有的一切条件。这种句子一般称为"独词句"。

第 5 章　主语和谓语

5.1　词组里同时并存的两种结构关系

从这一章开始，我们要进一步详细描写和说明各种词组。由于华语里各种词组都能独立实现为句子，也就是说，在华语里句子的构造原则和词组的构造原则基本是一致的，所以我们描写、说明各种词组，实际上也就描写、说明了华语句子的种种构造。

在描写、说明各种词组之前，有必要先跟大家谈一个问题，那就是关于词组里同时并存着两种结构关系的问题。

任何一个由实词和实词组合成的词组里，都毫无例外地同时并存着两种不同的结构关系——语法结构关系和语义结构关系。先看实例：

① 哥哥/正在游泳

② 苹果/已经吃了

③ 那衣服/很漂亮

例①、例②、例③，从语法结构关系看，它们都一样，前后两部分之间都是主语和谓语的关系；从语义结构关系看，它们则各不相同：例①"哥哥"和"游泳"之间是动作者（通常称为"施事"）与动作的关系，例②"苹果"和"吃"之间是受动者（通常称为"受事"）与动作的关系，例③"衣服"和"漂亮"之间则是事物与属性的关系。所谓语法结构关系,就是指词组的直接组成成分之间的语法关系,诸如主语和谓语之间的关系、述语和宾语之间的关系、定语和中心语之间的关系等;所谓语义结构关系,就是指词组里实词与实词之间的语义联系,诸如施事和动作的关系、受事和动作的关系、事物和属性的关系等。在由实词和实词所组合成的词组里总是同时并存着这两种结构关系,没有例外。

例①—③的实例还说明,同一种语法结构关系可以表示不同的语义结构关系。

再看几个实例:

④ 洗/衣服

⑤ 衣服/洗了

⑥ 洗的/衣服

例④、例⑤、例⑥都包含实词"洗"和"衣服",它们所形成的语法结构关系不同,是不同性质的词组——例④是述宾词组,例⑤是主谓词组,而例⑥是"定-中"偏正词组。但是,从语义结构关系看,它们却是相同的,都是动作("洗")与受事("衣服")的关系。

例④—⑥的实例,不仅再一次地说明在由实词和实词所组合成的词组里总是同时并存着语法结构关系和语义结构关系,而且还说明,同一种语义结构关系,可以根据表达的需要用不同的语法结构关系来表示。

以上所述,可归纳为以下三点:

A. 一个由实词和实词所组合成的词组里,总是同时并存着两种不同性质的结构关系——语法结构关系和语义结构关系。

B. 同一种语法结构关系可以表示不同的语义结构关系。

C. 同一种语义结构关系可以用不同的语法结构关系来表示。

在语法研究和语法教学中,明确树立上述观点是极为重要的。譬如说,下面我们就要谈到主语和谓语,这里就需注意不要把主语与动作的施事混为一谈。在华语里,动作的施事固然经常出现在主语位置上,但是能在主语位置上出现的不限于动作的施事。关于这一点,从下面的描写、说明中将会更清楚地体现出来。

5.2 华语里的主语和谓语

与英语相比较而言,华语里的主语可理解为说话的话题,谓语则可理解为对前面这个话题所做的陈述性说明。

5.2.1 主语

由于主语是话题,而话题所指范围可以很宽泛,所以在华语里,做主语的不限于一般名词。跟英语相比较而言,以下两种现象特别值得注意:

A. 表示时间、处所、方位的词语也能做主语,因为时间、处所、方位也能成为话题。例如:

① 去年发生了一件小事(寻庙78)

② 新加坡很热

③ 前面就是大海(短篇40)

英语里表示时间、处所、方位的词语一般不能做主语。上面这三个句子如果要译成英语,"去年""新加坡""前面"都不可能做主语。

B. 动词和形容词性词语也都能做主语,因为我们也可以拿行为动作或事物的属性做话题。例如:

④ 去是可以的

⑤ 成长是一种解放(青青21)

⑥ 勤或能补拙（渐行 50）

⑦ 骄傲不好

英语里动词、形容词都不能做主语。一般人可能受英语的影响，会认为华语里动词或形容词做主语后就转成名词了。其实不是那样。拿例④来说，"去"做主语后并未失去动词的语法性质，请看：

不去是可以的　　　　　（"去"受"不"修饰）

去英国是可以的　　　　（"去"带宾语）

去得晚一点是可以的　　（"去"带补语）

早去是可以的　　　　　（"去"受状语修饰）

他去是可以的　　　　　（"去"做谓语）

显然，"去"做主语后仍然是动词。应该看到，在华语里，做主语这是名词、动词、形容词的共性。

5.2.2　谓语

由于华语里的谓语可理解为对主语所做的陈述性说明，而这种陈述性说明的范围也可以很宽泛，所以在华语里做谓语的词语也不限于动词性词语。这也是跟英语不同的地方。举例来说：

A. 形容词和状态词性词语可直接做谓语，而不必加"是"。前者如：

⑧ 高山青，涧水蓝（△南风 91）

⑨ 天气冷（扶轮 52）

⑩ 心地善良（华文 157）

后者如：

⑪ 她脸色青青的（金狮奖（四）46）

⑫ 天空灰蒙蒙的（青青 79）

B. 主谓词组可做谓语。例如：

⑬ 我的技术你尽管放心好了(撞墙 80)

⑭ 冻咖啡一杯八角钱(梦 101)

以上是对华语里的主语和谓语最基本的认识。

5.2.3　主语和谓语的关系

还需指出的是,由于华语里的主语可以理解为话题,谓语可以理解为对前面的话题所做的陈述性说明,所以在华语里,即使是由动词性词语充任谓语的主谓句,主语和谓语的语义关系不一定是施事(即动作者)和动作的关系,而谓语在形式上可以没有什么区别。试比较:

⑮ a. 我给他了　　　　(主语是施事)

　　b. 书给他了　　　　(主语是受事)

⑯ a. 你切肉　　　　　(主语是施事)

　　b. 这把刀切肉　　　(主语是工具)

例⑮a 和例⑮b,其主语和谓语动词"给"的语义关系不同,但是它们的谓语完全相同,没有任何形式上的区别;同样,例⑯a 和例⑯b,其主语和谓语动词"切"的语义关系不同,但是它们的谓语也完全相同,没有任何形式上的区别。

还值得注意的是,由于华语里的主语可以理解为话题,谓语可理解为对前面话题所做的陈述性说明,因此,与英语相比较而言,华语主谓句的主语和谓语之间的关系相对说来比较松懈。这突出表现在:

A. 主语常常可以省略。正因为这样,所以华语里的非自足的非主谓句,即不完全主谓句特别多。

B. 主语和谓语之间可以有停顿,有时还可以加进一个语气词。例如:

⑰ 他，以赞许的微笑表示同意。(撞墙 19)

⑱ 我们两个，一定会参加！(梦 112)

⑲ 你的父母，是种田的吗？(跳舞 14)

⑳ 弟弟呢，和他正好相反。(狮子 72)

㉑ 我啊，吃了。(华韵 43)

C. 主语和谓语可以易位。例如：

㉒ 说话呀，你！(跳舞 72)

㉓ 怎么啦，你？(狮子 98)

㉔ 不要乱说啦，你。(想飞 124)

㉕ 干什么呀，你？(吾土·戏剧 189)

例㉒"说话呀，你！"就是"你说话呀！"的意思。余者类推。注意，易位后置的主语必须轻读。

5.3　体词性主语

为了语法研究和语法教学的需要，一般将实词中的名词、区别词、数词、量词合在一起，称为体词，而将实词中的动词、形容词、状态词合在一起，称为谓词。代词中，人称代词，指示代词里的"这""那""这里""那里"，疑问代词里的"谁""什么""哪里""多少""几"都归入体词；指示代词里的"这样""那样""这么""那么""这么样""那么样"以及疑问代词里的"怎样""怎么样"都归入谓词。体词与谓词的不同主要表现在：(1)体词一般不能做谓语，谓词则一般能做谓语；(2)体词一般不受副词的修饰，而谓词都能受副词的修饰。跟体词、谓词相应，我们把词组也分成体词性词组和谓词性词组。体词性词组包括"定-中"偏正词组、由名词性词语组成的联合词组以及"的"字结构；

谓词性词组包括"状-中"偏正词组、述宾词组、述补词组、主谓词组
以及由动词性词语、形容词性词语或状态词性词语组成的联合
词组。

　　这里先介绍体词性词语做主语的情况。

5.3.1　名词一般都能做主语①

①　温朵朵站在床边(跳舞 22)

②　姐姐不同意(太阳 68)

③　鸟会飞(独上 75)

④　风小了(怀旧 34)

⑤　思路不清(文艺 25)

需要指出的是,无论书面语或口语中,单个名词做主语的概率比名词
性词组做主语的概率要低得多,换句话说,在实际交际中,更常见的
是名词性词组做主语,这包括两种情况:

　　A．"定-中"偏正词组做主语。例如:

⑥　许多新加坡人都看过李连杰主演的《少林寺》影片(平心 118)

⑦　尼泊尔人的主要燃料为木材(南北 5)

⑧　儒家理论是一套中国古代传下来的做人的道理(伦理·中三 1)

⑨　池塘里的水是活水(晚上 77)

⑩　美妙的声音能把人吸引住(万花筒 32)

　　B．名词性联合词组做主语。例如:

⑪　被褥、枕头、床单黏黏腻腻地堆在一起(万花筒 24)

⑫　父子、兄弟、夫妇,是属于家庭以内的人际关系(伦理·中三 90)

⑬　振威和忠浩,靠墙而坐(狮子 83)

---

①　在华语中,不能做主语的名词极少,最典型的是由表示动作的单音节语素加上后
缀"头"形成的名词,如"吃头、想头、看头"等,这种名词只能做宾语(如"没有什么吃头""这
有什么看头")。

⑭ 邓文茵和几位女孩子负责剥虾(跳舞 82)

⑮ 思秋、穆朗、政生都比自己强(金狮奖 92)

5.3.2　名词性"的"字结构相当于一个名词,常做主语

⑯ 男的死了(笑眼 145)

⑰ 他跳的是霹雳舞(跳舞 12)

⑱ 雄的,尾巴较长(壁虎 62)

⑲ 穿的吃的,哪样缺你(△含羞草 9)

⑳ 面对我的、欢迎我的,只有四面白墙(△南风 12)

"有的"也是"的"字结构,由它做主语形成的主谓句表示分述,因此往往不止一个。例如:

㉑ 稻田的颜色,深浅不一。有的土黄色,有的浅褐色,有的暗灰色。(八方 21)

㉒ 没有浴室,冲凉成了大问题,有的到朋友家去冲,有的去澡场。(怀旧 14)

5.3.3　表示时间、处所、方位的词语也能做主语

㉓ 九月一日是教师节(平心 90)

㉔ 纽约是个艺术之都(怀旧 71)

把例㉓和例㉔里的时间词、处所词看作主语,大家都会接受。需要指出的是,例㉕—㉚里的时间词、处所词和方位词语也是主语:

㉕ 星期天不做工(石头 124)

㉖ 今晚我喝了点酒(梦 6)

㉗ 远处又传来子弹的呻吟(无弦月 11)

㉘ 门外,站着一名个子瘦长的青年(跳舞 2)

㉙ 玫瑰丛中有多名采花人(石头 139)

㉚ 窗外下着大雨

把这些表示时间、处所、方位的词语看作主语,有两点理由:

A. 它们在句中都可以看作话题,拿例㉖来说,"今晚"是话题,"我喝了点酒"是对"今晚"做陈述性的说明。其余各例都可这样理解。

B. 在它们后面都可以插入"是不是"转化为疑问句式,而这是主谓关系不同于其他语法关系的地方,请看:

㉕′星期天不做工→星期天是不是不做工?

㉖′今晚我喝了点酒→今晚是不是我喝了点酒?

㉗′远处又传来子弹的呻吟→远处是不是又传来子弹的呻吟?

㉘′门外站着一名个子瘦长的青年→门外是不是站着一名个子瘦长的青年?

㉙′玫瑰丛中有多名采花人→玫瑰丛中是不是有多名采花人?

㉚′窗外下着大雨→窗外是不是下着大雨?

5.3.4　人称代词等体词性代词也经常做主语

㉛ 我知道你的家境不好(华文教材 1A 90)

㉜ 她还是那么美(梦 47)

㉝ 你不要介意(变调 48)

㉞ 我们一点儿也不知道(女儿 39)

㉟ 他们不懂英文(风筝 12)

㊱ 大家都在卖(金狮奖 136)

㊲ 这正是文学万古长青的因素(文艺 136)

值得注意的是,在华语中由人称代词带定语所形成的"定-中"偏正词组也常常做主语。这是新加坡华语语法的一个特点。例如:

㊳ 饿得肚子呱呱叫的他,只那么几口就吃完了。(恶梦 121)

㊴ 目前育有一个 3 岁女儿的他说:"……"(报 1995 年 3 月 10 日 6 版)

㊵ 作为义顺中组屋区居民的我,向这些荣获最佳安全住家称号的住户表示敬意。(报 1995 年 4 月 19 日 8 版)

㊶ 比他年轻了将近十岁的她,看起来却分明像他的姐姐。(恶魔 44)

㊷ 身为主办国的我们,将来就永没机会争取到冠军和亚军的荣誉了。(风
筝 53)

人称代词带定语,这是受英语语法影响的结果。中国普通话里很少
有这样的用法。

5.3.5　数词可以做主语

A. 用于算式,例如:

㊸ 八加二(是十)|八乘以二(是十六)|八除以二(是四)

例㊸里的"八加二""八乘以二""八除以二"都属于主谓词组,其中的
"八"都是主语。

B. 用于说明大小位数之间的关系,例如:

㊹ 六万就是六十千(撞墙 26)

C. 作为数量词的省略形式,例如:

㊺ 四十是人生的开始(八方 82)

㊻ ("这顿饭花了多少钱?""花了二十元。")"二十不多啊!"

例㊺里的"四十"实际是指"四十岁",例㊻里的"二十"实际是指"二十
元"。需要注意的是,在这种用法中,数词不能是一个单音节数词,例
如"七元不多啊"就不能省略成"＊七不多啊"。

5.3.6　数量词可以做主语

量词虽然属于体词,但不能做主语。量词与数词组合成的数量
词则能做主语。例如:

㊼ 万里犹如咫尺(华文教材 3B 21)

㊽ 一美元可换一万兹罗提("兹罗提"是波兰货币单位——引者注)　(石
头 64)

㊾ 一公斤才卖二十二里瓦("里瓦"是保加利亚货币单位——引者注)
(石头 124)

㊿ 五毛行吗?("五毛"指五毛钱——引者注)　(短篇 37)

5.3.7 区别词很少做主语，但有例外

区别词虽然是体词，但在书面上很少有做主语的。在华语口语里，有时能听到区别词做主语的语句。例如：

(51) （肝炎，）急性好治，慢性难治。

(52) 男女同工同酬了（华文教材 2A 156）

例(51)区别词单独做主语，例(52)由区别词组成的联合词组做主语。这里有两点需要注意：一是能做主语的区别词只限于成对的区别词；二是区别词做主语在意义上都转指事物。例(51)是说“急性肝炎好治，慢性肝炎难治”；例(52)是说“男人和女人同工同酬了”。

5.4 谓词性主语

5.4.1 动词和形容词性词语做主语

在 5.2 节已经指出，华语里的动词和形容词性词语都能做主语，这里不妨再举些实例：

① 修养品德，是每个人应该做的事（伦理・中三 44）

② 学走象棋，始于两年前

③ 搬家已经快三年了（壁虎 23）

④ 写字可以修身（渐行 50）

以上是动词性词语做主语的例子。下面是形容词性词语做主语的例子：

⑤ 兴奋，那是一种难以言喻的开怀（渐行 15）

⑥ 生气是浪费时间和精力（报 1995 年 8 月 21 日 6 版）

⑦ 恐惧、惊慌、失望与不安，使许仙在台上团团转（华文教材 2A 208）

5.4.2 状态词做主语

现在说说状态词做主语的问题，在谈这个问题之前，还需对状态

词做一些补充说明。状态词实际上有两小类,一类是不带"的"的,如
3.6 节所介绍的;一类是带"的"的。带"的"的状态词包括以下几种
情况:

A. 不带"的"的状态词 ＋"的",如:

　　碧绿的　雪白的　通红的

　　红通通的　绿油油的　黑漆漆的　冷冰冰的

　　糊里糊涂的　马里马虎的　肮里肮脏的　灰不溜秋的　黑咕隆咚的

B. 形容词重叠式①＋"的",如:

　　好好的　慢慢的　高高的　大大的

　　干干净净的　清清楚楚的　端端正正的

C. 双音节状态词重叠式 ＋"的",如:

　　碧绿碧绿的　雪白雪白的　通红通红的

在新加坡华语里,我们未发现状态词做主语的实例,不管带"的"不带
"的"的,至少在书面上是这样。在中国普通话的口语里,"那/这 ＋
带'的'的状态词"所形成的偏正词组可做主语,例如:

⑧ 那胖乎乎的是阿毛

⑨ 这黑不溜秋的是什么?

⑩ 那黄灿灿的叫油菜花

⑪ 这黑乎乎的能吃吗?

在新加坡华语里未发现有这样的用法。

5.4.3　主谓词组做主语

⑫ 你母亲骂你也是为了你好(狮子 66)

⑬ 他待人和蔼可亲(华文教材 1A 166)

⑭ 她去比较合适

---

① 在新加坡华语里,形容词重叠式,从语法功能上看,也应属于状态词。

⑮ 人算不如天算(怀旧 90)

⑯ 子良到新加坡来求学也有两年了(大胡子 73)

关于谓词性主语,还需说明两点:

一是谓词性词语做主语的概率远远低于体词性词语做主语的概率。

二是谓词性词语做主语时,谓语往往都带有评判性。

5.5　动词性谓语

上面介绍了华语主语的情况,这一节开始介绍谓语的情况。现在先介绍动词性词语做谓语的情况。

一般以为动词能随便做谓语,其实不然。在整个现代汉民族共同语里,包括华语在内,动词单独做谓语要受到很大限制,很不自由。相当数量的动词根本就不能单独做谓语,非得同别的词语组合后才能做谓语。例如:

安慰:他安慰我|我去安慰(＊我安慰)

告诉:我告诉他|我告诉了(＊我告诉)

企图:他企图逃跑(＊他企图)

避免:事故避免了|我避免跟他争吵(＊事故避免|＊我避免)

合乎:这样做合乎情理|这合乎规定吗?(＊这样做合乎|＊这合乎)

有相当数量的动词虽然能单独做谓语,但由此形成的主谓词组要实现为句子,也需受到语义上的限制,具体说那些动词也只在下列三种情况下才能单独做谓语:

A. 表示意愿,如:

我去　我说　他吃

B. 表示对比,如:

我买(我不是不买)　牛肉吃(羊肉不吃)

C. 表示祈使,如:

您坐　大家请

由于动词单独做谓语要受到限制,所以常见的是动词性词组做谓语。以动词"写"为例,在"写"的前后加上些别的词,做谓语就自由了。请看:

我没有写　　　　我写了

我正写呢　　　　我写过

我不写　　　　　我写好了

我刚写　　　　　我写得很慢

我常写　　　　　我写了一封信

我能写　　　　　我写不好

……

以上这些主谓词组就都能较自由地实现为句子。

动词性词语做谓语时,不要以为做主语的一定是动作的施事(即动作者)。实际上动词性词语做谓语时,主语与谓语在语义上的联系是多种多样的。请看:

施事(动作者):警察来了(石头 65)

受事(受动者):会考成绩公布了(撞墙 3)|奖杯失去了(渐行 41)

行为动作凭借的工具:这把刀切肉|这种电炉不能炒菜

与事(事物转移过程中的取得者):他分了三公斤苹果

处所:外面正在下雨|车上已几乎坐满了搭客(短篇 16)

时间:下午小组讨论|晚上欣赏南曲演唱(壁虎 47)

……

这说明同一种语法结构关系可以表示不同的语义结构关系。

5.6 由"是……"充任的谓语

从语法功能上看,"是"属于动词,由"是……"充任的谓语也是动词性谓语。但它有些特殊性,所以单独提出来谈谈。

5.6.1 "是"的特殊性

"是"是动词,但与一般动词不同。第一,它只受"不"的否定(如"不是"),不受"没有"的否定(不说"＊没有是");第二,后面不能带动态助词"了、着、过";第三,后面不能带补语。

5.6.2 "是"的用法

"是"的用法可分以下四点来谈:

1. 单独成句。或表示应诺,或表示肯定。例如:

① "你就特别多嘴,没问你,你给我安静!"

"是,生。……"(追云 45)

② "我一飞开,你就可动手了。"

"是,是,我就来试试看吧!"(追云 116)

③ "她没和你们一起住?"

"是。她自己租了一个房子。……"(金狮奖 79)

④ "请问这儿是罗永健的家吗?"

"是。"(狮子 147)

例①、例②里的"是"表示应诺,例③、例④里的"是"表示肯定。表示肯定时,"是"后面常带"啊"或"的",例如:

⑤ "免费?"

"是啊!……"(金狮奖 112)

⑥ "她,就是张妈吧!"王邦富问。

"是的……"(短篇 82)

2. 单独做谓语。"是"很少单独做谓语,只在口语对话中偶见,都含有对比意味。例如:

　⑦ "你们都是南大学生?"

　　"他们是,我不是。"

3. "是+谓词性词语"做谓语。这又可分两种情况:

　A. 表示对比,自然重音在"是"后面的谓词性词语上。例如:

　⑧ 今天的辩题是谈生产力和经济发展问题,(不是谈什么社会问题、教育问题。)(华文教材 2B 122)

　⑨ 你妈妈是为你好啊!(撞墙 25)

例⑨虽然没有表示对比的下文,但包含有对比的意思:你妈妈不是为别的目的。

　B. "是"起强调的作用,自然重音在"是"字上。例如:

　⑩ (是,)你是比我大五岁,(但我并不介意……)(再见 40)

　⑪ 这么复杂的问题,是不容易一下子弄清楚。(报 1995 年 6 月 17 日 8 版)

在这种用法里,"是"前常常带副词"的确",例如:

　⑫ 我的确是结过婚了。(撞墙 39)

4. "是+体词性词语"做谓语。这是最常见的用法。例如:

　⑬ 这位是杨铭。(金狮奖 69)

　⑭ 宝真是大姐。(金狮奖(四) 23)

　⑮ 这是你孩子的成绩。(再见 62)

　⑯ 他是跑得最卖力的一个。(牛车水 29)

　⑰ 九月一日是教师节。(平心 90)

"是……的"也经常做谓语,例如:

　⑱ 这桌子是木头的。

　⑲ 我是她领养的。(跳舞 140)

　⑳ 你的父母是种田的吗?(跳舞 14)

例⑱—⑳实际上"是"后面都是一个名词性的"的"字结构,所以这些例句也属于"是＋体词性词语"做谓语一类。由此形成的主谓句一般称为"是"字句。

　　"是"还有一些特别的用法,将在 5.14 节介绍。

5.7　形容词性谓语

　　在华语里,形容词单独做谓语往往含有对比的意味,并带有判断性。例如:

　　① 内地天气冷,不像这里,您要多披几件衣服。(扶轮 52)

　　② 油和水重量不一样,油轻,水重,所以油浮在水面上。

有时表示对举,例如:

　　③ 见闻广博,知识丰富。(伦理·中三 111)

　　④ 政治稳定,经济繁荣(华文教材 2A 8)

　　⑤ 新加坡是一个蕞尔小国,国土小,人口也少。(华文教材 4B 1)

　　⑥ 这种橘子,皮薄,汁多,而且很甜。

所以,如果不表示比较、对比的意思,形容词做谓语时,它前后总要加些别的词语。例如:

　　⑦ 这本书太厚了。(金狮奖 99)

　　⑧ 车轮特别大。(一心 47)

　　⑨ 人多残忍!(怀旧 20)

　　⑩ 黑海不黑。(石头 138)

　　⑪ 各科都好。(△含羞草 11)

　　⑫ 你还忙得很呢!(微型 56)

或者用联合词组做谓语,例如:

　　⑬ 她愚昧而可怜。(短篇 32)

　　⑭ 气氛热烈而融洽。(壁虎 50)

⑮ 它整洁而又明亮,雅丽而又恬静。(石头 38)

　形容词也常常带上"了"做谓语,含有变化的意思。例如:

⑯ 天黑了。(太阳 111)

⑰ 我老了。

这里的"黑了""老了"是"已经黑了""已经老了"的意思。有时含有过分的意思,例如:

⑱ 你买的虾贵了,(我买的便宜。)

⑲ 这块木板长了,(要锯掉些。)

这里的"贵了""长了"是"太过贵了""太过长了"的意思。

　　由于形容词单独做谓语含有对比的意思,所以当我们要说明某种事物具有某种性质,而又不是与他事物进行比较时,往往要在形容词前加个"很"。譬如有人拿着一幅画问你:"这幅画怎么样?"如果你认为这幅画可以称得上好,但又不认为它比别的画好,那么你就可以回答说:"这幅画很好。"这里的"很"实际不表示程度高,这个"很"得轻读。这是"很"的弱化用法。

　　新加坡华语由于受英语的影响,形容词做谓语时,前面常常用"是",例如:

⑳ 内心是踏实与饱满,脚步是健朗与轻快。(青青 27)

㉑ 五六十年代,市区中心的房屋,一般上是拥挤、杂乱和陈旧。(风筝 139)

㉒ (我认为)这是很不公平。(报 1995 年 4 月 5 日 18 版)

中国普通话里没有这样的用法。

5.8　状态词性谓语

　状态词常常单独做谓语,例如:

① 脸色煞白(跳舞 11)

② 她双颊红红的（跳舞 107）

③ 全身红艳艳的（冰灯 31）

④ 灯光明晃晃的（独上 27）

⑤ 第一讲堂空荡荡（牛车水 126）

⑥ 星星稀稀落落（短篇 29）

状态词单独做谓语时，不像形容词单独做谓语那样含有对比的意思。我们说"他个子高"，意味着别人个子矮；可是说"他个子高高的"，就不含有比较的意思。再有，形容词单独做谓语带有判断性，状态词做谓语则带有描写性。

　　状态词可分带"的"和不带"的"两小类（见 5.4 节）。一般说带"的"的状态词做谓语更自由。

　　在中国普通话里，双音节形容词重叠式是状态词，可以单独做谓语（如"那房间干干净净"）；单音节形容词重叠式则不是状态词，所以不能做谓语。根据朱德熙（1961）的研究，中国普通话里的单音节形容词重叠式从语法功能上看，可分为 A、B 两类：A 类能单独做状语，也只能做状语，所以是副词性的。例如：

好好：～学习｜～工作（＊身体好好｜＊衣服叠得好好｜＊好好衣服）

高高：～举起｜～翘起（＊那楼房高高｜＊鸟飞得高高｜＊高高宝塔）

大大：～提高生活水平（＊那西瓜大大｜＊字写得大大｜＊大大球）

类似的如"慢慢、快快、远远、轻轻"等。B 类则是非词，即不成词，它们不能做任何句法成分，如"热热、红红、扁扁、胖胖、瘦瘦"等。值得注意的是，不管 A 类还是 B 类，带上形容词后缀 de（书面上写作"的"或"地"——状语位置用"地"，其他位置用"的"）以后，就都转化为状态形容词了，就都能做状语、谓语、补语、定语了。试以"好好的、高高的"和"热热的、红红的"为例：

好好 de：～地学习〔状语〕　　　　　　身体～的〔谓语〕

　　　　 衣服叠得～的〔补语〕　　　　　～的衣服〔定语〕

高高 de:～地举起〔状语〕　　　　那楼房～的〔谓语〕

　　鸟飞得～的〔补语〕　　　　　　～的宝塔〔定语〕

热热 de:～地喝了杯茶〔状语〕　　　那茶～的〔谓语〕

　　水烧得～的〔补语〕　　　　　　～的咖啡〔定语〕

红红 de:～地抹了一脸〔状语〕　　　那枫叶～的〔谓语〕

　　炉火把她的脸映得～的〔补语〕　～的太阳〔定语〕

所以,在中国普通话里,单音节形容词重叠式是不能够不带上 de(书面上写作"的")而直接做谓语、补语、定语的,它一定得带上 de 转化为状态词之后才能做谓语、补语和定语。而新加坡华语里,单音节形容词重叠式跟双音节形容词重叠式一样是状态词性的,所以可以直接做谓语。例如:

⑦ 养病回来,少奶奶就老不高兴,整日脸黑黑……(风雨 27)

⑧ 他鼻梁高高,嘴唇微翘,像一尊美丽高雅的石膏像。(吾土·小说上 156)

⑨ 她眉毛弯弯,双眸圆圆。(跳舞 120)

⑩ 女同学头低低,男同学脸红红,没有一个敢出一声。(花雨 22)

⑪ 落地长窗外,天鹅河狭狭、长长、静静。(大胡子 89)

5.9　主谓谓语

"主谓谓语"是指由主谓词组充任的谓语。请看:

那几个人　我　已经给安排了工作
　1　　　 ——　　 2　　　　　　　(主谓)
　　　　　 3　　　 4　　　　　　　(主谓)

一般将整个句子的主语(如上例里的"那几个人")称为"大主语",将做谓语的主谓词组里的主语(如上例里的"我")和谓语(如上例里的"已经给安排了工作"),分别称为"小主语"和"小谓语"。下面所举的都是主谓词组做谓语的实例：

① 剩下的,你得把它吃完。(跳舞 52)|最小的儿子,父母都比较痛爱。(晚上 27)|漫画我最欣赏。(笑眼 218)

② 我天性好动。(冰灯 46)|我记忆力不好。(跳舞 79)|我们三个人性格不同。(梦 13)|我和克塞鲁,感情一直很好。(石头 9)

③ 八个,一个也没剩。(金狮奖 207)|原来的旧房子,一间都没有了。(报 1995 年 8 月 17 日副刊 12 版)

④ 冻咖啡一杯八角钱。(梦 101)|鸡蛋一块钱十粒。

⑤ 今晚我不买香皂了。(风雨 14)|晚上,天气转冷。(金狮奖 137)|今年,我十七岁。(撞墙 2)

⑥ 喜欢文学,那是我选择自我充实与自我提升的方式。(渐行 88)|我的另一位女友,那是当时在广州图强医院当护士的黄小姐。(痕迹 80)

例①小主语和大主语之间有施事和受事的关系;例②大主语和小主语之间有隶属关系;例③大主语和小主语之间是整体和部分的关系;例④大主语指事物,小主语是数量词,小谓语或是数量词,或包含有数量词,整个格式强调说明大主语所表示的事物的价值;例⑤大主语表示时间;例⑥小主语复指大主语。

有时由几个主谓词组组成的联合词组充任谓语,这种谓语也属于主谓谓语。例如：

⑦ 她人小声大。(金狮奖 135)

例⑦"她人小声大"该分析为：

```
她 人 小 声 大。
1 ―――2―――        (主谓)
    ―――3――4――    (联合)
    ―5―6―7―8―    (5-6 主谓;7-8 主谓)
```

相对于英语来说,主谓词组能做谓语,这是包括新加坡华语在内的现代汉民族共同语语法特点之一。

5.10　体词性谓语

5.10.1　数量词做谓语

体词性词语中最能做谓语的是数量词。

1. 做主语的是名词性词语,数量谓语一般说明事物的数量。例如:

① 鸭子两只。(微型 5)

② 妻妾六个。(青青 18)

③ 旧诗四首,散文两篇。(△中国作家 50)

④ 罹难报人 6 位,占 20%。(沦陷 12)

⑤ 女朋友一大堆。(追云 14)

如果做谓语的数量成分表示钱数,那么数量谓语一般说明事物的价钱。例如:

⑥ 三文治三块钱。(梦 101)

⑦ 一等花每朵 15 元,二等花 10 元,三等花 5 元……(沦陷 17)

2. 做主语的是指人的名词性词语或人称代词,数量谓语表示年龄。例如:

⑧ 他十四岁。(狮子 68)

⑨ 宝晴、宝华才十七岁。(金狮奖(四)22)

⑩ 男的才十九岁,而女的十七岁。(石头 6)

⑪ 我已经十六岁了。(短篇 70)

3. 做主语的也是数量成分,整个格式含有"每"的意思。例如:

⑫ 一晚三四十元吧。(金狮奖 224)

⑬ 一毛钱一碗。(梦 26)|十元两块,二十元五块。(风雨 13)|十个法朗一支。(怀旧 17)

⑭ 一包一块钱。(华文教材 2A 28)|三件十块。(△南风 7)

⑮ 两个星期一次。(鞭子 30)

例⑫"一晚三四十元"就是"每晚挣三四十元"的意思。这里要提醒大家注意例⑬和例⑭的区别:例⑬是钱数在前(做主语),表示"买"的意思,"一毛钱一碗"等于说"一毛钱买一碗";例⑭是钱数在后(做谓语),表示"卖"的意思,"一包一块钱"等于说"一包卖一块钱"。

有时,做主语的直接由"每＋数量词"这样的数量成分充任,这时表示"每"的意思更加明显,例如:

⑯ 每一包二十本。

⑰ 每年二千元。(短篇 10)

⑱ 每星期两次。(怀旧 10)

4. 做主语的是往大里说的表示量度的形容词(如"高、宽、重、长、深"等)。例如:

⑲ 高 1.45 米(万花筒 33)

⑳ (这条水沟)宽二十多呎(壁虎 61)

㉑ 重三十公斤

㉒ 长约一寸(壁虎 62)

㉓ 深约二公尺(晚上 76)

注意:做谓语的数量词中的量词只限于表示度量衡单位的量词,如例⑲—㉓中的"米""呎""公斤""寸"和"公尺"都是表示度量衡单位的量词。

5.10.2 名词性词语做谓语

名词性词语也可以做谓语。书面上少见,而且书面上的名词谓语句大多含有描写性。例如:

㉔ 窗外,响晴的蓝天。(怀旧 24)

㉕ 屋外,很好的阳光。(太阳 38)

名词性谓语在口语中比较多,但要受到些限制。比较常见的有:

1. 说明人的籍贯或容貌特征的名词性词语做谓语,做主语的是指人的名词或人称代词。例如:

㉖ 他广东人。

㉗ 杜运燮,福建古田人。(△中国作家 143)

㉘ 那孩子黄头发。

2. 表示日期、节令,或说明天气的名词性词语做谓语,做主语的通常是表示时间的名词。例如:

㉙ 今天星期三。

㉚ 八月十五中秋节。

㉛ 昨天阴天,今天晴天。

3. 单个名词做谓语,做主语的是一个通常由主谓词组形成的"的"字结构,而做谓语的名词在意念上一定是"的"字结构里那个谓语动词的受事(即受动者)。例如:

㉜ 我买的榴梿,他买的山竹。

㉝ 我说的心里话。

㉞ (他呀,)吃的山珍海味,住的高楼大厦。

孤立地看,"我买的榴梿""我说的心里话""吃的山珍海味""住的高楼大厦"都有歧义,如例㉜"我买的榴梿",它既可被看作主谓关系,这时表示"我买的是榴梿"的意思;它又可被看作"定-中"偏正关系,这时表示"我所买的榴梿"的意思(如在"我买的榴梿好吃"里的"我买的榴梿"就是一个"定-中"偏正词组)。余者类推。

4. "的"字结构也常做谓语。例如:

㉟ 我从山城来的。(风雨 36)

㊱ 李子酒自酿的。(石头 5)

㊲ 这篇文章抄别人的。

㊳ 那批货假的。

例㉟"我从山城来的"就是"我是从山城来的"的意思，"从山城来的"
是"的"字结构，在这里做谓语。余者类推。

5.10.3　体词性谓语的主谓句

体词性谓语的主谓句，大多可看作由动词性谓语句省略动词而
转化来的，证明是，它的否定式一定要加入一个动词性词语，通常是
加"不是"。例如：

①′ 鸭子两只。　　　→　鸭子不是两只。

⑧′ 他十四岁。　　　→　他不是十四岁。

⑫′ 一晚三四十元。　→　一晚不是三四十元。

⑯′ 每一包二十本。　→　每一包不是二十本。

⑲′ 高 1.45 米。　　　→　高不是 1.45 米。

㉖′ 他广东人。　　　→　他不是广东人。

㉘′ 那孩子黄头发。　→　那孩子不是黄头发。

㉙′ 今天星期三。　　→　今天不是星期三。

㉛′ 昨天阴天。　　　→　昨天不是阴天。

㉜′ 我买的榴梿。　　→　我买的不是榴梿。

㉟′ 我从山城来的。　→　我不是从山城来的。

因此也可以把这种体词性谓语看作准体词性谓语。

5.11　施事主语句

从这节开始，我们将从语义的角度介绍三种最常见的句式。这
一节先介绍施事主语句。

施事主语句是动词谓语句(见 4.3 节)中最常见的一种句式。一
个句子的主语如果在意念上是谓语动词的施事(即动作者)，这种句

子便叫"施事主语句"。例如：

①　我画了一个球。(△含羞草 49)

②　师傅又作了一个手势。(狮子 4)

③　她喜欢里头的蜡烛。(梦 98)

④　潘先生终于接受了我的请求。(痕迹 115)

⑤　我们结婚。(跳舞 42)

　施事主语句的基本格式是：

$$\underset{1}{\text{名词(施事)}}+\underset{\underset{3}{\underline{\quad}}}{\underset{\text{动词}}{}}+\underset{\underset{4}{\underline{\quad}}}{(\text{名词(受事)})}\quad\begin{matrix}(\text{主谓})\\(\text{述宾})\end{matrix}$$

谓语动词如果是个及物动词，动词的受事通常在谓语动词后出现，如例①—④；如果是个不及物动词，谓语动词后边当然就没有名词出现，如例⑤。但是，在华语里，谓语动词的受事也可以因为已在上文出现而省略，这是与英语很不同的地方。例如：

⑥　佩娟：我可以借用你的钢笔吗？

　　丽珍：我今天没带来。(华文教材 1A 66)

因为"钢笔"已见于佩娟的问话，所以丽珍的答话里就省了。

　施事主语句里，谓语动词的受事一般不能放在动词前边，得放在动词后边做宾语，如例①—④。但如果那受事是表示周遍意义的，那么得放在动词前，这时动词前要有副词"都"或"也"。例如：

⑦　你什么都不要想。(独上 81)

⑧　他索性什么也不想。(牛车水 31)

⑨　他一个字也听不进。(华韵 46)

例⑦、例⑧里的"什么"就是"任何事情"的意思，例⑨里的"一个字"就是"所有话"的意思，都含有周遍意义。它们都是后面谓语动词的受事。

　如果谓语动词的受事不是表示周遍意义的，但又由于语法上的

原因不允许放在谓语动词后边,那么可以采取以下两种语法手段将那受事成分置于谓语动词之前:

A. 用介词将受事成分置于谓语动词之前。例如:

⑩ 我把你打得都流血了。(撞墙 67)

⑪ 妈妈终于把钱接了下来。(太阳 68)

⑫ 谁把死猫死狗也丢进垃圾槽?(万花筒 24)

B. 重复使用谓语动词,让受事成分作第一个动词的宾语。例如:

⑬ 姐姐管她管得好严。(风雨 15)

⑭ 你以前跳舞跳得十分好。(吾土·小说上 89)

例⑬这类句子在结构上该分析为:

```
姐姐    管   她    管得好严。
  1    ——————    ——————      (主谓)
          3            4          (主谓)
        ————  ————                (述宾)
          5    6
```

5.12　受事主语句

受事主语句也是动词谓语句中的一种。一个句子的主语如果在意念上是谓语动词的受事,这种句子便叫"受事主语句"。

根据谓语动词的施事在句子里出现与否,可将受事主语句分为以下两小类:

一类是施事在句中出现(置于受事主语之后,谓语动词之前)。例如:

① 上个月借给你的那本《外星人》,我哥哥也想看。(华文教材 1A 28)

② 漫画我最欣赏。(笑眼 218)

③ 饭菜我弄好了。(狮子 5)

④ 这一点我知道。（万花筒 59）

⑤ 你被他欺侮了？（金狮奖 169）

　　另一类是施事不在句中出现。例如：

⑥ 小河不见了。（报 1995 年 8 月 17 日副刊 12 版）

⑦ 款子领了没有？（笑眼 54）

⑧ 屋里的一些贵重的东西都搬走了。（△南风 53）

⑨ Mr.麦就交给你啦。（根据上下文，这句话的原意是"就把 Mr.麦交给你啦"——引者）（追云 15）

⑩ 她被推倒。（万花筒 38）

　　受事主语句有两个特点，一是主语都是有定的，以上各例无一例外；二是谓语都是复杂的，即不能是一个单个的动词。

　　在英语里，主动句与被动句在语法上是对立的，其谓语各有形式标志。华语里的被动句不一定有形式标志，受事主语句就是被动句。因此，在华语里主动句与被动句在形式上可以完全一样，试比较：

⑪ 我吃了。

⑫ 鸡蛋吃了。

例⑪是主动句，"我"和"吃"之间是施事和动作的关系；例⑫是被动句，"鸡蛋"和"吃"之间是受事与动作的关系。它们的谓语在形式上完全一样，都是"吃了"。

　　有的被动句里也有表示被动的词，像"被"等，如上面所举的例⑤、例⑩。但是所占的比例很小，而且这些被动句大多含有不如意的意思。试比较：

⑬ 汽车撞坏了。

⑭ 汽车修好了。

例⑬、例⑭都是被动句，例⑬表示不如意的意思，所以可以加进一个"被"，说成：

⑬′ 汽车被撞坏了。

例⑭含有如意的意思,就不大能加进"被",加了"被"就变得很别扭,请看:

⑭′ ＊汽车被修好了。

5.13　周遍性主语句

周遍性主语句是指主语以一定形式强调其所指具有周遍意义的一种主谓句。例如:

① 任何人都要遵守国家的法令。

② 个个都意气风发,斗志昂扬。

例①"任何人"是指一定范围内的所有人,例②"个个"也是指一定范围内的所有人,它们都含有周遍意义。不过它们还有些区别,例①的周遍意义是通过词汇手段(用"任何")来表示的,周遍意义从字面上就能看出来;而例②的周遍意义是通过一定的语法手段(重叠量词)来表示的,周遍意义从字面上看不出来。本节只谈用语法手段形成的周遍性主语句。

用语法手段形成的周遍性主语句可分为以下三小类:

A. 主语由表示任指的疑问代词或含有表示任指的疑问代词的名词性词语所充任。例如:

③ 什么都要,什么都买不成。(牛车水 76)

④ 什么都不想做,什么都不要想。(独上 81)

⑤ 谁也不能撤消死亡的注册证。(八方 142)

⑥ 谁都不爱听。(笑眼 86)

⑦ 做什么工作的人都有。

这里的疑问代词都不表示疑问,都表示任指。这类周遍性主语句,既有肯定形式,如例③的前一个分句和例⑦;也有否定形式,如例③的后一个分句和例④—⑥。在谓语部分一定有副词"都"或"也"。

　　B. 主语由名词或量词的重叠式或者含有名词或量词的重叠式的名词性词语所充任。例如:

　　⑧ 人人都中了彩。(笑眼 10)

　　⑨ 人人都说她是她母亲的翻版。(狮子 95)

　　⑩ 个个真情流露。(一心 125)

　　⑪ 个个都要经过这方面严格的训练。(独上 104)

　　⑫ 条条大路通罗马。

这类周遍性主语句很少用否定形式,谓语部分可以用副词"都",但未见有用"也"的实例。

　　C. 主语由数词为"一"的数量成分所充任。例如:

　　⑬ 一点味道也没有。(金狮奖 226)

　　⑭ 一点儿也不知道。(华文教材 1A 85)

　　⑮ 一个人影也没有。(怀旧 33)

　　⑯ 一分钱也没有。(青青 80)

　　⑰ (母亲)一滴泪也不流。(金狮奖(四) 11)

这类周遍性主语句只有否定形式,没有肯定形式。谓语部分常常用"也";但是也可以用"都",上面各例中的"也"都可以换成"都"而意思不变。

5.14　几种特殊的主谓句式

5.14.1　"动词(宾语)＋的＋动词(宾语)"

动词(宾语)＋的＋动词(宾语)
　　　1　　　　　　　2　　　　　(主谓)

这种主谓句式,主语是一个"的"字结构,这个"的"字结构由动词性词语加"的"形成,而"的"字结构里的动词性词语与后面做谓语的动词性词语同形(即是相同的动词性词语)。例如:

① 小屋里的人,走的走,死的死……(独上102)

② 布上的花花草草,笑的笑,摇的摇,全都灵活起来了。(独上107)

③ 他们大学毕业后,工作的工作,留学的留学,很少到书店里来了。(胜利43)

④ 车一停下来,人又逃难似的往上挤,追逐的追逐,拼命的拼命,好一幅人生百态。(微型49)

⑤ 一到周末,大家看电影的看电影,跳舞的跳舞,上歌房的上歌房,都尽情地娱乐一番。

这种主谓句式有两点值得注意:第一,都表示分述,意思大致相当于在5.3节里讲过的"有的……,有的……"句式,因此这种主谓句式都不单用,起码得连用两个。第二,这种句式里的动词性词语只限于单个动词或简单的述宾词组。下面这个例子很说明问题:

⑥ 人群继而起了一阵骚动,喊的喊,叫的叫;有的不停地挥动着拳头,有的踮起脚跟,拉长了颈项。(吾土·小说上183)

"喊""叫"都是单个动词,作者在这里就用了"动词+的+动词"的句式;"不停地挥动着拳头"和"踮起脚跟,拉长了颈项"都是复杂的动词性词语,所以作者在这里就用了"有的……,有的……"句式。

5.14.2 "X 是 X(了)"

$$\frac{\text{X}}{1} \text{是} \frac{\text{X(了)}}{2} \text{(主谓)}$$

在这种句式里,"是"前后的 X 同形(即"是"前"是"后是同一个词)。那 X 可以是动词,例如:

⑦ 有是有,只是,我学的不是那些。(微型2)

⑧ 听是听了,但是没听懂。

也可以是形容词,例如:

⑨ 腊肠狗好玩是好玩,却也给妈妈制造了许多的麻烦。(追云 7)

⑩ (那衣服)漂亮是漂亮,就是太贵了。

这种主谓句式表示让步,含有"虽然"或"尽管"的意思,后边一定跟着一个表示转折的分句。

5.14.3　"名词＋是＋名词"

$\underset{1}{\text{名词}}＋\underset{2}{\text{是＋名词}}$ (主谓)

在这种句式里,"是"前后的名词也是同形(即是同一个名词)。这种句式一般也不单用,常见的是两个连用,大多用来强调二者不同,是两码事。例如:

⑪ 嗨呀,文艺是文艺,生意是生意。(吾土·小说上 114)

⑫ 胡:……工会派代表来调查,他们会帮助我们的!

仁:工会是工会,同学是同学! 我帮助协丽是应该的啊!(吾土·戏剧 111)

⑬ "从前是从前,现在是现在;我爱你,安安。"当时我就差没跪下来。(想飞 134)

例⑪就是强调文艺与生意是不同的两码事。例⑫、例⑬都可做类似的理解。有时这种主谓句式用来描写说明各种事物放得都是地方,整齐而不紊乱。例如:

⑭ 书房里,书是书,报纸是报纸,杂志是杂志,摆放得整整齐齐。

第6章　述语和宾语

6.1　华语中的述语和宾语

6.1.1　华语里的述语和宾语跟英语里的动词和宾语情况有些不同

1. 在英语里只有名词性词语能做宾语,华语里则不限于名词性词语。名词性词语当然可以做宾语,例如:

① 学华文(风筝 61)

② 购买东西(平心 88)

③ 做其他的事情(华文 53)

数量词也能做宾语,例如:

④ 说了一句(金狮奖 135)

⑤ 笑了一声(万花筒 51)

⑥ 哭了三天三夜(梦 8)

谓词性词语也能做宾语,例如:

⑦ 想偷看(狮子 73)

⑧ 感到惊悸与沉郁(△含羞草 33)

⑨ (心里)觉得热乎乎的

⑩ 听说寒流还有两次过境(寻庙 9)

例⑦动词做宾语,例⑧形容词性词组做宾语,例⑨状态词做宾语,例⑩主谓词组做宾语。

2．在英语里，动词与宾语之间语义上的联系相对说来比较单纯，通常是动作与受事（即受动者）的关系。可是在华语里，述语与宾语之间在语义上的联系要复杂得多（详见 6.2 节）。

3．在英语里，只有及物动词能带宾语；可是在华语里，及物动词当然都能带宾语，而不及物动词，乃至形容词也能带宾语。例如：

⑪ "最近她的病情是不是好转一些？" "好转什么，更加重了。"

⑫ 她神气她的，我们不理她就是了。（吾土・戏剧 159）

例⑪里的"好转"是个不及物动词，可是它后面带了个宾语"什么"；例⑫里的"神气"是个形容词，可是它后面也带了个宾语"她的"。当然这些宾语与例①—③里的宾语有些区别（详见 6.4 节）。

4．由于华语里动词性词语可以做宾语，所以华语里的述宾词组可以套叠，就是说宾语本身又可以是个述宾词组（即述宾词组做宾语）。例如：

⑬ （苏哈多总统）拒绝见他。（报 1995 年 8 月 21 日 6 版）

⑭ （他）想学习驾驶飞机。

例⑭该分析为：

```
（他）　想　学习　驾驶　飞机
 1　　 ──　─────────　（主谓）
　　　　 3　 ───────────　（述宾）
　　　　　　 5　 ──── 6 ──　（述宾）
　　　　　　　　　 7　　 8　　（述宾）
```

以上所述说明一点，我们不能用英语关于动词与宾语的观念来看待华语里的述语和宾语。

6.1.2 关于华语里的宾语

1．关于华语里的宾语，还需了解一点，那就是华语里边有一种倾向，主语所指的人或物往往是有定的（即已知的、确定的），而宾语所指的人或物往往是无定的（即未知的、不确定的）。试比较：

⑮ a. 客人来了。

　 b. 来客人了。

⑯ a. 书买了。

　 b.（我）买书了。

例⑮a 里的"客人"是主语，那"客人"是有定的；例⑮b 里的"客人"是宾语，那"客人"是无定的。如果说话人和听话人事先都知道有客人要来，那么一定用例⑮a 来表述客人到来的信息；如果说话人和听话人事先并不知道要有客人来而来了客人，那一定用例⑮b 来表达这一信息。例⑯a 里的"书"是主语，那"书"是有定的；例⑯b 里的"书"是宾语，那"书"是无定的。只有当说话人和听话人事先都知道要买什么书，说话人才能用例⑯a；而如果听话人并不知道说话人买的是什么书，那么说话人只能用例⑯b。

　2. 有时，宾语也可以是有定的，这时做宾语的成分一般是：

　A. 专有名词。例如：

⑰ 我同情拉莫斯总统。（报 1995 年 8 月 21 日 6 版）

　B. 人称代词。例如：

⑱ 他老是缠着我。（△含羞草 49）

　C. 表示亲属称谓的名词。例如：

⑲ 这一声，惊醒了母亲。（狮子 73）

　D. 带有限制性定语的偏正词组。例如：

⑳ 我舍不得这个公园。（风雨 8）

　下面我们将先描写说明宾语的情况，进而介绍述语的情况，然后我们将从宾语的角度来考察、描写动词的情况。

6.2　体词性宾语

上面已经指出,华语中能做宾语的成分不限于名词性词语,谓词性词语也能做宾语。因此根据充任宾语的词语的性质,我们可以把宾语分为体词性宾语和谓词性宾语(关于体词与谓词,见 5.3 节)。这一节先介绍体词性宾语。

6.2.1　体词性宾语指由体词性词语充任的宾语

A. 由名词充任的宾语。例如:

① 造就英才(薪传 5)

② 学习华文(文艺 6)

B. 由名词性词组充任的宾语。例如:

③ 啃白面包(青青 90)

④ 作了一个手势(狮子 4)

⑤ 买电视机、录影机、大收音机(撞墙 27)

C. 由体词性代词充任的宾语。例如:

⑥ 叫住他(太阳 29)

⑦ 帮助我们(晚上 150)

⑧ 唱什么呢? (笑眼 142)

D. 由"的"字结构充任的宾语。例如:

⑨ 还有更好看的(牛车水 48)

⑩ (你)吃我的,穿我的……(跳舞 50)

"的"字结构做"有"的宾语,形成"有……的"述宾结构格式;这种"有……的"格式如果连着用,表示分述。例如:

⑪ 这些投石问路的,几乎全是吉普赛人——有单枪匹马的,有纠朋结党的,也有怀抱着婴儿的。(石头 33)

6.2.2　体词性宾语的类别

体词性宾语与述语动词在语义上的联系是多种多样的。从语义结构关系上看,体词性宾语常见的有以下一些类别:

1. 受事宾语,即宾语所指是述语动词所表示的行为动作的受事(即受动者)。例如:

⑫　喜欢《小坡的生日》(△中国作家 29)│包扎伤口(沦陷 55)

⑬　写游记(游踪《序》)│煮粥(再见 27)

例⑫和例⑬里的宾语都是受事宾语,但还有些不同。例⑫里的宾语所指的事物,是在行为动作之前就存在的,它是述语动词所表示的行为动作直接支配的对象;例⑬里的宾语所指的事物则在行为动作之前是不存在的,它是述语动词所表示的行为动作进行后所产生的结果。前者又可称为"对象宾语",后者又可称为"结果宾语"。

2. 与事宾语,即宾语所指是给予类行为所涉及的事物的接受者。例如:

⑭　递给她(狮子 126)

⑮　告诉不吸烟者(华文教材 4B 8)

3. 施事宾语,即宾语所指是述语动词所表示的行为动作的施事(即动作者)。例如:

⑯　(门一打开,)冲进一个怒气冲冲的中年妇女。(短篇 79)

⑰　忽然来了一批便衣警探和警察。(短篇 17)

4. 工具宾语,即宾语所指是述语动词所表示的行为动作的工具。例如:

⑱　一同吃饭盒子。(独上 89)

⑲　我不会写毛笔,我只会写钢笔或圆珠笔。

5. 方式宾语,即宾语所指指明述语动词所表示的行为动作进行的方式。例如:"走正步"就是"按正步的方式走路","正步"就是"走"
的方式宾语。再如:

⑳ 他们在跳迪斯科。

㉑ 那钱我想存定期。

㉒ 练马步(狮子 3)

例⑳"跳迪斯科"就是"按迪斯科的舞姿跳",例㉑"存定期"就是"按定
期的方式存钱",例㉒"练马步"就是"按马步的姿势练"。"迪斯科"
"定期"和"马步"就分别是动词"跳""存"和"练"的方式宾语。

　　6. 处所宾语,即宾语所指表明述语动词所表示的行为动作的处
所。例如:

㉓ 留学日本(独上 53)

㉔ (叫我)睡地上(再见 14)

㉕ 离开书房(独上 46)

㉖ (她带着孩子)回去美国。(大胡子 101)

例㉓"日本"指明在什么地方留学,例㉔"地上"指明在什么地方睡,例
㉕"书房"指明离开的起点,例㉖"美国"指明回去的终点。"日本""地
上""书房"和"美国"分别是动词"留学""睡""离开"和"回去"的处所
宾语。

　　7. 致使宾语。带致使宾语的述宾词组含有使动意义,这种"动
词＋名词"的述宾词组实际表示"使＋名词＋动词"的意思,例如"方
便顾客"就是"使顾客方便"的意思。再如:

㉗ 丰富你的知识(独上 47)

㉘ (天气温暖得可以)融化人的心。(独上 55)

例㉗"丰富你的知识"就是"使你的知识丰富"的意思,例㉘"融化人的
心"就是"使人的心融化"的意思。"你的知识"和"人的心"就分别是
"丰富"和"融化"的致使宾语。

8. 系事宾语。述语动词实际起联结两个事物的作用,宾语所指与述语动词所联结的另一个事物是等同关系或是类与个体的关系。例如:

㉙ 这位是杨铭。(金狮奖 69)

㉚ 我是华人!(风雨 104)

例㉙"杨铭"和"这位"是等同关系,例㉚"华人"和"我"是类与个体的关系。"杨铭"和"华人"就都属于系事宾语。下面例子里的宾语也都是系事宾语:

㉛ 朱穆朗活像个小老头。(金狮奖 69)

㉜ 写词的频率等于零。(华文 130)

㉝ 成为一个有道德、有学问的人。(伦理·中三 53)

上述情况再次说明,一种语法结构关系可以表示不同的语义结构关系。

6.2.3 带体词性宾语的述宾词组中插入"了"

带体词性宾语的述宾词组中间大多可以插入"了"(即述语动词可带"了"),例如:

㉞ (在波兰旅行,)发现了一个很奇特的现象……(石头 73)

㉟ (舅舅)买了一艘小皮艇。(寻庙 26)

但是,需要注意的是,单个动词加上单个名词(即"动词+名词")形成的述宾词组如果插入"了",这个述宾词组就不能实现为句子(即不能单说),即使做了谓语,由此形成的主谓词组也不能实现为句子。例如"吃榴梿"是由单个动词"吃"和单个名词"榴梿"组成的述宾词组,它可以单独成句,例如:

㊱ 甲:你在吃什么?

乙:吃榴梿。

但是插入"了"后,"(我)吃了榴梿"就不能单独成句,它只能做分句,通常在它后面得接上另外的分句。例如：

㊲ 我吃了榴梿，又吃了山竹。

㊳ 吃了榴梿，我就回家了。

如果只表示"吃了榴梿"这个意思，而要让它成句的话，可有三个办法：

一是在名词前加数量词。例如：

㊴（我）吃了一个榴梿。│要了一公斤鲥鱼。（石头 125）

二是在名词后加"了"（这个"了"实际加在整个述宾词组后边）。例如：

㊵（我）吃了榴梿了。│调子转了腔啦（＝了＋啊——引者）。（笑眼 155）

三是在动词前加"都""也"一类副词（那副词实际加在整个述宾词组的前边），这时前面一定得出现主语。例如：

㊶ 他们都吃了榴梿。│人人都中了彩，发了财。（笑眼 10）

㊷ 我也吃了榴梿。│正平也使了眼色。（金狮奖(252)）

如果加"都"，主语得是表示复数的人称代词或名词性成分。

6.2.4 　"数·量·名"宾语中数词"一"的省略

最后还需说明一点，那就是当宾语为"数·量·名"词组，而且数词为"一"但并不强调那数量时，那数词"一"常常可以省略，特别在口语里。例如：

㊸ 我妈以前生了个孩子——不是怪胎……（笑眼 195）

例㊸"生了个孩子"就是"生了一个孩子"的省略说法。再如：

㊹ 我们去吃碗猪肉粥。（风雨 25）

㊺ 临睡前，做点运动，喝点牛奶，能帮助你入睡，试试看，好吗？（狮子 37）

㊻ 杨铭用手比了个好不辛苦的表情。（金狮奖 106）

㊼ 索性做个顺水人情吧。（追云 114）

在例㊹—㊼里的"碗""点""个"前都可以补上数词"一"而意思不变。

6.3　谓词性宾语

谓词性宾语是指由谓词性词语充任的宾语。这包括：

由动词性词语充任的宾语。例如：

① （我）想洗澡。（女儿 99）

② 怕得罪了这个媳妇。（追云 26）

③ 不肯放我回新加坡。（风雨 31）

由形容词性词语充任的宾语。例如：

④ 觉得饿（风雨 25）

⑤ （心中的期待）夹杂着不安。（女儿 12）

⑥ 感到不舒服（风雨 27）

⑦ 更显得宁静（太阳 3）

由状态词性词语充任的宾语。这多见于口语。例如：

⑧ （她）喜欢热热闹闹的。

⑨ （心里）觉得热乎乎的。

主谓词组充任的宾语。例如：

⑩ 看见麦先生疾步走来（追云 18）

⑪ 知道你在大学里馋坏了（太阳 20）

⑫ （我）觉得我受的委屈实在太大了。（万花筒 51）

谓词性宾语都是指明述语动词所表示的行为、感受、意愿的具体内容，所以从语义结构关系看，谓词性宾语都是内容宾语。

带谓词性宾语的述宾词组中间一般不能插入"了"。例如，我们不说：

①′ ＊（我）想了洗澡

④′ ＊觉得了饿

⑧′ ＊喜欢了热热闹闹的

⑩′ ＊看见了麦先生疾步走来

6.4　真宾语和准宾语

华语里的宾语也跟中国普通话里的宾语一样,可分为真宾语与准宾语两类。上面所说的体词性宾语和谓词性宾语都是真宾语。下面我们先介绍华语里的准宾语,然后再说明真宾语与准宾语的区别。

6.4.1　准宾语

华语里最典型的准宾语有以下三种:

1. 由"什么"充任的非实指的宾语。试比较:

① 有了一百万,可以做什么?(再见 55)

② 看什么看! 老家上星期就拆掉了,所有的邻居也都搬走了啦![①] (再见 29)

疑问代词"什么"在例①里是充任"做"的宾语,在例②里是充任"看"的宾语。值得我们注意的是,"什么"在例①里是表示实在的疑问,是实指的名词性宾语,是真宾语;"什么"在例②里则并不表示疑问,整个述宾词组"看什么"表示一种否定意义,在这里是表示"别看了""不必看了"的意思。例②里的"什么"就属于准宾语。类似的例子如:

③ 去什么! 回家吧!(再见 71)

④ 怕什么! 路有的是!(金狮奖 261)

2. 由第三人称代词"它"(有时也写作"他")充任的非实指的宾语。试比较:

---

① "看什么看!"中的第二个"看"只起追补作用,没有实际意义,去掉这个"看",不影响句子意思的表达。"了啦"——语气词"了"和"啦"连用,这是新加坡华语所特有的用法。

⑤ 长大以后,越来越觉得钥匙这玩意儿不讨人怜了……一旦忘了带它出门,或是遗失了它,一整天的生活规律就大大地受到破坏了。(牛车水 112)

⑥ 兴许,今晚真该喝上几盅了,他想。对呐,干脆就喝它个迷迷糊糊……(太阳 11)

例⑤里"带"和"遗失"的宾语"它",指代上文的"钥匙",这个"它"是实指的,是真宾语;例⑥里"喝"的宾语"它",并不具体指代什么,是虚指的,有了这个"它"只是增加一种俏皮、轻快、无所谓或不在乎的语气或感情色彩,这个"它"是准宾语。注意,在这种准宾语的后面一定紧跟着一个数量成分,如例⑥里的"(一)个迷迷糊糊"。再如:

⑦ 这一次是跑不掉了,就拼他一拼。(金狮奖 260)

3. 由"人称代词＋的"构成的"的"字结构所充任的非实指的宾语。试比较:

⑧ 我今天面包带得多,你就吃我的吧。

⑨ 人各有志,他捞他的,我做我的。(胜利 101)

例⑧和例⑨里都有一个"的"字结构"我的"。在例⑧里,"我的"充任"吃"的宾语;在例⑨里,"我的"充任"做"的宾语。但二者有明显的区别:例⑧里的"我的"是实指的,具体指"我的面包";例⑨里的"我的"是虚指的,整个述宾词组表示一种"别理会、不管他"的意义。例⑧里的"我的"是真宾语,例⑨里的"我的"是准宾语(例⑨里"捞"的宾语"他的"也是准宾语)。类似的例子如:

⑩ 没关系,让她忙她的吧!(吾土·戏剧 103)

例⑩里的"她的"充任"忙"的宾语,这也是个准宾语。

6.4.2　真宾语与准宾语的区别

1. 从意义上看,真宾语都是实指的;而准宾语都是虚指的,整个述宾词组表示某种特殊的语法意义。

2. 真宾语只有及物动词能带,准宾语则不仅及物动词能带,如例②④⑥⑨,不及物动词也能带,例如:

⑪ "老太婆! 老太婆! 我要吃粥,快给我煮粥!"

"七早八早的,吵什么吵!"(再见 27)

⑫ 既然进大学无望,倒不如轰轰烈烈玩它三年。(撞墙 3)

⑬ 她哭她的,你理她呢!

例⑪—⑬里的"吵""玩""哭"都是不及物动词,它们后面所带的"什么""它""她的"都是准宾语。这样的准宾语甚至形容词也能带,如上文所举的例⑩里的"忙",再如:

⑭ 这房子好什么呀,你去看看她家的房子!

⑮ 妈,等您儿子挣了大钱,也带您到国外风光它几天。

⑯ 她神气她的,我们不理她就是了。(吾土·戏剧 159)

例⑭—⑯里的"好""风光""神气"都是形容词,它们后面所带的"什么""它""她的"都是准宾语。

我们所以把这些出现在动词或形容词后的非实指的"什么""它"和"人称代词+的"的词语看作宾语,因为在形式上跟一般宾语没有区别。但是它们又不具体实指什么,而整个述宾词组表示一种特殊的语法意义,所以我们将这种宾语称为"准宾语"。①

6.5 数量宾语

6.5.1 数量宾语的分类

由数量词充任的宾语,统称为"数量宾语"。按量词的不同,可将

---

① "准宾语"里的"准"的意思是:"虽不够标准,但还可以当作某种事物看待。"(参看《时代新汉语词典》,联邦出版社/华语教学出版社,1994,新加坡/北京)

数量宾语分为三小类：

　1. 量词为名量词的数量宾语，我们称之为"名量宾语"。例如：

① 她戴耳环，只戴一只。（狮子 36）

② 朵朵用手将五十元的钞票抽出来，一、二、三，总共拿了三张。（跳舞 23）

③ 行李只有一件。（石头 180）

④ 临海处有许多餐馆，我们随意选了一间。（石头 210）

名量宾语用来说明述语动词表示的行为动作所支配的事物的数量，如例①"一只"用来说明所戴的耳环的数量，例②"三张"用来说明所拿的钞票的张数，例③"一件"用来说明行李的件数，例④"一间"用来说明所选的餐馆的数量。

　2. 量词为动量词的数量宾语，我们称之为"动量宾语"。例如：

⑤ 考了三次。（梦 104）

⑥ 我沙哑着嗓子喊了一声。（风雨 40）

⑦ 轻轻地敲三下（青青 67）

⑧ 向他们瞟了一眼。（金狮奖 29）

⑨ 很想到楼下走一趟。（扶轮 26）

动量宾语用来说明述语动词所表示的行为动作的量。

　3. 量词为时量词的数量宾语，我们称之为"时量宾语"。例如：

⑩ 我们在马丁家住了三天。（大胡子 11）

⑪ 我又陪她出外逛了几天。（大胡子 32）

⑫ 需要连服四、五日。（指服药——引者）（金狮奖 45）

⑬ 死了十年了。（风雨 8）

⑭ 阔别七年（金狮奖（61）

时量宾语，或用来说明述语动词所表示的行为动作延续的时间，如例⑩—⑫；或用来说明述语动词所表示的行为动作结束后到说话时为止或到另一个行为动作发生时为止所间隔的时间，如例⑬和例⑭。

在这三类数量宾语中,名量宾语应归入真宾语,因为只有及物动词能带名量宾语;动量宾语和时量宾语应归入准宾语,因为不仅及物动词能带动量宾语与时量宾语,不及物动词也能带,如例⑨、例⑬、例⑭,再如:

⑮（她拉了拉缰绳,)呼啸一声,(黑马起步跑了)。(大胡子 9)

⑯（母亲也不知和他)唠叨了多少次。(变调 63)

⑰ 工作了二十天。(短篇 36)

⑱ 请假三天(再见 24)

例⑮、例⑯是不及物动词带动量宾语,例⑰、例⑱是不及物动词带时量宾语。

这种动量宾语和时量宾语甚至形容词也能带,例如:

⑲（壁上的时钟"当! 当! 当!"地)响了三下。(短篇 95)

⑳ 电话里静了一下(大胡子 38)

㉑ 她在歌坛上也红了几年。

6.5.2 动词重叠式带动量宾语

在新加坡华语里,有一个现象很值得注意,那就是动词重叠式可以带动量宾语,特别是带动量宾语"一下"。例如:

㉒ 然后找一天和舒小姐谈怎么拍照。谈谈几次,就可以约她去拍照。(劳达剧作 23)

㉓ 要念大学嘛,得考虑考虑一下。(短篇 4)

㉔ 你和同学们可以彼此先认识认识一下。(追云 16)

㉕ 其实给父亲骂骂一下又有什么关系……(追云 88)

在中国普通话里,动词重叠式不能带任何数量宾语(张先亮,1994)。

6.6 施事宾语

从本节开始,从语义的角度介绍三种宾语。这一小节先介绍施事宾语。

6.6.1 施事宾语与施事宾语句

宾语所指是述语动词表示的行为动作的施事(即动作者),这种宾语称之为"施事宾语"。如"我们家来客人了"里的"客人"就是施事宾语。

相对英语来说,宾语所指可以是述语动词表示的行为动作的施事,这可以说是包括新加坡华语语法在内的汉民族共同语语法的特点之一。

由带施事宾语的述宾词组充任谓语的主谓句,一般称为"施事宾语句"。例如:

① 这里住着两个中国人。

② 窗口边坐着一位身着初院制服的男学生。(再见 11)

例①里的"两个中国人"和例②里的"一位身着初院制服的男学生"就都是施事宾语,例①、例②就是施事宾语句。

6.6.2 华语里的施事宾语句主要表示两种语法意义

1. 表示存在。例如:

③ 对面坐着一个中年妇人。(金狮奖 181)

④ 门口站着一个男孩子。(追云 44)

⑤ 车旁倚着一名华籍妇女。(石头 1)

⑥ 公寓旁边的石墩上,坐了几名粗壮的汉子。(石头 183)

⑦ 旅馆门口站了一名中年汉子。(石头 41)

表示存在的施事宾语句,其谓语动词(也就是带施事宾语的述语动词）后边一般带动态助词"着"，如例③—⑤；也可带动态助词"了"，如例⑥、例⑦。

表示存在的施事宾语句，其主语一般不能省略。

2. 表示出现。例如：

⑧ 幕后出来一团表演杂技的。（石头 109）

⑨ 门外来了三个好兄弟。（撞墙 63）

⑩ 远处走来了一位"老来娇"的 SP 太太。（△含羞草 29）

表示出现的施事宾语句，其谓语动词（也就是带施事宾语的述语动词）或者本身就是一个趋向动词，如例⑧、例⑨；或者动词后带有趋向补语，如例⑩。（关于趋向动词和趋向补语，见 7.3 节。）

表示出现的施事宾语句，主语可以省略，例如：

⑪ 迎面走来了一位举止优雅的妇人。（石头 145）

⑫ 忽然来了一批便衣警探和警察。（短篇 17）

⑬ 来客人啦？

例⑪、例⑫里的"迎面""忽然"是由副词充任的状语，都不是主语。

6.6.3 施事宾语句的两个特点

1. 主语一般是表示方位、处所的词语，在我们所搜集的书面语料中，未发现由其他词语做主语的实例。

2. 宾语一定是无定的，即宾语所指都是不确定的、未知的事物。

6.7 处所宾语

6.7.1 处所宾语分类

笼统地说，处所宾语表示行为动作的处所；严格地说，处所宾语可细分为以下几种情况：

1. 宾语所指指明人或事物所存在的位置或处所,述语动词的作用只是表明人或事物以什么方式或状态存在着。这又可细分为两种情况:

A. 纯粹表示静态的存在的位置或处所。例如:

① 妈妈在房里。

② 厨房在哪里?(怀旧 20)

③ 你们住哪儿?(石头 126)

④ 我住东海岸道 3 号,他住淡滨尼 11 街 6 号。

例④包含两个分句,含有对比意味。如果单独说,通常得分别说成:"我住在东海岸道 3 号。""他住在淡滨尼 11 街 6 号。"

B. 表示人或事物被安置而存在的位置或处所。句中总包含有人或事物先经历动态位移过程的意思。这种用法仅见于口语。例如:

⑤ 你睡床上,我睡沙发上。

⑥ 叫他坐门口。

⑦ 这幅对联贴大门上。

⑧ 那衣服放柜子里。

2. 宾语所指指明人或事物运动的起点、终点或所经过的处所。例如:

⑨ 离开书房(独上 46)

⑩ 跨出教室

⑪ 来学校(撞墙 49)

⑫ 去工厂(变调 15)

⑬ 冲进房间(华韵 45)

⑭ 赶回报馆(变调 25)

⑮ 走进屋子(石头 104)

⑯ 他将书包丢进抽屉里（变调 14）

⑰ 从裕廊西乘巴士到国大，中间要经过金文泰。

例⑨、例⑩的处所宾语表示运动的起点，例⑪—⑯的处所宾语表示运动的终点，例⑰的处所宾语"金文泰"表示运动所经过的处所。

　　3. 宾语所指指明述语动词的施事活动或影响的范围。例如：

⑱ 昨天我们游览了夜间动物园。

⑲（我决定自己）闯天下。（撞墙 43）

⑳ 逛夜市（跳舞 140）

㉑ 走红时装界（变调 9）

　　注意，不要以为凡是由表示处所的词语所充任的宾语就一定是处所宾语。试比较：

㉒ 我去牛车水。

㉓ 我爱牛车水。

例㉒和例㉓动词"去"和"爱"的后面都由处所名词"牛车水"做宾语，但宾语的语义性质不同：例㉒里的"牛车水"指明"我"运动的终点，是处所宾语；例㉓里的"牛车水"则指明"爱"的对象，"我爱牛车水"跟"我爱妈妈"是同类性质的，这里的"牛车水"就不是处所宾语，它是受事宾语。同样，"他快步跨出门口"里的"门口"是处所宾语；而"他一直注视着门口"里的"门口"就不是处所宾语，是受事宾语。

6.7.2　复合趋向动词及由复合趋向动词充任补语的述补结构带处所宾语

　　说到处所宾语，有一点需要指出，在新加坡华语里，复合趋向动词以及由复合趋向动词充任补语的述补结构可以带处所宾语，所带的处所宾语有两种位置：

　　1. 处所宾语直接放在复合趋向动词的后面。例如：

㉔ 听祖父说，他们已经回去印度了。（吾土・小说上 223）

㉕ 两人分手后,她带着孩子回去美国。(大胡子 101)

㉖ 于是柯主任回去办公室,张石珍也道了个歉上课去了。(追云 15)

㉗ 她是在南洋出生的,她没有回去过唐山。(报 1995 年 6 月 18 日副刊 9 版)

㉘ 她决定进去店铺里看看。(跳舞 60)

㉙ 新加坡已通知陈成财大使回来新加坡。(报 1995 年 4 月 12 日 1 版)

㉚ 他想父母亲这一去就永远留在唐山,可能不会再回来南洋。(报 1995 年 6 月 18 日副刊 9 版)

上面是复合趋向动词直接带处所宾语的实例。下面是由带复合趋向补语的述补结构直接带处所宾语的实例:

㉛ 想不到过了半个钟头后,同一辆车又驾回来我们这里。(风筝 186)

㉜ 有些人……还时常跑回来巴刹买东西。(回忆 43)

㉝ 当初也是你自己把他带进来这厂里的。(吾土·小说上 44)

㉞ 你如果逼我回去,我就立刻飞回去澳洲。(大胡子 47)

㉟ 没有想到,他今天晚上就把她带过来我们家了。(大胡子 25)

　2. 处所宾语放在复合趋向动词的中间。例如:

㊱ 他总是那么可怜兮兮的问我什么时候可以回"家"去?(风雨 38)

㊲ 过了几分钟,乙和尚气愤愤地跑进房来……(八方 37)

㊳ 她抱着录音机,几乎是飞奔进房里去。(微型 68)

㊴ 婆婆一啰唆,她便跑回娘家去。(追云 34)

在新加坡华语里,第 1 种位置更为常见。在中国普通话里,复合趋向动词以及带复合趋向补语的述补结构则都不能在后面直接带上处所宾语,那处所宾语一定得放在复合趋向动词的中间。这也就是说,在中国普通话里,复合趋向动词如果要带处所宾语,其处所宾语只有第 2 种位置,没有第 1 种位置(吕叔湘,1980;朱德熙,1982;又见 7.3 节)。

6.8　与事宾语

请先看实例：

① 给我，给我。（石头 29）

② 请你相信我！（追云 66）

例①和例②里的"我"都是做宾语，但语义性质不同："我"在例②里，是动词"相信"直接关涉的对象，是受事宾语；"我"在例①里，是动词"给"所关涉的间接客体，是所给的事物的接受者，这种性质的宾语就是与事宾语。下面动词后的宾语都是与事宾语：

③ 告诉你（追云 61）|送给李老师|卖给你|还给你（金狮奖 222）

凡带与事宾语的动词都含有"转移"的语义特征（大多指事物的领有权发生转移），因此在带与事宾语的同时，往往还带上一个受事宾语（指明领有权发生转移的事物），形成双宾词组（见 6.9 节）。例如：

④（你）给他一杯酒。（石头 29）

⑤ 爹就只留给我娘一枚戒指。（金狮奖（四）9）

⑥ 我借你两把伞，你放心去玩。（石头 130）

⑦ 告诉你一件事（撞墙 58）

例④里的"他"和"一杯酒"都是"给"的宾语，"他"是"给"的与事宾语，"一杯酒"是"给"的受事宾语，"酒"的领有权从"你"转移至"他"。例⑤、例⑥也是如此，例⑤里"一枚戒指"的领有权从"爹"转移至"我娘"；例⑥里"伞"的领有权从"我"转移至"你"。① 例⑦虽不存在领有

---

① "借"既能表示"借出"，也能表示"借入"。"借他五块钱"，既能表示"借给他五块钱"的意思，也能表示"从他那儿借五块钱"的意思。例⑥里的"借"，从上下文看，是表示"借出"。

权转移的问题,但还是明显地含有转移的意思。

6.9　双宾语

6.9.1　双宾语、双宾词组

"双宾语"这是一种传统的说法。一个动词后面同时带两个宾语,这两个宾语一般就称为双宾语。带双宾语的述宾词组简称为"双宾词组"。例如:

① 给他一杯汽水(风雨 115)

例①里的"他"是"给"的宾语,"一杯汽水"也是"给"的宾语,传统语法书上就把这两种宾语合称为"双宾语"。一般将"他"叫作间接宾语,间接宾语通常指人;将"一杯汽水"叫作直接宾语,直接宾语通常指事物。

从层次分析的角度看,双宾词组应看作由一个述宾词组再带上一个宾语的一种特殊的述宾词组,即例①应分析为:

```
给    他    一杯汽水
   1        2        （述宾）
3    4              （述宾）
```

6.9.2　双宾词组的分类

根据所带宾语的性质,华语里的双宾词组可分为两种类型:

1. 两个宾语都是真宾语。常见的是,一个宾语为与事宾语,一个宾语为受事宾语,如例①,再如:

② 给我一盒双黄月饼。(微型 16)

③ (我的邻居)送了我一只猫。(报 1995 年 3 月 5 日副刊 11 版)

④ 告诉你一个好消息。(跳舞 107)|告诉你一个笑话。(石头 118)

⑤ (您)借了我一本书。(青青 103)

⑥（他们只）收我五元。（怀旧 103）

也有一个宾语为受事宾语,一个宾语为表称宾语的(表称宾语表示称呼),例如:

⑦ 叫我美玲。（金狮奖（四）124）

例⑦里的"我"是受事宾语,"美玲"是表称宾语。再如:

⑧ 骂他蠢猪。

⑨（大家）称呼他老校长。

　2. 两个宾语中一个是真宾语,一个是准宾语。例如:

⑩ 训戒了我一顿。（万花筒 51）

例⑩里的"我"是真宾语,"一顿"是准宾语。再如:

⑪ 咬你一口（八方 58）｜看她一眼（梦 24）

⑫ 认识她八年（风雨 98）

⑬ 碰了两次钉子（△浮萍 71）｜点了一下头（狮子 34）

例⑪、例⑫真宾语在前,准宾语在后;例⑬准宾语在前,真宾语在后。

　也有两个宾语都是准宾语的,例如:

⑭ 既然进大学无望,倒不如轰轰烈烈地玩它三年。（撞墙 3）

例⑭"它"和"三年"都是动词"玩"的准宾语。这种包含两个准宾语的双宾词组用得不是很普遍,而且多见于口语。

6.9.3　华语中直接宾语与间接宾语的位置

　关于双宾语,有一点需要注意,那就是在中国普通话里,与事宾语(即间接宾语)总是在前,紧靠着动词,直接宾语总是在后;可是在新加坡华语里,可以有两种格式,即既可以间接宾语在前,直接宾语在后(如上面所举各例),有时也可以直接宾语在前,间接宾语在后,例如"我给他钱"也可以说成"我给钱他"。再如:

⑮ 他刚才给这本书我。

不过这种说法多见于口语,而且要受到一定的条件限制,那就是带双宾语的动词只限于"给"。

6.10　从宾语看动词

上面大致介绍了华语中宾语的情况。从语法的角度看,宾语首先可分为真宾语和准宾语两大类,在真宾语中,还可分体词性宾语和谓词性宾语。准宾语,形容词都能带,可不必论它;需要注意的是真宾语。事实告诉我们,不是所有的动词都能带真宾语,"合作"这个动词就不能带真宾语,我们只能说"跟他合作",不能说"合作他"。能带真宾语的动词,它们带宾语的情况也各有别。"吃"这个动词就只能带体词性宾语,而"打算"这个动词只能带谓词性宾语。带宾语的情况不同,反映了动词内部的不同类别。动词是句子的核心,从宾语去考察动词,这是认识动词的一个重要方面。

下面就从宾语的角度来考察一下动词。

6.11　及物动词与不及物动词

根据能不能带真宾语(包括体词性宾语和谓词性宾语),首先可把动词分为及物动词与不及物动词两小类。

6.11.1　及物动词

先说及物动词。能带真宾语的动词,是及物动词。下面列举的动词都是及物动词:

喝:喝米酒(狮子 26)

买:买一点小礼物(大胡子 18)

吃:吃同样的食物(△南风 12)

看：看过电影

选拔：选拔人才（华文教材 4A 1）

保护：保护你（华韵 95）

寻找：寻找小猫（科学 76）

研究：研究华文文学（△新华文学 79）

觉得：觉得有些倦意（晚上 61）

希望：希望这个传说是真的（太阳 85）

要求：要求言谈举止和穿着都要适当（薪传 59）

受到：受到重视（文艺 73）

提倡：提倡节约能源（南北 41）

认为：（川岛）认为在今天的世界上没有什么天生的坏孩子（女儿 171）

值得：值得一看再看（青青 36）

愿意：愿意作政治或工商领袖的支持者（风筝 27）

关于及物动词，需说明三点：

1. 及物动词是能带真宾语的动词，但当及物动词在句中出现时，不要求它后面一定得带上真宾语。请看下面一段话：

①"老师！我是个粗人，不会说话，但是……"徐咸安说着，伸出了双手："你看，你看！"

邓文茵看。

那是一双饱经沧桑的手，非常粗糙、非常苍老，掌上条纹纵横交错，好像是密密麻麻的皱纹，姆指与食指间的虎口处还生了厚厚的一层茧。（跳舞 88）

例①里的"看"是个及物动词，可是我们看到，无论在祈使句"你看，你看！"里，还是在陈述句"邓文茵看。"里，动词"看"后的宾语"双手"都承前省略了。

2. 有些及物动词，从意义上看并不会"射及他物"，即不可能有受事；但是它后面能带真宾语，所以应看作及物动词。像"来"就是这

样的及物动词。"来"从语义上说,他只能有施事,不可能有受事,然而它后面能带真宾语,例如:

② 门外来了三个好兄弟。(撞墙 63)

③ 来学校(撞墙 49)

例②"来"带的是施事宾语,例③"来"带的是处所宾语。类似的动词如"去、坐、站、睡、住、飞"等,它们也都属于及物动词。

3. 在新加坡华语里,形容词兼及物动词的范围要比中国普通话宽。形容词兼及物动词,后面带宾语,这在中国普通话里近年来也有发展的趋势,但都表示使动意义,例如:

方便顾客＝使顾客方便	清醒头脑＝使头脑清醒
清洁环境＝使环境清洁	熟练技术＝使技术熟练
端正态度＝使态度端正	繁荣市场＝使市场繁荣
缓和气氛＝使气氛缓和	坚强意志＝使意志坚强

新加坡华语里也有这样的用法,例如:

④ 丰富你的知识(独 47)

⑤ 充实人的精神粮食(薪传 130)

可是,新加坡华语里还有下面这样的用法:

⑥ 用外国学籍和地位来骄傲国人……(金狮奖 76)

⑦ 平,你生气妈妈?(新马·剧本 19)

⑧ 亲爱父母和兄弟姐妹,就是仁的表现。(伦理·中四 4)

⑨ 佛经有一则故事,说有一个人,为了恐惧自己会老死,便去修行。(八方 142)

⑩ 我应该恼怒你的直率,抑或感谢你的提醒?(牛车水 94)

例⑥—⑩里的"骄傲国人"等都不表示使动意义。"骄傲国人"是"向国人显示自己的骄傲"的意思,"生气妈妈"是"对妈妈生气"的意思,"亲爱父母和兄弟姐妹"是"与父母和兄弟姐妹相亲相爱"的意思,而

"恐惧自己会老死"是"想到自己会老死而感到恐惧"的意思,"恼怒你的直率"则是"对你的直率感到恼怒"的意思。这些用法在中国普通话里似还没有。

6.11.2　不及物动词

现在说不及物动词。绝对不能带真宾语的动词,是不及物动词。下面略举一些不及物动词:

单音节

败　处(＝相处,如:他们两个处得不错)　吹(＝破裂,如:那事情已经吹了)
滚(如:你给我滚)　鸣(如:蝉鸣)　行(＝可以,如:行,就这么办)
疯(如:她疯了)　枯(如:那棵树枯了)　哑(如:我的嗓子哑了)

双音节

安家　拔河　罢工　办公　保密　报仇　闭幕　拆台　吹牛　道歉
定稿　打仗　拜年　盯梢　发炎　营业(支配式构词)
跋涉　游行　奔走　崩溃　出发　等同　重合　堕落　失败　考试
成立(＝站得住,如:他提出的假设能成立)(并列式构词)
旁观　好转　惨败　中立　著称　安息　长辞　合作　谩骂　丰收
密封(偏正式构词)
地震　声张　政变　便秘(陈述式构词)

有些不及物动词,从意义上看,也能"射及他物",即也能有受事,只是那受事不能在它后面做宾语,因此还是不能看作及物动词。那受事如果跟动词一起在句中出现的话,常见的有三种位置:

1. 在句首做主语。例如:

⑪ 定稿:那篇文章他已经定稿了。

⑫ 丰收:榴梿我们今年又丰收了。

2. 用介词提到动词前。例如:

⑬ 道歉:我向他道歉。

⑭ 拜年:明天上午,冯先生会给您拜年。(△大喜 162)

　　3. 有些支配式不及物动词,其"射及"的"他物"嵌在动词中间。例如:

⑮ 拆台:你别拆他的台。

⑯ 盯梢:他居然派人盯我的梢。

6.11.3　新加坡华语及物动词与不及物动词的特殊性

　　从上可知,我们区分动词的及物与不及物,根据的不是意义,根据的是动词的语法功能,即根据能不能带真宾语。能带真宾语的是及物动词,绝对不能带真宾语的是不及物动词。正是由于这样,因此新加坡华语与中国普通话在动词及物与不及物的区分上,并不完全一致。最明显的是,不少在中国普通话里是不能带真宾语的不及物动词,在新加坡华语里却能带上真宾语。例如:

⑰ 不断地修养自己。(伦理·中四 5)

⑱ 只和他见了一次面的陈老师,竟这么的关心他,帮忙他,他怎么不感动呢?(恶梦 44)

⑲ 你看看有什么地可以帮忙的,尽量帮忙他们。(大胡子 67)

⑳ 小五那年我以为自己没有机会参加作文比赛了,但他仍提名我。(报 1995 年 6 月 15 日副刊 8 版)

㉑ 她正忙着备战本月举行的全英羽毛球赛及法国羽球公开赛。(报 1995 年 3 月 2 日 6 版)

㉒ 让顾客拥有 7 天的时间来考虑是否要作废已签下的购物合约。(报 1995 年 3 月 10 日 11 版)

上面各例中的"修养、帮忙、提名、备战、作废"[①]等在新加坡华语里应

---

① 据周清海教授说,"备战""作废"做及物动词的用法,恐怕是年轻一代受英语影响的结果,老一辈人不这样用。

看作及物动词,因为它们都能带真宾语;可是在中国普通话里都是不及物动词,因为都不能带真宾语。

新加坡华语与中国普通话是一脉相承的,那么为什么这些在中国普通话里是不及物的动词在新加坡华语里能带上真宾语呢? 这可能有多方面的原因。其中有的(如"挑衅""挑战"带宾语)是明显受英语影响的结果。我们知道,英语动词"挑衅(provoke)"和"挑战(challenge)"都可以带宾语,例如:

He deliberately provoked us.(他故意对我们挑衅。)

He challenged me.(他向我挑战。)

部分不及物动词在新加坡华语中之所以会逐渐演化为能带真宾语的及物动词,受英语影响,这当然是一个很重要的原因,但这只是个外因;外因是通过内因起作用的,从内因上分析,这主要还是语言表达要求简洁、经济的结果。

其实,英语里的动词区分及物与不及物,其根据也是看动词后面能不能带宾语,能带宾语的是及物动词,不能带宾语的是不及物动词。正因为这样,新加坡华语与英语在动词及物与不及物的区分上也是有同有异的。

先看一致的方面。

及物动词:

	华 语	英 语
研究	研究自然规律	to study the laws of nature
学习	学习英语	to learn English
保卫	保卫我们的祖国	to defend our motherland
吃	吃苹果	to eat an apple

不及物动词:

华　语	英　语
示威	demonstrate
合作	cooperate
造反	rebel
道歉	apologize

再看不一致的方面。

华语里是及物动词,英语里是不及物动词:

	华　语	英　语
听	听报告	to listen to a report
等	等我爸爸	to wait for my father
同意	同意这个计划	to agree to the plan
照料	照料孩子们	to look after the children

华语里是不及物动词,英语里是及物动词:

	华　语	英　语
看齐	向他看齐	to emulate him
盯梢	对他盯梢	to shadow him

6.12　体宾动词与谓宾动词

及物动词,根据其所带真宾语成分的词性的不同,我们又可以将它分为体宾动词与谓宾动词两小类。

体宾动词是指只能带体词性宾语的及物动词。6.11 节里所举的"喝、买、吃、保护、寻找"等就都是体宾动词。再如:

穿:穿着纯白的校服(独上 93)

拣:拣小石子(风雨 2)

画:画妈妈的脸(△含羞草 65)

戴：戴了一个高高尖尖的纸帽(牛车水 81)

挑选：挑选有潜能的年轻球员(华文教材 2B 6)

驳斥：驳斥了"美是实用"的论调(科学 125)

属于：(草是)属于被人践踏的植物。

同情：同情她(金狮奖 127)

具备：具备两个因素(话剧 12)

爱惜：爱惜自己的骨肉(晚上 42)

　　谓宾动词是指能带谓词性宾语的及物动词。6.11 节里所举的"觉得、希望、受到、认为、值得、愿意"等就都是谓宾动词。再如：

以为：(我还)以为她非重写不可。(金狮奖 126)

打算：打算写成一"秘笈"。(八方 18)

企图：企图突破传统的创作框框(至性 154)

妄想：妄想以对饮在青史留名(渐行 16)

主张：主张提倡"马来西亚地方文艺"(△新华文学 11)

感到：感到比丹麦人自卑(文艺 56)

显得：更显得重要(华文 7)

应该：应该提高自己的品味(风筝 16)

可以：可以不必工作太久(渐行 64)

进行：进行创作(科学 12)

加以：加以重视(华文 24)

　　有些动词,既能带体词性宾语,又能带谓词性宾语。例如：

看：看戏(△含羞草 69)　(带体宾)

　　看有没有狗(△含羞草 74)　(带谓宾)

需要：需要更多的真正的双语人才(风筝 41)　(带体宾)

　　　需要改善(华文 2)　(带谓宾)

重视：重视自己的传统文化(华文 7)　(带体宾)

　　　重视培养学生的阅读习惯(华文 6)　(带谓宾)

喜欢:喜欢清清雅雅的小雨(牛车水 117) （带体宾)

　　喜欢玩火柴(牛车水 85) （带谓宾)

有 :有不同的看法(风筝 35) （带体宾)

　　有鞭挞,有讽刺,也有悔示(△中国作家 131) （带谓宾)

接受:接受这些新事物(风筝 29) （带体宾)

　　接受训练(风筝 41) （带谓宾)

这些动词也归入谓宾动词。

6.13　真谓宾动词与准谓宾动词

　　根据所带谓词性宾语的情况,谓宾动词还可分为两小类:真谓宾动词与准谓宾动词。

　　语言事实告诉我们,谓宾动词带宾语,这有两种情况:

　　A. 某些谓宾动词所带的谓词性宾语,可以是单个谓词,也可以是个谓词性词组。"希望""感到"就属这一类谓宾动词。请看它们所带的谓词性宾语:

希望:　　　　　　感到:

　希望参加　　　　感到舒服　　　(单个动词/形容词)

　希望马上参加　　感到十分舒服　("状-中"偏正词组)

　希望参加开幕典礼　感到舒服一些　(述宾词组)

　希望参加得早一些　感到舒服得很　(述补词组)

　希望他也参加　　感到身体很舒服 (主谓词组)

显然,"希望"和"感到"所带的宾语是货真价实的谓词性宾语。

　　B. 某些谓宾动词所带的宾语只限于单个双音节谓词,不能是谓词性词组。"进行"就属这一类谓宾动词。请看"进行"所带的宾语:

进行：

　进行研究　　　　　　　（单个双音节动词）

*进行马上研究　　　　　（"状-中"偏正词组）

*进行研究华语语法　　　（述宾词组）

*进行研究得深一些　　　（述补词组）

*进行大家都研究　　　　（主谓词组）

*进行学　　　　　　　　（单音节动词）

上面所举的实例说明，"研究"虽然是动词，但它做了"进行"的宾语后，失去了动词的一些特性；相反，"研究"在做了"进行"的宾语后，可受名词的修饰，可带定语。例如：

① 进行课室研究（华文 34）

类似的例子如：

② 进行华文教学（华文 19）

③ 进行了一次阅读能力调查（华文 23）

显然，"进行"所带的宾语不是货真价实的谓词性宾语。

为区别起见，我们把"希望""感到"所带的谓词性宾语称为"真谓词性宾语"，把"进行"所带的谓词性宾语称为"准谓词性宾语"。相应地，我们把"希望""感到"这一类能带真谓词性宾语的谓宾动词称为"真谓宾动词"，把"进行"这一类带准谓词性宾语的动词称为"准谓宾动词"。上面（6.12 节以及本节）所举到的"觉得、希望、认为、值得、愿意、以为、打算、企图、妄想、主张、感到、显得、应该、可以、看、需要、喜欢"等都属于真谓宾动词，下面再举些真谓宾动词的例子：

想：想上学（女儿 167）

敢：不敢看他（青青 115）

爱：爱种花（壁虎 23）

知道：知道如何待人接物（风筝 10）

相信：相信儿童文学是有前途的(风筝 19)

看见：看见麦先生疾步走来(追云 18)

准备：准备下车(再见 11)

乐得：乐得送人(壁虎 23)

准许：准许进入市区(再见 20)

而"受到、进行、加以、有、接受"等都属于准谓宾动词，再如：

作：作了研究(报 1995 年 8 月 21 日 6 版)|作了下列的调整(华文 11)

得到：得到帮助|得到了很大的休息(女儿 164)

准谓宾动词数量不多，但使用频率不低，特别是在书面上。

6.14　能愿动词

6.14.1　能愿动词及其特点

能愿动词指以下一些动词：

能　能够　可　可以　可能　要　会　应　应该　该　应当

愿　愿意　情愿　乐意　肯　敢　值得　配　许　准　准许

在中国，也有人将普通话里的这些词称作"助动词"(丁声树等，1961；
朱德熙，1982)。为了防止人们将这些词跟英语里的 auxiliary verb
等同起来，我们不用"助动词"这个名称，而用"能愿动词"这个名称。

能愿动词是真谓宾动词里的一个小类。从语法上看，能愿动词
有以下一些特点：

1. 只能带谓词性宾语，不能带体词性宾语；

2. 后面不能带动态助词"了""着""过"；

3. 它的肯定形式和否定形式可以叠用，构成"～不～"疑问格
式，如"能不能""可以不可以""该不该""应当不应当""值得不值得"
"准不准"等；

4.后面可以不带宾语,甚至可以单说,例如:

① "你可以不可以挪进一点,让我分享?""当然可以。"(金狮奖 135)

② 乙:你能唱?

　　甲:能!(笑眼 47)

根据以上四点,像"喜欢、得(＝可以、许可,如"不得随地吐痰")、打算"等这样一些谓宾动词就不属于能愿动词。"喜欢"不仅可以带谓词性宾语,而且可以带体词性宾语(如"喜欢孩子");"得"虽然只能带谓词性宾语,但是它不能构成"～不～"疑问格式;而"打算"虽然只能带谓词性宾语,虽然能构成"～不～"疑问格式,但是它不能单说,它后面也不能不带宾语。因此它们虽是谓宾动词,但都不是能愿动词。

6.14.2　要、会、配

上面所举的能愿动词中,"要""会""配"都还能带体词性宾语,似乎不合能愿动词的语法特点。其实,作为能愿动词的"要""会""配"跟带体词性宾语时的"要""会""配"意思不一样,在语法上得看作两个词。请看:①

要 a:应该,必须。如"你要努力学习"。(能愿动词)

要 b:希望得到或保留。如"我要这本书 | 这些衣服我还要呢"。(体宾动词)

会 a:有能力做某事,擅长。如"他很会说话 | 他不会打球"。(能愿动词)

会 b:熟悉,懂,了解。如"他会英语也会华语"。(体宾动词)

配 a:够得上,符合。如"他不配做教师"。(能愿动词)

配 b:把缺少的补上。如"我要配一个钮扣"。(体宾动词)

6.14.3　能愿动词的语法意义

从语法意义上看,能愿动词表达以下几方面的意义:

---

① 以下关于"要""会""配"的解释和例句,均见《时代新汉语词典》,联邦出版社/华语教学出版社,1994,新加坡/北京。

1. 表示可能性。这又可分三种情况：

A. 表示主观可能性（指主观能力）。常用的能愿动词是：

　能　能够　可　可以　会

例如：

③ 我能为她解开心中的结（短篇 30）

④ 我并不是医生，不能帮你什么忙……（再见 49）

⑤ 通过想象之窗，我们能够想象窗内的人和物。（独上24－25）

⑥ 什么都不看是最幸福的，可是我不能够，也不愿意。（独上 2）

⑦ 有了一百万，可以买房子，买汽车……（再见 55）

⑧ 我会下田帮我父母耕种。（跳舞 16）

注意："能、能够"和"可、可以"都能表示主观可能性，但又有区别。"能、能够"既可用于肯定式，也能用于否定式；但"可、可以"只能用于肯定式，不能用于否定式（"不可、不可以"不能用于表示否定主观的可能性）。因此，例③、例⑤里的"能""能够"可以换用"可以"，例⑦里的"可以"可换用"能"或"能够"，但例④、例⑥里的"不能""不能够"就不能换用"不可"或"不可以"。"会"跟"能、能够"也有区别。"会"通常用来说经过学习或训练所获得的技能，"能、能够"则没有这个限制。所以，能用"会"的地方，都能用"能、能够"替换，而用"能、能够"的地方则不一定能用"会"替换，例如"他能喝三瓶啤酒."就不能说成"＊他会喝三瓶啤酒"。

B. 表示客观可能性。常用的能愿动词是：

　会　能　可能

例如：

⑨ 念大学就一定会找到好的对象。（△大喜 191）

⑩ 肯定不会发现的。（金狮奖 100）

⑪ 我想：任何人拜读过大札，必定都希望能和你做朋友。（短篇 14）

⑫ 照她的一举一动,还有她的谈吐,她很可能是一位吃过教育饭的人。
(一心 8—9)

C. 表示允许、许可。常用的能愿动词是:

能　能够　可以　许　准　准许

例如:

⑬ 愿意去的都能去。|你的报告是否能借我看看?(金狮奖 99)

⑭ 教室里不能抽烟。|被传讯的是孩子,家长绝不能插手。(女儿 38)

⑮ 女孩子不能够在外面过夜!

⑯ 我等一下来领,可以吗?(跳舞 3)

⑰ 妈妈终于答应了,条件是不许吵到邻居,不许弄脏地方,不许玩得太
迟——在午夜之前必须结束舞会。(牛车水 73)

⑱ 以后不准再提起养狗的事呵!(追云 7)

⑲ 准许进入市区(再见 20)

2. 表示理所当然,理所应该。常用的能愿动词是:

应　该　应该　应当　要

例如:

⑳ 你应如实告诉他。

㉑ 你该吃药了。|该回去了(金狮奖 240)

㉒ 你们身为师表,应该走得正,行得正,坐得正(一心 7)

㉓ 你应当向他赔礼道歉。|你是他娘,你应当知道的!(大胡子 137)

㉔ 你要听老师的话。|现在钟依琳既然有喜在身,少不得要顺着她些儿。
(追云 33)

3. 表示意愿。常用的能愿动词是:

愿　愿意　情愿　乐意　肯　敢　要

例如:

㉕ 我不愿伤害她。(短篇 70)

㉖ 老二当时心里头压根儿不愿意回来。（风雨 38）

㉗ 他自己情愿当德士司机。｜你自己情愿摆摊子？（△大喜 29）

㉘ 他们乐意伸出热诚之手去援助别人（一心 48）

㉙ 他肯原谅姑母吗？（大胡子 90）｜爸爸不肯去（再见 7）

㉚ 我不想说，而她，不敢说。（大胡子 84）｜你敢保证？（金狮奖 94）

㉛ 我要吃粥。（再见 27）

　4. 表示价值或资格。常用的能愿动词是：

　值得　配

例如：

㉜ 值得一看再看。（青青 36）

㉝ 你不配当我的爸爸。（再见 33）｜我不配爱你？（△浮萍 82）｜你们现在这些新闻记者，根本不配称无冕之王。（变调 11）

第7章 述语和补语

7.1 华语中的述补词组

7.1.1 述补词组及其特殊性

动词或形容词的后面带上补充性说明成分便构成述补词组。例如"洗干净"就是一个述补词组,其中的动词"洗"是述语,"干净"是补充性说明成分,是补语。

述补词组是包括新加坡华语在内的现代汉民族共同语所特有的一种句法结构。这种词组跟前面讲过的主谓词组、述宾词组不同,它是一种缩略型句法结构,①即它实际是由两重结构关系缩略而成的。最明显的是,当述补词组充任谓语时,由此造成的主谓词组实际上是由两重主谓词组缩略而成的。例如:

① 我走累了 ← 我走+我累了

② 衣服洗干净了 ← 衣服洗了+衣服干净了

③ 我把黑板擦干净了 ← 我擦黑板+黑板干净了

④ 他热得头上直冒汗 ← 他热+他头上直冒汗

许多外国留学生开始学习华语时,不了解华语里的述补词组是一种缩略型词组,所以常常掌握不好。述补词组的上述特点必须引起大

---

① 参见马真《汉语句法里的缩略现象》,载《语言研究》1989 年第 1 期。

家充分注意。

7.1.2　补语的语义指向

从语法上说,补语是述语的补充性说明成分;但是从语义结构关系上看,补语在语义上指向哪里(即补语在语义上是直接说明哪个成分的),情况比较复杂,起码有下列五种情况:

1. 有的补语在语义上是指向述语本身的,例如:

⑤ 飞得快快。(独上 74)

⑥ 美观极了!(晚上 15)

例⑤补语"快快"是说明"飞"的速度的(像"快快"这样的单音节形容词重叠式做补语的情况,见 7.6 节),例⑥补语"极了"是说明"美观"这一性质所达到的程度的。

2. 有的补语在语义上是指向述语动词所表示的行为动作的施事(即动作者)的,例如:

⑦ 他走累了。(梦 45)

⑧ (我)听不懂。(石头 111)

例⑦补语"累"是直接说明"走"的施事"他"的(他累了),例⑧补语"不懂"也是直接说明"听"的施事"我"的(我不懂)。

3. 有的补语在语义上是指向述语动词表示的行为动作的受事(即受动者)的,例如:

⑨ ……把整个模型染红。(△一壶 101)

⑩ 花啊草啊树啊,剪得整整齐齐的。(撞墙 65)

例⑨补语"红"是直接说明"染"的受事"模型"的(模型红),例⑩补语"整整齐齐"是直接说明"剪"的受事"花、草、树"的(花、草、树整整齐齐的)。

4. 有的补语在语义上指向述语动词所表示的行为动作的工具,

例如：

⑪ 砍了一下午竹子,把刀都砍钝了。

⑫ 他把我的钢笔都写坏了。

例⑪补语"钝"是直接说明"砍"的工具"刀"的(刀钝了),例⑫补语"坏"是直接说明"写"的工具"钢笔"的(钢笔坏了)。

5. 有的补语在语义上指向与述语动词表示的行为动作相关的处所,例如：

⑬ 法院里坐满了人(再见 66)

⑭ 我几乎跑遍了新加坡。

例⑬补语"满"是直接说明处所成分"法院里"所表示的这一空间的,例⑭补语"遍"是直接说明处所词"新加坡"所表示的这一地域的。

7.1.3　述补词组的述语

述补词组里述语的情况比较简单,一般只能由单个动词或形容词充任,偶尔也能由动词性联合词组充任,例如：

⑮ 使用再好的洗发乳,都必须将头发冲洗干净。(报 1995 年 3 月 15 日副刊 2 版)

⑯ 屋子给打扫整理得井井有条。(△大喜 174)

但是,这毕竟很少见。注意:谓词中的状态词不能充任述语,即状态词不能带补语(见 3.6 节)。

7.1.4　补语分类

补语的情况则比较复杂。华语里的补语大致可分为以下六类:

1. 结果补语,如:

染红(青青 31)　　冻死(△天长 120)

2. 趋向补语,如:

走过来(牛车水 106)　　拖下去(再见 19)

3. 可能补语,如:

提得起,放得下(△浮萍84)　　讲不出、忍不住(追云107)

4. 程度补语,如:

精致极了(牛车水85)　　乖得很(追云79)

5. 状态补语,如:

绑得紧紧的(再见37)　　问个清楚(风雨15)

6. 时地补语,如:

作于1933年11月1日(△中国作家30)　　坐在课室里(伦理·中三21—22)

下面,我们以补语的类别为纲,分别描写、说明华语里的述语和补语。

7.2　带结果补语的述补词组

下面都是带结果补语的述补词组:

看懂　学会　洗干净　说清楚

冻伤　冷死　热晕了　急瞎了(眼睛)

带结果补语的述补词组,其述语表示某种手段或原因,补语指明结果。例如"看懂",述语"看"表示手段,补语"懂"指明"看"的结果;"冻伤",述语"冻"表示原因,补语"伤"指明受冻造成的结果。所以这种补语叫"结果补语"。

7.2.1　带结果补语的述补词组在构造上的特点

1. 补语和述语直接黏合,中间不用任何助词(如"得")。如"看懂",述语"看"和补语"懂"是直接黏合的。

2. 述语成分通常由动词充任,能带结果补语的形容词只限于以下几个(都是单音节形容词):

热:热死　冷:冷死　胀:胀坏　疼/痛:疼/痛死

累:累坏　闷:闷死　急:急瞎　气:气坏　枯:枯死

例如:

① 给压困在废墟里的人,不给压死也会给闷死……(△大喜 255)

② 我差点被她气死。(变调 27)

③ 不饿死,气也气死了。(金狮奖 194)

④ 为什么这些国家放着自己的经济不理、不整顿,老爱扮演什么"救世祖"的角色,把大把金钱花在别人身上,结果白白养肥了别人,累死自己?(金狮奖 168)

⑤ 在三、四十年代的大上海,每年冬天总会有一些乞丐冷死在街头。

形容词所带的结果补语都表示一种不好的结果。

3. 跟述语的情况相反,补语通常由形容词充任,能做补语的动词只有以下几个(都是单音节动词):

动:开动引擎(晚上 112)	完:念完小学(△中国作家 143)
翻:闹翻了(△大喜 6)	成:做成(△天长 4)
懂:听懂(笑眼 13)	会:学会
走:移走(青青 59)	住:捉住(一心 108)
死:打死(狮子 87)	到:看到(南北 2)
倒:扑倒(△浮萍 71)	见:听见(追云 15)
醒:吵醒(△大喜 1)	丢:弄丢了
掉:关掉(水喉)(话剧 60)	着(zháo):睡着了(大胡子 145)
中(zhòng):看中(南北 1)	

7.2.2　带结果补语的述补词组大多可以带宾语

⑥ 洗净身上的猪粪(△新华文学 123)

⑦ 徐咸安睁大了皱纹麇集的双眼……(跳舞 81)

⑧ 花城到处都开满了杜鹃。(寻庙 10)

⑨ 每人保持一定的距离,排好了队伍。(△含羞草 43)

⑩ 乌节路辉煌的灯火燃亮了整条长街。(青青 32)

⑪ 记住她的名字(笑眼 210)

⑫ 卖掉她的汽车(梦 34)

⑬ 每一次跑步,总会碰见这一对中年的欧籍夫妇。(壁虎 59)

⑭ 看完一部中国影片(文艺 123)

⑮ 烧成块块火红的砖瓦(科学 157)

⑯ 毒瘾发作时,我在深更半夜跳入海里,企图借着冰冷的海水来冻死我体内那只魔鬼!(△天长 120)

7.3　带趋向补语的述补词组

下面所举的都是带趋向补语的述补词组:

| 跑来 | 走进 | 爬上去 | 钻出来 |
| 拿来 | 扔进 | 递上去 | 拔出来 |

带趋向补语的述补词组,补语和述语也是直接黏合的,彼此结合得很紧,中间不用助词"得"。这种述补词组的最大特点是,做补语的只限于趋向动词,所以这种补语叫"趋向补语"。

7.3.1　现代汉语里的趋向动词

现代汉语里的趋向动词只有 24 个,可分为三组:

1. "来、去"组:表示的运动趋向是以说话人为基准的。"来",表示朝着说话人的方向运动;"去",表示朝着离开说话人的方向运动。

2. "上、下、进、出、回、过、起、开"组:表示的运动趋向是以运动的事物自身原先的位置为基准的。"上",表示事物自下而上运动;"下",表示事物自上而下运动;"进",表示事物从外到里运动;"出",表示事物从里到外运动;"回",表示事物由别处向着原来的地方运动;"过",表示事物运动经过某处;"起",表示事物从静止状态向上运动；"开"，表示事物离开原先所依附的事物而运动。

3. "上来、上去、下来、下去、进来、进去、出来、出去、回来、回去、过来、过去、起来、·开来"组：表示的运动趋向既跟说话人的位置和立场有关，又跟运动的事物位移的方向有关。例如"上来"，表示事物既是朝着说话人的方向运动，又是自下而上运动，如"他从楼下走上来"。余者类推。

以上 24 个趋向动词可列如下表：

	上	下	进	出	回	过	起	开
来	上来	下来	进来	出来	回来	过来	起来	开来①
去	上去	下去	进去	出去	回去	过去	—	—②

7.3.2　真趋向补语和准趋向补语

趋向补语，按其所表示的语法意义，可分为两类：真趋向补语和准趋向补语。

真趋向补语都表示事物运动的趋向——或者表示述语动词所表示的行为动作的施事（即动作者）的运动趋向，或者表示述语动词所表示的行为动作的受事（即受动者）运动的趋向。前者如：

①　听说百利这几天将会飞来新加坡……（大胡子 54）

②　罗涵珊……吁了一口气，这才往大门走去。（跳舞 2）

例①趋向补语"来"表示动词"飞"的施事"百利"（"百利"是一个人的名字）运动的趋向；例②趋向补语"去"表示动词"走"的施事"罗涵珊"运动的趋向。后者如：

③　见陶陶真的把药丸吞下，他急得……（金狮奖（四）65）

---

①　"开来"只能做补语。

②　"起"和"开"不能跟"去"组合。

④ 涵珊拿出针线盒子……（跳舞 3）

例③趋向补语"下"表示动词"吞"的受事"药丸"运动的趋向；例④趋向补语"出"表示动词"拿"的受事"针线盒子"运动的趋向。

准趋向补语不表示实际的运动趋向，只表示某种引申意义。例如"来"做"看、想、听、算、说"的补语时（如"看来、想来、算来、说来"等），就不表示实际的运动趋向，而表示"着眼于某一方面"的意思。例如：

⑤ 从教育背景看来，华文教师比英文教师更有成为双语人才的希望。（风筝 41）

⑥ 我上月给你的信，想来你早已收到。

⑦ 算来他走了也有八天了。

⑧ 关于他的婚姻问题，说来话长。

再如"下去"，做准趋向补语时常常表示行为动作的继续，例如：

⑨ 她既然是无心向学，勉强读下去也没有用处。（追云 81）

⑩ 坚持下去吧！（青青 16）

⑪ 她今年才四十岁，大半生走过，人生尚有漫漫长路，她不知自己如何以终，但眼前这一段，她已不知怎样走下去……（金狮奖（四）24）

⑫ 如果你是河，你便得继续流下去。（青青 73）

下面句子里的趋向补语也都是准趋向补语，都不表示实际的运动趋向，都只表示某种引申意义。例如：

⑬ 她爱上了中学生活。（女儿 5）

⑭ 校服最上面的两颗钮扣没扣上……（狮子 34）

⑮ 姚老师大受吸引，停下脚步来看。（狮子 38）

⑯ 他略一犹豫，就作出一个决定：……（追云 39）

⑰ 看了那篇《哒哒的马蹄声》后，我不禁想起第一次你不理睬我的情形。（青青 93）

⑱ 浑身都热起来了（大胡子 5）

例⑬趋向补语"上"表示"开始并继续"的意思；例⑭趋向补语"上"则表示"分开的事物接触到一起"，含有达到目的的意思；例⑮趋向补语"下"表示完成；例⑯趋向补语"出"也表示完成，但含有"从无到有"的意思；例⑰趋向补语"起"表示"进入状态"的意思（这里就是进入想的状态的意思）；例⑱趋向补语"起来"表示"开始出现并继续加深"的意思。

在新加坡华语中，"回"做趋向补语可表示一种特殊的引申意义，即表示"回复"的意思。这时做述语的动词都不是表示位移的动词，而是一般的动词。例如：

⑲ 天冷，快些演好，穿回大衣。（报 1995 年 3 月 22 日副刊 5 版）

⑳ 倘若电疗，你体内的癌细胞能得到良好的控制，你便能得回你曾一度失去的平静与安宁。（尘世 97）

㉑ "快，快给回我！""不给！"（金狮奖 220）

㉒ 我爱人家多少，我一定要得回相等的爱。（年岁 27）

㉓ 说回德士司机。德士是旅游业里重要的一环，对我国的经济活动扮演积极的角色。（平心 73）

㉔ 这部动作片是离开新视的陈秀环的告别作，她笑言，连续拍了多部动作片后，她的"打女"形象越来越深入民心，再不离开的话，怕难以抽身，做回她的窈窕淑女。（报 1995 年 8 月 11 日副刊 6 版）

这是一种十分经济、很富有表现力的述补词组，上面各例中的"～回"，有的还勉强可译为普通话，如例㉒㉑㉒㉔似可分别译为：

㉒′……你便能重新得到你曾一度失去的平静与安宁。（原本"你"曾拥有平静与安宁）

㉑′快，快还给我！（原本属于"我"的）

㉒′……我一定也要从人家那儿得到相等的爱。（原本"我"所付出的爱）

㉔′……再成为窈窕淑女了。（原本"她"是窈窕淑女）

有的，如例⑲、例㉓，则很难用一句简短的话翻译为中国普通话。例⑲"穿回大衣"是说"穿上你刚才脱下的那件大衣"，例㉓"说回德士司机"则是"现在再回过头来说德士司机"的意思。中国普通话里"回"做趋向补语不表示这种引申意义。

能带真趋向补语的动词只限于表示"位移"的动作动词（如"走、跑、爬、跳、飞"等）和会引起事物位移的动作动词（如"踢、扔、拉、推、拿、扛、搬、吞、吐"等）；而准趋向补语不受此限制，甚至形容词也能带，如例⑱，又如：

㉕ 摄影棚里面响起了庄严的结婚进行曲……（金狮奖（四）38—39）

㉖ 也不知什么时候能真正好起来。（金狮讲（四）40）

㉗ 你难道就忍心让咱们的儿子这样荒唐下去？（△大喜215）

㉘ 师傅作了一个手势，大伙儿都静下来了。（狮子3）

7.3.3　带趋向补语的述补词组能带宾语

带趋向补语的述补词组（不管是带真趋向补语还是带准趋向补语）后面也能带宾语，所带的宾语主要有三种：

1. 施事宾语，例如：

㉙ 冲进一个怒气冲冲的中年妇女。（短篇79）

㉚ 迎面走来了一位举止优雅的妇人。（石头145）

2. 受事宾语，例如：

㉛ 老人狠狠地吐出了一口烟……（追云30）

㉜ 我……取出那封已经拆阅过的遗书。（变调31）

㉝ 玻璃市队踢进了一粒好球。（报1995年3月14日13版）

3. 处所宾语，例如：

㉞ 侍者飞快地跑进了厨房。（石头111）

㉟ 他们一起走出图书馆。（梦52）

㊱ 进门后,阿妈帮我把行李搬进房子……(微型 13)

带趋向补语的述补词组在带处所宾语上,新加坡华语与中国普通话有所不同。在中国普通话里,由复合趋向动词(如"回去、进来"等)充任补语的述补词组不能带处所宾语,例如在中国普通话里不能说"﹡走进来屋里""﹡拿出去图书馆"(吕叔湘,1980;朱德熙,1982)。可是在新加坡华语中没有这种限制,"走进来屋里""拿出去图书馆"都是合语法的。再如:

㊲ 想不到过了半个钟头后,同一辆车又驾回来我们这里。(风筝 186)

㊳ 有些人……还时常跑回来巴刹买东西。(回忆 43)

㊴ 当初也是你自己把他带进来这厂里的。(吾土·小说上 44)

㊵ 你如果逼我回去,我就立刻飞回去澳洲。(大胡子 47)

㊶ 没有想到,他今天晚上就把她带过来我们家了。(大胡子 25)

7.3.4 两点说明

关于带趋向补语的述补词组,还需说明两点:

1. 带趋向补语的述补词组,中间如果插入"了",就不再是述补词组了。例如"飞过来"是带趋向补语的述补词组,可是"飞了过来"(狮子 29)就不是述补词组,而是后面将会介绍的复谓词组(见第 9 章)。

2. 带趋向补语的述补词组,中间如插入一个宾语成分,也不再是述补词组了,也变成复谓词组。例如"带来"是带趋向补语的述补词组,可是"带你来"(追云 45)就不是述补词组,而是复谓词组。

7.4 带可能补语的述补词组

7.4.1 带可能补语的述补词组及其肯定式与否定式

带结果补语的述补词组和带趋向补语的述补词组中间插入"得"

或"不"就形成带可能补语的述补词组。例如：

			插入"得"	插入"不"
A	看懂	→	看得懂	看不懂
	学会	→	学得会	学不会
	洗干净	→	洗得干净	洗不干净
	说清楚	→	说得清楚	说不清楚
B	走开	→	走得开	走不开
	拿出	→	拿得出	拿不出
	爬上去	→	爬得上去	爬不上去
	取出来	→	取得出来	取不出来

A 组是由带结果补语的述补词组中间插入"得／不"所形成的带可能
补语的述补词组；B组是由带趋向补语的述补词组中间插入"得／不"
所形成的带可能补语的述补词组。插入"得"形成肯定式，插入"不"
形成否定式。带可能补语的述补词组，顾名思义，它都能表示可能
性——肯定式表示"能……"或"可以……"的意思，否定式表示"不
能……"的意思。如"看得懂"是"能看懂、可以看懂"的意思，"看不
懂"是"不能看懂"的意思；"走得开"是"能走开、可以走开"的意思，
"走不开"是"不能走开"的意思。余者类推。所以，这种补语叫"可能
补语"。

　　带可能补语的述补词组有肯定式和否定式两种形式，但是在实
际话语里，否定式的使用频率比肯定式要高得多。我们对田流的短
篇小说集《大喜临门》（大地文化事业公司出版，1989 年，新加坡；全
书 280 页）一书中出现的带可能补语的述补词组进行了统计：总计
151 例，其中，肯定式 21 例，约占 14％；否定式 130 例，约占 86％。
这说明，一般不习惯用肯定式带可能补语的述补词组。即使要表述

像"看得懂"那样的意思,一般都习惯使用"能(够)/可以＋看懂"的说法。例如:

① 我们常常坐在凉凳上,天真地谈我们那个年龄所能理解到的想法……(梦 2)

② 他只盼望有朝一日,能够还清那一笔可以要他老命的高利贷!(△大喜 151)

③ 说到园丁阿木,长得一副傻相,气力是不小,脑筋却很迟钝;这在案发的那一天,王探长只须三两句话就可以看出来。(△大喜 105)

例①作者不用"理解得到"的说法,却用"能理解到"这样的说法;例②作者不用"还得清"的说法,却用"能够还清"这样的说法;例③作者不说"看得出来",而说"可以看出来"。

7.4.2　带可能补语的述补词组带宾语

带可能补语的述补词组也可以带宾语,如"吃得下饭|吃不下饭"。在新加坡华语中,带可能补语的述补词组带宾语的语序有两种:

1."V 得/不 C＋宾语"(V 代表动词,C 代表补语,下同)。例如:

④ 那动辄千万元的合同,他放得下心?(想飞 89)

⑤ 我们斗不过他们。(金狮奖 18)

⑥ 心里兀自放不下那口乌气。(恶梦 118)

2."V＋宾语＋不＋C"。这多见于口语。例如:

⑦ 小黑子向来就瞧他不起。(恶梦 37)

⑧ 我实在放心不下。

⑨ 生活里的惊涛骇浪击它不碎,砍它不断。(大胡子·序)

第 2 种格式有条件,只限于否定式。

中国普通话里只采用第 1 种语序。第 2 种语序是早期白话的用法,在某些方言里还保留着,但在普通话里已不采用。

7.4.3 "V 得了"与"V 不了"

"V 得了(liǎo)"和"V 不了(liǎo)"也是一种带可能补语的述补词组(V 表示动词,下同),不过已成为一种凝固的格式。例如:

⑩ 我一天两、三元的收入,怎么应付得了每日的生活费用及父亲的医药费?(短篇 36)

⑪ 同学们帮得了我,可是帮不了我的家庭。(△大喜 21)

⑫ 他用手臂无助地去挡那没头没脑地扫过来的藤鞭,挡不了,他索性把头埋在地上,撕心裂肺地哭。(狮子 9)

⑬ 论文没法写完,还是回不了家。(金狮奖 152)

⑭ 这下他可逃不了了!(△大喜 13)

"了(liǎo)"原意是"完结",某些"V 得了"和"V 不了"述补词组中的"了"还保留着这种原意,例如:"这一大碗饭你吃得了吃不了?"这里的"吃得了吃不了"就是"吃得完吃不完"的意思。但是就整个情况来看,"V 得了"和"V 不了"已成为凝固的格式,如例⑩—⑭各句中的"V 得了"和"V 不了",已看不出其中的"了"有"完结"的意思。所以"V 得了"和"V 不了"所表示的意思也已与一般带可能补语的述补词组有所不同。一般带可能补语的述补词组主要表示述语动词所表示的行为动作的结果有没有可能产生,而"V 得了"和"V 不了"则表示述语动词所表示的行为动作本身能不能进行。试比较(一般带可能补语的述补词组记为"V 得 C"和"V 不 C",C 表示补语,下同):

V 得/不 C	V 得/不 了
洗得干净=能洗干净	洗得了=能洗
洗不干净=不能洗干净/没法洗干净	洗不了=不能洗/没法洗

看得懂＝能看懂　　　　　　　看得了＝能看

看不懂＝不能看懂/没法看懂　　看不了＝不能看/没法看

睡得着＝能睡着　　　　　　　睡得了＝能睡

睡不着＝不能睡着/没法睡着　　睡不了＝不能睡/没法睡

爬得上去＝能爬上去　　　　　爬得了＝能爬

爬不上去＝不能爬上去/没法爬上去　爬不了＝不能爬/没法爬

飞得过去＝能飞过去　　　　　飞得了＝能飞

飞不过去＝不能飞过去/没法飞过去　飞不了＝不能飞/没法飞

7.4.4 "V得"与"V不得"

中国普通话里还有一种凝固的带可能补语的述补词组,其格式是"V得"[①](肯定式)和"V不得"(否定式),用得比较普遍,如"洗得""洗不得","看得""看不得"。这种述补词组也是表示述语动词所表示的行为动作能不能进行。但它所表示的语法意义与"V得了""V不了"又有所区别——"V得了"和"V不了"主要强调主观可能性,而"V得"和"V不得"主要强调客观可能性。试比较:

V得/不了	**V(得)/不得**
洗得了＝能洗	洗得＝可以洗
洗不了＝不能洗	洗不得＝不可以洗
去得了＝能去	去得＝可以去
去不了＝不能去	去不得＝不可以去

新加坡华语里很少用"V得"和"V不得"这样的说法,在我们所接触的书面语料里只发现很少的几个例子,而且都是否定式,例如:

---

① "V得"实际上是"V得得"的省略形式(可对照"V得"的否定形式"V不得"),前一个"得"是助词;后一个"得"是动词,做补语。因为两个"得"语音形式相同,所以把助词"得"略去了。

⑮ 有一回，父子对弈，老父进行全面封锁，令我丝毫动弹不得。

⑯ 就因为得到如此的优酬，因此道士们办起事来，分外有神，马虎不得。
（金狮奖 181）

7.5 带程度补语的述补词组

带程度补语的述补词组里的述语大多是由形容词充任的，补语都是表示程度的。带程度补语的述补词组可分为带"得"的和不带"得"的两小类，不管属于哪一类，做补语的成分都很有限，都是一些凝固的格式。现分别介绍如下：

7.5.1 带"得"的

带"得"的一类，做补语的成分主要有以下一些凝固的格式：

1. "～得很"。例如：

① 也许，有人并不高兴，可是我自己可高兴得很。（笑眼 83）

② 幺七这次输了这么多钱，心里也是难过得很。（金狮奖 195）

③ 这一回，李月娟倒是冷静得很。（胜利 84）

④ 这回她倒是乖得很，快去快来。（追云 79）

2. "～得不得了(liǎo)"。例如：

⑤ 大家一见面，高兴得不得了……（冰灯 12）

⑥ 哇，人多得不得了！（微型 219）

⑦ 我的神经，这时候紧张得不得了……（△大喜 12）

3. "～得要命/要死"。例如：

⑧ 其实，肚子里是饿得要命！（笑眼 81）

⑨ 他这个人哪，懒得要命。

⑩ 起初还好，现在越来越难服侍了，大小便都不会，脏得要死……（追云 26）

⑪ 我最近忙得要死,哪有时间看电影啊!

4.“～得厉害”。例如:

⑫ 一觉醒来,喉咙干渴得厉害……(金狮奖 136)

⑬ 老人的记忆力已日渐衰退,眼花得厉害,听觉也不大灵敏了……(追云 27)

⑭ 由于不简单,我心绪烦得厉害!(△断情剪 38)

5.“～得多”。例如:

⑮ 总比我好得多。(金狮奖 170)

⑯ 拆毁比建设要容易得多。(牛车水 128)

在上述五种格式中,第 1 种格式用得最普遍;第 2、3、4 种格式都含有夸张语气;第 5 种格式含有比较意味,常用在“比”字句中,如例⑮、例⑯,再如:

⑰ 以这种方式成名,究竟比辛辛苦苦投稿容易得多。(八方 23)

在中国普通话里还有这样三种凝固格式:一种是“～得慌”,如“闷得慌”“累得慌”;一种是“～得了不得”,意思跟“～得不得了”差不多,如“好得了不得|气得了不得”;另一种是“～得不成”,如“累得不成|脏得不成”。新加坡华语中似没有这样的说法,在我们所接触的书面语料中未发现这三种格式的例子。

带“得”的,不管是“～得很”,或是“～得不得了”,或是“～得要命/要死”,或是“～得厉害”,或是“～得多”,在结构上,“得”都归入述语部分,如“好得很”应该分析为:

$$\begin{array}{ccc} \text{好} & \text{得} & \text{很} \\ \underline{\quad} & \underline{\quad} & \underline{\quad} \\ \text{1} & & \text{2} \\ \hline \text{3} & \text{4} & \end{array}$$
　　　　　　　(述补词组)
　　　　　　　(助词结构)

7.5.2　不带“得”的

不带“得”的,末尾都带“了”。这有以下一些凝固格式:

1."～极了"。例如：

⑱ 巧极了,妙极了,有趣极了……(笑眼 171)

⑲ 美观极了!(晚上 15)

⑳ 真是混帐极了,可恶极了!(追云 30)

2."～死了"。例如：

㉑ 这么好的工作,乐死了!(恶梦 38)

㉒ 看看你的校服,脏死了!(狮子 65)

㉓ 什么鸟河嘛!臭死了!(扶轮 67)

3."～透了"。例如：

㉔ 这个下午的讲演糟透了。(金狮奖 136)

㉕ 乡愁,解不开的感情死结,已叫人烦透了。(金狮奖 323)

㉖ 农人们可苦透了。(金狮奖 352)

4."～坏了"。例如：

㉗ 连公安局也忙坏了。(怀旧 102)

㉘ 林主任急坏了。(再见 19)

㉙ 这下可把偷东西的乐坏了。(△大喜 16)

5."～多了"。例如：

㉚ 您现在瘦多了。(△南风 32)

㉛ "好久没见,你发福多了!""哪里哪里!"(△大喜 24)

㉜ 态度也温和多了。(金狮奖 186)

在上述五种格式中,第 5 种格式含有比较意味,所以可用在"比"字句中(其他格式不能用在"比"字句中)。例如：

㉝ 相思草就不怕蚂蚁和蚱蜢,只是这一点,相思草就比爸爸的玫瑰和芍药"厉害"多了!(△含羞草 77)

㉞ 这一来,我和家里的联系自然比以往松弛多了。(短篇 7)

与中国普通话相比,新加坡华语里由某些动词充任述语的"～极

了"可带宾语,例如:

　　㉟ 他恨极了酒鬼。(金狮奖 228)

　　㊱ 我默默地打量他:……乍看像极了电影明星岳华。(梦 81)

在中国普通话里没有这种用法。

　　不带"得"的,不管是"～极了",或是"～死了",或是"～透了",或是"～坏了",也不管是"～多了","了"都归入补语部分,如"好极了"应该分析为:

好　　极　　了
1　　__2__　　　(述补词组)
　　　3　　4　　　(语气词结构)

7.6　带状态补语的述补词组

　　请先看两个例句:

　　① 今年我和家人一起大扫除,把家里收拾得整整齐齐、干干净净。(课本 1A 18)

　　② 两父女亲热得叫人妒忌。(报 1995 年 7 月 27 日副刊 4 版)

例①"收拾得整整齐齐、干干净净",其补语"整整齐齐、干干净净"似乎是说明"收拾"的结果的;例②"亲热得叫人妒忌",其补语"叫人妒忌"似乎是说明"亲热"的程度的。但是,我们不把这两个例子里的补语看作结果补语或程度补语。它们与结果补语或程度补语无论从形式到意义都有明显的区别:第一,这种补语与充任述语的动词或形容词不是直接粘连的;第二,在这种述补词组里做补语的成分不是一些凝固的格式;第三,这种补语总是描写说明一种情状以补充说明述语。因此,我们把这种补语单独称为"状态补语",以示区别。

　　在新加坡华语里,带状态补语的述补词组有三种格式:带"得"

的,如"跑得直喘气";带"到"的,如"(把孩子)打到昏沉沉的";带"个"
的,如"看个清楚"。下面分别加以介绍:

7.6.1　带"得"的

这类带状态补语的述补词组,其述语多数由动词充任,如例①,
再如:

③ 文笔好的人通常历史考得不好。(牛车水 119)

④ 儒家重视仁德,把仁德看得比生命还重要。(伦理·中四 6)

⑤ 炮火照耀得他无处可遁。(金狮奖 4)

⑥ 不要卖得太夜。(恶梦 120)

有时也可以由形容词充任,如例②,再如:

⑦ 学校开课以后,我自己忙得分身乏术……(大胡子 33)

补语成分可以由单个形容词充任,例如:

⑧ 让儿女吃得饱,穿得暖……(变调 21)

⑨ 华文知识分子以为自己有了知识和学问,便比一般人看得透,想得深,
所以……(风筝 23)

也可以由单个状态词充任,例如:

⑩ 每次都输得精光。(△大喜 39)

⑪ 现在街道变得冷清清的。(风筝 141)

⑫ 他的头发梳得服服贴贴,校服穿得整整齐齐。(狮子 51)

但更常见的是由一个谓词性词组充任,例如:

⑬ 儒家重视仁德,把仁德看得比生命还重要。(伦理·中四 6)

⑭ 他贴身在垒壁上,炮火照耀得他无处可遁。(金狮奖 4)

⑮ 她回答得很冷淡。(△大喜 126)

⑯ 此刻,我兴奋得不能入眠。

⑰ 日子是平静的。平静得令人忘了岁月的飞逝。(追云 92)

当状态补语由单个形容词充任时,由此形成的带状态补语的述

补词组有可能跟带可能补语的述补词组同形，造成歧义格式。例如
"唱得好"，有时是"唱得不错"的意思，这时"好"是状态补语；有时是
"能唱好"的意思，这时"好"是可能补语。如果我们仔细考察一下，将
不难发现表示状态的"唱得好"和表示可能的"唱得好"是有明显区别
的，试比较如下：

	表示状态的"唱得好"	表示可能的"唱得好"
重音不同	重音在"好"上	重音在"唱"上
否定式不同	否定式：唱得不好	否定式：唱不好
扩展情况不同	可扩展（唱得好→唱得很好）	不能扩展

　　前面我们曾谈到，单音节形容词重叠式在中国普通话里是不能
做谓语的，而在新加坡华语里可以做谓语（见 5.8 节）。与此情况相
类似，单音节形容词重叠式在中国普通话里是不能做补语的，而在新
加坡华语里可以做状态补语。例如：

⑱ 驾驶员眼睛睁得大大，脸色也发白了。（一心 54）

⑲ 飞，飞，飞吧！飞得高高，飞得远远，飞得快快。（独上 74）

⑳ 瞧啊！蜡烛的亮光把我们的影子拉得长长。（风雨 17）

㉑ 问他又不答，只把头压得低低。（胜利 23）

㉒ 大门一概都关得严严。（独上 27）

7.6.2　带"到"的

　　新加坡华语里有个助词"到"，它附在动词或形容词的后面，使动
词或形容词带上状态补语。例如：

㉓ 还是死了的好。真的！我做人都做到厌了。（吾土·小说上 193）

㉔ "你今天玩到好高兴呀！"小倩说。（年岁 54）

㉕ 黄先生本来邀你一起去，看你睡到那么甜，不忍心叫醒你。（金狮
奖 101）

㉖ 隔壁的林太平，也一样的炒股票，却赚到笑迷迷……（恶梦 24）

㉗ 他的争吵，闹到左邻右舍都点燃烛火，出来看个究竟。（短篇 89）

㉘ 他给狐狸精迷到不像一个人了……（吾土·戏剧 48）

㉙ 最后天快黑了，温度转冷，我们等到又疲倦、又口渴。（风筝 186）

㉚ 常常去找符喜泉女士，找到自己都不好意思了。（报 1995 年 4 月 22 日 19 版）

㉛ 单单"理解与写作"这一科，就搞到头很疼。（年岁 45）

这个助词"到"是从动词"到"虚化来的，其作用相当于助词"得"，但二者又有细微的差别。用助词"得"，做状态补语的成分可以是一个单个形容词，如例⑧、例⑨，再如：

㉜ 飞得远，飞得近，都没关系。（青青 64）

可是用助词"到"，做状态补语的成分不能是单个形容词，例㉜里的助词"得"就不能换成助词"到"，不能说"﹡飞到远，飞到近"。

在新加坡华语里，带"到"的格式，它的使用频率要比带"得"的格式高，用得更为普遍。也可能是受这一用法的影响，在新加坡华语里，动词"使得"一般也都说成"使到"。例如：

㉝ 江浪笔锋锐利，文艺理论修养高，为人又正直，敢评敢言，使到写作的人出书时都战战兢兢。（胜利 102）

㉞ 现在姐姐已婚，但婚姻生活并不愉快，常吵着要离婚，使到我的情绪大受影响。（华文教材 3A 133）

㉟ 多元种族的社会，不但使我们的饮食多样化，也使到各种族间的来往更加密切。（小学 6A 19）

㊱ 舜既不走愚孝的极端，造成骨肉相残，也不走不孝的极端，使到父子反目……（伦理·中四 59）

㊲ 过去一个星期，美元连续下跌了好几天，使到国际金融体系经历了另一次震荡。（报 1995 年 3 月 11 日 20 版）

㊳ 我国环境部对于维持及改进住宅及工业区的环境状况向来都不遗余

力,这使到新加坡被誉为一个花园城市。(报 1995 年 3 月 3 日 17 版)

在中国普通话里,没有助词"到",因此在带状态补语的述补词组中只用"得",不用"到"。当然,也没有"使到"的说法。

7.6.3　带"个"的

在新加坡华语里,也像中国普通话一样,有一个助词"个",这个助词"个"是从量词"个"虚化来的。

在带"个"的格式里,做状态补语的成分常见的有以下三种:

1. 单个形容词,例如:

㊳ "她的父母呢? 为什么只姐姐管她?"我要问个清楚。(风雨 15)

㊵ 今天我非得弄个明白不可。(吾土·戏剧 55)

㊶ 今晚你要陪我玩个痛快。(吾土·小说上 187)

㊷ 有时看到她所喜欢的东西,她也会毫无顾忌地拉我一把,要我看个仔细。(吾土·小说上 177)

2. 成语或四字格,例如:

㊸ 总要拼个你死我活。(金狮奖 104)

㊹ 立时,过路的群众把那个小偷围了个水泄不通。(报 1995 年 6 月 24 日 11 版)

㊺ 朱熹甚至认为有怀疑精神,读书才会进步;因为"一有怀疑,便会想办法去弄个水落石出"。(伦理·中三 51)

3. 一些凝固的否定成分,常见的有"不停""不休""不住""不止""没完"和"没完没了(liǎo)"等,例如:

㊻ 大学学费靠的都是她自己的一双手;暑假寒假都做个不停。(想飞 35)

㊼ 一头脏兮兮的黑狗猛地冲过来,吠个不休!(吾土·小说上 142—143)

㊽ 大家一个劲儿地劝她,可是她还是哭个不住。

㊾ 他很会说笑话,一说起来,总是逗得大家笑个不止。

㊿ 他一坐下来就写个没完。

(51) 记得第一次乘坐摩托车上班，公司里的同事便七口八舌地说个没完没了。(胜利 77)

有时既带“得”，又带“个”，例如：

(52) 人的感情，哪是一纸离婚证书便能断得个干干净净的。(大胡子 39)

(53) 伸手向母亲要来的钱，转眼间便在“手舞足蹈”中花得个干干净净。(狮子 128)

(54) 不一会儿功夫，花布上的辣椒，便售得个清清光光。(石头 94)

带状态补语的述补词组，无论是带“得”的，无论是带“到”的，也无论是带“个”的，助词“得/到/个”都归入述语部分，如“洗得一干二净”“洗到一干二净”和“洗个一干二净”应分别分析为：

洗 得	一干二净	洗 到	一干二净	洗 个	一干二净	
1	2	1	2	1	2	(述补词组)
3 4		3 4		3 4		(助词结构)

7.7 带时地补语的述补词组

时地补语都是由介词结构充任的，如“出生在新加坡”，其内部层次构造如下：

出生　在　新加坡
1　　2　　(述补词组)
　　3　4　(介词结构)

用到的介词只限于“在、到、自、向、于”这五个，下面逐一介绍。

7.7.1 由介词结构“在……”充任的补语

在做补语的介词结构中，“在……”用得最普遍。由介词结构“在……”充任的补语绝大多数是表示处所的，例如：

① 她住在植物园后的卡拉尼道……(想飞 131)

② 没有他，你的金牙早就葬在阴沟里了。(金狮奖 193)

③ 我们总不能一直站在这里。(想飞 63)

④ 童心未泯的我们,会躲在楼梯拐弯处,想吓一吓老刘。(牛车水 44)

⑤ 在市政大厦前,正把国人多姿多彩的文化,通过先进技术,展现在经济强国的观众面前。(回忆 24)

⑥ 住在哪儿?(再见 44)

⑦ 他搓了搓手,端端正正地坐在椅子上。(胜利 92)

⑧ 她把火柴盒放在桌子上。(△断情剪 161)

也可以表示时间,例如:

⑨ 今天,我们是生活在九十年代,我们的思想不能停留在过去,要跟上时代的步伐。(报 1995 年 4 月 18 日 11 版)

不过表示时间的用法比表示处所的用法要少得多。

7.7.2　由介词结构"到……"充任的补语

介词结构"到……"充任的补语,主要表示以下三种意思:

1. 表示处所(事物位移的终点)。例如:

⑩ 浴嫂忽然站起来,走到右边的房间里去。(△断情剪 160)

⑪ 大概走到哪里,老虎总是老虎,猴子总是猴子。(金狮奖 64)

⑫ 呸! 大学生,以为什么都高人一等,竟爬到她头上来了。(微型 144)

⑬ 这时,有一个瘦子出现了,双手直直地伸到我面前来……(石头 1)

⑭ 柴杆(是人名——引者注)一脚把他的石弹踢到老远的草丛里……(胜利 9)

2. 表示时间。例如:

⑮ 我一直等到下午两点,她还没有来,我真有点急了。

⑯ 三几个鬼头谈呀谈的,谈到不能不分手的时候才离开。(吾土·小说上 159)

3. 表示某种限度。例如:

⑰ 华文减到学语言最低要求的时数以下,如每周只有二小时,那华文程度

只有下降是无可置疑的。(风筝 67)

⑱ 逾期未呈报所得税估税表格,最低罚款从 50 元提高到 100 元,最高罚款则从千元减到 800 元。(报 1995 年 4 月 5 日 3 版)

7.7.3 由介词结构"自……"充任的补语

介词结构"自……"充任的补语表示两种意思:

1. 表示处所(事物位移的起点),做述语的只限于动词"来"。例如:

⑲ 娇小的她今年 26 岁,来自中国海南省。(报 1995 年 3 月 10 日 20 版)

⑳ 一听说我们不是来自日本的"财神爷",价格立即直线下泻,20 美金可也!(南北 57)

㉑ 医院设备良好的大讲堂里,密密地坐满了来自他国的游客。(△天长 24)

㉒ 几名来自澳洲的游客去向有关的职员交涉……(石头 223)

2. 表示由来。例如:

㉓ 别人一听到我毕业自光华(指光华中学——引者注),他们的直觉一定是:他是从小练乒乓球,不是中学才开始的。(薪传 57)

㉔ "筚路蓝缕"这个成语出自《左传•宣公十二年》。

㉕ "青,取之于蓝,而青于蓝。"此话引自《荀子•劝学》。

㉖ 警署行动中心所接到的 100 起无聊电话[①]当中,80 多起来自儿童。(报 1995 年 3 月 9 日 5 版)

7.7.4 由介词结构"向……"充任的补语

介词结构"向……"充任的补语都表示行为动作的方向,做述语的只限于少数单音节动词。例如:

㉗ 受到自己国家的承认,赢取了自己国家读者的信心,这样一个国家的文学才能算是成长,可以走向世界。(△新华文学 245)

――――――――――――――

① "100 起电话"里量词"起"的这种用法,是中国普通话里所没有的。

㉘ 我于是,便硬着头皮,厚着脸皮,走向正拾级而上的一位上班族小姐:"小姐,可以耽误一分钟吗?"(再见 5)

㉙ 这条水沟宽二十呎……也不知流向何方。(壁虎 61)

㉚ 我一坐下,便有人送来了一管水烟。我狠狠地吸了一大口,一股又浓又浊的气味,直直地冲向脑门,我呛得大咳起来……(△天长 30)

7.7.5 由介词结构"于……"充任的补语

介词结构"于……"充任的补语表示三种意思:

1. 表示处所。例如:

㉛ 流冰一九一四年出生于新加坡……(△新华文学 61)

㉜ 龙(一个导游员的名字——引者注)的家坐落于离多瑙河不远的一间公寓里。(南北 44)

㉝ 苦苦挣扎于生活线上。(△天长 25)

㉞ 他(指艾芜——引者注)出身于一个乡村小学教师的家庭,家境贫苦。(△中国作家 31—32)

2. 表示时间。例如:

㉟ 方修的《马华新文学简史》出版于一九七四年……(△新华文学 75)

㊱ 艾芜的《南行记》作于 1933 年 11 月 1 日。(△中国作家 30—31)

㊲ 龙(一个导游员的名字——引者注)生于龙年……(南北 43)

3. 表示比较对象,这时做述语的只能是形容词。例如:

㊳ 新加坡中产阶级的政治倾向是冷漠多于热诚,对现有的体制是拥护多于反对,甚至是"保守"多于"自由化"。(报 1995 年 4 月 19 日 4 版)

㊴ 新加坡的年工资增长率高于通货膨胀率。

"于"是文言虚词,现在仅用于书面语。表示处所和时间时,大致相当于"在"。

从上不难看出,由介词结构充任的补语基本上是表示时间或处所的,所以我们将这种补语称为"时地补语"。

第 8 章 定语和状语

8.1 华语中两种偏正词组

请先看两组例子：

A. 纸飞机(青青 62)   B. 悄悄地问你(青青 55)

 华文文学(文艺 139)   经常去光顾(文艺 87)

 小莉的妈妈(金狮奖(四) 88) 相当喜欢(金狮奖(四) 150)

 大房子(追云 27)   急忙忙地跑出来(追云 6)

 细细的双眼(金狮奖 222) 非常好(金狮奖 166)

 两封信(△浮萍 73)   特别要紧(△浮萍 129)

在第 2 章里，我们把 A、B 两组的例子都称为偏正词组(见 2.2 节)。
这是就这些词组前后两部分的关系来说的，因为不管具体意义如何，
这些词组的前一部分都是修饰、限制后一部分的，所以称前一部分为
修饰语，称后一部分为中心语。

但是，如果考虑到它们所表示的语法意义和它们在造句中的作
用(即它们的语法功能)，那么偏正词组显然可分成两类：A 组是一
类，表示事物，具有体词性；B 组是另一类，表示行为动作或性质，具
有谓词性。为区别起见，我们管 A 组偏正词组里的修饰语叫"定
语"，整个偏正词组称为"定-中"偏正词组；管 B 组偏正词组里的修饰
语叫"状语"，整个偏正词组称为"状-中"偏正词组。

8.2　定语和状语的区分

　　英语里的定语和状语很好区分,只要看中心语:中心语是名词,那么它前后的修饰语就是定语;中心语是动词或形容词,那么它前后的修饰语就是状语。但是,由于华语缺乏形态,定语和状语就不像英语那样容易区分。

　　在华语中,中心语如果是名词,那么它前面的修饰语一般是定语,但有时也可能是状语——名词前的修饰语如果由副词充任,那么这修饰语是状语,而不是定语。例如:

　　① 足足一个礼拜了(变调 8)

　　② 才五毛钱(石头 29)

　　③ 今天才星期三。

　　④ 你已经大学生了,还那么不懂事。

例①—④里的名词性词语“一个礼拜”“五毛钱”“星期三”“大学生”前面的修饰语“足足”“才”“已经”都是副词,这些修饰语都是状语,不是定语。

　　中心语如果是动词或形容词,那么它前面的修饰语一般是状语,但有时也可能是定语——动词、形容词前的修饰语如果由名词充任,那么这修饰语是定语,不是状语。例如:

　　⑤ 舞蹈演出(追云 110)

　　⑥ 心理准备(寻庙 74)

　　⑦ (等待着)半夜的到来(壁虎 55)

　　⑧ 科学技术方面的创新与突破

　　⑨ 大学生的悲哀(寻庙 80)

　　⑩ 科技的发达(△天长 58)

　　⑪ 大哥的聪明(变调 18)

⑫ 绿叶的茂盛肥美(心情 138)

例⑤—⑧里的动词性词语"演出""准备""到来""创新与突破"和例⑨—⑫里的形容词性词语"悲哀""发达""聪明""茂盛肥美"前面的修饰语都由名词性词语充任,这些修饰语都是定语,不是状语。

总之,在华语中不能只根据中心语的性质来确定它前面的修饰语是定语还是状语。

那么能不能只根据修饰语的性质来确定修饰语是定语还是状语呢? 也不能。举例来说,形容词充任的修饰语就可能有时是定语,有时是状语。例如:

⑬ 这些具体问题,必须尽快解决。

⑭ 这些问题你们再具体讨论一下。

"具体"是形容词,在例⑬和例⑭里都是修饰语。可是,在例⑬里,"具体"是定语;而在例⑭里,"具体"是状语。为什么不同呢? 我们似乎可以从中心语找到答案——例⑬"具体"所修饰的是名词"问题",所以是定语;而例⑭"具体"所修饰的是动词性成分"讨论一下",所以是状语。上面的回答似乎很有道理,然而请看下面的实例:

⑮ 对于这些问题不能一概而论,我们应该具体分析。

⑯ 对于他们所提的意见,我们必须做具体分析,不能什么都接受。

例⑮和例⑯里都有一个偏正词组"具体分析",从词性看,两个例句里的"具体"都是形容词,两个例句里的"分析"都是动词。但是,例⑮里的"具体"是状语,而例⑯里的"具体"是定语。为什么呢? 原来,在例⑮里,"具体分析"是做真谓宾动词"应该"的宾语,这里的"具体分析"是谓词性的,所以其中的修饰语"具体"是状语;而在例⑯里,"具体分析"是做准谓宾动词"做"的宾语,这里的"具体分析"是体词性的,所以其中的修饰语"具体"是定语(关于"真谓宾动词"和"准谓宾动词",参看 6.13 节)。

从上可知,我们真要严格区分华语中的定语和状语,必须考察偏正词组的性质。如果偏正词组是体词性的,那么其中的修饰语是定语;如果偏正词组是谓词性的,那么其中的修饰语是状语。上面我们之所以把"副词＋名词"这种偏正词组里的副词定为状语,是因为"副词＋名词"这种偏正词组是谓词性的;我们之所以把"名词＋动词/形容词"这种偏正词组里的名词定为定语,是因为这种"名词＋动词/形容词"的偏正词组是体词性的。同样道理,我们之所以把例⑬里的"具体问题"里的"具体"说成定语,根本原因不是因为做中心语的"问题"是名词,而是因为"具体问题"这一偏正词组是体词性的;我们之所以把例⑭里的"具体讨论一下"里的"具体"说成状语,不是因为做中心语的"讨论一下"是动词性的,而是因为"具体讨论一下"这一偏正词组是谓词性的。

因此,对于华语里的定语和状语,必须从整个偏正词组的性质来定义:定语——体词性偏正词组里的修饰语是定语。状语——谓词性偏正词组里的修饰语是状语。

"定-中"偏正词组和"状-中"偏正词组,无论从它们各自在实际话语中所占的数量和地位来说,也无论从它们各自复杂程度来说,"定-中"偏正词组都需要我们在研究上给以更多的关注。因此,下面我们将以较多的篇幅来讨论"定-中"偏正词组。

8.3　能带定语的词语

这一节要讨论华语中哪些词语能带定语,各类不同的词语带定语有什么条件限制。

8.3.1　名词都能带定语

名词带定语所形成的偏正词组是最典型的"定-中"偏正词组。关于名词带定语的种种情况,将在 8.4 节至 8.11 节里详谈。

8.3.2　动词、形容词能带定语,所带定语一般要带"的"

① 甜蜜的回忆

② 学业的终止(短篇 53)

③ 红花的凋谢(青青 39)

④ 远方的祝福(△天长 57)

⑤ 春天的到来(薪传 166)

⑥ 语文程度的低落

⑦ 少年的苦闷(寻庙 74)

⑧ 表面的冷漠(壁虎 77)

⑨ 学校生活的快乐(短篇 70)

⑩ (说一说)卖猪仔的辛酸,殖民地统治者的自私,昭南时代的惶悚,争取独立的艰难。(牛车水 23)

例①—⑤是动词带定语。例⑥—⑩是形容词带定语。以上所举的实例,定语都带"的"。也有不带"的"的,这主要有两种情况:

1. 少数双音节动词可直接接受由名词充任的定语而可以不带"的"。例如:

⑪ (挂念着我们的)舞蹈演出(追云 110)

⑫ 心理准备(寻庙 74)|思想准备(女儿 4)

⑬ 经济帮助(短篇 54)

⑭ 语文教学(华文教学 135)

⑮ (受到)暴风袭击(报 1995 年 3 月 11 日 27 版)

这些能直接接受名词做定语的动词在语法功能上很有些特点,我们留到 8.12 节中谈。

2. 少数单音节形容词可直接接受由数量词充任的定语。例如：

⑯ 八尺宽,十二尺长(怀旧 11)

⑰ 三尺深(一心 3)

⑱ (那鞋子,足足有)四寸高(石头 122)|一点八米高(再见 2)

⑲ 20 公斤重(报 1995 年 6 月 6 日副刊 2 版)

这种"定-中"偏正词组,无论是做中心语的形容词,还是做定语的数量词,都很有特点。就做中心语的形容词来说,只限于少数几个往大里说的量度形容词,如上面举到的"宽""长""深""高""重",还有"远(六里远)""厚(三公分厚)"等。就做定语的数量词来说,其量词只限于表度量衡的量词,如上面举到的"尺""寸""米""斤""里""公分""公斤",还有"公里(八公里远)"等。

8.3.3　人称代词可带定语,所带定语都得带上"的"

⑳ 火车最终还是走了,泪眼模糊中,我向下了车、在月台上的你挥手。(青青 56)

㉑ 作为义顺中组屋区居民的我,向这些荣获最佳安全住家称号的住户表示敬意。(报 1995 年 4 月 19 日 8 版)

㉒ 饿得肚子呱呱叫的他,只那么几口就吃完了。(恶梦 121)

㉓ 目前育有一个 3 岁女儿的他说:"……"(报 1995 年 3 月 10 日 6 版)

㉔ 比他年轻了将近十岁的她,看起来却分明像他的姐姐。(恶魔 44)

㉕ 此刻的它,不像狮,倒像是一条冬眠的蛇。(狮子 4)

㉖ 身为主办国的我们,将来就永没机会争取到冠军和亚军的荣誉了。(风筝 53)

㉗ 那个蹲着看蚂蚁的小孩,童心未泯地端详着将自己忙碌成蚂蚁的我们。(牛车水 109)

㉘ 对于这样的事实,跟他们呼吸同一种空气的我们,会有什么感想呢?(华文教材 2B 165)

有时定语也可以由带"的"的状态词充任。例如：

㉙ 他气冲冲地走了，留下气冲冲的我。(△一壶 3)

例㉙做"我"的定语的是状态词"气冲冲的"。

人称代词带定语，这是一种欧化句式，中国普通话里也有。但由于新加坡华语受英语的影响要比中国普通话受英语的影响大得多，所以这种欧化句式的使用频率新加坡华语要比中国普通话高得多。

人称代词中的"别人、人家、大家、自己"不能带定语。

8.3.4 带"的"的状态词也能带定语，但只在口语中有这种用法，而且做定语的只限于指示代词"这"和"那"

㉚ 这黑乎乎的(是什么?)

㉛ 那红红的(是牡丹花。)

由此形成的"定-中"偏正词组都表示指称，"这黑乎乎的"和"那红红的"都表示事物。

不带"的"的状态词不能带定语。

8.3.5 "的"字结构也能带定语

1. 数量词充任的定语。例如：

㉜ 我还要圣诞树呢，至少要一棵小的。(牛车水 76)

㉝ 想起两个小的，我的干劲就来了!(再见 34)

㉞ 先给你唱一段日本的。(笑眼 46)

2. 指示代词"这""那"或指量词充任的定语。例如：

㉟ 这红的(是她的。)

㊱ (我要)那蓝的。

㊲ 那个男的(借助于手杖，吃力万分地站了起来。)(石头 88)

8.3.6 数词不能带定语(参见第 11 章)

8.3.7 量词都能带定语

量词所能带的定语，只限于由数词和指示代词充任。

1. 数词。由"数词＋量词"形成的偏正词组一般称为"数量词"。

例如：

　　一个衣厨(△断情剪 203)|五块钱(笑眼 55)|一件外衣(平心 124)|一把太极剑(话剧 77)|一首诗(△新华文学 195)

　　第一次(寻庙 27)|第二天(金狮奖 197)

　　2. 指示代词"这""那"。由"这/那＋量词"形成的偏正词组一般称为"指量词"。例如：

　　这个小岛(牛车水 95)|这种人(华文教材 2A 12)|这次(怀旧 108)|那个孙女(△含羞草 22)|那个女子(太阳 61)

　　以"一个衣厨""这个小岛"和"那个女子"为例，它们的内部构造层次是：

$$
\underbrace{\underbrace{一\quad 个}_{3\quad 4}\quad 衣厨}_{\substack{1\quad\quad\ \ 2}}
\mid
\underbrace{\underbrace{这\quad 个}_{3\quad 4}\quad 小岛}_{\substack{1\quad\quad\ \ 2}}
\mid
\underbrace{\underbrace{那\quad 个}_{3\quad 4}\quad 女子}_{\substack{1\quad\quad\ \ 2}}
$$

(定－中词组)
(定－中词组)

这就是说，量词"个"并不直接修饰后面的名词，而是先受数词"一"和指示代词"这/那"的修饰，形成"数/指量词"，然后那"数/指量词"再去修饰后面的名词。

8.4　关于形容词做定语

　　8.4 节至 8.11 节专门讨论名词带定语的问题，这实际上也就描写说明了华语中各种词语做定语的情况。

　　我们所说的形容词做定语，是指形容词不带"的"直接做名词的定语。例如：

　　① 热茶(牛车水 43)

　　② 小毛巾(狮子 3)

注意：如果将"热茶"说成"热的茶"，"小毛巾"说成"小的毛巾"，从语法或意义上看都有些区别。

从语法上说,"热茶""小毛巾"是形容词"热""小"直接做定语,而"热的茶"和"小的毛巾"则是由形容词带上"的"后做定语。只因为有上述的区别,所以"热的茶"和"小的毛巾"在一定的上下文里,其中心语"茶"和"毛巾"可以省去不说,而"热茶"和"小毛巾"里的中心语在任何情况下都不能省去。请看:

一杯热的茶＝一杯热的   一杯热茶≠＊一杯热

一条小的毛巾＝一条小的   一条小毛巾≠＊一条小

我喝热的茶＝我喝热的   我喝热茶≠＊我喝热

买一条小的毛巾＝买一条小的 买一条小毛巾≠＊买一条小

从意义上说,这类不带"的"的偏正词组,定语和中心语联系紧密;而带"的"的偏正词组,定语和中心语联系较松,两部分在意念上保持比较大的独立性。因此,有的二者在意思上会有很明显的差别。试比较:

小鸟—小的鸟

咸鱼—咸的鱼

乖孩子—乖的孩子

"小鸟"有时可泛指一般的鸟(如"小鸟在歌唱"),"小的鸟"则不能泛指一般的鸟,它一定对比着指个儿比较小的鸟。"咸鱼"是指经过腌制的味道很咸的鱼,"咸的鱼"则统指味道比较咸的鱼。"乖孩子"是对孩子的一种爱称,因此即使孩子吵闹时,也还可以说:"乖孩子,别吵,别闹。"而"乖的孩子"专指确实比较乖的孩子。

关于形容词做名词的定语,有两点值得注意:第一,不是所有的形容词都能直接(即不带"的")做名词的定语。例如"美丽"就不能直接做名词的定语,我们在梁永福的散文集《最后的牛车水》一书中所

见到的全部都是"美丽的"做定语,没有一例是"美丽"直接做名词的定语。请看:

　③ 美丽的细纹(49)｜美丽的方块字(55)｜美丽的穴位名字(86)｜美丽的文字(91)｜美丽的梦(117)｜美丽的圈套(119)

类似"美丽"这样的形容词还不少,据我们粗略地统计,不能直接做名词定语的形容词大约占形容词总数的36%。下面略举一些例子:

单音节:迟、脆、对、乏(疲倦)、烦(烦闷)、横(hèng,粗暴、凶狠)、紧、灵、麻(人体一部分或全部失去知觉)、密、松、烫、晚、早、准

双音节:呆板、肮脏、卑贱、逼真、不错、吃香、充沛、慈祥、匆忙、大方、肥大、分明、工整、光滑、好看、慌忙、精巧、开朗、苦闷、冷静、流利、美观、敏锐、耐心、朴实、勤奋、清楚、容易、瘦弱、肃静、坦率、通顺、透彻、稀少、辛勤、迅速、整齐、庄重

第二,即使是能直接做名词定语的形容词,在做名词的定语时也有选择性。例如,我们可以说"小狗"(追云6)、"小鸟"(再见46)、"小燕子"(华文教材3A 201),可是我们就不说"＊小长颈鹿""＊小水鸟",得说"小的长颈鹿""小小的水鸟"(牛车水49)。下面再举些实例,以再次说明形容词直接做名词的定语有选择性:

可以说	不能说	可以说
热粥、热菜、热馒头、热面条	＊热饼、＊热鱼	热的饼、热热的鱼
薄板、薄纸、薄雪	＊薄书、＊薄灰尘	薄的书、薄薄的灰尘
脏手、脏衣服	＊脏糖、＊脏脸、＊脏房间	脏的糖、脏脏的脸、脏的房间
甜饼、甜西瓜、甜点心	＊甜糕、＊甜木瓜、＊甜月饼	甜的糕、甜甜的木瓜、甜的月饼
短裙子、短距离	＊短衣服、＊短路程	短的衣服、短短的衣服、短短的路程
绿叶子、绿绸子	＊绿羽毛、＊绿庄稼	绿的羽毛、绿油油的庄稼

续表

可以说	不能说	可以说
聪明人	＊聪明小鸟	聪明的小鸟
漂亮衣服、漂亮脸蛋	＊漂亮房子、＊漂亮头发	漂亮的房子、很漂亮的头发
干净衣服、干净房间	＊干净地板、＊干净碗	干干净净的地板、干净的碗

我们对新加坡有影响的青年作家梁文福的散文集《最后的牛车水》（全书约 76000 字）一书里出现的"形容词＋名词""形容词＋的＋名词"和"带'的'的状态词＋名词"的偏正词组进行了统计,结果如下:

形容词＋名词	形容词＋的＋名词	带"的"的状态词＋名词
51	117	51

上述统计数字进一步表明,在华语中形容词直接做名词的定语要受到很大的限制。在汉民族共同语中,其中包括新加坡华语在内,由形容词直接做名词定语所形成的偏正词组有单词化的倾向,像"小鸟""咸鱼""新兵""新同学""老朋友""小男孩""寒风""老实人"等,简直可以看成一个词。正因为这样,所以相对说来,形容词直接做名词定语的"定-中"偏正词组要少些。

形容词性词组都不能直接做名词的定语,一定得带上"的"后才能做定语。例如:

④ 展现在眼前的,是一幅美丽而实在的图景。（牛车水 29）

⑤ 人,永远是最残酷的动物……（牛车水 30）

⑥ 原来不吃东西也不是太难受的事。（撞墙 13）

⑦ 你是个不健全的人……（太阳 13）

⑧ 蓝得极其妩媚的天空底下,是许许多多株灿美绽放的玉兰花。（△天长 57）

例④是形容词性联合词组"美丽而实在"加"的"做定语,例⑤—⑦分别是形容词性偏正词组"最残酷""太难受""不健全"加"的"做定语,例⑧是述补词组"蓝得极其妩媚"加"的"做定语。如果将"的"删去,这些句子便都不能成立。

8.5　关于状态词做定语

我们在第 5 章中说到,状态词可分不带"的"的和带"的"的两类。在中国普通话里只有带"的"的状态词可以直接做名词的定语,不带"的"的状态词只能做"数·量·名"偏正词组的定语,例如:

① 雪白一双鞋|黑乎乎一堆东西|干干净净一件衣服|糊里糊涂一个人

在新加坡华语里,带"的"的状态词固然都能做名词的定语,例如:

② 风从湖面,轻轻的缓缓掠过,形成一层层皱皱的水纹。(晚上 59)

③ 水果摊前排了长长的人龙(石头 27)

④ 我们都是平平凡凡的人……(△浮萍 83)

⑤ 男的头上几绺稀稀落落的头发……(壁虎 59)

⑥ 那是一个阳光过剩的星期天,懒洋洋的阳光,爬满了学院广场。(牛车水 42)

⑦ 仲钦坐了下来,用手温柔地抚了抚滑溜溜的鼓面……(跳舞 6)

⑧ 我缄默地隐藏在漆黑的桦树林中。(青青 73)

⑨ 爷爷听了,竟收敛了笑容,皱起花白的眉毛说:"……"(牛车水 74)

⑩ 金黄金黄的海水,在微微地荡漾。(渐行 13)

不带"的"的状态词也能直接做名词的定语,只是使用频率较低。例如:

⑪ 做不了轰轰烈烈大事(晚上 28)

⑫ 桌面的右缘处,长期摆着的黝黑瓷瓶里,突兀地挺立着一株玫瑰。(再

见 69)

值得注意的是,在新加坡华语里,单音节形容词重叠式,跟做谓语(见 5.8 节)、做补语(见 7.6 节)一样,能比较自由地直接做名词的定语,而且使用频率比较高。例如:

⑬ 晨曦的阳光,微微地,温暖地,普照绿绿树叶的表面。(晚上 66)

⑭ 我似乎看到她的一抹淡淡愁绪……

⑮ 现在吃的是白白大米……(金狮奖(四) 9)

⑯ 走过青青墓山……(青青 15)

⑰ 最回味的是家门前那棵老树下,与哥哥姐姐攀长长树藤荡秋千玩森林王子"泰山"游戏的日子……(报 1995 年 5 月 3 日 6 版)

⑱ 在柔柔星光下,坐在醉月湖旁说起一段过去的罗曼史。(寻庙 80)

上面我们讲到,形容词直接做名词的定语要受到很大的限制,例如我们可以说"蓝墨水",但不说" * 蓝天空";可以说"绿绸子",但不说" * 绿庄稼"。之所以不说" * 蓝天空"" * 绿庄稼",不是因为"蓝"和"天空"、"绿"和"庄稼"在意义上不搭配。我们只要把这些格式里的形容词换成相应的状态词,例如"蓝蓝的天空""绿油油的庄稼",这就都能说了。这说明,在语法上状态词做名词的定语相对说来比形容词要自由得多。

8.6 关于名词做定语

一般名词都能做名词的定语,但是名词做定语也有一个加"的"不加"的"的问题,而这跟定语和中心语之间的语义联系有关,也跟做定语的名词和做中心语的名词有关。下面试以定语和中心语之间的语义联系为纲略做说明。

8.6.1　表质料关系

所谓表质料，是指定语在意念上表示中心语所指的事物的质料。做定语的和做中心语的都是表示具体事物的物质名词。就我们所接触到的书面语料看，定语都没有带上"的"。例如：

① 粗布长裤(风雨 12)｜石头屋子(石头 204)｜大理石日用品(风筝 190)｜玻璃门(大胡子 126)｜玻璃瓶子(风雨 17)｜木楼梯(怀旧 13)｜草莓果酱(风雨 17)｜纸衣服(一心 3)

不过据新加坡朋友说，上面这些偏正词组的定语后边大都也能加上"的"，如"粗布的长裤""石头的屋子""大理石的日用品""玻璃的门""木的楼梯"等也都能说。加"的"后含有强调区别的作用。

8.6.2　表亲属关系

这里所说的亲属关系除一般所理解的亲属关系(如"王刚的弟弟""小张的妈妈")之外，还包括师生、朋友、同事等关系。定语由指人的名词充任，中心语由表亲属师友称谓的名词充任，二者之间表亲属关系。定语可带"的"，可不带"的"，但以带"的"为常。例如：

② 杨成的母亲(梦 64)｜小雯的爸爸(再见 55)｜王志平的老师｜母亲的朋友(△南风 13)｜祖父的老朋友(太阳 22)

③ 何君妹妹(一心 36)(何君，男性，为某工厂司阍——引者注)｜卓先生岳母(一心 210)

例②定语带"的"，例③定语不带"的"。就我们所接触到的书面语料看，定语带"的"的实例比不带"的"的多得多。

8.6.3　表领有关系

这里所说的领有关系，是指对事物的领有关系。定语通常由指人的名词充任，中心语由表具体事物的物质名词充任，二者之间表领有关系。定语以带"的"为常。例如：

④ 大伯公的香炉(胜利 36)|父亲的医药费(短篇 36)|老张的车(太阳 25)

在一定的语境里,"老张的车"也能说成"老张车",但由此形成的偏正词组一定处于被包含状态。例如:

⑤ 我看见陈经理把老张车开走了。

8.6.4 表隶属关系

所谓隶属关系,是指整体与部分的关系。例如"桌子的腿","腿"是隶属于"桌子"的,"桌子"和"腿"的关系是整体与部分的关系。定语由指人的名词或表示具体事物的名词充任,中心语由具体名词充任。一般情况下,定语带不带"的"两可。例如:

⑥ 妈妈的脚指头(追云 6)|海华的头发(跳舞 101)|小狗的眼睛(追云 6)|鸽子的翅膀(风雨 7)

⑦ 小黑子眼睛(恶梦 38)|机场大厦(风雨 10)|骆驼皮(△一壶 69)

例⑥定语带了"的",例⑦定语就没有带"的"。

但是,如果做定语的是一个单音节名词,定语通常带"的",试比较:

⑧ 杂志(的)封面

⑨ 书的封面(* 书封面)

"杂志"和"书"修饰的都是"封面",但因为"杂志"是双音节名词,所以修饰"封面"时可带"的",可不带"的";而"书"是单音节名词,所以修饰"封面"时一定要带"的"。注意:有些表示隶属关系的偏正词组有词化的倾向,虽然做定语的名词是单音节词,倒以不带"的"为常。例如:

⑩ 牛皮|羊毛(△一壶 67)|羊皮(△一壶 69)|树叶(独上 56)|猪耳朵|象鼻子|鱼尾巴

" * 人脚"" * 人耳朵"" * 猪嘴巴"" * 象尾巴"就不说,因为它们没有词化的倾向,我们得说"人的脚""人的耳朵""猪的嘴巴""象的尾巴"。

8.6.5　表属性关系

做定语的名词指人或事物,做中心语的名词都是抽象名词,指明该人或该事物的某方面属性,由此形成的偏正词组都表属性关系。定语带不带"的"两可,但以带"的"为常。例如:

⑪ 父亲的性格(△青春 116)|知识分子的缺点(吾土·戏剧 31)|后娘的心眼(太阳 9)|妈妈的脸色(追云 7)|选手的身材(报 1995 年 6 月 7 日 4 版)|蜡烛的亮光(风雨 17)

如果把上述例子里的"的"删去,偏正词组仍是合法的组合。但是,如果做定语的名词是单音节词,那么定语一定得带"的"。例如"白糖的价格"也可以说成"白糖价格",但"糖的价格"就绝对不能说成"＊糖价格"。再如:

⑫ 人的感情(大胡子 39)|鱼的颜色(报 1995 年 4 月 19 日 7 版)|水的密度|鞋的质量|人的高度

例⑫ 里的各例,如把"的"删去,这些偏正词组就都不合法了。

8.6.6　表类别关系

做中心语的名词指人或事物(包括具体的事物和抽象的事物),做定语的名词表示中心语所指人或事物的类别。表类别关系的定语不能带"的"。例如:

⑬ 缅甸朋友(△一壶 95)|电影明星(一心 39)|英文老师(回忆 106)

⑭ 大衣扣子|公民课程(风筝(71)|华文教材(华文 65)

⑮ 狐狸尾巴|流氓习气

例⑬"缅甸朋友"是说那朋友是缅甸人,在这个意义上,绝不能说成"缅甸的朋友"。有"缅甸的朋友"的说法,那是指与缅甸友好的某个国家。例⑭"大衣扣子"是专指个儿比较大的专门用在大衣上的一种扣子,在这个意义上,不能说成"大衣的扣子"。也有"大衣的扣子"的

说法,那是统指钉在大衣上的扣子,包括个儿大的大衣扣子,也包括
个儿小的钉在袖口等处的扣子。例⑭"华文教材"专指进行华文教学
的教材,与数学教材、化学教材、物理教材相当,在这个意义上不能说
成"华文的教材"。"华文教材"还有另外一个意义,那就是泛指用华
文写的教材,在这个意义上可说成"华文的教材"。例⑮"狐狸尾巴"专
用来比喻坏主意或坏行为,在这个意义上也不能说成"狐狸的尾巴"。
"狐狸尾巴"有时也可以真指狐狸的尾巴,这时可说成"狐狸的尾巴"。

8.6.7　表比况关系

做中心语的名词指人或事物(包括具体的事物和抽象的事物),
做定语的名词表示一种比况意义。表比况关系的偏正词组,定语带
不带"的"取决于做中心语名词的性质。如果做中心语的名词是指人
或事物的具体名词,那么定语一定不能带"的"。例如:

⑯ (你呀,真是个)木头人儿。

⑰ 玻璃色纸(微型 18)│瓜子脸儿(风雨 11)│花园城市(报 1995 年 3 月 3 日
17 版)

"木头人儿"是说人愚笨、不灵活,不能说成" *木头的人儿"。例⑰里
各偏正词组的定语也都不能带"的"。

如果做中心语的名词是抽象名词,那么定语要带"的"。例如:

⑱ 铁的纪律

"铁的纪律"就不能说成" *铁纪律"。

8.7　代词做定语

8.7.1　人称代词做定语

人称代词做名词的定语,或表示亲属关系,或表示隶属关系,或

表示领有关系,或表示属性关系。

　1. 表亲属关系时,定语带不带"的"两可。请看:

①"她的父母呢? 为什么只姐姐管她?"我要问个清楚。

　"她父母早死了,姐姐当售货员抚养她……"王大嫂说。(风雨15)

例①引自同一本书(白荷散文集《风雨故人来》)、同一篇散文《卖香皂的女孩子》的同一段对话里,同是"她"做"父母"的定语,一个带了"的",一个则不带"的",而意思基本一样。下面例②定语带"的",例③定语不带"的":

② 您的家人(风雨8)|你的男朋友(吾土·戏剧158)|你的校长(吾土·小说上125)|我的父亲(△南风31)|我的儿子(回忆70)|他的妻子(太阳7)|他的老师|她的母亲(报1995年3月9日10版)|我们的孩子(建屋14)

③ 你爸爸(微型50)|你叔叔(华文教材3B153)|我先生(今后116)|我姐姐(吾土·戏剧124)|我姑姑(一心14)|我儿女(回忆70)|我妈妈(△南风18)|她孩子(报1995年3月5日4版)|他妻子(太阳7)|我们少爷、少奶奶(风雨25)|我们校长(恶梦24)

　2. 表隶属关系时,定语可带"的",可不带"的",但以带"的"为常。例如:

④ 你的大嘴巴(金狮奖252)|我的眼泪(△南风7)|我的头发(回忆11)|他的手(太阳8)|我肚子(恶梦102)

　3. 表领有关系和属性关系时,就我们所接触的语料看,定语似都得带"的"。例如:

⑤ 你的功课(想飞145)|我的酿豆腐(吾土·小说上35)|我的颜色笔|他的房间(醒醒75)|他的作品(八方29)|我们的摊子(吾土·戏剧82)

⑥ 我的身份(风雨22)|他的脸色(太阳30)|她的仪表(一心8)|他们的视野(△南风7)

例⑤表示领有关系,例⑥表示属性关系,它们的定语都带"的"。

8.7.2   指示代词做定语

1. 指示代词"这""那"和"这些""那些"做定语都不带"的"。例如：

⑦ 这话有什么毛病？（笑眼 4）

⑧ 我们一行三人来到那入口处，那守门的收票员说："两张票就够了。"（怀旧 103）

⑨ 这些建筑都是经过专家认真考据，聘请山地人共同筹划建成的……（怀旧 109）

⑩ 其实那些地方我们多位以前也未曾到过。（痕迹 152）

例⑦里的"这话"，例⑧里的"那入口处"和"那守门的收票员"，例⑨里的"这些建筑"，例⑩里的"那些地方"，就都不能说成"＊这的话""＊那的入口处""＊那的守门的收票员""＊这些的建筑"和"＊那些的地方"。

2. 指示代词"这里""那里"做定语则一定要带"的"。例如：

⑪ 这里的组屋全是三房式。

⑫ 那里的小学一直重视乒乓球运动。

例⑪里的"这里的组屋"不能说成"＊这里组屋"；同样，例⑫里的"那里的小学"也不能说成"＊那里小学"。

8.8   关于区别词做定语

区别词的特点就是做定语（参见 3.7 节），所以区别词都能做定语。区别词做定语一般情况下不带"的"。例如：

① 女朋友（金狮奖 220）｜微型小说（胜利·序）｜大型百货公司（风筝 167）｜小型制衣厂（吾土·小说上 40）｜独立式洋房（想飞 131）｜高速公路（至 29）｜副组长／正组长（△大喜 163）｜任何人（伦理·中四 69）

如果带"的"往往含有强调区别的作用。例如：

②　大型的百货公司有它经济上的优势，但也有它经营上的弱点。（报 1995
年 7 月 23 日 7 版）

8.9　关于数量词做定语

在现代汉民族共同语里，包括新加坡华语在内，要说明事物的数
量，不能将数词直接加在名词前头，一定要在数词和名词的中间用上
量词。例如不能说"＊三书""＊四笔""＊十鸡蛋"，一定得说成"三
本书""四支笔""十粒鸡蛋"。这是华语跟英语不同的地方（参见
3.8 节）。

"数词＋量词"，这也是一种"定-中"偏正词组，不过习惯上都将
它称为"数量词"。数量词做名词的定语，都是说明事物的数量的，定
语不带"的"。例如"三个人"不能说成"＊三个的人"。再如：

①　你今天忘了带两样东西：一把伞，一盒录音带。（太阳 92）

②　盒子里盛着一个方形蛋糕。

③　教育部从台湾邀请了四位华文学者，先后到本国考察华文教学情况。
（风筝 54—55）

④　一只小松鼠在枝桠上啃着一粒果豆。（扶轮 18）

以上各例做定语的数量词都是用来说明事物的数量——"两样"说
明东西的数量，"一把"说明伞的数量，"一盒"说明录音带的数量，
"一个"说明方形蛋糕的数量，"四位"说明华文学者的数量，"一只"
说明小松鼠的数量，"一粒"说明果豆的数量，它们后面都不能带
"的"。

注意，数量词如果带上"的"做名词的定语，就不表示事物的数
量，而是指明事物的类别特征。例如：

⑤ 三岁的小女儿正对着她唱着从托儿所中所学来的儿歌。(撞墙 81)

例⑤里的"三岁"不是说明小女儿的数量,而是说明小女儿的年龄特征。

8.10　关于动词性词语做名词的定语

一般说来,动词做名词的定语都要带"的",否则就成为述宾词组了。试比较:

偏正	述宾
吃的饼干	吃饼干
写的文章	写文章
看的电影	看电影
达到的目的	达到目的
打扫的房间	打扫房间
交纳的会费	交纳会费

左边带"的",都是"定-中"偏正词组;右边不带"的",都是述宾词组。但是,有一部分双音节动词可直接修饰名词而不带"的"。例如:

① 教育素质(风筝 76)

例①"教育"是一个双音节动词,它直接做名词"素质"的定语而不带"的"。再如:

② 教学目标(华文教学 135)│休息时间(一心 7)│流浪生活(回忆 94)│评选委员(共五位)(一心 20)│研究报告(金狮奖 135)│发展理想(平心 131)│创作动向(至性 29)│比赛规模(报 1995 年 3 月 9 日 9 版)│统计数字(华文教材 4A 87)│(学生的)学习态度(伦理·中三 11)│拯救事件(报 1995 年 3 月 10 日 3 版)│工作态度(报 1995 年 6 月 7 日 2 版)

这些双音节动词很有特点。关于这些动词我们将在 8.12 节里谈。

动词性词组做名词的定语一般也都要带"的"。例如：

③ 拟兴建的住宅单位(报 1995 年 3 月 15 日 21 版)|被派进这九间中学就读的学生(薪传 153)|刚刚点燃的香烟(大胡子 118)|参加搜查的警察(新视第八波道 1995 年 4 月 4 日晚 10 点新闻)|卷起的袖管(今后 18)|摘豆芽、剥虾壳的女人(风雨 92)|对足球赛了解不深的人(报 1995 年 3 月 15 日 7 版)|现在造的房子(梦 143)|来自新加坡的学生

例③所有例子里的"的"都不能删去。但是，由单个动词和单个名词组成的述宾词组有时可以直接做名词的定语而不带"的"。例如：

④ 做人态度(伦理·中四 111)|花钱方式(报 1995 年 3 月 2 日 6 版)|上课时间表(追云 15)|守城人(回忆 21)

当然，那定语也可以带"的"，"做人态度"也可以说成"做人的态度"，"花钱方式"也可以说成"花钱的方式"，等等，但是可以不带"的"。这是其他动词性词组所没有的用法。

8.11　关于主谓词组做名词的定语

主谓词组做名词的定语都必须带"的"。例如：

① 什么是永远呢？大平卖？众人争购的牛仔裤？还是画家们摄影师们忙着捕捉的危楼旧垣？（牛车水 15）

② 你有看过她主演的电影吗？（大胡子 32）

③ 她吃的东西可好？（追云 102）

④ 只有 20 间交易最活跃的公司。（报 1995 年 3 月 3 日 13 版）

例①—④都是主谓词组做名词定语的实例。如果把上面这些句子里定语后面的"的"去掉，句子就将都变得不合法。

8.12　关于名动词

　　在 8.3 节里我们曾谈到,有一部分双音节动词可以直接接受名词做定语而不需要带"的";在 8.10 节里我们又曾谈到,有一部分双音节动词可以直接做名词的定语而可以不带"的";在 6.13 节里我们也曾谈到,准谓宾动词(如"进行")所带的宾语可以是某些双音节动词(如"进行研究"),而一旦这些双音节动词做了准谓宾动词的宾语后就失去了一些动词的特性。上面所谈到的三方面情况都有一定的内在联系。事实告诉我们,可以直接接受名词做定语的动词,也都可以不带"的"直接做名词的定语,也都可以做准谓宾动词的宾语。这些双音节动词就是本节所要谈的"名动词",它们很有特点,其特点就在于:能做准谓宾动词的宾语;能直接做名词的定语而可以不带"的";能直接受名词(不带"的")的修饰。

　　下面所举的都是名动词:

研究:很有研究　　研究课题　　语法研究

教育:进行教育　　教育制度　　道德教育

准备:早有准备　　准备阶段　　心理准备

调查:进行调查　　调查内容　　社会调查

影响:很有影响　　影响程度　　思想影响

讨论:进行讨论　　讨论时间　　课堂讨论

奖励:给以奖励　　奖励方式　　物质奖励

帮助:得到帮助　　帮助方式　　经济帮助(短篇54)

处罚:受到处罚　　处罚对象　　行政处罚

阅读:进行阅读　　阅读能力　　课外阅读

批评:接受批评　　批评方式　　文学批评

检讨:进行检讨　　检讨内容　　书面检讨

处分:加以处分　　处分时间　　纪律处分

欣赏:进行欣赏　　欣赏水平　　文学欣赏

斗争:进行斗争　　斗争方式　　思想斗争

这些动词做了准谓宾动词的宾语后失去了动词的特性,含有名词性;能不带"的"直接做名词的定语,又能直接受名词(不带"的")的修饰,这也都是名词的特性。这样,我们似乎可以把这些动词处理为动词兼名词的兼类词。但是,考虑到这类双音节动词在动词中所占的比例比较大,而"兼类的词只能是少数"(朱德熙,1982),因此我们不把它处理为兼类,还是把它看作动词,看作是动词中的一个小类。鉴于它们在某些语境中含有名词的特性,所以我们就把这一小类动词称为"名动词"。名动词是动词的一个小类。

8.13　同位性偏正词组

同位性偏正词组是"定-中"偏正词组中的一种特殊的类型,其特点是定语与中心语所指相同,只是说法不同,彼此或是称代关系,或是注释关系。例如:

① 我们新加坡学生|他们年轻人(△大喜 153)|我们二人(风雨 25)

② 你这个人(△大喜 10)|我这个人|他那个人

③ 丁国成他们(恶梦 62)|阿顺伯和阿水婶他们(再见 29)

④ 他老人家(风雨 4)|他韦德生(△大喜 205)|他房先生(吾土·小说上 46)|你臭红毛丹仔(恶梦 118)

⑤ 英女皇伊丽莎白二世(风雨 4)|邻居老张(太阳 20)|主席吕舜中(至性 3)|他的妹妹秀英(牛车水 74)|园丁阿木(△大喜 105)|女歌星邓丽君(报 1995 年 5 月 20 日 21 版)

⑥ 父女俩(风雨 4)｜鄞碧仪、鄞碧乐两姐妹(变调 21)｜母子两人(回忆 9)｜何乐达、乐斯、乐成、乐丽、乐美五兄妹(变调 72)

⑦ 陈成财大使(报 1995 年 4 月 12 日 1 版)｜陈嘉庚先生(薪传 19)｜符喜泉女士(报 1995 年 4 月 22 日 19 版)

以上七组例子代表了七种同位性偏正词组的类型,大致可分为两类:例①—④是一类,定语和中心语之间表示一种称代关系,其中有一个成分由人称代词充任(或做定语,或做中心语);例⑤—⑦是另一类,定语和中心语之间表示注释关系。

同位性偏正词组与典型的偏正词组有所不同,典型的偏正词组前后两部分是修饰关系,同位性偏正词组前后两部分则是同位关系(或是称代关系,或是注释关系),因此如果将同位性偏正词组单独立为一类,称作"同位性词组"也未尝不可。但鉴于它跟典型的偏正词组在语法功能上是基本一致的,所以我们不单独立类。

8.14 能带状语的词语

8.14.1 动词性词语都能带状语

① 冷静思考。(大胡子·序)

② 华语、英语和方言时常混用。(华文教材 4B 31)

③ 他们一起出动。(报 1995 年 3 月 10 日 7 版)

④ 出来新加坡的次数渐渐地减少了。(大胡子 70)

以上是单个动词带状语。下面是由动词充任述语的述宾词组带状语的实例:

⑤ 多留点吃的东西。(恶梦 122)

⑥ 一共有一千一百五十元呢!(吾土·小说上 27)

⑦ 刘婶同情地看看母亲。(醒醒 68)

⑧ 学校就在我办事处的毗邻。(回忆 9)

⑨ 你看看有什么地方可以帮忙的,尽量帮忙他们。(大胡子 67)

下面是由动词充任述语的述补词组带状语的实例:

⑩ 轻轻地飘落下来……(心情 62)

⑪ 方向也辨别不出……(晚上 88)

⑫ 夜已经变得非常沉寂。(青青 81)

⑬ 我也跑到怕了。(追云 66)

⑭ 母亲依然骂个不休。(狮子 67)

⑮ 姐姐懒洋洋地躺在床上……(报 1995 年 3 月 15 日副刊 11 版)

8.14.2　形容词性词语也能带状语,所带的状语最常见的是表示程度的副词

⑯ 写作这条路,很漫长,很寂寞。(△青春 110)

⑰ 那沙发,躺着或坐着,挺舒服的。(报 1995 年 6 月 19 日副刊 7 版)

⑱ 设计十分精巧。(中学 1A110)

⑲ 明天会更冷哩。(大胡子 3)

⑳ 各族间的来往更加密切。(小学 6A19)

㉑ Miss 林是选购衣物的专家,人顶热心的。(追云 17)

㉒ 现在什么都涨价,白米尤其厉害……(梦 102)

㉓ 没下雨,比较好点。(醒醒 91)

㉔ 双语者的心智发展比单语者较为迅速和成熟。(风筝 65)

㉕ 太妙了。(微型 206)

㉖ 太累了。(金狮奖 101)

㉗ 演员显得有点儿乱。(醒醒 110)

㉘ 外面好冷。(回忆 40)

8.14.3　主谓词组也能带状语

例如"忽然电话铃响了",副词"忽然"就是做主谓词组"电话铃响

了"的状语,在结构上该分析为:

$$
\begin{array}{ccc}
\underline{忽然} & \underline{电话铃} & \underline{响了} \\
1 & 2 & \\
& \underline{} & \text{（"状-中"偏正词组）} \\
& 3 & 4 \quad \text{（主谓词组）}
\end{array}
$$

下面再举些实例:

㉙ 忽然熊猫啦、河马啦、小白兔啦、小猴子啦一下子都围了上来。（中学 1A129）

㉚ 两项控状都罪名成立。（报 1995 年 6 月 7 日 7 版）

㉛ 一般上"续集"都比"正集"差劲。（八方 27—28）

㉜ 在 1981 年 4 月,他成为劳工基金产业私人有限公司的董事。（报 1995 年 5 月 1 日 13 版）

例㉙副词"忽然"修饰主谓词组"熊猫啦、河马啦、小白兔啦、小猴子啦一下子都围了上来",例㉚副词"都"修饰主谓词组"罪名成立",例㉛副词"一般上"修饰主谓词组"'续集'都比'正集'差劲",例㉜介词结构"在 1981 年 4 月"修饰主谓词组"他成为劳工基金产业私人有限公司的董事"。

8.14.4　状态词很少带状语

在书面语语料中我们暂时没发现状态词带状语的实例,不过口语中有,虽然也比较少见,例如:

㉝ 她的脸也红红(的)。

㉞ 四周都静悄悄的。

8.14.5　名词也能带状语,但多见于口语

㉟ 我潮州人,他也潮州人。

㊱ 好啦,好啦,都快三十的人了,自己去想,去打算吧。（追云 58）

㊲ 他已经大学生了。

㊳ 你才傻瓜!

㊴ 大面一碗,尽虾。（无弦月 52）

名词所带的状语都由副词充任。

8.14.6　数量词也能带状语

㊵ 你那时才三岁。（跳舞 58）

㊶ 足足五个多小时(石头 223)

㊷ 我已经十七岁了(华文教材 2A 205)

㊸ "你数一数,有多少钱。""一共二十三块。"

数量词所带的状语一般也由副词充任。

8.15　能做状语的词语

由于受英语的影响,一般以为只有副词能做状语,其实在现代汉民族共同语中,包括新加坡华语,做状语的不限于副词。

8.15.1　副词做状语

副词的语法特点就是只能做状语,所以副词理所当然地都能做状语,而且也是最常见的一种状语。下面略举几个实例:

① 旧时的情怀又涌上心头。（华韵 47）

② 身上一件圆领短袖的白线衣,已经发黄了。（华文教材 3A 18）

③ 匆匆地赶到洗手间洗个脸,就下楼吃早餐。（金狮奖 103）

④ 他渐渐听出话里的针刺,怒火突升。（扶轮 58）

⑤ 这篇东西竟影响到我以后的半生,终于我能在南洋谋生,而且竟然成为南人了。（痕迹 112）

下面介绍两组与中国普通话用法不太一样的副词。

1. 有、太过、一般上

这里需要指出的是,新加坡华语里有一些副词是中国普通话里所没有的,这里介绍三个常见的副词"有、太过、一般上"。

A. 有

众所周知,在现代汉民族共同语中有两个"没有":一个是动词"没有",后可带名词性宾语,如"没有钱""没有房子""没有词典";一个是副词,用在动词、形容词性词语前做状语,如"没有看电视""没有洗干净""没有熟""没有亮"。

值得注意的是,在新加坡华语中,存在着与"没有"相对应的两个"有":一个是动词"有",后面可以带名词性宾语,如"有许多人""有两个苹果""有五块钱";另一个是副词"有",主要用在动词性词语前面做状语,如"你有去过吗?""我有去过"。在新加坡华语里,这个副词"有"用得比较普遍,它来源于闽、粤方言,表示"肯定事实的存在或出现"这样的语法意义。下面是用在动词性词语前做状语的实例:

⑥ 虽然在外国留学或自命前进的新潮的少数青年有实行同居,但他们是不公开的。(风筝 150)

⑦ 学生时代有读过一点历史。(八方 12)

⑧ 我也有想过。(醒醒 33)

⑨ 最近你有回家吗?(跳舞 131)

⑩ "这几天有下雨呀!"我说。(吾土·小说上 127)

⑪ 海伦紧张地问:"爹地走了,有骂我吗?"(恶梦 105)

⑫ "他几时有说过?"子昀一脸迷惑。(金狮奖 155)

⑬ 刚才有人来捉贼,有到你家去吗?(吾土·戏剧 184)

⑭ 昨晚上东方世界选举舞后,有去参加吗?(吾土·戏剧 44)

下面是用在形容词前做状语的实例:

⑮ 她哪里有生气,她也是在跟你开玩笑呀,不信,我去叫她来!(追云 111)

⑯ "有乖一点吗?""她会乖一点就好了。"(春风 114)

以上用于已然,也可用于未然和假设句。例如:

⑰ 明天国庆大检阅,我们有参加表演节目。(吾土·戏剧 59)

⑱ 妈咪,如果今天晚上爹地有回家的话,你说,我好不好把这个秘密讲给爹地听?(微型 25)

⑲ 今天晚上如果她有回来,我可得要好好教训她一顿。(吾土·小说上 120)

副词"有"也像副词"不、没有"一样可以独用。例如:

⑳ "难道你的公司没替你投保?""有,不过那是劳工险……"(微型 82)

㉑ "他没有告诉你买刀的意图?""有。"(微型 212)

㉒ "刚才有听到什么声音吗?""有。一声猫叫。"(吾土·戏剧 183)

㉓ "你上学期有修柏斯的课吗?""有。"(金狮奖 162)

㉔ 访员:你们有雇佣向导吗?

　　培雄:有。(华文教材 1B 3)

中国普通话里"有"只有动词的用法,还没有用作副词。不过受粤方言的广告影响,在普通话广告里也开始出现"有售""有出售"的说法,但仅此而已,还未扩散、推广。

B. 太过

在新加坡华语里,有一个既表程度高,又表过分的程度副词"太过",使用频率很高。例如:

㉕ 那也未免太过天真了。(报 1995 年 3 月 14 日 15 版)

㉖ 适婚女子找不到老公,原因之一,太过保守,因此缺少社交机会。(报 1995 年 3 月 14 日 15 版)

㉗ 做事情不可太过野蛮。(新马·剧本 23)

㉘ 从更高的层次看,人类太过依赖语言,反而束缚了人类的思考境界。(八方 109)

㉙ 其他的食客看见毛遂大言不惭,认为他未免太过狂妄自大,都投以轻蔑

的眼光。(华文教材 2A 21)

　　㉚ 一般人都忽略了精神生活,太过重视金钱、地位和物质享受。(伦理·中三 2)

　　㉛ 不要太过掉以轻心,文笔好的人通常历史考得不好。(牛车水 119)

在中国普通话里没有这样的副词,一般用"太""过于"来表示上述语法意义。

　　C. 一般上

　　"一般上"是新加坡华语里所特有的一个副词,用得很普遍。例如:

　　㉜ 一般上第(1)类(指语法结构的分析——引者)讲得很多,讲得最详,争论也最多。(华文 150)

　　㉝ 一本微型小说集,一般上都有好几十篇作品。(胜利·序)

　　㉞ 一般上,"续集"都比"正集"差劲。(八方 27—28)

　　㉟ 我国大多数人的家庭用语相当复杂,一般上,华语、英语和方言时常混用。(华文教材 4B 31)

　　㊱ 一般上在一所监狱里工作几年后,就会被调到另一所监狱。(报 1995 年 3 月 10 日 2 版)

　　㊲ 自主学校的师生比例一般上较小。(报 1995 年 3 月 5 日 1 版)

　　㊳ 在本地,一般上需要用 4 年的时间才能考获荣誉学位。(报 1995 年 3 月 5 日 22 版)

　　㊴ 一般上,人对于自己感兴趣的事,不但会自动去做,而且会越做越愉快。(伦理·中三 30)

这"一般上"大致相当于中国普通话里的"一般""一般说来"。

　　2. 才、太

　　这里还需一提的是,新加坡华语里有些副词所表示的语法意义与中国普通话有所不同,突出的是"才"和"太"。

A. 才

在中国普通话里,“才”和“再”都能用于未然,例如:

㊵ 他明天才走。

㊶ 你唱得真好,再给大家唱一个。

㊷ 今天没买到电影票没关系,我们明天再看好了。

但二者所表示的语法意义有所区别:“才”用于未然,表示事情发生或出现得晚,如例㊵。“再”用于未然,表示重复,包括实际的重复和空缺的重复。所谓实际的重复,是指所重复的动作是先前已进行过的动作,如例㊶;所谓空缺的重复,是指所重复的动作先前实际上并未进行过,只是计划中要进行,如例㊷。在新加坡华语里,“才”和“再”也有跟中国普通话一样的用法,但是,“才”用于未然可以表示“再”一样的语法意义,即“才”用于未然也能表示重复(特别是空缺的重复)的语法意义。这种用法很普遍。例如:

㊸ 婆婆,叫人家十五才来看花灯吧!(今后76)

㊹ 有什么就吃什么吧,别叫媳妇难做了,明早我才给你煮粥吧!(再见28)

㊺“怎么好好的忽然吃不下了?”“等下才吃。”(微型120)

㊻ 妈!让我考虑一天,明晚才说。(微型98)

㊼ 凯德琳……站了起来,说道:“我要走了,改天才和你联络。”(大胡子118)

㊽ 这个问题,我们等一下才讨论……(方块93)

㊾ 吃了饭才走吧!(华文教材1A 65)

㊿ 钱请你先付,等你回来才奉还。(华文教材1B 8)

(51) 天气太热了,你喝点茶才慢慢告诉我你要写些什么。(风雨23)

(52) 你明天就把她带回来家里吃顿饭,也好让我们看看,然后才选一个黄道吉日把她迎娶回来。(短篇80)

(53) 对不起,下次有时间才陪你聊,今天的确有事。(蓝天61)

“才”这种用法是新加坡华语所特有的。以上各例如用中国普通话说,都要将“才”换用为“再”。

B. 太

在中国普通话里,“太”表示两种语法意义:一是表示程度极高,用于赞叹,后面总有“了”与之呼应,如“这太棒了!”“这节目太精彩了!”;二是表示过分,如“他太保守了”“这衣服太贵”。在新加坡华语里,“太”也能表示这两种语法意义。例如:

(54) 哇!香喷喷的炸鸡翅膀,太好了。(小学 6A 32)

(55) 有些司机把车子开得太快,是很危险的。(小学 6A 15)

例(54)里的“太”表示程度极高,用于赞叹;例(55)里的“太”表示过分。

但是,在新加坡华语里,“太”还能表示另一种语法意义,那就是跟“很”一样,只是表示程度高,而既不带赞叹语气,也不表示过分,最常见的是用来修饰“多”。例如:

(56) 也许,我秉承了太多父亲的性格,尤其是那一股倔强。(青青 116)

(57) 你有太多知识分子的缺点。(吾土·戏剧 31)

(58) 有太多的感觉不是这些还没经历过的人能够体会的。(金狮奖 77)

(59) 她很早就知道天底下太多事情是冥冥注定的。(想飞 53)

(60) 目前有太多因素影响市场的表现。(报 1995 年 3 月 7 日 20 版)

这里的“太多”就是“很多”的意思。有时也用来修饰别的形容词,例如:

(61) 我知道太久没来这儿了,不然怎么会相见不相识呢?(微型 59)

这里的“太久”也就是“很久”的意思。中国普通话里的“太”不表示这一语法意义。

8.15.2 有一部分双音节形容词能做状语

双音节形容词做状语一般都要带“地”,例如:

⑫ 刘婶同情地看看母亲。（醒醒 68）

⑬ 他大胆地打量那金铺……（金狮奖 186）

⑭ 自省就是冷静地自己检讨自己的思想和行为。（伦理·中三 66）

⑮ 我诚恳地表示意见。（△含羞草 50）

也有不带"地"的，例如：

⑯ 冷静思考。（大胡子·序）

⑰ 女歌星邓丽君最近突然在泰国清迈逝世……（报 1995 年 5 月 20 日 21 版）

再如"认真学习""努力工作"等。

　　注意，有少数单音节形容词也能做状语，不过单音节形容词做状语时绝对不能带"地"。例如我们可以说"慢走""大喊大叫""高喊（心情 27）""远看""静坐（短篇 5）"，但不能说"＊慢地走""＊大地喊大地叫""＊高地喊""＊远地看""＊静地坐"。

8.15.3　状态词都能做状语

⑱ 留在家里静静地欣赏心爱的唱片歌曲……（△浮萍 80）

⑲ 非要先好好地洗它一洗……（孤寂 91）

⑳ 他匆匆忙忙地写了八封信，紧紧张张地把信寄出去后，才松松地哼起小调。（胜利 72）

㉑ 要嘛，就快快乐乐地相聚；要嘛，就爽爽快快地分离。（△青春 60）

㉒ 老人提着篮子，慢吞吞地朝这块馒头似的山坡走来。（太阳 7）

㉓ 姐姐懒洋洋地躺在床上……（报 1995 年 3 月 15 日副刊 11 版）

8.15.4　介词结构做状语

　　介词结构的语法功能主要是做状语，所以我们常能见到介词结构充任的状语。介词结构做状语绝不能带"地"。例如：

㉔ 蜡烛的亮光把我们的影子拉得长长。（风雨 17）

㉕ 三轮车夫那种习惯的、维持了几十年的职业被社会淘汰了。（太阳 27）

㉖ 你有没有替我向我姐姐说？（吾土·戏剧 124）

⑦ 多磨炼磨炼对你总是好的。(华文教材 1A 137)

⑦ 没关系,我在外面等一会。(金狮奖 156)

⑦ 中四是会考班,工课比中三更多、更繁、更重。(跳舞 76)

⑧ 他要用股票作抵押,向人家借钱。(报 1995 年 5 月 20 日 4 版)

⑧ 蔡和平真诚待人,终于和胡丽成为快快乐乐的邻居。(吾土·戏剧 9)

8.15.5 少数主谓词组也能做状语

这主要有两种类型,一种是主宾同形的主谓词组,例如:

⑧ 和父亲面对面地坐着……(狮子 5)

⑧ 一个接一个地快步滑下河滩去,从不会跌倒。(风雨 2)

另一种是某些四字格主谓词组,例如:

⑧ 爸爸……脸无表情地在沉思着。(短篇 5)

⑧ 大家情绪饱满地唱着,跳着。

⑧ 他信心百倍地报考了南大电脑系。

主谓词组做状语一般要带"地"。

8.15.6 拟声词也能做状语

⑧ 豆大的雨点,随着风势,哗啦啦地倾盆而下。(吾土·戏剧 146)

⑧ 唤着,唤着,眼泪哗哗地流了下来。(跳舞 44)

⑧ 几乎一夜到亮,楼板老是叮叮咚咚响个不停。(吾土·戏剧 126)

拟声词做状语可带"地",可不带"地"。例⑧和例⑧可将"地"去掉,句子仍然成立;例⑧在"叮叮咚咚"后加上"地",句子照样可以说。但是,如果被修饰的是一个单个儿的单音节词,那一般都要带"地",例如:

⑨ 外面的雷轰轰地响,风呼呼地吹,雨哗哗地下,仿佛要把人世的脏乱一扫而光。(吾土·戏剧 147)

8.15.7 一些名词能做动词性词语的状语

在新加坡华语里,有一些名词能像副词那样做动词性词语的状

语,例如:

　　⑪ 他们礼貌地向他握手道谢。(胜利 56)

　　⑫ 我兴趣地看着他。(青青 107)

　　⑬ 他奇迹地出现,绅士地吻她的手。(报 1995 年 3 月 5 日副刊 13 版)

这种现象在中国普通话里虽然也有,如"我们要历史地看问题",但用得很少。上面例句中的"礼貌、兴趣、奇迹、绅士"在中国普通话里就不能像副词那样用来做状语。

　　名词做状语都得带"地"。

8.16　复杂的偏正词组

　　所谓复杂的偏正词组是指其修饰语或中心语本身又是偏正词组的偏正词组。下面分三种情况举例说明。

8.16.1　修饰语本身又是偏正词组

　　① 我妈妈的头发(大胡子 24)|女朋友的相片(金狮奖 220)|一双鞋子(狮子 48)

　　②(大家)很愉快地谈论着|不自觉地跌进圈套里去了(寻庙 13)|(我只能)不自主地颔首(撞墙 47)

例①是定语本身又是偏正词组的实例,例②是状语本身又是偏正词组的实例。这两个实例中的"我妈妈的头发"和"很愉快地谈论着"在结构上应分析为:

```
我　妈妈　的　头发
───　（　）　──　　("定-中"偏正词组)
 1         2
───　───　　　　　　　("定-中"偏正词组)
 3    4
很　愉快　地　谈论着
───　（　）　───　　("状-中"偏正词组)
 1         2
───　───　　　　　　　("状-中"偏正词组)
 3    4
```

还有定语多层套叠的实例,例如:

　　③ 马华文艺意识的萌芽(新马·剧本·导论 1)

例③在结构上应分析为：

```
马华　　文艺　　意识　　的　　萌芽
──────────────　　（　）　──　　（"定－中"偏正词组）
　　　　1　　　　　　　　　　　2
──────　　　────　　　　　　　　　（"定－中"偏正词组）
　　3　　　　　　4
──　　　──　　　　　　　　　　　　　（"定－中"偏正词组）
5　　　　6
```

相对说来,除了像"一双鞋子"那样的"定－中"偏正词组外,①修饰语本身又是偏正词组的复杂偏正词组使用得比较少。

8.16.2　中心语本身又是偏正词组

　　这种复杂的偏正词组使用得比较多,例如:

　　④ 他的工作情况(微型 50)|你的男朋友(吾土·戏剧 158)|自己的老房子(报 1995 年 6 月 19 日副刊 5 版)|新的语文课程(风筝 11)|华文文艺作品(青青 103)|今年的比赛规模(报 1995 年 3 月 9 日 9 版)|马来西亚的胡椒产量(南北 26)|美国的财政政策(太过自满)(报 1995 年 3 月 11 日 21 版)|新加坡的法律制度(是公平对待每个人)(报 1995 年 4 月 27 日 3 版)

　　⑤ (设计)也十分精巧(中学 1A110)|(出来新加坡的次数)也渐渐地减少了(大胡子 70)|(现在姐姐已婚,但婚姻生活)并不愉快(华文教材 3A 133)|(自以为我们)已经很了解别人了(报 1995 年 6 月 17 日 15 版)|(大伙们)都一致以为他会是荷兰小男孩(再见 11)|(赚来的钱)全都硬硬地拿走了(跳舞 103)|(他)正在努力地学好广东话(报 1995 年 5 月 3 日副刊 5 版)|(邓文茵)在食堂草草地用过了午餐……(跳舞 76)|(他的道德修养)比任何人都高(伦理·中四 69)|(他)随便向人搭讪几句(吾土·小说上 16)|(蔡和平)终于和胡丽成为快快乐乐的邻居(吾土·戏剧 9)|(听说他)曾经把大伯公的香炉倒个干净(胜利 36)

例④是复杂的"定－中"偏正词组,例⑤是复杂的"状－中"偏正词组。

──────────────────────

　　①　"一双鞋子"在结构上应分析为:

```
一　　双　　鞋子
──────　　──　　（"定－中"偏正词组）
　　1　　　　2
──　　──　　　　（"定－中"偏正词组）
3　　4
```

例④的"他的工作情况"和例⑤的"也十分精巧"在结构上应分析为：

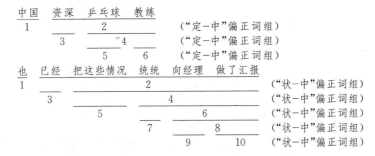

还有中心语多层套叠的情况,例如:

⑥ 中国资深乒乓球教练(报 1995 年 6 月 14 日 22 版)

⑦ (我)也已经把这些情况统统向经理做了汇报。

例⑥和例⑦在结构上应分别分析为：

8.16.3　修饰语和中心语分别又都是偏正词组

这种复杂的偏正词组,"定－中"偏正词组多见,"状－中"偏正词组
不多见。例如:

⑧ 新加坡中产阶级的整体政治倾向(报 1995 年 4 月 19 日 4 版)|一份称心
的工作(吾土·戏剧 7)|我国大多数人的家庭用语(华文教材 4B 31)|大马移民
厅的工作态度(报 1995 年 6 月 7 日 2 版)|整个社会的道德水平(伦理·中三 38)

⑨ (你要)很好向他学习。

例⑧是复杂的"定－中"偏正词组,例⑨是复杂的"状－中"偏正词组。
例⑧的"新加坡中产阶级的整体政治倾向"和例⑨的"很好向他学
习",在结构上应分别分析为:

新加坡　　中产阶级　　的　　整体　　政治　　倾向
————1————　　————————　（　）　　————　　————2————　　（"定－中"偏正词组）
　3　　　　　4　　　　　　　　5　　　——6——　　（3-4,5-6"定－中"偏正词组）
　　　　　　　　　　　　　　　　　　　7　　　8　　　（"定－中"偏正词组）

很　好　　向他　学习
—1—　　——2——　　（"状－中"偏正词组）
3　4　　5　　6　　（3-4,5-6"状－中"偏正词组）

第9章 复谓词组

9.1 关于复谓词组

先来看几个例子：

① （被关在劳动营地）砍树种菜(华文教材 2A 91)

② （我）想洗澡(女儿 99)

③ 听懂(笑眼 13)

④ 写字可以修身(渐行 50)

⑤ 冷静思考(大胡子·序)

⑥ 派你上阵(狮子 4)

⑦ 非改改不行(笑眼 5)

⑧ 出外散心(华文教材 2A 92)

例①—⑧都包含着两个谓词性词语。例①"砍树种菜"是由两个述宾词组"砍树"和"种菜"构成的联合词组；例②"想洗澡"是个述宾词组，由动词"想"充任述语，动词"洗澡"充任宾语；例③"听懂"是个述补词组，由动词"听"充任述语，动词"懂"充任补语；例④"写字可以修身"则是个主谓词组，主语由述宾词组"写字"充任，谓语由述宾词组"可以修身"充任；例⑤"冷静思考"是个"状-中"偏正词组，形容词"冷静"充任动词"思考"的状语。以上各种词组我们在前面都介绍过。可是例⑥—⑧，从语法上说，既不属于联合词组，也不属于述宾词组，也不属于述补词组，也不属于主谓词组，也不属于"状-中"偏正词组。它们就是本章所要介绍的复谓词组——例⑥是由述宾词组"派你"和动词"上阵"组成的复谓词组，例⑦是由两个"状-中"偏正词组"非改改"和"不行"组成的复谓词组，而例⑧是由动词"出外"和"散心"组成的复谓词组。

复谓词组中的"谓"是指谓词性词语。复谓词组就是指由谓词性词语组合成的彼此不构成联合、述宾、述补、主谓或"状-中"偏正等语法关系的谓词性词组。

复谓词组是谓词性词组，这是包括新加坡华语在内的现代汉民族共同语所特有的一种谓词性词组。它比起其他谓词性词组来，内部要复杂得多，起码可分为三类：递系词组，如例⑥；连锁词组，如例⑦；连谓词组，如例⑧。

9.2　递系词组

9.2.1　递系词组的主要特点

1. 递系词组都由两部分组成，无论是前一部分和后一部分，都由动词性词语充任。如9.1节例⑥"派你上阵"这个递系词组，就是由"派你"和"上阵"这两个动词性词语所组成的。

2. 递系词组的前一部分一定是一个带名词性真宾语的述宾词组。如9.1节例⑥"派你上阵"这个递系词组的前一部分"派你"就是一个由人称代词"你"充任宾语的述宾词组。"派你上阵"在语法上应分析为：

派　你　上阵
　1　　2　（递系词组）
3　4　　（述宾词组）

3. 作为递系词组前一部分的述宾词组里的宾语成分,它跟作为递系词组后一部分的动词性词语一定存在着密切的语义联系。如9.1 节例⑥作为递系词组前一部分的述宾词组"派你"里的宾语成分"你",在语义上跟后面的"上阵"就存在着"施事-动作"的关系("你上阵")。

9.2.2　递系词组的分类

根据作为递系词组前一部分的述宾词组里的宾语成分与后一部分的动词性词语里的动词之间不同的语义联系,可以进一步将递系词组分为以下三小类(为便于说明,我们将作为递系词组的前一部分的述宾词组记作"$V_1 N$",将作为递系词组后一部分的动词性词语里的动词记作"V_2"):

1. "$V_1 N$"里的 N 与后面的 V_2 之间存在着"施事-动作"的语义关系。最常见的是,V_1 为表示使令意义的动词。例如"请先生进来"(今后 46),其中的 V_1"请"就是一个表示使令意义的动词,作为"请"的宾语的 N"先生"与后面的 V_2"进来"就存在着"施事-动作"的语义关系。类似的例子如:

① 钱请你先付……(华文教材 1B 8)|要不要请我喝?(今后 10)|可以不可以到楼上说说,请他们不要这样吵?(吾土·戏剧 134)|花园中野草丛生,虽有请人拔除,可是……(八方 6)|这方面还请杜先生多多照顾。(吾土·小说上 86)|以后赚多了再请你吃麦当劳和肯特基。(微型 199)|他开生日庆祝会时也曾请我们去。(牛车水 75)|请他进来!(△大喜 203)

② 我们以后会通知她再来的。(吾土·小说上 142)|新加坡已通知陈成财大使回来新加坡。(报 1995 年 4 月 2 日 1 版)

③ 明天叫你阿姨来学校……(狮子 42)|怎么会忘了叫他带伞呢?(壁虎 10)

④ 我想要唤他回来……(牛车水 79)

⑤ 在政治上迫使政府接受他们的建议……(金狮奖 35)

⑥ 你如果逼我回去,我就立刻……(大胡子 47)

⑦ 下一回有演出时便派你上阵。(狮子 4)

⑧ 一年后,厂里劝他退了休。(太阳 32)

例①—⑧里的递系词组中占据 V₁ 位置的"请、通知、叫、唤、迫使、逼、派、劝"都属于使令动词。除使令动词外,还有一些动词也能组成让 N 与 V₂ 之间存在着"施事-动作"关系的递系词组,下面再略举些实例:

⑨ 有人在推门。(△大喜 20)|爸爸,以前有母亲照顾您,我可以放心。(风雨 9)

⑩ 没有人签收……(狮子 52)

⑪ 我有意推荐你到会计部去。(△大喜 201)

⑫ 今晚你要陪我玩个痛快。(吾土·小说上 187)

⑬ 我在英国时,便看到英国的言论,提醒英人不要忘记在第二次大战所受的痛苦……(风筝 204)

⑭ 有没有给医生看呀?(恶梦 125)

⑮ 感谢你帮公司的忙。(醒醒 59)

⑯ 我和弟弟骂妹妹只懂得哭。(牛车水 76)

⑰ 孔子由于对教育作出了伟大的贡献,所以便成为世世代代教师的模范,大家都尊称他为"万世师表"。(伦理·中三 11)

例⑨—⑰里的"有、没有、推荐、陪、提醒、给、感谢、骂、尊称"等动词带上宾语后都能跟另一个动词性词语构成递系词组。

2. "V₁N"里的 N 与后面的 V₂ 之间存在着"受事-动作"的语义关系。这又可分两种情况:

A. 递系词组的后一部分是以 V₂ 为核心的动词性词语。例如:

⑱ 跟爸爸讨江鱼仔吃。(金狮奖 306)

⑲ 有许多话要说。(醒醒 107)|这儿有水果卖……(风雨 11)

⑳ 今天客人没烘饼吃了……（梦 122）

㉑ 我再拿些吃的给你。（狮子 81）｜捐钱给孤儿院、老人院……（再见 56）

㉒ 大金鲤鱼……抢面包吃。（风雨 6）

㉓ 他举起腕表一看，哇，快一点钟了。（恶梦 62）

例⑱递系词组"讨江鱼仔吃"里的"江鱼仔"在语法上是 V_1 的宾语，而在语义上又是 V_2 的受事。余者类推。

　　B. 递系词组的后一部分是以 V_2 为谓语动词的主谓词组。例如：

㉔ 商场上有很多事我不懂。（△大喜 201）

㉕ 你等着，我泡一杯龙井茶你喝。

例㉔、例㉕里的递系词组"有很多事我不懂"和"泡一杯龙井茶你喝"在语法上应分析为：

```
有   很多事   我   不懂
      1         2          （递系词组）
3     4      5    6      （3-4 述宾词组；5-6 主谓词组）
泡   一杯龙井茶   你   喝
      1           2         （递系词组）
3     4        5    6     （3-4 述宾词组；5-6 主谓词组）
```

例㉔里的"很多事"在语法上是"有"的宾语，而它在语义上又是后面谓语动词"懂"的受事；例㉕里的"一杯龙井茶"在语法上是"泡"的宾语，而它在语义上又是后面谓语动词"喝"的受事。

　　3. 递系词组的前一部分是一个带双宾语的述宾词组（记为 $V_1 N_1 N_2$），其中的两个宾语成分在语义上分别是后面 V_2 的施事和受事。例如：

㉖ 你能不能给我一杯水喝？

㉗ 我借你一本武侠小说看吧。

㉘ 过些日子送你们一些野味尝尝。

例㉖的"给我一杯水喝"在语法上应分析为：

```
给    我    一杯水    喝
_____    ____
        1              2    （递系词组）
   ___    _____
    3          4          （述宾词组）
  ___  __
   5    6               （述宾词组）
```

在语义上，"我"又是后面 V_2 "喝"的施事，"一杯水"又是后面 V_2 "喝"的受事。余者类推。

9.3 连锁词组

9.3.1 两种常见的连锁词组

连锁词组的特点是前后两个谓词性成分由某些关联词语（主要是副词）相联结。这有两种情况：

1. 前后两个关联词语配合着用。

① 你的能力只能担一百斤，而你偏要逞强，挑一百零一斤，无异自讨烦恼，不失眠才怪。（八方 120）

② 要不是阿牛把她捉住，她就要冲进大火中，那不被大火烧死才怪哪。（微型 15）

③ 不把饭吃完就不准开舞会。（牛车水 78）

④（雨伞）不带又不行。（壁虎 9）

⑤ 朱熹甚至认为有怀疑精神，读书才会进步；因为一有怀疑便会想办法去弄个一清二楚。（伦理·中三 51）

⑥ 火苗越扩越大，愈烧愈猛。（狮子 28）

⑦ 丽却好多次因淋雨而病倒……（壁虎 11）

⑧ 我边说边把志华的名字写在纸上。（牛车水 74）

⑨ 我一边唱歌一边行走……（△南风 75）

例①—⑥前后是由副词联结——例①、例②是"不……才……"，例③、例④是"不……不……"，例⑤是"一……便……"，例⑥是"越……

越……""愈……愈……";而例⑦—⑨前后则是由连词联结——例⑦是"因……而……",例⑧是"边……边……",例⑨是"一边…… 一边……"。

例①里连锁词组"不失眠才怪"在语法上应分析为:

<pre>
不　失眠　才　怪
　　1　　　2　　 (连锁词组)
3　 4　 5　 6　 (3-4,5-6"状-中"偏正词组)
</pre>

下面也是常见的一些连锁词组格式:

A. "一……就……",例如:

⑩ 这一看就明白。|我一没课就回家……(梦 58)

B. "非……不……",例如:

⑪ 我非去不可。

C. "再……也……",例如:

⑫ 这再好也没有了。|我再怎么学也学不会。

D. "不……也……",例如:

⑬ 你不去也得去。

2. 单用一个关联词(处于后一部分谓词性词语开头)联结。

⑭ 要骂就骂好了。(吾土·小说上 155)|我们只在有必要或需要促进长期增长时才花钱,而不是有钱就花。(报 1995 年 3 月 15 日 1 版)

⑮ 单身贵族……说搬家就搬家,哪像我,老的,小的,比八爪鱼还粘人,绑得紧紧的。(再见 37)

⑯ 三几个鬼头总要谈呀谈的,谈到不能不分手的时候才离开。(吾土·小说上 159)

⑰ 我是××小学的学生,卖完香皂才上学去……(风雨 13)

⑱ 您织得没有错,为什么要拆掉又重织呢?(风雨 7)

⑲ 公司里的同事们,个个都对洪经理不满,可是都敢怒而不敢言……(△大喜 200)

例⑭—⑱用副词联结——例⑭、例⑮用"就"联结,例⑯、例⑰用"才"联结,例⑱用"又"联结;而例⑲则用连词"而"联结。例⑭里的连锁词组"要骂就骂"在语法上应分析为:

$$\underset{3}{\underline{\underset{1}{\underline{要骂}}\quad\underset{2}{\underline{就骂}}}}\quad$$

要骂　就骂
1　　　2　　　（连锁词组）
3　　4　　（"状－中"偏正词组）

余者类推。

9.3.2　表示倚变关系的连锁词组

除上面所介绍的两种连锁词组外,还有一种表示倚变关系的连锁词组。所谓倚变关系,就是后者跟着前者变,例如"谁想去谁就去",意思就是"你想去,你就去;他想去,他就去;……"。这种表示倚变关系的连锁词组前后两部分谓词性词语中一定含有相同的疑问代词,如上例中的"谁"。再如:

⑳ 有什么就吃什么吧,别叫媳妇难做了。(再见 28)

㉑ 她们几乎是去到哪唱到哪。(报 1995 年 4 月 5 日 12 版)

㉒ 自己一个,爱往哪儿就上哪儿。(再见 78)

㉓ 你高兴什么时候来就什么时候来,爱呆多久就呆多久。(报 1995 年 6 月 19 日副刊 7 版)

9.3.3　连锁词组与复句

连锁词组中间没有语音停顿。如果中间有语音停顿,那就不是连锁词组,而是复句了。试比较:

㉔ a. 我一看就明白了。

　　b. 我一看,就明白了。

㉕ a. 你做完了功课才能出去玩。

　　b. 你做完了功课,才能出去玩。

㉖ a. 他爱上哪儿就上哪儿。

　　b. 他爱上哪儿,就上哪儿。

例㉔—㉖的 a 句都是单句,都是由连锁词组充任谓语的主谓句;而 b 句都是复句。a 句和 b 句的差别就在于 a 句内没有语音停顿,b 句内有语音停顿。

9.4　连谓词组

递系词组和连锁词组都有鲜明的特点——递系词组前一部分一定是述宾词组,而其宾语成分又一定与后一部分的动词有语义上的紧密联系;连锁词组内部一定有某些关联词语将前后两部分联结。可是连谓词组没有鲜明的特点。可以这样说,复谓词组中除去递系词组和连锁词组,剩下的就是连谓词组。

连谓词组很复杂。华语中连谓词组可分哪些小类,这还是需要深入研究的问题。下面列举一些常见的类型(为叙述方便起见,我们将连谓词组的前一部分记为 W_1,将连谓词组的后一部分记为 W_2):

9.4.1　W_1 与 W_2 之间有目的关系,W_2 表示 W_1 的目的

例如"(她决定)进去店铺里看看"(跳舞 60),"进去店铺里"的目的就是为了"看看","看看"表示"进去店铺里"的目的。这一类连谓词组最常见,下面再举些实例:

① 老头拿出最好的东西招待老太太。(太阳 47)

② 我留她再坐一会儿,她说还要赶回去预备晚餐。(风雨 24)

③ 长大后,大家在外工作,除了经常互通音讯,总要找机会欢聚欢聚。(伦理 · 中三 79)

④ 人家早打电话向系里请假。(金狮奖 81)

⑤ 我不再理会那高瘦仔,转向李大福问道:"……"(追云 45)

⑥ 我挣扎着睁开眼皮,仿佛看到妈妈发亮的眼睛……(撞墙 59)

⑦ 杨先生您是不是应该多拨一点时间注意注意他的动向……（跳舞 39）

⑧ 我们都穿好衣服准备过来了……（牛车水 79）

在这一类连谓词组里，更常见的是，W_1 是一个带处所宾语的述宾词组，表示动作者的位移，W_2 则表示动作者位移的目的。例如：

⑨ 你没有回去香港探望她老人家？（风雨 24）

⑩ 进去房间梳好头发……（微型 11）

⑪ 有些人搬去加东那么远，还时常跑回来巴刹买东西。（回忆 43）｜你明天就带回来家里吃顿饭……（短篇 80）

⑫ 我要回房温习了。（再见 51）

⑬ 对方还要她们在下午 5 时之前下来公司一趟解决问题……（报 1995 年 3 月 9 日 10 版）

有时 W_1 就直接是一个趋向动词，例如：

⑭ 我们几个今天晚上就来喝你的喜酒。（太阳 29）

⑮ 我要去环球旅行。（跳舞 113）｜女姐，去不去买菜？（梦 152）

⑯ 怎么你们这么放心，也不出去找看。（吾土·小说上 202）

9.4.2　W_1 表示 W_2 的方式

⑰ 下课钟一响，敏仪立即挽了她的手，到食堂后面的草地去，坐着谈心。（狮子 110）

例⑰"坐着谈心"这一连谓词组，语义重心在后一部分"谈心"上，前一部分"坐着"说明"谈心"的方式。下面是同类的例子：

⑱ 小妮子笑着把食盒推过去……（金狮奖 217）

⑲ 到了屋外的庭院，我才喘着气说："你回去吧……"（大胡子 47）

⑳ 你妈现在只能伏着身子吃东西。（风雨 41）

㉑ 有如所有即将迟到的上班族一般，连牙都来不及刷，就匆匆地趺撞着出门。（再见 4）

㉒ 她高举着手在召唤我。（太阳 44）

㉓ 她垂着头看课本……(狮子 109)

这类连谓词组,前一部分 W_1 里的动词后一般都带"着",如以上各例。也有不带"着"的,例如:

㉔ 坐飞机回来好啦!(风雨 6)

㉕ 老师们都摇头叹息。(狮子 48)

例㉔"坐飞机"说明"回来"的方式,例㉕"摇头"也表示方式。

9.4.3　W_1 表示 W_2 行为动作实现、进行的某种可能性

W_1 一定是由"有"或者"没有""没""无"带宾语的述宾词组。例如:

㉖ 我希望天天晚上都停电,好让我们每晚有机会点蜡烛。(风雨 17)

㉗ 我们有力量帮助别人。

㉘ 这一趟侥幸有何秘书的直接介绍,他才有机会晋升……(△大喜 200)

㉙ 我有把握成功。

例㉖"有机会点蜡烛"就是"能点蜡烛"的意思,例㉗"有力量帮助别人"就是"能帮助别人"的意思。余者类推。以上 W_1 里动词是"有",下面例子里 W_1 里动词是"没有""没"或"无"。请看:

㉚ 平时忙于功课,没有时间聊天。(风雨 18)

㉛ 爸爸得谈生意,所以没有办法陪小安安……(再见)

㉜ 小五那年我以为自己没有机会参加作文比赛了,但……(报 1995 年 6 月 15 日副刊 8 版)

㉝ 孔子在各国奔走了十四年,始终没法实现自己的理想。(伦理·中三 8)

㉞ 他无暇与我多话……(再见 2)

例㉚"没有时间聊天"是"不能聊天"的意思,例㉛"没有办法陪小安安"是"不能陪小安安"的意思。余者类推。

9.4.4　W_1 和 W_2 从正反两面说明同一事实

W_1 一定是个肯定形式,W_2 一定是个否定形式。例如"怎么愣

着不说话?"(笑眼 1),"愣着"和"不说话"从正反两面说明同一个事实——不开口说话。下面是类似的例子:

㉟ 妹妹在那个部门硬赖着不肯走……(牛车水 78)

㊱ 我催了张芹好几遍,可是她还是坐着不动。

㊲ 老张闭口不谈前两天的事……(太阳 30)

㊳ 我留在房里不出来……(牛车水 77)

㊴ 他寒着脸不回答……(微型 196)

9.4.5　W_1 和 W_2 之间是因果关系,W_1 表示原因,W_2 表示结果

㊵ 魏敏打篮球扭了腰。

㊶ 阿舅是怕你遇到老千上了当。(追云 57)

㊷ 那天她病了没能参加那次晚会。

例㊵"打篮球"是造成"扭了腰"的原因,例㊶"遇到老千"是造成"上当"的原因,例㊷她之所以没能参加那次晚会,是因为病了。

9.4.6　W_1 和 W_2 之间是转折关系,含有"虽然……但是……"的意思

W_1 一定是个肯定形式,W_2 一定是个否定形式。例如:

㊸ 那件大衣买了一直没有穿。

㊹ 有家归不得,回想前事,恍如隔世。(风雨 41)

㊺ 那封信当时我收了没有拆。

例㊸是说那件大衣虽然买了,但是一直没有穿;例㊹是说虽然有家,但是归不得;例㊺是说当时虽然收了那封信,但是当时没有拆。

9.4.7　W_2 指明人对某一事物的感觉,通常是一个形容词性词语;W_1 说明这种感觉是从哪个角度说的,通常是一个"动词+趋向补语"或"动词+着"的动词性词语

㊻ 有时又淅淅沥沥地像在招呼着你的名字,听起来非常舒服。(壁虎 11)

㊼ 那孩子看上去很笨,其实他聪明绝顶。

㊽ 我用起来一点也不自在……(醒醒 93)

㊾ 第一天,妈妈教我学站马步,我的天呀!……做起来可真辛苦。(△南风 18)

㊿ 这种桔子闻着挺香的,可是味道很酸。|那沙发,躺着或坐着挺舒服的。(报 1995 年 6 月 19 日副刊 7 版)

9.4.8　由带趋向补语的述补词组中间插入一个宾语或一个“了”变化成的连谓词组

例如“跑回娘家去”(追云 34)和“流了下来”(跳舞 44)这两个连谓词组就是由述补词组“跑回去”“流下来”中间分别插入一个宾语“娘家”和“了”变化成的。“跑回去”“流下来”是述补词组,“跑回娘家去”和“流了下来”就不再是述补词组了,而是连谓词组了。它们的内部语法构造分别是:

```
跑　回　娘家　去
____1___  ____  2　（连谓词组）
_3_ ___   4　　　　（述宾词组）
5　 6　　　　　　　（述补词组）
流　了　下来
___1___  __2__　　（连谓词组）
3　 4　　　　　　　（助词结构）
```

下面分别是同类的实例:

(51) 我们有一个队员就差点儿掉下山谷去了。(华文教材 1B 4)

(52) 过了几分钟,乙和尚气愤愤地跑进房来……(八方 37)

(53) (那壁虎)在地上挣扎片刻,才施施然地爬上墙去。(壁虎 6)

(54) (父亲)把一颗花生米放进口里,慢慢地嚼着嚼着,嚼出无穷的滋味来。(狮子 6)

(55) 我抬起头来,望着她。(再见 35)

(56) 大姐喊了起来。(胜利 26)

(57) 突然一股巨浪猛扑过来,我被抛了起来……(建屋 16)

(58) 方方正想说些什么,忽然,熊猫啦、河马啦、小白兔啦、小猴子啦,一下子

都围了上来。（中学 1A 129）

⑤⑨ 这时，师傅走了过来……（狮子 4）

⑥⓪ 看准雨势稍停时便冲了出去……（壁虎 10）

9.4.9　W₁ 和 W₂ 是假设和结果的关系，W₁ 表示假设，W₂ 表示结果

⑥① "谢谢你，有缘再见。"我把手抽出时，向他眨了眨眼。（再见 3）

⑥② 你觉得肚子饿可以先吃点饼干。

⑥③ （我）又大声地说："晚回来别等我啊！"（壁虎 10）

例⑥①里的连谓词组"有缘再见"是"如果有缘，我们以后再见"的意思，例⑥②是"你如果觉得肚子饿，那么可以先吃点饼干"的意思，例⑥③"晚回来别等我"是"如果我晚回来，那么你就别等我"的意思。

9.4.10　W₁、W₂ 表示前后连贯的行为动作

⑥④ 洗了热水澡出来，窗外仍然……（壁虎 11）

⑥⑤ 有一回，看完舞狮回家，父亲外出未归……（狮子 9）

上面介绍的九类连谓词组都由两部分组成，而这一类表示前后连贯的连谓词组可不限于两部分，例如：

⑥⑥ 听到喊声，周小姐就下床穿好衣服出去开门。

例⑥⑥"下床""穿好衣服""出去""开门"便是前后连贯的四个动作。这个连谓词组在结构上可分析为四部分，但这四部分在同一个层面上。请看：

下床	穿好衣服	出去	开门	
1	2	3	4	（连谓词组）

下面是同类的由多部分组成的连谓词组：

⑥⑦ 你把冰箱里的水果拿出来削皮切块……（再见 15）

⑥⑧ 另外又有一批好奇的观众，又停车下来看个清楚。（风筝 187）

例⑥⑦包含"拿出来""削皮""切块"三个前后连贯的动作，例⑥⑧则包含

"停车""下来""看个清楚"三个前后连贯的动作。

　　以上十类,只是一个大概的分类。分那么多类,目的是为了让大家了解连谓词组内部的语义关系极为复杂。有的连谓词组,从这个角度看,似乎属于这一类;从那个角度看,又似乎属于那一类。例如:

　　⑥⑨ 她迅速地抬起脸来看她母亲。(狮子 98)

例⑥⑨"抬起脸来看她母亲"这一连谓词组里的"抬起脸来"和"看她母亲"之间,从某个角度看,可理解为目的关系,"抬起脸来"是为了"看她母亲";如果换一个角度看,又可理解为前后连贯的关系。

9.5　由"有"组成的复谓词组

　　复谓词组大多由动词性词语组成的。有些动词可以组成多种复谓词组,情况比较复杂,值得我们注意。"有"和"给"就是这样的动词。这一小节先谈由"有"组成的复谓词组。

　　由"有"组成的复谓词组,是指"有"带上宾语所形成的述宾词组居前,另一个动词性词语居后所形成的复谓词组。由"有"组成的复谓词组,既可以是递系词组,也可以是连锁词组,还可以是连谓词组,连谓词组内部还可以分为若干小类。下面分别说明:

9.5.1　由"有"组成的递系词组

　　1. "有"的宾语是后面动词的施事。例如"有人扣门"(狮子 107),"人"是"有"的宾语,而在语义上,"人"又是后面动词"扣门"的施事。"有人扣门"在语法上应分析为:

$$
\underline{\underset{\underset{3}{\underline{\qquad}}}{\text{有}}\ \underset{\underset{4}{\underline{\qquad}}}{\underset{1}{\underline{\text{人}}}}\ \underset{2}{\underline{\text{扣门}}}}
$$

　　　　　　　　(递系词组)
　　　　　　　　(述宾词组)

这种递系词组使用频率很高,下面是同类的例子:

① 浪花之上,是蔚蓝色的天空,天空里有一双海鸥在徜徉。(狮子 103)

② 她有个朋友患有严重的风湿病……(梦 135)

③ 有位伶牙利齿的年轻姑娘抢先回答:"……"(△天长 15)

④ 目前我国约有四成大专毕业的女性保持独身。(华文教材 4A 9)

⑤ 那时候,有个五六十岁的老头常划着艘小舢舨在河中来来往往。(金狮奖 352)

⑥ 几千年前,有个黎明女神——奥罗拉,女神有个儿子叫曼农。(△含羞草 3)

⑦ 爸爸,以前母亲在世不相同,有母亲照顾您,我可以放心。(风雨 9)

⑧ 雨后山路滑溜,我们有一个队员就差点儿掉下山谷去了。(华文教材 1B 4)

⑨ 刚才有人来捉贼,有到你家去吗?(吾土·戏剧 184)

⑩ 拨电话去,没有人接;寄挂号信去,没人签收,被退了回来。(狮子 52)

例⑩"没(有)"是与"有"相对的否定动词(即"有"与"没(有)"是一对反义词),"没有人接""没人签收"与"有人接""有人签收"是同一类结构。

2. "有"的宾语是后面动词的受事。例如"有好戏看"(梦 107),"好戏"是"有"的宾语,而在语义上,"好戏"又是后面动词"看"的受事。"有好戏看"在语法上应分析为:

有　好戏　看
　　 1　　2 (递系词组)
3　　4　　 (述宾词组)

这类词组也比较多见,下面是同类的例子:

⑪ 在一天的疲累之后,有包子可吃,有咖啡可喝。(△天长 29)

⑫ 我有一件事情想告诉你……(△南风 31)

⑬ 如果抽中同颜色的几根,就会有钱拿,还有冰棒吃……(梦 26)

⑭ (他们)只是单纯地阻止她自杀? 或是有许多话要说?(醒醒 107)

⑮ 爸比,你看,这儿有水果卖,不必老远跑到园环去找嘛。(风雨 11)

⑯ 商场上有很多事我不懂。(△大喜 201)

⑰ 没有电视看,时间怎么打发?(再见 74)|没有房子住(独上 10)

9.5.2　由"有"组成连锁词组

⑱ 他越有钱越贪婪。

⑲ 朱熹甚至认为有怀疑精神,读书才会进步,因为一有怀疑便会想办法去弄个一清二楚。(伦理·中三 51)

⑳ 有什么就吃什么吧……(再见 28)

例⑱"越有钱越贪婪"在语法上应分析为:

$$\underset{3\quad\quad4}{\underline{越\quad有钱}}\underset{5\quad\quad6}{\underline{越\quad贪婪}}\quad(连锁词组)$$
$$\underset{1}{}\quad\underset{2}{}\quad(3\text{-}4,5\text{-}6\text{"状—中"偏正词组})$$

由"有"组成的连锁词组比较少见。

9.5.3　由"有"组成连谓词组

1. 居前的"有+宾语"表示后面那个动词性词语所表示的行为动作实现、进行的可能性。例如"有能力养育孩子"(华文教材 4A 90),就是"能养育孩子"的意思,这个连谓词组在语法上应分析为:

$$\underset{3\quad\quad4}{\underline{有\quad能力}}\underset{5\quad\quad\quad6}{\underline{养育\quad孩子}}\quad(连谓词组)$$
$$\underset{1}{}\quad\underset{2}{}\quad(3\text{-}4,5\text{-}6\text{述宾词组})$$

这类连谓词组使用频率很高,下面是同类的例子:

㉑ (这些新秀)肯定是有能力取代老将的。(华文教材 2B 3)

㉒ 让客人有机会尝尝摩利族的古老菜肴。(△天长 27)|我希望天天晚上都停电,好让我们每晚都能有机会点蜡烛。(风雨 17)|人潮终于又有机会流进牛车水了……(△南风 7)|现在如果我能有机会选择的话,我宁可留在新加坡。(梦 12)

㉓ 字粒小若芝麻,乍一看,还以为写的是梵文哪,偏他有本事在"高度戒备"的状态中看得一清二楚。(狮子 76)

㉔ 生命本身何尝不是一场又一场的接力赛?她已经能跑完十多场,她应

该有勇气去接更多的棒子,友善地和劲敌周旋。(梦 129)

㉕ 小五那年我以为自己没有机会参加作文比赛了……(报 1995 年 6 月 15 日副刊 8 版)|爸爸得谈生意,所以没有办法陪小安安……(再见 34)|平时忙于功课,没有时间聊天……(风雨 18)|你也没有权力歧视别人。(华文教材 4A 49)

2. 居前的"有+宾语"跟后面那个动词性词语所表示的行为动作之间有假设与结果的关系。例如"谢谢你,有缘再见。"(再见 3),"有缘"和"再见"之间就含有假设与结果的关系,意思就是:"如果有缘,我们以后再见。""有缘再见"在语法上应分析为:

```
有  缘   再  见
___1___  ___2___  (连谓词组)
_3_ _4_  _5_ _6_  (3-4 述宾词组;5-6"状-中"偏正词组)
```

下面是同类的例子:

㉖ 不管有钱没钱,有事大家帮忙,有困难大家想办法。(梦 114)

㉗ 等以后有机会再一决雌雄。(华文教材 2A 33)

㉘ 以后你有什么事可以找陈教授。

㉙ 华文不是拼音文字,如果"有边读边,没有边读上下",就会闹出笑话来。(华文教材 2B 34)

㉚ 怎么样? 明天到底有没有时间? 没有时间可以不去。

3. 居前的"有+宾语"跟后面那个动词性词语所表示的行为动作之间含有转折关系。例如"有家归不得"(风雨 41),"有家"和"归不得"之间就含有转折关系,意思是"虽然有家,但是归不得"。"有家归不得"在语法上应分析为:

```
有  家   归不得
___1___  __2__  (连谓词组)
_3_ _4_         (述宾词组)
```

再如:

㉛ 世界上还有什么比有国归不得还痛苦的事。(梦 13)

㉜ 你们这些垃圾,有书不读,有课不上……(变调 13)

㉝ 他有钱不肯捐助点儿,你说他吝啬不吝啬。

例㉛"有国归不得"、例㉜"有书不读、有课不上"和例㉝"有钱不肯捐助点儿",都含有转折关系——例㉛表示"虽然有国,但是归不得"的意思,例㉜是"虽然有书但不好好读,虽然有课但不好好上"的意思。例㉝的意思则是"虽然有钱,但不肯捐助点儿"。

　　4. 居前的"有＋宾语"跟后面那个动词性词语所表示的行为动作之间含有因果关系。例如"(他今天)有病不能上班了","有病"和"不能上班了"之间就含有因果关系,意思相当于"(他今天)因为有病,所以不能上班了"。"有病不能上班了"在语法上应分析为:

```
有  病   不  能   上班   了
 1       2          （  ）  （连谓词组）
3   4    5     6          (3-4,5-6 述宾词组)
         7   8            ("状－中"偏正词组)
```

再如:

㉞ 王小姐,我明天下午有学术报告会不能去植物园了,我们改天再去吧。

㉟ "你妈在家吗?""我妈有事出去了。"

例㉞"有学术报告会不能去植物园了",意思就是"因为有学术报告会,所以不能去植物园了";例㉟"有事出去了",意思就是"因为有事,所以出去了"。

9.6　由"给"组成的复谓结构

　　华语中的"给"有两个,一个是动词"给",表示"给予"义,例如:

① 她的这封信给了我异常深刻的印象。(△断情剪 46)

　　一个是介词"给",可表示"被、为、替、向"等义,例如:

② 我那小书橱的"暗屉"果然给他撬开了!(△大喜 16)

③ 点燃起妈妈给我造的柚灯笼。(晚上 16)

④ 你给我看着这行李,我去买点吃的。

⑤ 我怎么给他祝贺?给他道喜?(△断情剪 44)

例②的"给"相当于"被",例③的"给"相当于"为",例④的"给"相当于"替",例⑤的"给"相当于"向"。这些"给"都是介词。

这里是指由动词"给"组成的复谓词组。由动词"给"组成的复谓词组主要有以下五种格式:

9.6.1 格式 1:"V+给+NP"

V 代表动词,NP 代表名词性词语,下同。例如:

⑥ 惨了啦! 这次,一定又输给林小雯了!(再见 54)

⑦ 你回去好好地拟一张计划表,下周呈交给我,好吗?(狮子 75)

⑧ 这点儿钱送给你,希望你继续念书!(吾土·戏剧 111)

⑨ 她把纸袋递给丽明,说着就要走了。(梦 121)

⑩ 航空公司柜台职员……忽然脸色肃穆地把次子的护照退还给我们……(△天长 39)

⑪ 他将手中的花交给了我,要我转交给楚仪。(△断情剪 67)

⑫ 随后将新鱼苗再售卖给谢先生。(晚上 67)

这一格式是连谓词组,以例⑥"输给林小雯"为例,在语法上应分析为:

$$
\begin{array}{lll}
\underline{\text{输}} & \underline{\text{给}} & \underline{\text{林小雯}} \\
1 & \overline{\quad 2\quad} & \text{(连谓词组)} \\
& \overline{\;3\;}\ \ \overline{\;4\;} & \text{(述宾词组)}
\end{array}
$$

有时"给"后可以出现两个 NP,构成"V+给+NP$_1$+NP$_2$"格式,例如:

⑬ 校长分给我一本教学记录簿……(吾土·小说上 126)

⑭ 在这种时代变迁中,带给我莫大的感慨!(晚上 17)

⑮ 渔人不停地带给孩童充满乐趣的喜悦。(晚上 55)

"V+给+NP$_1$+NP$_2$",仍是连谓词组,我们可以把它看作格式 1 的变式,以例⑬"分给我一本教学记录簿"为例,它在语法上也应分析为:

分　给　我　一本教学记录簿①

| 1 | | 2 | （连谓词组） |

$$\underline{\quad 1 \quad}\quad \underline{\qquad 2 \qquad}\qquad\text{（连谓词组）}$$

$$\overline{\quad 3 \quad}\qquad\overline{\qquad 4 \qquad}\qquad\text{（述宾词组）}$$

$$\overline{5}\ \overline{6}\qquad\qquad\qquad\qquad\text{（述宾词组）}$$

9.6.2　格式 2:"V＋NP₁＋给＋NP₂"

这是一个递系词组的格式,可细分为两种情况:

1. NP₁ 是"给"的受事。例如:

⑯ 捐钱给孤儿院、老人院……（再见 56）

⑰ 打电话给你奶奶……（梦 144）

⑱ 写个报告给医生就是了。（△断情剪 38）

2. NP₁ 是"给"的施事。这比较少见。例如:

⑲ 请你给我现款。（△断情剪 15）

格式 2(以例⑯为例)在语法上宜分析为:

捐　钱　给　孤儿院、老人院

$$\underline{\quad 1 \quad}\qquad\underline{\qquad\qquad 2 \qquad\qquad}\qquad\text{（递系词组）}$$

$$\overline{3}\ \overline{4}\quad\overline{5}\qquad\overline{\qquad 6 \qquad}\qquad\text{（3-4,5-6 述宾词组）}$$

9.6.3　格式 3:"给＋NP₁＋V＋NP₂"

NP₁ 和 NP₂ 分别代表不同的名词性词语,下同。这个格式既可能是递系词组,也可能是连谓词组。形成递系词组时,NP₂ 可不在 V 后出现(如例⑳—㉔),请看:

⑳ 这种罐子给我煮面糊。（梦 157）

㉑ 那榴桲给奶奶吃。

㉒ 让小鱼、小虾、小螃蟹,给群孩分享……（晚上 54—55）

㉓ 那你应该赶快去给医生检查检查呀。（华文教材 1A 137）

㉔ 这杯冰咖啡给我喝,好吗?

---

① "一本教学记录簿"这一"定-中"偏正词组还可以继续往下分析,这里为节省篇幅,不再进行分析。下同。

　　格式 3 作为递系词组（以例⑳"给我煮面糊"和例㉑"给奶奶吃"为例）在语法上应分析为：

```
给　我　　煮　面糊
──1── ──2──　（递系词组）
3　4　5　6　（3-4,5-6 述宾词组）

给　奶奶　　吃
──1──　──2──　（递系词组）
3　4　　　　　（述宾词组）
```

下面的例子与上面举的略有不同，在下面的例子里，NP$_2$ 在 V 之前紧跟在 NP$_1$ 之后出现，请看：

　　㉕ 平日媳妇只会给他们脸色看……（扶轮 57）

　　㉖ 给我一点水喝！

例㉕的"给他们脸色看"和例㉖的"给我一点水喝"仍属于递系词组，这种由"给"组成的递系词组仍归入格式 3，可看作格式 3 的一种变式，在语法上应分析为：

```
给　他们　脸色　看
──────1────── 2　（递系词组）
　　3　　　4　　　（述宾词组）
5　　6　　　　　　（述宾词组）

给　我　一点水　喝
──────1────── 2　（递系词组）
　　3　　　4　　　（述宾词组）
5　　6　　　　　　（述宾词组）
```

下面是连谓词组的实例：

　　㉗ 还要给妈妈买衣服。（再见 56）

　　㉘ 在医院驻守的警员给我来了电话。（△断情剪 42）

　　㉙ 春天的到来给人们带来新的希望。（薪传 166）

"给妈妈买衣服"，孤立地看是会有歧义的——如果把"给"理解为动词，"给妈妈买衣服"是"买衣服给妈妈"的意思；如果把"给"理解为介词，"给妈妈买衣服"是"替妈妈买衣服"的意思。联系例㉗所在的上下文看,这里的"给妈妈买衣服"里的"给"是动词,所以例㉗是"还要买衣服给妈妈"的意思。

　　格式 3 作为连谓词组(以例㉗"给妈妈买衣服"为例)在语法上应分析为:

```
给　妈妈　买　衣服
　  1　　  　2　    (连谓词组)
3　 4　  5　 6　    (3-4,5-6 述宾词组)
```

9.6.4　格式 4:"V＋给＋NP＋VP"

VP 代表动词性词语,下同。请先看例句:

㉚ a. 他要吃我那盘鸡饭,我就递给他吃。

　　 b. 他要吃鸡饭,我就煮给他吃。

a 例的"递给他吃"和 b 例的"煮给他吃",都属于格式 4,但二者有所区别:a 例"递给他吃",如果把动词"吃"删去,"递给他"仍能成立;而 b 例"煮给他吃",如果把动词"吃"删去,"煮给他"就不成立。其实它们内部的构造层次和结构关系也不相同,请看:

```
a. 递　给　他　吃
　     1　　 　2　  (递系词组)
   3　 4　          (连谓词组)
      5　 6　       (述宾词组)

b. 煮　给　他　吃
   1　  　2　       (连谓词组)
      3　 4　       (递系词组)
      5　 6　       (述宾词组)
```

a 和 b 之所以会有上述区别,关键在前面的动词 V。凡含有"给予"义的动词(如"递、送、卖、交、借、租、留、扔"等)出现在 V 位置上,所形成的格式 4 便属于 a;不含有"给予"义的动词(如"煮、做、画、炒、打(毛衣)、讲、沏(茶)"等)出现在 V 位置上,所形成的格式 4 便属于 b。[①] 下

　　[①]　关于含"给予"义的动词和不含"给予"义的动词,可参看朱德熙《与动词"给"相关的句法问题》,《方言》1979 年第 2 期;又见朱德熙《现代汉语语法研究》,商务印书馆,1980 年。

面是属于 a 的实例：

㉛（朋友们）将全盘生意交给你掌管……（△断情剪 11）

㉜（那只玉佩）留给小琪当嫁妆……（扶轮 59）

例㉛如果删去后面的动词"掌管"，"（朋友们）将全盘生意交给你"仍然成立；同样，例㉜如果删去后面的动词性词语"当嫁妆"，"（那只玉佩）留给小琪"也仍然成立。下面是属于 b 的实例：

㉝ 我好不好把这个秘密讲给爹地听？（微型 25）

㉞ 他曾经用那低沉磁性的声音说，指给他看。（梦 115）

㉟ 徐淑芳探监回来把黄昆松的情况讲述给曾家成听……（△断情剪 4）

例㉝如果删去后面的动词"听"，例㉞如果删去后面的动词"看"，例㉟如果删去后面的动词"听"，句子便都不能成立。

9.6.5 格式 5："V＋NP₁＋给＋NP₂＋VP"

这实际上是由动词"给"组成的复杂的递系词组。请先看实例：

㊱ 我拿相簿给你看。（狮子 103）

㊲ 煮点粥给婆婆吃！（△断情剪 11）

㊳ 我指着瓶子上的字给她看……（梦 146）

㊴ 婆婆会买我要的玩具给我玩。（再见 8）

㊵ 我会造更多的房子给没有房子住的人住。（独上 9—10）

以例㊱为例，"相簿"是"拿"的宾语，在语义上"相簿"又分别是后面动词"给"和"看"的受事；再看"你"，它是"给"的宾语，而在语义上它又是后面动词"看"的施事。显然这是一个递系词组套递系词组的复杂的递系词组。"拿相簿给你看"在语法上应分析为：

```
拿  相簿   给  你  看
    1         2               （递系词组）
3    4       5       6     （3-4 述宾词组；5-6 递系词组）
              7    8         （述宾词组）
```

余者类推。

9.7　复杂的复谓词组

所谓复杂的复谓词组是指复谓词组的组成成分本身又是个复谓词组。其实，9.6 节里所谈的格式 5 就是一种复杂的复谓词组，如 9.6 节的例㊱"拿相簿给你看"就是一个递系词组里包含递系词组的复杂的复谓词组（具体分析见上）。

各类复谓词组都可以互相套叠，形成各种各样的复杂的复谓词组。下面举主要的说说。

递系词组里包含递系词组，这是一种类型，如上面举的"拿相簿给你看"，再如：

① 我找几个学生陪你回家。（狮子 58）

例①的"找几个学生陪你回家"在语法上应分析为：

找	几个学生	陪	你	回家	
	1		2		（递系词组）
		3		4	（递系词组）①

连谓词组里包含连谓词组也是一种常见的情况，例如：

② 我曾经两次请假回家侍候母亲。（独上 15）

③ 校长会走短路穿过你的教室回去收衣服……（吾土·小说上 128）

例②的"请假回家侍候母亲"和例③的"走短路穿过你的教室回去收衣服"在语法上应分别分析为：

请假	回家	侍候母亲	
	1	2	（连谓词组）
3	4		（连谓词组）

---

① "找几个学生"和"陪你"都是述宾词组，还可以进行分析，这里为了节省篇幅，就不再往下分析。下同。

<pre>
走短路 穿过你的教室 回去 收衣服
_____   _____1_____   _____ 2 _____   （连谓词组）
  3   4   5   6   （3-4,5-6 连谓词组）
</pre>

也有递系词组里包含连谓词组的情况,例如:

④ 老爸叫我回家吃饭。(报 1995 年 3 月 5 日 9 版)

⑤ 他母亲呢,带了妹妹回返美国省亲。(狮子 100)

例④的"叫我回家吃饭"和例⑤的"带了妹妹回返美国省亲",在语法上都应分析为:

<pre>
叫 我   回家 吃饭
1   ___ __2__   （递系词组）
        3   4   （连谓词组）

带了 妹妹 回返美国 省亲
 1   ___   ___2___   （递系词组）
           3   4   （连谓词组）
</pre>

也有连谓词组里包含递系词组的情况,例如:

⑥ (那鲤鱼)冲过来抢面包吃。(风雨 6)

⑦ 我去叫她来!(追云 111)

例⑥的"冲过来抢面包吃"和例⑦的"去叫她来"在语法上都应分析为:

<pre>
冲过来 抢 面包 吃
 1   __2_____ __   （连谓词组）
          3   4   （递系词组）

去 叫 她 来
1   __2__ ___   （连谓词组）
       3   4   （递系词组）
</pre>

下面是递系词组和连谓词组多重交错套叠的例子:

⑧ 我要走了,赶着回去煮饭给家婆吃呢!(梦 121)

⑨ 早知道这样,我宁死也不会三更半夜叫妈妈买夜宵回来给我吃了。(△南风 33)

例⑧的"赶着回去煮饭给家婆吃"在语法上应分析为:

赶着　回去　煮　饭　给　家婆　吃
　　　1　　　　　　　　2　　　　　（连谓词组）
　3　　4　　　5　　　　6　　　　（3-4 连谓词组；5-6 递系词组）
　　　　　　　　　　7　　8　　　（递系词组）

例⑨的"叫妈妈买夜宵回来给我吃"在语法上应分析为：

叫　妈妈　买　夜宵　回来　给　我　吃
　　　　　1　　　　　　　　2　　　（连谓词组）
　3　　　　4　　　　　5　　6　　（3-4,5-6 递系词组）
　　　　7　　8　　　　　　　　　（7-8 连谓词组）

第 10 章　介词和介词结构

10.1　介词和介词结构

10.1.1　常用介词

介词是虚词。下面所举的是新加坡华语里常用的介词：

按　按照　把　被　比　朝　除(了)　从　打从　当　到　对　对于
给　跟　根据　关于　和　将　叫　据　连　令　凭　让　使　随
随着　替　通过　同　往　为　为了　向　沿着　以　用　由　于
与　在　照　至于　自　自从

例如：

① 按国家图书馆二年来出借华文书籍的数字看来……成人居多。(风筝 18)

② 在 1989 年,按照妇女宪章离婚的有 4.6％。(风筝 150)

③ 有些司机把车子开得太快,是很危险的。(小学 6A 15)

④ 她家门前的几支电线杆已被水淹没……(胜利 31)

⑤ 他的华文程度在当时的确比我好。(牛车水 22)

⑥ 那个男的,还不时探头探脑地朝办公室里望,目光直射墙边的小房间。(微型 40)

⑦ 在中学及高中,除了少数华文程度好的学生外,绝大多数学生只读英文书。(风筝 17)

⑧ 逾期未呈报所得税,最低罚款提高一位,最高罚款则从千元减到 800

元。(报 1996 年 4 月 5 日 3 版)

⑨ 我打从心底向这些父母致敬。(回忆 72)

⑩ 当中小型企业与经济发展局或是贸易局接触时,在申请和商讨优惠等事项上,会碰到怎样的问题? (报 1995 年 3 月 3 日 11 版)

⑪ 姚老师请她们到会客室去坐。(狮子 43)

⑫ 他们对人性虽然有不同的看法,但都相信教育能使人向上向善。(伦理·中四 94)

⑬ 温朵朵对于屋里邋里邋遢的情况,早已习以为常了。(跳舞 20)

⑭ 我怎么给他祝贺? 给他道喜? (△断情剪 44)

⑮ 我一定要跟他算账! (恶梦 8)

⑯ 根据气象报告,明天会更冷哩。(大胡子 3)

⑰ 事实上,关于语言与文化的相关性问题,历来容有争议。(△华语 63)

⑱ 蔡和平真诚待人,终于和胡丽成为快快乐乐的邻居。(吾土·戏剧 9)

⑲ 随后将新鱼苗再售卖给谢先生。(晚上 67)

⑳ 两父女亲热得叫人嫉妒。(报 1995 年 7 月 27 日副刊 4 版)

㉑ 据报章报道,事发后的前几天,死者的一名家属透露,新巴没有对死者家属表达任何形式的慰问。(△小小鸟 59)

㉒ 遇到年底多雨,菜园淹水,连草都活不了,甭说蔬菜。(胜利 26)

㉓ 绵绵不绝的雨最能撩人遐思,令人感伤。(回忆 13)

㉔ 凭这种因素,就产生了同情的情操和关怀的爱心。(晚上 132)

㉕ 让我考虑考虑。(胜利 44)

㉖ 工会应监督雇主,使他们跟得上时代步伐。(报 1995 年 4 月 29 日 2 版)

㉗ 这些华裔学子随父母移民美国。(报 1995 年 3 月 19 日 29 版)

㉘ 随着自主学校和自治学校的设立,家长在为孩子选择学校时,有更多的机会。(报 1995 年 3 月 2 日 6 版)

㉙ 难道你的公司没替你投保? (微型 82)

㉚ 我愿意通过各种可能的途径,了解过去。(报 1995 年 4 月 22 日 19 版)

㉛ 刚才我和他说了好久,我把什么话都同他说了。(△断情剪 27)

㉜ 去年往澳洲移居的新加坡人就有二千人。(风筝 130)

㉝ 你就不为自己的前途打算打算?(吾土・小说上 191)

㉞ 谁愿意为了千字区区数十元的稿费滥写滥登呢?(金狮奖 115)

㉟ 向这些荣获最佳安全住家称号的住户表示敬意。(报 1995 年 4 月 19 日 8 版)

㊱ 沿着石块砌成的小径往前走,那片由铁栏筑起的宽阔空间,乃是熊类活动的地方。(金狮奖 64—65)

㊲ 只见客房以弧形分布在外围,间中安插着共同的盥洗室……(南北 14)

㊳ 自己煮饭,饮用自己的杯,到对街去买杯咖啡,也是用自己的杯盛回来喝,从不与人掺杂。(金狮奖(四)12-13)| 五年中,我用说谎的手段,以死人的名义,索取了你们省吃俭用的六百元血汗,现一并寄还给你们。(万花筒 143)

㊴ 对,Miss 林是选购衣物的专家,人又顶热心的,由她陪你去包没错。(追云 17)

㊵ 艾芜于 1930 年从缅甸仰光经马来亚流浪到新加坡。(△中国作家 30)

㊶ 一会儿与姜太公钓自愿上钩的鱼。(牛车水 100)

㊷ 同学们在斜阳夕照里,绕湖散步闲谈。(风雨 2)

㊸ 照我看,目前的情况并不严重。(风筝 149)

㊹ 至于测验题目,他拟好了就写信通知我。(晚上 32)

㊺ 从 1931 年到 1937 年,抗战前自中国本土南渡到南洋的知识分子或半知识分子为数不多。(△中国作家 15)

㊻ 陈老三自从搬进新房子后,整天闷闷不乐。(小学 6B 31)

10.1.2　介词的作用

我们在 3.11 节里已经指出,介词的作用主要是介绍出跟行为动作有关的对象,例如"把"通常是介绍出行为动作的受事(即受动者),如:

㊼ "爸爸,吃东西啦!"小妮子笑着把食盒推过去,顺手递过了一双筷子。

（金狮奖 217）

例㊼介词"把"就是介绍出"推"这一行为动作的受事"食盒"。事实告诉我们，华语中不同的介词实际上起了标志不同性质的对象的作用。举例来说，介词"把"和"将"，可以看作是行为动作的受事的标志；"被、给、让"，可以看作是行为动作的施事的标志；"用"可以看作是行为动作所凭借或使用的工具、材料或方法的标志；"向、替、为"可以看作是行为动作的与事的标志；"在、到、自、自从、于"，可以看作是时间或处所的标志；而"和、跟、同、与"可看作是伴随者的标志；等等。

　　由于介词的作用在于介绍出跟行为动作有关的对象，所以介词在句中使用时，后头总得跟着一个表示与行为动作有关的对象的词语，一起形成介词结构（只有个别例外，见 10.3 节）。例如"他把面包吃光了"里的介词"把"，后面就跟着"吃"这一行为动作的受事"面包"，一起组成介词结构"把面包"。介词后面所带的那个成分一般也视为宾语，所以介词结构有时也称为"介宾结构"。

10.1.3　介词与及物动词的区别

　　就带宾语这一点来说，介词跟及物动词有点相像，但介词和及物动词有本质的区别。

　　1. 介词不能单说，也不能单独做谓语。及物动词大多可以单说，可以单独做谓语。

　　2. 及物动词一般都能受"不"的修饰，如"不吃、不看、不买、不学习、不参观"等等；介词则不能直接受"不"的修饰，华语中不能说"不把、不向、不对于、不关于"。注意："不把功课做完，（不能玩。）"里的"不"不是直接修饰"把"，而是修饰"把功课做完"，即"不把功课做完"的内部构造层次是（A），而不是（B）：

　　（A）<u>不　把　功课　做完</u>（√）　（B）<u>不　把</u>　<u>功课　做完</u>（×）

　3.及物动词在句中使用时不一定老带着宾语,请看实例:

⑱"喝酒吗?"

　　"喝。"(金狮奖 244)

⑲"勤丽,平时在家,谁煮晚餐?"

　　"我煮。"(跳舞 84)

及物动词"喝",在例⑱的问话里带了宾语"酒",而在答话里就没有带宾语。及物动词"煮",在例⑲的问话里带了宾语"晚餐",而在答话中就没有带宾语。介词则要求老带着宾语,如上面举到的介词"把"在任何话语中它后面一定得带着宾语。

　4.及物动词带上宾语后所构成的述宾词组可以做谓语;在一定的上下文里也可以单说,例如:"你吃什么?""吃饼干。"在上面的对话里,那述宾词组"吃什么"在问话里做谓语,"吃饼干"在答话里处于单说的地位。再如:

⑳"爸,我考到了四优二良,可以念大学了。"

　　"念大学? 唉……"岂知爸却皱了皱眉慨叹道。(短篇 4)

㉑"开过枪?"

　　"开过一两发子弹。"(△浮萍 171)

㉒啊,演叠罗汉! 他傻兮兮地对自己微笑。(狮子 25)

例⑳—㉒里的述宾词组"念大学"(作为问话)、"开过枪"、"开过一两发子弹"和"演叠罗汉"都处于单说地位。可是介词结构即使在对话中,一般也不能做谓语,也不能单说。就拿由介词"把"组成的介词结构来说,华语中就没有"我把书。"或"把书。"这样的句子。相反,介词结构都能在句中做状语(详见下文),而述宾词组则不能做状语。

10.1.4　介词结构的语法功能

　1.介词结构在句中的语法功能主要是做状语。上面列举华语里的常用介词时所举的例子都是介词结构做状语的实例。再如：

㊱ 他的华文程度在当时的确比我好。(牛车水 22)

㊲ 中午猛烈的阳光,从窗口挤了进来,泼辣地撒满一地,把个长方形的厅转化成热不可当的小烘炉。(跳舞 21)

㊳ 那个第六届学生会理事,向我细数当年筹备庆祝中秋的事情。(回忆 37)

例㊱包含了两个介词结构——"在当时"和"比我",其中"在当时"做"的确比我好"的状语,"比我"做"好"的状语。例㊲介词结构"从窗口"做"挤了进来"的状语,"把个长方形的厅"做"转化成热不可当的小烘炉"的状语。例㊳介词结构"向我"做"细数当年筹备庆祝中秋的事情"的状语。例㊱的内部构造层次如下：

```
他的华文程度   在   当时   的确   比   我   好
     1       _____   (主谓词组)
                        2
          _____       _____       ("状－中"词组)
               3                  4
          ___  ___  ___       _____       (5-6 介词结构;
           5    6    7             8              7-8 "状－中"词组)
                              _____  ____      ("状－中"词组)
                                 9       10
                              ____  ____          (介词结构)
                               11   12
```

　　2. 少数介词(如"在、到、自、向、于"等)所形成的介词结构,还能够做补语(见 7.7 节)。例如：

㊴ 我们总不能一直站在这里。(想飞 63)

㊵ 今天,我们是生活在九十年代,我们的思想不能停留在过去,要跟上时代的步伐。(报 1995 年 4 月 18 日 11 版)

㊶ 这时,有一个瘦子出现了,双手直直地伸到我面前来……(石头 1)

㊷ 华文减到学语言最低要求的时数以下,如每周只有二小时,那华文程度只有下降是无可置疑的。(风筝 67)

㊸ 医院设备良好的大讲堂里,密密地坐满了来自他国的游客。(△天长 24)

㊹ 警署行动中心所接到的 100 起无聊电话当中,80 多起来自儿童。(报

1995 年 3 月 9 日 5 版)

⑥ 这条水沟宽二十呎……也不知流向何方。(壁虎 61)

⑥ 流冰一九一四年出生于新加坡……(△新华文学 61)

⑥ 方修的《马华新文学简史》出版于一九七四年……(△新华文学 75)

⑥ 新加坡中产阶级的政治倾向是冷漠多于热诚,对现有的体制是拥护多于反对,甚至是"保守"多于"自由化"。(报 1995 年 4 月 19 日 4 版)

　　3. 还有少数介词,如"对、关于",它们所形成的介词结构可以加"的"后做定语。例如:

⑥ 对事物的看法(风筝 34)

⑥ 关于华文教学的几个问题(风筝 54)

例⑥、例⑥的构造层次是:

对 事物 的 看法	关于 华文教学 的 几个问题
( )	( )

10.1.5　现代华语介词大都从动词虚化而来

　　从历史发展看,现代华语中的介词大都是从动词虚化来的。有的已彻底虚化,譬如"被",在古代汉语里是动词,表示"覆盖;遭受"的意思;在现代华语中只做介词用,已没有动词的意思和用法。有的虽然还存在着动词的用法,但作为动词的意义和作为介词的意义已完全不同,已经看不出二者之间的联系,如"把",在现代华语里做动词用时是"控制;看守"的意思(船长把舵|他把着大门),做介词用时我们已说不出它的具体的意思,它只是起一种语法作用。也有少数介词(如"比、朝、到、替、用、在"等)至今还与动词并用,而且意思上也没有太大的差别。请看:

　　　　动　词　　　　　　介　词

比　你们两个不妨比一比　他画得比我好

朝　这间屋子朝南　　　　他朝门外望了望

到	火车到北京了	我明天到北京开会去|把废纸扔到垃圾桶里
替	下午我来替你	你替我看看孩子
用	电脑我不会用	我们习惯用筷子吃饭
在	爸爸在房间里	爸爸在房间里看书|画挂在墙上

那么什么时候把它们看作动词,什么时候把它们看作介词呢? 这需记住两点:

1. 后面不带宾语时,是动词。如"我们比一比""我是昨天到的""电脑我还不会用""老师不在的时候他们就讲话"里的"比、到、用、在"后面都没有带宾语,所以它们都是动词。

2. 后面带上宾语后,如果处于状语或补语位置上,是介词;如果处于除状语和补语以外的其他位置上,则是动词。以"在"为例,"我在书店买了本字典"(做状语)、"别睡在地上"(做补语)里的"在"是介词;而"妈妈在外婆家"(做谓语)、"在学校的老师都看她来了"(带上"的"做定语)、"在家靠父母"(做主语)、"你的笔不在抽屉里"(前面带上状语"不"而后一起做谓语)里的"在"都是动词。

下面看一个具体的实例:

㊿ 我们都知道用条播来种植小麦很理想,可是,条播需要用新式的条播机,我们国家穷,哪里买得起这些新式的机械呢! (跳舞 15)

例㊿有两个"用",而且前后两个"用"都带上了宾语。但是,前一个"用"带上宾语后所形成的"用条播"这一结构在句中是做状语;而后一个"用"带上宾语后所形成的"用新式的条播机"这一结构在句中不是做状语,而是做"需要"的宾语。所以前一个"用"是介词,后一个"用"是动词。

下面介绍一些常用的或有代表性的介词。

10.2 把、将

10.2.1 "把"与"把"字句

"把"是比较常用的一个介词。由"把"组成的介词结构只能做状语。包含介词"把"的句子,最常见的格式是:

(主语) + (状语) + 把 + 宾语 + 动词性词语

这个格式也可以简化为:

(X) 把 Y 怎么样

由这种格式形成的句子,一般称为"把"字句。其中,X 就是主语,这个主语在实际话语中可出现,可不出现,所以在格式里我们把主语(即 X)用括号"( )"括起来;状语也是可有可无的,所以在格式里我们也把状语用括号"( )"括起来。例如:

① 他今天晚上就把她带过来我们家了。(大胡子 25)

② 他把目光调向别处。(跳舞 19)

③ 别把钥匙给丢了!(再见 28)

④ 把心中的哀痛都宣泄出来吧!(回忆 18)

例①"把"前有主语,有状语;例②"把"前有主语,没有状语;例③"把"前没有主语,有状语;例④"把"前既没有主语,也没有状语。例①—④都是"把"字句。

从意义上说,"把"字句表示对人或事物的处置。例①"带过来我们家"可看作对"她"的处置;例②"调向别处"可看作对"目光"的处置;例③"给丢了"可看作对"钥匙"的处置;例④"宣泄出来"可看作对"心中的哀痛"的处置。所谓"处置"可理解为由于某种主动行为或某种原因的影响,致使某人或某事物发生某种变化,或处于某种状态。

"把"字句在构造上很有些特点。现在先看"动词性词语"部分。

10.2.2　"把"字句的"动词性词语"部分

对于"把"字句的"动词性词语"部分,需注意这样几点:

1. "把"字句里的"动词性词语"部分不能是一个单个的动词,要求是一个复杂形式。举例来说,"(你/我/他)把鞋扔",在任何情况下都站不住,都不能这样说,因为"动词性词语"部分是单个动词"扔";如果在"扔"后面加些别的成分,改为"他把鞋扔了""你把鞋扔垃圾桶里""我把鞋扔掉了""你把鞋扔过来"等,就都能说了。

"把"字句里的动词性词语,常见的有以下一些格式:

A. 动词后带补语成分,这是最常见的情况。例如:

⑤ 衣服干了,我必须一件件把它折好。(回忆 5)

⑥ 好一会才把窗帘布拆下。(金狮奖 277)

⑦ 有些司机把车子开得太快,是很危险的。(小学 6A 15)

⑧ 今年我和家人一起大扫除,把家里收拾得整整齐齐、干干净净。(课本 1A 18)

⑨ 听说他曾经把"大伯公"的香炉倒个干净,拿来养一只蝌蚪。(胜利 36)

⑩ 我把文件夹放在桌案上。(回忆 26)

例⑤带的是结果补语,例⑥带的是趋向补语,例⑦—⑨带的是状态补语,例⑩带的是时地补语。

B. 动词后带宾语成分。例如:

⑪ 我们准把该抽的三分之一给你,算是感谢你帮公司的忙。(醒醒 59)

⑫ 记不记得你以前曾经把婚姻比作"框子"?(大胡子 116)

⑬ 进门后,阿妈帮我把行李搬进房子。(微型 13)

⑭ 太阳吐出一粒大火球,把整条街烘成一条面包。(八方 22)

C. 动词后带助词"了"或"着"。例如：

⑮ 我把钢琴卖了。

⑯ 她把鞋子脱了。（跳舞 20）

⑰ 他们家成天把大门开着。

⑱ 你把这些资料保留着，以后或许有用。

D. 动词性词语是个复谓词组。例如：

⑲ 我好不好把这个秘密讲给爹地听？（微型 25）

⑳ 他们……把孩子送到国外深造。（回忆 71）

㉑ 他们把自己子女们不合身的旧衣服退出来给浴嫂的几个孩子穿。（△断情剪 147）

㉒ 关上门以后，杨仲钦捻亮了灯，把裤子摊开来看。（跳舞 4）

E. 动词性词语是个动词重叠式，即是个重叠式动词。这多用于祈使句，而且多见于口语。例如：

㉓ 有时间的话，你把玻璃窗擦擦。

㉔ 这屋子够乱的，我们是不是先把屋子收拾收拾。

需要注意的是，从语法上来看，"把"字句里动词前有没有状语倒无关紧要，重要的是动词后面一定要带上些东西。请看实例：

㉕ 那个男人昨天把我课余工作赚来的钱全都硬硬地拿走了。（跳舞 103）

㉖ 别把钥匙给丢了。（再见 28）

㉗ 他把濡湿的唇重重的、紧紧的压在她纤巧的嘴上。（跳舞 26）

例㉕如果把动词"拿"前面的状语成分"全都""硬硬地"删去，句子仍然站得住；可是如果把动词"拿"后面的成分"走了"删去了，句子就站不住了。例㉖如果把动词前面的"给"删去了，"别把钥匙丢了"仍然站得住；如果把动词"丢"后面的"了"删去了，句子马上就站不住了，我们不能说"＊别把钥匙给丢"。同样，例㉗如果把动词"压"前面的状语成分"重重的、紧紧的"去掉，句子也仍然站得住；如果把"压"后的补语成分"在她纤巧的嘴上"去掉,句子立刻就站不住了。

在中国普通话里,"把"字句里的动词性词语可以是"副词'一'＋动词"。[①] 例如:

㉘ 说着把制服一脱,挽起袖子,蹲到灶头坑里劈木头,一面劈,一面打着口哨。(杨朔《三千里江山》10)[②]

㉙ 他把大腿一拍,就站起身走了。

㉚ 他把油门一踩,车子就飞也似的奔驰而去。

在我们所接触到的新加坡的书面语料里,没有发现这类实例。不过口语中有这种说法,例如:

㉛ 当时,他把大腿一拍站起身就走了。

㉜ 他把油门一踩,车子就飞快地向前冲去。

2. 能够在"把"字句里出现并能紧靠"把"字的动词是有限制的,粗略地说,大多是表示动作的及物动词,如"吃、打、洗、看、说、卖、写、收拾、修理、解释、安排"等。不及物动词,如"游泳、合作、让步、出发、会考、锈(那刀锈了)、谢(花谢了)"等,不能用在"把"字句中;而像表示存在、判断的动词(如"有、在、存在、是、成为、好象"等)、表示心理感受的动词(如"感觉、同意、反对、相信、知道、以为、谢谢、看见、听见"等)、表示趋向的动词(如"来、去、进来、出去"等),虽然属于及物动词,也不能用于"把"字句,因为它们不表示具体的动作。试比较动词"看"和"看见"。"看"可以用在"把"字句里,例如:

㉝ 我把那些材料都看了。

但是"看见"就不能用于"把"字句,不能说:

㉞ ＊我把那些材料都看见了。

---

① 参见朱德熙《语法讲义》13.7.1 节,商务印书馆,1982 年。

② 杨朔《三千里江山》,人民文学出版社,1953 年。

原因就在于"看"是动作动词,而"看见"不是动作动词,它是一个表示感受的动词。

　　3. 如果有能愿动词(如"能够、可以、应该、会、要"等)或者否定副词(如"不、没有、别")在"把"字句中出现,那么它们只能放在"把"字前,不能放在"把"字后,换句话说,"把"字句的"动词性词语"部分不能出现能愿动词和否定副词。请看:

　　㉟ 雷公应该把她劈死!(吾土·戏剧 149)

　　㊱ 他会把家搞得天翻地覆,肮里肮脏。(报 1995 年 3 月 15 日副刊 11 版)

　　㊲ 他们家总要把收音机开得老大老大的。(报 1995 年 5 月 30 日副刊 8 版)

　　㊳ 不把饭吃完,就不准开舞会。(牛车水 78)

　　㊴ 别把钥匙给丢了。(再见 28)

　　㊵ 我没把米洗干净。(再见 15)

例㉟—㊵都不能分别说成:

　　㉟′ ＊雷公把她应该劈死!

　　㊱′ ＊他把家会搞得天翻地覆,肮里肮脏。

　　㊲′ ＊他们家总把收音机要开得老大老大的。

　　㊳′ ＊把饭不吃完,就不准开舞会。

　　㊴′ ＊把钥匙别给丢了。

　　㊵′ ＊我把米没洗干净。

10.2.3　"把"字的宾语部分

　　1. 关于"把"字的宾语,有两点要特别注意:

　　第一,"把"字的宾语一般要求是有定的,即宾语所指的人或事物对说话人或听话人来说是确知的,例如:

　　㊶ 他把《时代新汉语词典》拿走了。

　　㊷ 他把那本书拿走了。

　　㊸ 他把你的书拿走了。

㊹ 他把昨天刚买的书拿走了。

㊺ 他把书拿走了。

例㊶，做"把"的宾语的是一个专有名词《时代新汉语词典》，其所指当然是确定的。例㊷—㊹，做"把"的宾语的都是带有起指定范围作用的定语的"定-中"偏正词组，其所指当然也是确定的。例㊺，"把"的宾语虽然是个单个名词"书"，其所指也是明确的，一定是指说话人和听话人都知道的那本书。

由于"把"字的宾语要求是有定的，所以一般不能是个"数·量·名"词组（即"数词＋量词＋名词"的偏正词组），因为"数·量·名"词组所表示的人或事物都是不确定的。例如一般不说：

㊻ ＊他把一本书拿走了。

㊼ ＊你把三个苹果吃了。①

第二，从语义关系上看，"把"的宾语成分是后面动词所表示的行为动作的受事（即受动者）。例如：

㊽ 罗涵珊伸手把额上的汗拭干，把火转小。（跳舞 2）

㊾ 衣服干了，我必须一件件把它折好。（回忆 5）

例㊽"把"的宾语"额上的汗"和"火"分别是动词"拭"和"转"的受事，例㊾"把"的宾语"它"（指代前面的衣服）是后面动词"折"的受事。

2. 在中国普通话里，有这样一种"把"字句："把"的宾语从语义关系上看，不是后面动词的受事，而是后面动词的施事。例如：

㊿ 别把犯人跑了。

51 偏偏把老李病了。

———————————

①　这个句子如果在动词"吃"前加个副词"都"，变成："你把三个苹果都吃了。"这个句子就能说了，因为副词"都"表示总括，表示它所总括的人或事物无例外，所以"都"具有使它前面的"数·量·名"词组所指有定化的作用。

在我们所接触的新加坡华语书面语料中没发现这样的实例。

10.2.4 “把”字句的主语部分

在华语里，“把”字句里的主语，从语义关系上看，都是后面动词所表示的行为动作的施事(即动作者)。例如：

(52) 我好不好把这个秘密讲给爹地听？(微型 25)

(53) 有些司机把车子开得太快……(小学 6A 15)

(54) 我们兄弟姐妹们都把孩子带回家来。(回忆 66)

例(52)主语“我”是后面动词“讲”的施事；例(53)主语“有些司机”是后面动词“开”的施事；例(54)主语“我们兄弟姐妹们”是后面动词“带”的施事。

10.2.5 “将”

介词“将”跟介词“把”的意义、用法基本一样，也是表示对人或事物的处置。所不同的是，介词“把”书面语和口语都用，而介词“将”只在书面语中用，口语里不用；在使用频率上，“将”远不如“把”。下面略举几个用“将”的实例：

(55) 无论使用再好的洗发乳，都必须将头发冲洗干净。(报 1995 年 3 月 15 日副刊 2 版)

(56) 前排老人握着筷子……将球放入塑胶桶里。(△青春 107)

(57) 她将落地的玻璃窗门都拉拢来，然后回去厨房。(吾土·戏剧 146)

(58) 随后将新鱼苗再售卖给谢先生。(晚上 67)

(59) 将全盘生意交给你去管理。(△断情剪 11)

10.3 被

10.3.1 “被”字句与“把”字句的不同

从语义关系上来看，介词“被”与介词“把”在使用上好像是对应的。因为如果说介词“把”的作用是引出行为动作的受事，那么介词

"被"的作用是引出行为动作的施事。上面我们讲介词"把"时指出，"把"字句的格式是：

　　X 把 Y 怎么样

"被"字句呢？它的格式则是：

　　Y 被 X 怎么样

很明显，二者 X 和 Y 的位置正好相反。试比较：

① a. 妈妈把所有的水梅盆栽都丢进垃圾桶里。（跳舞 5）

　　b. 所有的水梅盆栽都被妈妈丢进垃圾桶里。

例①不论 a 句或 b 句，对动词"丢"来说，"妈妈"都是施事，"所有的水梅盆栽"都是受事。可是由于 a 句是"把"字句，所以主语是施事，"把"的宾语是受事；而 b 句是"被"字句，所以情形正相反，主语是受事，"被"的宾语是施事。从表达的角度看，a 句用"把"字句，强调主动性，说明主语对受事"所有的水梅盆栽"进行怎样的处置；b 句用"被"字句，含有被动性，说明主语受到怎样的遭遇。

　　"被"字句和"把"字句除了上述语义关系上和表达上的不同外，还有两点明显的区别：

　　第一，上面我们说到，"把"字句的"动词性词语"部分得是复杂的，不能是单个的动词。"被"字句的限制没有那么严，"被"字句的"动词性词语"部分可以只是一个动词。例如：

② 她家附近的几支电线杆已被水淹没，可见水有多深。（胜利 31）

③ 直至尸体发出了恶臭，才被人发觉。（回忆 61）

④ 他被乱鞭扫打，却不知缘由！（狮子 10）

⑤ 因为这件事，安国差一点就被学校开除。（金狮奖（四）29）

不过这也只限于双音节动词，单音节动词还是不行，华语中似不能说：

⑥ ＊那苹果被我吃。

⑦ ＊电线杆已经被水淹。

⑧ ＊他的小提琴昨天被他卖。

　　第二,"把"字后的宾语,所指是有定的,所以绝对不能省去;而"被"字后的宾语,所指不一定是有定的,所以常常可以省去,而且省略宾语的"被"字句似更多些。例如:

⑨ 凶手胡立国去年被判死刑。(报 1995 年 5 月 20 日 13 版)

⑩ 突然一股巨浪猛扑过来,我被抛了起来。(建屋 16)

⑪ 蓦地,他的思潮被打断了。(回忆 28)

⑫ 这如意算盘被打乱了!(△断情剪 56)

⑬ 好像全身的血液被抽离了。(跳舞 138)

⑭ 作诗写词被视为雕虫小技。(短篇 5)

⑮ 自己的才干不能被埋没掉。(短篇 5)

10.3.2　被动标志与"不如意"的标志

　　"被"字句是含有被动性,但是不要以为,华语里的介词"被"就是华语被动句的标志(受英语影响很深的人很容易这样认为)。其实,华语跟英语不同。英语被动句都有明显的标志,即凡是被动句其谓语部分必须用" to be ＋ 及物动词的过去分词",一般称之为"被动式"。华语被动句谓语部分则不一定有标志(见 5.12 节),而且可以说多数被动句都没有标志。试比较:

⑯ a. *The TIMES New Chinese Dictionary* has already been published.

　　b.《时代新汉语词典》已经出版了。

例⑯a 和 b 都是被动句,意思一样。a 是英语句子,句中有明显的被动标志(表现在" been published "上);b 是华语句子,句中没有被动标志,而且也加不进"被"。我们在 5.12 节里就已经指出:在华语里,受事主语句就是被动句。事实上,从表达的角度看,对于介词"被",

与其说它是被动的标志,倒不如说它是"不如意"的标志。

　　我们知道,现代华语中的介词"被"是从动词虚化来的。在古代汉语里,动词"被"是"覆盖"的意思,后又引申为"蒙受;遭受"的意思。介词"被"就是从这个表示"蒙受;遭受"意思的动词虚化来的。"被"在包括华语在内的现代汉民族共同语中虽然已彻底虚化为介词了(没有动词"被"的用法了),但是原先动词那种"蒙受;遭受"的意思仍深深地影响着介词"被"的使用。据我们的考察,使用介词"被"的句子多数(约占 80%)还是含有"不如意"的意思,如上面所举的各例。再如:

　　⑰ 布质粗厚的衣衫,被汗水浸透了。(狮子 140)

　　⑱ 日子是一张一张的饭票,而饭票被我们撕了。(牛车水 134)

　　⑲ 她家附近的几支电线杆已被水淹没,可见水有多深。(胜利 31)

　　⑳ 我一脚高,一脚低的,脚板被小石子顶得好不辛苦!(吾土·小说上 154)

　　㉑ 那不被大火烧死才怪呢。(微型 15)

　　㉒ 三名老千疑涉及多起骗案,已被警方逮捕并控上法庭。(报 1995 年 5 月 13 日 9 版)

10.3.3　"被"字句的使用情况

　　正因为上述原因,所以在实际话语里,介词"被"的使用频率要比介词"把"低得多。我们做了些抽样调查:一是冯焕好的散文集《不凋萎的回忆》(新加坡中外翻译书业社,1989 年),60000 字左右,介词"把"出现 38 次,介词"被"出现 10 次,"把"与"被"使用的比例大致是 4∶1;一是尤今的短篇小说《跳舞的向日葵》(见小说集《跳舞的向日葵》,教育出版私营有限公司,1992 年),约 30000 字,介词"把"出现 56 次,介词"被"出现 8 次,"把"与"被"使用的比例为 7∶1。可见,"被"字句和"把"字句在使用上不是对应的,不能随意互相转化。

但是,新加坡华语由于深受英语的影响,所以"被"字句使用的范围要比中国普通话广得多,像下面这些"被"字句,在新加坡华语里都是合法的句子,如果用中国普通话来说,其中的"被"都得删去:

㉓ 信已被投入了邮筒。(都市 1)

㉔ 君子抛弃了仁德,怎么还能被称为君子呢?(伦理·中四 5)

㉕ 这件事,立刻流传开去,成了美谈,一直到今天,还被传颂着。(伦理·中四 37)

㉖ 你可以看见"爱华小学"四个无限豪气的字,被悬挂在礼堂的墙上。(新马 248)

㉗ 那个书橱在我们家已有 40 多年的历史,买的时候是二手货,在别人家已不知被用了多少年了。(报 1995 年 6 月 12 日副刊 9 版)

㉘ 大厦附近 6 条街的居民都已被撤离一空。(新明日报 1995 年 4 月 20 日 26 版)

10.4　在

10.4.1　在新加坡华语里,实际上有三个"在"

一个是动词"在"。动词"在"最常见的用法是带上处所宾语后做谓语。例如:

① 我的启蒙学校叫作通志学校,在牛车水沙莪街一间屋子的二楼,我的家也在同一条街上,约有十间店铺之距。(回忆 2)

例①里的两个"在"都是动词。"在牛车水沙莪街一间屋子的二楼"在句中是做谓语(主语"我的启蒙学校"承前省略了);"在同一条街上"在句中也是做谓语(前面带了一个状语"也",主语是"我的家")。也有不带宾语的,例如:

② 张先生不在,运载黄梨去各处配售。(一心 201)

一个是副词"在"。副词"在"总是在动词性词语前做状语。例如：

③ 火炎树开得很绚烂，鲜红的树叶，像一个个火球，在迎风招展，在随风摇曳。（回忆 58）

④ 鼓声响起时，一家之主江兆邦在读报……（跳舞 7）

例③里的两个"在"和例④里的"在"都是副词，它们分别做"迎风招展""随风摇曳"和"读报"的状语。

再一个是介词"在"。"在"是华语介词中使用频率最高的一个介词。由"在"组成的介词结构"在 X"，既能做状语，也能做补语，这是与上面讲的介词"把""被"不同的地方。例如：

⑤ 在潺潺溪水中涉足嬉戏；在丛林灌木间捉迷藏；在澄蓝的大海边拾彩色贝壳；或在星空下摇着葵扇听牛郎织女、嫦娥奔月的故事。（回忆 1）

⑥ 走在路上，穿插在人群中，我仿佛来到香港。（回忆 74）

例⑤里的介词结构"在潺潺溪水中""在丛林灌木间""在澄蓝的大海边"和"在星空下"，都做状语。例⑥里的介词结构"在路上"和"在人群中"，都做补语。下面分别就介词结构"在 X"做状语和做补语的情况做进一步的说明。

10.4.2 介词结构"在 X"做状语的情况

介词结构"在 X"经常在主语后做状语，例如：

⑦ 她在屋里栽种了许多盆景。（跳舞 5）

⑧ 几只小麻雀，在树下蹦跳追逐。（回忆 59）

⑨ 明天，一点半，我在办公室等你亚姨。（狮子 43）

⑩ 我在上个月被调升到教育部去。

⑪ 一个隆重的仪式，就在愉快的气氛中结束。（一心 122）

⑫ 没关系，我在外面等一会。（金狮奖 156）

⑬ 他和可期在同一间学校念二年级。（恶梦 120）

⑭ 同学们在斜阳夕照里,绕湖散步闲谈。(风雨 2)

但是也可以出现在主语前做状语,这时介词结构"在 X"后往往有停顿。例如:

⑮ 在我国社会中,实行同居的青少年男女占极少数。(风筝 150)

⑯ 在痛快淋漓的鼓声里,仲钦紧蹙着的双眉,慢慢地舒展了……(跳舞 6)

⑰ 在夜色迷茫中,我重临黄城,启开城门。(回忆 21)

⑱ 在回家的路程上,他觉得自己变成了一只鸟。(狮子 14—15)

⑲ 在儿女的恳求下,双方才答应把儿女带大。(短篇 64)

介词结构"在 X"做状语主要表示以下几种语法意义:

1. 表示时间。这时作为"在"的宾语的 X,大致由以下两种词语充任:

A. 表示时间的名词性词语。例如:

⑳ 它在今天,在五月八日早上,已被宣判为危楼。(回忆 18)

㉑ 上一次的演习是在前年举行的。(报 1995 年 3 月 3 日 8 版)

㉒ 根据统计数字,在 1957 年,我国人口增长率是 5.4 巴仙。(华文教材 4A 87)

㉓ 请问在服役期间你担任的是什么职位?(吾土·小说上 171)

㉔ 南中校友在文娱表演的前一晚练舞练得相当夜。(报 1995 年 4 月 5 日 12 版)

㉕ 我必须在六点钟前起身,帮忙父亲准备早餐。(短篇 36)

㉖ 对方还要求她们在下午五时之前下来公司一趟解决问题。(报 1995 年 3 月 9 日 10 版)

B. 动词性词语 + 前/后/时。例如:

㉗ 在新学年开始前,我总要回学校一趟……(回忆 25)

㉘ 在会考来临前,我开了不少夜车。(回忆 27)

㉙ 在经历过了那一大场紧张的"搏斗"之后,学生们都在一种全然松懈的

愉快里,三三两两地聚在一起,或聊天,或打球。(跳舞 73)

㉚ 尼克逊准备在伤势痊愈后回去印尼工作。(报 1995 年 3 月 7 日 11 版)

㉛ 我们只在有必要或需要促进长期增长时才花钱,而不是有钱就花……
(报 1995 年 3 月 15 日 1 版)

㉜ 他是在回答官委议员苏英医生的提问时,做上述答复。(报 1995 年 3
月 2 日 6 版)

　2. 表示处所。这时作为“在”的宾语的 X,大致由以下两种词语
充任:

　A. 表示处所的名词性词语。例如:

㉝ 女歌星邓丽君最近突然在泰国清迈逝世。(报 1995 年 5 月 20 日 21 版)

㉞ 更有些学生在美国研究尖端科学哩。(回忆 26)

㉟ 你在月球上有没有看到中国的万里长城?(报 1995 年 3 月 11 日副刊
2 版)

㊱ 我在小公园里找到作画的灵感……(梦 87)

㊲ 你是在哪间学校念书的?(吾土·戏剧 110)

㊳ 杨仲钦在我们学校读了四年。(跳舞 36)

　B. 表述处所的代词。例如:

㊴ 在那儿,我愕然看到广场上有十几个摇晃着的人影。(回忆 21)

㊵ 如果不是在这里碰见你,我真不敢认你。(金狮奖 131)

㊶ 让你在那里日叫夜叫,叫得你痛痛快快!(跳舞 21)

㊷ 当时的华工们,都有着浓厚的乡土观念,纯粹为采金而来,无意在此久
居。(回忆 51)

　3. 表示范围。这时作为“在”的宾语的 X,大致由以下两种词语
充任:

　A. 抽象名词＋上。例如:

㊸ 他不但要在功课上帮忙小薇,更要帮助她改掉以前的坏脾气。(短篇 69)

㊸ 校方在路税上每年可节省整千元。(报 1995 年 3 月 15 日 18 版)

㊺ 明明是血脉相连的两个人,可是,在感觉上竟是那么的陌生。(跳舞 51)

㊻ 学生吟咏诗词时,在个人的情操上,也受到培养。(华文 24)

这里的"在……上"大致相当于"在……方面",如例㊷"在功课上"大致相当于"在功课方面"。余者类推。

　　B. 具体名词＋中/里(头)。例如:

㊼ 在所有出生的儿童中,有 1/4 是私生的;有 1/8 的儿童是由单身母亲养育的。(风筝 148)

㊽ 类似这样的情感直觉造型在话剧《茶馆》中也有一篇。(科学 27)

㊾ 像这种口号一样的诗,在《马华新文学大系》里,占了大部分。(△新华文学 99)

㊿ 启蒙班最初在 67 所华文小学里办,到了 1989 年,也就是 10 年后,在全国的 210 所小学里头,只有 39 所继续开办启蒙班。(华文 65)

○51 在日常运用的华文字里头,有三个虚字,最容易使人困惑。这三个字是"地"、"底"、"的"。(△华语 16)

　　4. 表示条件、环境、情况。这时作为"在"的宾语的 X,主要由以下两种词语充任:

　　A. 抽象名词/名动词＋下。例如:

○52 年轻一代的新加坡人,在比较安逸的环境下成长起来……不能了解贫困是什么一回事。(文艺 4)

○53 县长在不得已的情况下,只好宣布紧急状态。(报 1995 年 6 月 3 日副刊 21 版)

○54 在我们的双语教育政策实施下,我们不会逐渐变成单语社会。(风筝 4)

○55 美专同人在"文工团"的领引下,负责宣传画……(△香沱 11)

　　B. 抽象名词/名动词＋中。例如:

○56 在一阵汽笛声中,告别了这文化古城——日惹。(晚上 83)

(57) 她们与四勇士合跳一舞,便在掌声中下台。(晚上 93)

(58) 一个隆重的仪式,就在愉快的气氛中结束,大家尽兴离座,步出礼堂。(一心 122)

(59) 美专同人……虽在大轰炸中仍然不避危难,继续工作。(△香沱 11)

"在……过程中"也可归入这一小类,例如:

(60) 即使在学习过程中,忽略了一些原则与方法,以致"南腔北调",那也绝对不会影响语意的表达。(△华语 55)

(61) 在迈向 21 世纪的过程中,我国所面临的社会问题、文化问题,是既复杂且繁多的。(文艺 105)

下面简单谈谈"在 X 看来"格式。

"在 X 看来",这已成为一个凝固的格式,意思大致相当于"按 X 的看法",作为"在"的宾语的 X 只能由人称代词或指人的名词来充任。例如:

(62) 上述问题在他们看来,根本就不像是问题。(报 1995 年 3 月 12 日副刊 9 版)

(63) 在我看来,目前的青少年,进行高等教育机关前选课是非常现实的。(风筝 93)

(64) 在当代人看来,演员都不年轻了……(科学 64)

10.4.3 介词结构"在 X"做补语的情况

介词结构"在 X"做补语主要表示处所。所谓表示处所,分析起来还可细分为四种情形:

1. 表示人或事物存在的处所。例如:

(65) 我们总不能一直站在这里。(想飞 63)

(66) 那孩子整天就一个人呆在家里,怪可怜的。(跳舞 8)

(67) 没有他,你的金牙早就葬在阴沟里了。(金狮奖 193)

(68) 我们的办公室坐落在亚历山大军营的小山坡。(△青春 8)

2. 表示人或事物位移的终点。例如：

⑥⑨ 他搓了搓手，端端正正地坐在椅子上。（胜利 92）

⑦⓪ 哭累了，两个人一起倒在铺了地毯的地板上。（跳舞 42）

⑦① 我把全部旧篇都翻阅过一遍，然后分别装在两个大塑胶袋中。（回忆 28）

⑦② 紫杆把石弹拣起来，丢在池塘里。（胜利 9）

⑦③ 杯子落在她的脚边，"咯唧"一声，碎了。（跳舞 50）

例⑥⑨、例⑦⓪表示述语动词施事的位移终点，例⑦①—⑦③表示述语动词受事的位移终点。

3. 表示动作者活动的场所或领域。例如：

⑦④ 纽约自有她万般迷人的风情……单是走在街上，叫人如置身山阴道上，目不暇接。（怀旧 69）

⑦⑤ 也有不少在海外获得一等荣誉学位，驰骋在学术疆场上。（回忆 26）

⑦⑥ 我的血液要奔流在祖国的土地上。（回忆 59）

4. 表示打击工具的打击着落点。例如：

⑦⑦ 哨棒刚好打在树枝上，断了。（跳舞 9）

⑦⑧ 涵珊把杂志卷起来，猛力打在江兆邦的肩膀上。（跳舞 8）

介词结构"在 X"做补语有时也可以表示时间，但使用概率很小。例如：

⑦⑨ 今天，我们是生活在九十年代，我们的思想不能停留在过去，要跟上时代的步伐。（报 1995 年 4 月 18 日 11 版）

偶尔也用来做动词"停留"的补语，表示处于什么水平。例如：

⑧⓪ 他们种小麦，还停留在点播和撒播的阶段。（跳舞 14）

10.5　比

在华语中，"比"主要用作介词，有时也用作动词，例如：

① 我的球艺还是比不上他。（胜利 52）

例①里的"比"是动词,它带上一个可能补语,整个述补词组"比不上"后又带上宾语。不过"比"用作动词的概率是很小很小的。

"比"作为介词,主要构成下列句式:

X 比 Y 怎么样

X 和 Y 是比较项。一般把由此形成的句子称为"比"字句。例如:

② 他比你乖!（今后 8）

③ 康:爸爸比妈妈重要。

　仁:我说,妈妈比爸爸重要。（吾土·戏剧 119）

④ 没受过多少教育的小贩也比护士们有礼。（风筝 168）

例②在结构上该分析为:

```
他    比    你    乖
1 ————— 2 ————    （主谓关系）
    ——— 3 ——— 4   （"状—中"偏正关系）
      5   6         （介词结构）
```

"比"字句表示 X 与 Y 二者在程度上的差别。正因为这样,所以受"比 Y"这一介词结构修饰的通常是形容词性词语,如例②、例③里的"乖""重要"都是形容词。再如:

⑤ 这两个都市的市民比我们忙。（风筝 165）

⑥ 你难道比我勤劳?（恶梦 79）

⑦ 他的华文程度在当时的确比我好。（牛车水 22）

⑧ 我们比他幸运。（报 1995 年 3 月 5 日 9 版）

⑨ 活着时,也许有人会以为自己比别人伟大。（八方 142）

⑩ 在你心目中,我比你儿子重要?（吾土·戏剧 25）

⑪ 海伦比她漂亮、活泼、讨人欢心。（恶梦 103）

⑫ 我们呀,只是比他机警一点。（金狮奖 198）

⑬ 梁文福的心灵比一般人敏锐太多……（牛车水·序 11）

⑭ 克仁的工资比你高出许多。（恶梦 2）

⑮ 他的容貌比舞台上芒速沙苏丹年轻、清秀得多。(报 1995 年 3 月 8 日 10 版)

例⑤—⑩受介词结构"比 Y"修饰的是单个形容词,例⑪—⑮是形容词性词组。有时也可以是动词性词语。例如:

⑯ 他们却比我更有礼貌,更乐于助人。(风筝 165)

⑰ 这些界限,似乎比任何有形的界限更划得仔细分明,更是难以抹去。(牛车水 63)

由于"比"字句表示二者程度的比较,所以在"比"字句中,受介词结构"比 Y"修饰的形容词可以受含有二者比较意思的程度副词"更"或"还(要)"的修饰,而不能受不含有比较意味的程度副词"很""挺"的修饰,也不能受程度副词"最"的修饰。例如:

⑱ 中四是会考班,功课比中三更多、更繁、更重。(风筝 76)

⑲ 外面是个众雨纷扰的黯湿世界,在学校的办公室里,我的心却比外面更黯淡,更冷湿。(回忆 25)

⑳ 我的前途也许比你更光明哩!(新马·剧本 22)

㉑ 赐福的叛逆性比我还强。(胜利 36)

㉒ 我妈妈的头发,比我的还要滑、还要亮哩。(大胡子 24)

例⑱—㉒里的"更""还""还要"都既不能换成"很""挺",也不能换成"最"。

注意,"比"字句中,受介词结构"比 Y"修饰的形容词前用不用"更/还(要)",在意思表达上有区别。试比较:

㉓ a. 他比我高。

b. 他比我更/还高。

a 句没有用程度副词"更/还",只说明"他"是高的,至于"我"是高是矮,不做肯定;b 句用了"更/还",不只说明"他"是高的,而且表明"我"也是属于高的。拿例⑱来说,因为用了"更",所以句子表示无论是中四或是中三,功课都是多而繁重的,只是相比之下,中四的功课更多、更繁、更重。如果不用"更",那么只表示中四的功课是多而繁重的,至于中三的功课如何,是不是多而繁重,就不做肯定了。可见,在"比"字句里用程度副词"更/还",表示所做的比较一定是同基础的比较。

对于新加坡华语里的"比"字句还需说明两点:

第一,新加坡华语里的"比"字句,常常在介词结构"比 Y"和后面的形容词之间用一个"来得"。例如:

㉔ 自己承认总比人家审问来得干净利落。(吾土·戏剧 38)

㉕ 他比谁都来得沉默、安静。(金狮奖 69)

㉖ 不论②句或③句,都比①句来得生动。(华文教材 2A 150)

㉗《海峡时报》的一项调查显示:电子游戏机的噪音,比车辆发出的还来得强烈。(中学 1A 111)

㉘ 白人原本就是白的,但是,她却比一般的白人来得更白。(大胡子 88)

㉙ 所以在我脑子里的小说永远比我写在稿纸上的小说来得多。(木子 129)

㉚ 我国今年的预算案比香港来得慷慨得多。(报 1995 年 3 月 3 日 10 版)中国普通话里没有这种用法。

第二,"比"字句表示比较,也可以说是一种比较句式。在新加坡华语里,当要表示二者差异的比较时,可以有四种不同的比较句式:

A."X 比 Y……"。这就是上面讲的"比"字句(例句从略)。

B."XAY + 数量词"(这里 X、Y 代表比较项,A 代表形容词)。例如:

㉛ 男的大女的三岁。(胜利 64)

㉜ 我父亲虽然只小他四岁,但……(新马 255)

C."XA 过 Y"(这里 X、Y 代表比较项,A 代表形容词)。例如:

㉝ 和邻居和睦相处,总好过正面冲突。(吾土·戏剧 149)

㉞ 小时候,他跟别的孩子打架,伤了些儿,我心里痛过他百倍。(金狮奖287)

㉟ 他们自己所定的公务员起薪却低过最低生活费。(报 1995 年 3 月 9 日 26 版)

㊱ 曾经在病中被逼看土产电视剧,其难受程度"惨过吃药"。(报 1995 年 3 月 22 日副刊 5 版)

D. "XA 于 Y"(这里 X、Y 代表比较项,A 代表形容词)。例如:

㊲ 新加坡中产阶级的政治倾向是冷漠多于热诚,对现有的体制是拥护多于反对,甚至是"保守"多于"自由化"。(报 1995 年 4 月 19 日 4 版)

㊳ 新加坡的年工资增长率高于通货膨胀率。

在 C、D 两种比较句式里出现的形容词,一般为单音节形容词。

上面四种比较句式中,A、B、D 三种中国普通话里也有;C 种比较句式,中国普通话里没有,这是新加坡华语中所特有的。

除了上述"比"字句,介词"比"还构成下列一种特殊的"比"字格式:

一 ＋ 量词 ＋ 比 ＋ 一 ＋ 量词 ＋ 形容词性词语

这种"比"字格式表示程度的递进,含有"越来越……"的意思。前后的量词为同一个。这种"比"字格式通常做谓语。根据量词的不同,又可分为两种:一种是所用的量词为一般量词,这时这种句式表示同类事物在某种性质上就程度说后面的越来越超过前面的。例如:

㊴ 自三年前她以一篇同性恋小说在文艺界引起轩然大波之后,她的小说便一篇比一篇精彩。(想飞 47—48)

㊵ 我看看坐在车后的三个孩子:九岁、四岁、三岁,一个比一个可爱。(△天长 65)

另一种是量词为"天""年"等时量词,这时这种"比"字句式表示所说到的某种事物的某种性质随着时间的推移而在程度上不断加深。例如:

㊶ 春天来了,天气一天比一天暖和。(中学 1A 93)

㊷ 现实使她失望,因为物价一天比一天高,生活费用一天比一天重。(△断情剪 149)

㊸ 人却一天比一天枯老,一日比一日憔悴。(金狮奖(四)40)

㊹ 会考成绩一年比一年辉煌。(薪传 63)

从结构上看,像例㊴的"她的小说一篇比一篇精彩"和例㊶的"天气一天比一天暖和"宜分别分析为:

```
她的小说    一篇  比  一篇  精彩
   1      ─────────────────    (主谓关系)
          ─────────────        (主谓关系)
   3          4
                  ─────  ───    ("状－中"偏正关系)
                    5     6
                  ───── ─────    (介词结构)
                    7     8
```

```
天气  一天  比  一天  暖和
 1   ─────────────────    (主谓关系)
     ─────────────        (主谓关系)
 3        4
             ─────  ───    ("状－中"偏正关系)
               5     6
             ───── ─────    (介词结构)
               7     8
```

10.6 对、对于

10.6.1 华语里的四个"对"

在华语里,"对于"只用作介词;"对"则除了用作介词,还能用作动词,例如:

① 有一张毛茸茸的脸正对着我。(大胡子 2)

还能用作形容词,例如:

② 对!你说得很对!人类原本就是团结一致、齐心协力去战胜自然灾害的。(△断情剪 89)

还能用作量词,例如:

③ 半年前,有一对来自日本的情侣,也是以同样方式来结束生命……(跳舞 56)

这就是说,华语里有四个"对"——介词"对"、动词"对"、形容词"对"和量词"对"。这里只说介词"对"和"对于"。

10.6.2　"对"和"对于"的语法意义

"对于"所表示的语法意义比较单一,只表示人、事物、行为动作之间的对待关系。"对"则能表示多种语法意义,除了跟"对于"一样,表示人、事物、行为动作之间的对待关系外,还能表示"朝""向"的意思。例如:

④ 她对光业说:"阿业,你赌马我不说你,但你不做生意,叫我们以后吃什么呢? ……"(追云 61)

⑤ 小萱已经对大家讲过,说姐姐不允许一切新潮玩意。(梦 76)

⑥ "又是一个忘了照镜子的人。"子昀心里叹道,却只是对方憨笑笑。(金狮奖 140)

例④、例⑤里的"对"可换成介词"向",例⑥里的"对"可换成介词"朝"。这三个例句中的"对"都不能换成"对于"。下面只谈表示对待关系的"对"和"对于"。

10.6.3　"对(于)……"的用法

表示对待关系的介词"对"和"对于"所形成的介词结构"对(于)……",有两种用法:

1. 用作状语。可以出现在主语后,这时在介词结构"对(于)……"后可以没有停顿,也可以有停顿。例如:

⑦ 一向最多话的老刘对我们之间共有的顾虑避而不谈。(华韵 27)

⑧ 作者对这些下层人物的挣扎生活,的确处处露出爱怜的精神。(新马·剧本·导论 4)

⑨ 身为母亲的她对于小孩的功课更是牵肠挂肚,非常操心。(报 1995 年 3 月 5 日 4 版)

⑩ 温朵朵对于屋里邋里邋遢的情况,早已习以为常了。(跳舞 20)

也可以出现在主语前,这时在介词结构"对(于)……"后一定有停顿。例如:

　　⑪ 对母亲,她是彻底地麻木了。(跳舞 50)

　　⑫ 对欧洲大陆其他语系地区,我们做过多少努力?(△小小鸟 23)

　　⑬ 对于这样的事实,跟他们呼吸同一种空气的我们会有什么感想呢?(华文教材 2B 165)

　　⑭ 对于任何理论或建议,我只问一件事,就是行不行得通?(报 1995 年 5 月 1 日 16 版)

例⑩和例⑪在结构上应分别分析为:

温朵朵	对于	屋里邋里邋遢的情况	早已习以为常了	
1		2		(主谓关系)
		3	4	("状-中"偏正关系)
	5	6		(介词结构)

对	母亲,	她	是彻底地麻木了	
		1	2	("状-中"偏正关系)
3	4	5	6	(3-4 介词结构;5-6 主谓关系)

　　介词"对(于)"表示对待关系,其作用是介绍出关联的对象,上面所举的例子都是如此。这里需要说明的是,这个关联对象,即介词"对(于)"的宾语成分,有的直接就是后面动词的受事,如例⑦"对"的宾语"我们之间共有的顾虑"就是后面动词"谈"的受事。再如:

　　⑮ 在某个意义上,人已向机器臣服,对它绝对信任。(△小小鸟 56)

例⑮"对"的宾语"它"(指代机器)便是后面动词"信任"的受事。有的与后面动词则没有直接的"动作-受事"的语义联系,如例⑧—⑬。不过"对(于)"的宾语跟后面的谓词性词语还是有语义上的关联,只不过不是直接的"动作-受事"的关系。拿例⑧来说,"对"的宾语成分"这些下层人物的挣扎生活"跟后面动词"露出"之间虽然没有直接的"动作-受事"的关系,但是,作者为什么会"露出爱怜的精神"?这显然是由"这些下层人物的挣扎生活"所引起的。"这些下层人物的挣扎生活"就是后面动词性词语"露出爱怜的精神"的关联对象。

"对(于)……来说"或"对(于)……而言",已成为一个凝固的格式,表示"从……的角度看"的意思。例如:

⑯ 嫦娥奔月的表演,对一个在这里度过十余个中秋的人来说,似乎更没什么趣味可言了。(回忆 36)

⑰ 对于我们这些"城市佬"来说,坐牛车回去大象营可说是一种全新的经验。(南北 16)

⑱ 对我而言,除非不爱,不然的话,轰轰烈烈的爱情肯定是我人生中一种必须履行的信约。(无弦月 98)

⑲ 南渡三十余年,回乡省亲六、七次,对于至今虽年近七旬但依旧健步如飞的他而言,是再引以为豪不过的事。(无弦月 38)

例⑯"对一个在这里度过十余个中秋的人来说",就是"从一个在这里度过十余个中秋的人的角度看"的意思。余者类推。

2. 带"的"后做定语。我们看到的都是介词"对"形成的介词结构带"的"做定语的实例,没发现用"对于"的实例。

介词结构"对……"带"的"做定语时,其中心语可以是名词,例如:

⑳ 乡下人对土地的观念总是充满情感的。(科学 30)

㉑ 目前的华文试题主要考查学生的语文程度,不是对教材的熟悉程度。(华文 233)

㉒ 对人性的看法(伦理·中三 25)

例⑳全句该分析为:

```
乡下人   对  土地   的   观念   是充满感情的
────   ───────────────   ──────   (主谓关系)
 3      ────────────              ("定-中"偏正关系)
          1                  2
               ────  (  )  ──         ("定-中"偏正关系)
               5         6
              ───  ───                (介词结构)
               7    8
```

句中介词结构"对土地"带上"的"做名词"观念"的定语。

　　但更常见的是中心语为名动词(见 8.12 节),这时介词"对"的宾语在意念上是后面做中心语的那个名动词的受事。例如:

　　㉓ 学生读了这些资料,对问题的了解会更彻底和全面。(华文 193)

　　㉔ 我来到李家只不过两天光景,始终未曾断过对蝴蝶的注意。(短篇 29)

　　㉕ 五十年后,她对世界的影响,将是巨大的。(薪传 180)

　　㉖《父亲冷冷的目光》还引起我对一些艺术创作欣赏规律的思考。(科学 9)

　　㉗ 那个问题所测量的是学生的背景知识,而不是对选文的理解。(华文 249)

在例㉓—㉗里做中心语的(即受介词结构"对……"修饰的)"了解""注意""影响""思考"和"理解"等都是名动词。

10.7　关于

　　"关于"是个书面语介词,一般用得不多,但由"关于"形成的介词结构"关于……"在用法上很有些特点。

　　"关于"表示关涉,其作用是指明行为动作或事物所关涉的范围或内容。例如:

　　① 关于战后马华文学之演变,王赓武在《马华文学简论》中有很好的分析。(科学 14)

例①"关于"的宾语就是指明王赓武在《马华文学简论》中所分析的有关范围或内容。

　　由"关于"组成的介词结构,如同介词结构"对(于)……"一样,可以做状语,如上面举的例①,再如:

　　② 关于鄞碧乐自杀的原因,说法颇为纷纭。(变调 16)

③ 关于小一至小四的奠基阶段,在语文课程方面还须仔细研究一下。(风
筝 85)

也可以带上"的"做定语,例如:

④ 翻到徐勤丽的那一页,关于父母的那个栏目,清清楚楚地写着:……(跳
舞 71)

⑤ 我跟颜同学……望着碧海蓝天谈些关于学校的事情。(晚上 152)

例④"关于父母的那个栏目"和例⑤"关于学校的事情"在结构上应分
析为:

```
关于　父母　　的　那个栏目
────　　　　（　）　　2　　　（"定-中"偏正关系)
  1
────　────　　　　　　　　　（介词结构）
  3　　　4
关于　学校　　的　事情
────　　　　（　）　　2　　　（"定-中"偏正关系)
  1
────　────　　　　　　　　　（介词结构）
  3　　　4
```

由"关于"组成的介词结构"关于……"在用法上有以下特点:

第一,做状语时,只能出现在主语前面,不能出现在主语后面。
例如"关于这个问题,我们正在研究。"绝不能说成"＊我们关于这个
问题正在研究"。上面我们所举的例①、例②里的"关于战后马华文
学之演变"和"关于郑碧乐自杀的原因"也都放在主语前边,我们绝不
能把它们分别放到主语"王赓武"和"说法"的后面。再如:

⑥ 关于这一点,笔者颇具同感。(薪传 163)

⑦ 关于口语词及惯用语,工具书渐多。(△语言文字 51)

例⑥"关于这一点"不能移到主语"笔者"后边;同样,例⑦"关于口语
词及惯用语"也不能移到主语"工具书"的后边。

有些句子没有出现主语,从表面看,介词结构"关于……"是直接
在动词性词语前做状语,如上面的例③,再如:

⑧ 关于"是"字句的让步用法,素无争议。(△语言文字 72)

不过例③如果要补出主语"我们",那么这个主语只能加在"在语文课

程方面"的前边或加在"还须仔细研究一下"的前边,分别说成:

⑨ 关于小一至小四的奠基阶段,我们在语文课程方面还须仔细研究一下。

⑩ 关于小一至小四的奠基阶段,在语文课程方面我们还须仔细研究一下。

而绝不能加在"关于……"这个介词结构之前,即不能说成:

⑪ ＊我们关于小一至小四的奠基阶段,在语文课程方面还须仔细研究一下。

同样,例⑧如果要补出主语"学术界",那么这个主语只能加在"素无争议"的前边,而绝不能加在介词结构"关于……"之前。

　　第二,介词结构"关于……"可以单独做文章的标题。这是别的介词结构所不具备的。例如黎烈文曾于 1947 年 12 月 17 日在新加坡《南侨日报》第 8 版发表一篇论述郁达夫的文章,标题就是《关于郁达夫》[1]。再如林万菁在《略论汉语教学中一些棘手问题》[2]一文中,所用的小标题几乎都是介词结构"关于……",请看:

一、引言

二、关于字形与笔顺

三、关于语音

四、关于词汇

五、关于语法

六、关于语意

七、结语

---

① 转引自林万菁《中国作家在新加坡极其影响》(万里书局,1994 年,新加坡)所附的《参考书目》。

② 该文载《欧华学报》第 3 期,1993 年 5 月;又见林万菁《语言文字论集》,新加坡国立大学中文系汉学研究中心,1996 年。

第 11 章　数和量的表达

11.1　两种数词

纯粹数的表达用数词,量的表达主要用"数词＋量词"的数量结构。

数词可分基数词和序数词两种。基数词表示数目,一个基数词表示一个具体的数目,例如:

　一　三　五　八　十　十二　二十三

序数词表示事物在某种序列中所处的次第,不同的序数词表示了次序的先后,例如:

　第一　第三　第六　第十　第二十三

一般说来,数目小的序数处于数目大的序数之先,例如说到比赛的名次,"第一名"一定在最先,"第二名"就排在"第一名"之后,"第三名"又排在"第二名"之后,如果有十个人参加比赛,得"第十名"的就排在最后一个。

这里所说的数词,是一种广义的理解。凡是表示数的(包括基数和序数),不管是词(如"一""二""三"等)还是词组(如"十二""二十三""一百二十一"和"第一""第二十三"等),都叫数词。要按狭义的理解,数词只指 11.2 节里所讲的十五个系数词和五个位数词。

11.2　关于基数词

11.2.1　系数词和位数词

基数词又可分系数词和位数词两小类。系数词有以下十五个：

一　二　三　四　五　六　七　八　九　十　两　半　几　多少　零

位数词,常用的有以下五个：

十　百　千　万　亿

华语中所有的数都是由这些系数词,或者由这些系数词和位数词通过一定的组合来表示的。

11.2.2　关于系数词和位数词的几点说明

1. 系数词可以直接修饰量词,例如：

① 一位(追云 40)|二公尺 (晚上 76)|三张 (再见 23)|四个 (石头 20)|五支(一心 15)|七寸(寻庙 55)|八块(金狮奖 108)|九个(牛车水 74)|十岁(△南风 64)|两间 (大胡子 15)|半句(跳舞 35)|几个(寻庙 80)|多少个(寻庙 47)|零分

位数词则一般不能直接修饰量词。

2. "十"本是位数词,由于"一十"常省说成"十",所以现在"十个人""十本书"倒成为一种正常的说法,而不再能说"＊一十个人""＊一十本书"。这样,"十"在"二十""三十"……"九十"里,是做位数词用;而在"十个人""十本书"里则做系数词用了(因为能直接修饰量词)。所以,"十"既是位数词,又是系数词。但是,"十"作为系数词,它在用法上与其他系数词还略有不同(见 11.4 节)。

3. "两"和"二"作为数词,都表示"一加一之和"的意思,但是在具体用法上有区别。

4."半"是系数词,但它跟一般的系数词有些不同。一般的系数词既能修饰量词,又能修饰位数词,例如:

② 三个(青青 66) ("三"修饰量词"个")

三十(青青 101) ("三"修饰位数词"十")

"半"则只能修饰量词,如"半句"(跳舞 35)、"半个"(寻庙 6);不能修饰位数词。① 另外,"半"能用在一个数量词后面,如"一年半"(风筝 215),其他系数词一般不这样用。

5."几"和"多少"既是疑问代词,又是系数词。作为系数词,"几"和"多少"不表示疑问,都只表示不确定的多数(即不止一个)。例如:

③ 只剩下几个人,满心好奇地还停足期待。(寻庙 56)

④ 在这山岭之间,莫说游客,即使是山民,也不曾碰见多少个。(寻庙 47)

例③、例④里的"几"和"多少"都表示不定数。但是"几"和"多少"在用法上还有些区别:首先,作为系数词,"几"和其他系数词一样可以修饰位数词,"多少"则不能修饰位数词。其次,作为系数词,"几"和其他系数词一样可以用在位数词后,"多少"则没有这样的用法。例如:

⑤ 几十年的斗争总算告一个段落。(金狮奖 40)

⑥ 摸索了二十几年,我们不但无法形成以英文为主流的文化体系,也逐渐放弃了合各族文化为一的想法。(△小小鸟 178)

例⑤里的"几"不能换成"多少"。例⑥里的"几"也不能用"多少"来替换。

6."零"作为系数词,在书面上也可以写作"〇",它有时表示"没

---

① "年过半百",这是文言说法的遗留,且已成为一种凝固的说法,不能类推,不能说"＊半十""＊半千""＊半万"等。

有数量",如"一减一等于〇";有时表示"数的空位",如"一百〇八"
"一万〇三百"。再如:

　　⑦ 你的能力只能担一百斤,而你偏要逞强,挑一百零一斤,无异自讨烦恼,
不失眠才怪。(八方 120)

"零"与一般的系数词不同,它不能修饰位数词;但是它能修饰量词,
如"零票""〇分"等,所以可以把它归入系数词。

11.3　数的类别

　　在日常生活中所用到的数,主要有以下五种:整数、分数、小数、
概数、倍数。例如:

　　① 转眼间整整八年了。(梦 1)|哪怕一百元也行,求求您,给我点吧!(女
儿 48)

　　② 实际的支出比预算减少了四分之一。(报 1995 年 6 月 8 日 12 版)|路税
又高涨了,调高百分之三十。(胜利 83)

　　③ 在昨天的东京外汇市场上,美元汇率跌至八十一点二七日元。(新视第
八波道 1995 年 4 月 18 日晚十点新闻)|在昨天的东京外汇市场上,美元汇率跌
至 81.27 日元,接近上星期的最低点的 80.15 日元。(报 1995 年 4 月 19 日第
30 版)

　　④ 一般住宅也不过四、五层楼。(寻庙 36)|这时,人群中有一两声尖叫,或
者窃笑。(寻庙 54)

　　⑤ 12 年来,讲英语的华族家庭增加了三倍。(△小小鸟 80)
例①里的"八"和"一百"都是整数;例②里的"四分之一"和"百分之三
十"都是分数;例③里的"八十一点二七"和"81.27""80.15"是小数;
例④"四、五"和"一两"是概数;例⑤里的"三倍"是倍数。

　　全人类都有数的概念,但数的表示法各种语言不一定相同。下

面分别介绍上述五种数在新加坡华语里的构成。

11.4　关于整数

11.4.1　整数的四种类型

就现代汉民族共同语（包括新加坡华语）来说，整数有以下四种类型：

1. 由系数词"一""二""三""四""五""六""七""八""九""十"以及"两"单独形成（不包括"半""几""多少"）。

2. 由系位结构形成。"系位结构"是指由系数词和位数词所形成的结构（系数词在前，位数词在后），如"二十""七十""三百""五千""四万""六亿"等。系位结构可看作系数词修饰位数词的偏正词组，即分析为"定-中"偏正词组。如"三百"可分析为：

$$\frac{三}{1}\quad\frac{百}{2}\quad（"定-中"偏正关系）$$

从数的角度看，系位结构中系数词和位数词之间是相乘关系，即：

$$二十 = 2×10$$
$$三百 = 3×100$$
$$五千 = 5×1000$$
$$四万 = 4×10000$$
$$六亿 = 6×100000000$$

系数词中的"半""几""多少"不能进入表示整数的系位结构。

3. 由位系组合形成。"位系组合"是指由位数词"十"（只限于"十"）和系数词所形成的组合（位数词在前，系数词在后），如"十二""十六"等。位系组合从语法上说可以分析为联合词组，如"十二"可分析为：

十　二
　1　　2　　（联合关系）

从数的角度看,位系组合中位数词和系数词之间是相加关系,即:

十一 = 10 + 1

十二 = 10 + 2

十六 = 10 + 6

4. 由系位结构组合形成。"系位结构组合"是指由系位结构和系位结构,或者由系位结构和系数词所形成的组合,前者如"二百五十",后者如"三十一"。系位结构组合从语法上说也可以分析为联合词组,上面所举的"二百五十"和"三十一"可分别分析为:

二　百　五　十
　　1　　　　2　　（联合关系）
3　4　5　6　（3-4,5-6"定-中"偏正关系)

三　十　二
　　1　　2　（联合关系）
3　4　　　（"定-中"偏正关系)

从数的角度看,系位结构组合中系位结构和系位结构之间,系位结构和系数词之间是相加关系,即:

二百五十 = 2×100+5×10

三十一 = 3×10+1

系位结构组合不限于两项,可以多项,如"五万六千七百三十四",该数在语法上可分析为:

五　万　六　千　七　百　三　十　四
　1　　　2　　　3　　　4　　　5　（联合关系）
6　7　8　9　10　11　12　13　　（6-7,8-9,10-11,12-13"定-中"偏正关系)

从数的角度看,可理解为:

五万六千七百三十四 = 5×10000+6×1000+7×100+3×10+4

11.4.2　整数都可以修饰量词

① 三个孩子,竟没有一个继承他的衣钵。(牛车水 86)

② 我规定自己每天背诵二十个生字……（△天长 131）

③ 他们合作了十二个年头了。（一心 201）

④ 我们接到了五百二十七封投诉信，一千九百三十九通投诉电话。（再见 67）

11.4.3　整数表达法

1. 在新加坡华语里，在"一万"之内的整数一般采用十进位制。具体说，"十"以内，"一、二、三、四、五、六、七、八、九"，不同的数目用不同的基数词表示；"九"加"一"，就进位到"十"（严格说应是"一十"，但通常省说为"十"）；"一"至"九"的数目称为个位数，进位到"十"后就称为十位数。"十"往上，每加"一"，就用在"（一）十"之后带上上面所说的个位数基数词的办法来表示，如"（一）十一、（一）十二、（一）十三、……（一）十九"。"（一）十九"再加"一"，就进到"二十"，再往上加，可分别进到"三十""四十""五十"……"九十"。"九十"再加"十"，即十个"十"，就进位到"百"，即"一百"；进位到"百"后就称为百位数。再往上加，十个"一百"就进位到"千"，即"一千"；进位到千后就称为千位数。十个"一千"就进位到"万"，即"一万"；进位到万后就称为万位数。

2. 万以上，则是采用万进位制，即满"十万"后不进位，如可说"十万""十六万""五十三万"；满"一百万"后也不进位，如可以说"一百七十万""四百三十万""八百五十六万"等；满"一千万"后也不进位，如可说"一千二百万""三千八百九十万"等；"九千九百九十九万"再加"一万"才进位到"亿"，即一万个"万"就进位到"一亿"。在 20 世纪三四十年代有"四万万同胞"的说法，现在一般不这样说了，一般都说成"四亿"了。

上面说，在新加坡华语里"一万"之内基本上都采用十进位制。

我们之所以要用"基本上"这三个字,那是因为新加坡华语由于受到英语的影响,所以万位数数目可以有两种表达法:

A. 用位数词"万"。这就是华语传统的表达法。例如:

⑤ 至少一万二!(再见 87)

⑥ 可口可乐有限公司以及亚洲乳酪品私人有限公司各捐 2 万 5000 元。(报 1995 年 3 月 12 日 1 版)

⑦ 预料在今年完成的私人房地产有 8200 个单位,明年有 1 万 6400 个单位,后年有 1 万 5700 个单位。(报 1995 年 3 月 7 日 3 版)

B. 只用"千",不用"万"。这是受英语影响的结果。例如:

⑧ "多少?""好象是——好像是二十千的税务回扣。"(生命 141)

⑨ 小全上礼拜赌马输了二十几千……(吾土·小说上 14)

⑩ 准备一炫自己这装修了数十千元的华屋。(再见 83)

⑪ 今早这后来进来的胡太太,买下了翡翠玉钻镯,值十几千块钱……(金狮奖 186)

⑫ 我看他这一次输了几十千,大概是跑掉了吧!(新马 199)

⑬ 获利 80 千。(新视第八波道 1995 年 4 月 27 日晚上 10 点新闻)

⑭ 3 房估价:新元 25 千到 50 千,现金。(豪丰产业广告)

例⑧的"二十千"就等于说"二万"(或"两万");例⑨的"输了二十几千"就等于说"输了两万多";例⑩的"数十千元"就等于说"几万元";余者类推。

在中国普通话里,要表示万位数数目只能用 A 种表达法,不用 B 种表达法。这也就是说,在中国普通话里,"十"作为系数词只能够与"万、亿"这两个位数词构成系位结构,不能够与"十、百、千"这三个位数词构成系位结构;可是在新加坡华语里,作为系数词的"十",只是不能与位数词"十、百"构成系位结构,而能与位数词"千、万、亿"构成系位结构。

11.5　关于分数

分数实际上是除法运算的另一种表示法,例如"十除以二"(即 10÷2),如果用分数来表示,就说成"二分之十"。在分数的表示中,"分之"前的数目(如"二分之十"中的"二")称为"分母","分之"后的数目(如"二分之十"中的"十")称为"分子";分母就是除数,分子就是被除数。

在实际生活中,分数一般用得很少,在书面上偶见,例如:

① 那时候课堂作文有三分之二的时间都在咬笔杆,剩下的时间才真正拼了命地摇笔杆,过后自己看着都觉得耳根热得厉害。(青青 109)

② 突尼斯大约有五分之二的面积属于沙漠地带。(△一壶 43)

分母为一百的分数,通常称为"百分数"。在新加坡华语里,百分数有三种表达法:

一是用阿拉伯数字加 ％ 。只用于书面,而且多见于报纸。例如:

③ 根据估计,到公元 2030 年,我国的老人将达八十二万,占总人口的 22％。(华文教材 2A 143)

④ 公积金局从 7 月 1 日起,调整公积金会员的存款利率,从目前的 3.1％ 调高到 3.82％。(报 1995 年 5 月 13 日 3 版)

⑤ 佳果联营冷仓有限公司的佳果冷藏大厦租用率已达 100％。(报 1995 年 5 月 5 日 19 版)

二是用"百分之……"。广播里多用这种表达法,也偶见于书面。例如:

⑥ 路税又高涨了,调高百分之三十。(胜利 83)

⑦ 新加坡来的新闻工作者有的说听懂百分之十,有的说百分之六十……
(平心 116)

　　三是用数词加"巴仙"("巴仙"是英语 per cent 的音译)。这是受英语影响的一种表达法,口语、书面语都用得很普遍。在书面上,数词可用汉字数目字,也可以用阿拉伯数字。例如:

⑧ 我看到她时,她正埋首于一叠法律书本里……那种一百巴仙的认真神情令我心折。(想飞 129)

⑨ 当初新厂合股……自己只占四十五巴仙的股份。(吾土·小说上 41)

⑩ 你们不是加了五巴仙薪水喽?(吾土·小说上 31)

⑪ 马来西亚的胡椒产量居世界第 4 位,沙捞越就占了其中的 95 巴仙。(南北 26)

⑫ 预备班所授的课程,60 巴仙用华语,40 巴仙用英语教,以加强双语基础。(薪传 154)

⑬ "电脑医生"的效率很高,以心脏病来说,已证实有 90 巴仙的准确性。(华文教材 2A 97)

　　在中国普通话里,只有前两种表达法,没有第三种表达法。

　　分母为十的分数也可以用系数词加"成"来表示。十分之一叫"一成",十分之二叫"两成",十分之三叫"三成",以此类推。例如:

⑭ 目前,建筑物质八成由格尔木转运……(南北 75)|我看八成是虚荣心在作祟。(金狮奖 117)

⑮ 有关记录显示,共有六成的赞助商没有按时交付赞助捐……(万花筒 9)

⑯ 当然,不是个个独生子女都是小祖宗、姑奶奶,只占人口的二三成,就够有识之士心惊胆战了。(怀旧 102)

不过这种用法不是很普遍。

11.6　关于小数

　　小数是十进分数的一种特殊表现形式,如"十分之一"可以写作 0.1(读作"零点一"),"百分之二十三"可写作 0.23(读作"零点二三");中间用的小黑点符号"."叫作小数点,小数点左边的数是小数的整数部分,右边的数是小数部分。例如:

　　① 在 2030 年,则只有 2.2 个工作者支持一个老人……(风筝 156)

　　② 他是一个十分尽职的空中少爷,一点八米高的魁梧体型不断地往来忙碌着。(再见 2)

　　③ 一盘意大利粉便需三镑多(每镑合新币 3.4 元)。(风筝 196)

11.7　关于概数

　　"概数",顾名思义,是指大概的数目。概数主要有下面四种表示法:

11.7.1　用系数词"几"或"多少"表示概数

　　下面是用"几"的例子:

　　① 在我生下没几年,父亲便在一个深夜里莫名其妙地撒下我们去了。(太阳 58)

　　② 前面的一个人用锄头打洞,后面的一个人在每个洞里点下几粒麦种。(跳舞 14)

　　③ 我十几岁就到马来西亚,做割胶工人……(青青 108)

　　④ 摸索了二十几年,我们不但无法形成以英文为主流的文化体系,也逐渐放弃了合各族文化为一的想法。(△小小鸟 178)

⑤ 看别人中四字好像很容易,我买了几十年,却从来没中过,你说怪不怪!（追云 42）

⑥ 工厂女工有什么不好,一个月有几百块钱收入,好过分文不进。（吾土·戏剧 87）

⑦ 几千年了,大海一直让自己的宝藏被打捞起,而丢落给它的也自己默默地收容起。（扶轮 19）

例①、例②是一种情况,系数词"几"直接表示概数;例③、例④又是一种情况,用位数词"十"和"几"形成的位系组合,或者由位数词"十"组成的系位结构和"几"所形成的位系组合来表示概数;例⑤—⑦又是一种情况,用"几"和位数词所形成的系位结构来表示概数。

下面是用"多少"的实例:

⑧ 在这人世界,有多少不幸的生命,在饥寒交迫中倔强地成长!（△含羞草 38）

⑨ 对于我来说,塞车与否,也无所谓,反正迟到十分钟八分钟,少听不了多少课。（寻庙 35）

⑩ 出来谈谈,要不了多少时间的。（大胡子 37）

"多少"不能跟位数词组合,只能单独表示概数,而且使用频率远不如"几"高。

11.7.2　用系数结构表示概数

系数结构是指由两个系数词连用形成的结构,这又可分两种情况:

A. 相邻的两个系数词按顺序排列,如"七八年""一两个"等,再如:

⑪ 有三四个人涌上来,七手八脚地把他推开,为我解了围。（石头 30）

⑫ 然后七八名同学拿着花束奔上了舞台……（寻庙 65）

⑬ 我们以二三十年的时间提升了经济……(△小小鸟 91)

⑭ 三十四五度的炎炎夏日也好,寒流侵袭下的冬日也好,维园都是生气勃勃的。(怀旧 57)

在中国,明确规定:"相邻的数字连用表示约数时,中间没有停顿,不用顿号。"[①]可是在新加坡华语书面语里,相邻的数字连用表示概数时,中间也可以用顿号,例如:

⑮ 孩子大概只有五、六岁。(寻庙 59)

⑯ 日已上了七、八竿了。(心情 76)

⑰ 只有二、三千人。(至性 134)

⑱ 那天气象报告是华氏零下二十七、八度。(怀旧 34)

而且用不用顿号似乎是随意的。我们看到,有时在同一句话里,前后出现两个用相邻数字表示的概数,一个用了顿号,一个则不用顿号。例如:

⑲ 虽然间隔八、九米就有路灯,但路上仍不能看得很清楚,有一两位同学便因此摔了一跤。(华韵 91)

我们对刘蕙霞的论文集《别做断了线的风筝》做了粗略统计,全书 218 页(大 32 开本),用相邻数字连用表示的概数共出现 60 个,其中不用顿号的有 27 个,用顿号的有 33 个。顿号的使用与否也完全是随意的,下面两组例子很能说明问题:

⑳ a. 八九年前,当我在东京旅行时,和一位 50 岁的日本朋友在餐馆相聚。(风筝 144)

b. 造成这种现象有两个原因:一是八、九年前的人力策划计算有偏差……(风筝 198)

---

① 《标点符号用法》修订组:《〈标点符号用法〉解说》,语文出版社,1990 年。

㉑ a. 他们现在已经五六十岁了,很多已退休了或行将退休了。(风筝 100)

b. 第二群人是在五、六十年代,因家境、大学学位短缺或其他缘故错过了入大学的机会。(风筝 100)

例⑳所用概数相同,量词相同,只是不在同一页上,一个不用顿号,一个却用了顿号。例㉑所用概数相同,而且出现在同一页上,只是后面的量词不同,一个不用顿号,一个却用了顿号。刘蕙霞是新加坡知名的教育家,又是当今《联合早报》的专栏作家,她在用相邻数字来表示概数时,概数中间使用不使用顿号的情况,应该说是有代表性的。

B. 由"三"形成的特殊的系数结构,这只有"三五""三几"和"三两"这三种说法。"三五"这种说法里,两个系数词不相邻;"三几"这种说法里,"三"和"几"组合;"三两"这种说法里,两个系数词虽相邻,但按逆序排列。例如:

㉒ 说建筑吧……三五个月便会在校园不知道哪一个角落,冒起一座不知道是什么的房子。(寻庙 78)|奖金最多三五百元。(△含羞草 18)

㉓ 三几个鬼头总要谈呀谈的,谈到不能不分手的时候才离开。(吾土·小说上 159)|总得找个机会翻越重山,登上万佛山,住上三几天,濡染一份山的灵气。(冰灯 169)|就算是从校门口往文学院短短三几分钟的路途,经过的建筑,有的我还不能确定是属于哪个学院或学系的。(寻庙 78)

㉔ 约瑟三两下子就指出报告中的别字、错字和文法不通的句子……(金狮奖 102)|三两个月功夫就输光了他几年来辛勤刻苦积蓄下来的一些银行存款……(△大喜 185)

系数结构从语法上看,可以分析为联合词组,请看:

$$\underset{1}{七}\ \underset{2}{八}(名)\ |\ \underset{1}{三}\ \underset{2}{五}(个)\ |\ \underset{1}{三}\ \underset{2}{几}(个)\ |\ \underset{1}{三}\ \underset{2}{两}(下子)\ (联合关系)$$

从语义上看,这种联合词组都表示选择关系。

11.7.3　用由数词或数量词后附"来、多、余"或"左右"①等助词所形成的助词结构来表示概数

助词"来"一般附在"十"或系位结构后面,如"十来个""五十来个""二百来个"等。再如:

㉕ 才十来个自愿工作者?（青青 108）

㉖ 平时十来分钟就到的路程,挨了半个小时才"溜"完。（怀旧 35）

㉗ 铁栏外是一条宽约二十来尺的水沟。（壁虎 58）

有时也可以附在表示度量衡数量的数量词后面,例如:

㉘ 路边的积雪有一尺来厚……（怀旧 35）

助词"多"常见的是附在"十"或系位结构后面,如"十多个""二十多个"等。再如:

㉙ 育英中学校园里,种植了十多棵矮种柳树……（一心 5）

㉚ 说实在的,我们全家大小,都不舍得跟摩比分离,它跟我们已经十多年了……（晚上 101）

㉛ 你说你学相声学了六十多年?（笑眼 2）

㉜ 没想到这个节目播映之后,大受国人欢迎,并使到五千多个失散的人士和家人团聚。（华文教材 1B 129）

在新加坡华语里,助词"多"也可以直接附在单独的"百""千"这样的位数词后面,例如:

㉝ 他 10 多年来勤奋作画,积累了百多张画作。（报 1995 年 3 月 15 日副刊 10）

㉞ 多可惜,平白损失了千多块!（吾土·小说上 89）

中国普通话里没有这种用法。

---

① 这几个词都是兼类词,"来"兼动词和助词;"多"兼形容词、动词和助词;"余"兼动词和助词;而"左右"兼方位名词和助词。

助词"多"还可以附在数量词后面,例如:

㉟ 逼他出工已一年多了。(金狮奖(四)12)

㊱ 当日本侵略者挥军南下的时候,于这非常的时期,我和一位同事友人张君,就在那里挨过了二个多月的避难生活。(痕迹 35)

助词"余"也总是附在位数词"十"或系位结构后面,如"十余斤""五十余个"等。再如:

㊲ 我曾为一家商行理账十余年之久……(痕迹 118)

㊳ 里里外外,住着三十余户人家。(金狮奖(四)2)

㊴ 单单今年,便有三千余名非洲人通过旅游签证进入保加利亚。(石头 190)

㊵ 其中的三万余个标本,便在"王子猎场"里展出。(石头 15)

助词"左右"一般附在数量词后面。例如:

㊶ 飞离地才一公尺左右……(心情 53)

㊷ 是一个三十五岁左右的男子,有点害臊,脸白白,个子不高也不矮——(△大喜 127)

㊸ 辜振甫的讲话只有十分钟左右。(△小小鸟 171)

㊹ 抬头一看,是自己的同事,脸上挂着神秘的笑意,后面还跟着一个四十岁左右的乡下女人,立刻明白了是怎么回事。(太阳 29)

㊺ 每年有三千男孩申请,而被录取的只有 150 名左右……(风筝 113)

在中国普通话里,说到人的年龄时,还常常用助词"上下"来表示概数,例如:

㊻ 年龄在三十岁上下。(转引自《现代汉语八百词》①422 页)

㊼ 据我看来,这个人的年龄总在三十上下。(转引自《现代汉语虚词例释》②383 页)

---

① 吕叔湘主编《现代汉语八百词》,商务印书馆,1981 年。
② 北京大学中文系 1955 级、1957 级编《现代汉语虚词例释》,商务印书馆,1982 年。

这种用法在《红楼梦》里就有，例如：

㊽ 寡母王氏乃现任京营节度使王子腾之妹……今年方四十上下年纪，只有薛蟠一子。（第四回）

新加坡华语里似不用“上下”，就我所接触到的书面材料里未发现助词“上下”，我在新加坡半年时间内也未曾听到过类似“三十岁上下”“四十上下”这样的说法。

11.7.4 “位数词＋多＋二/两＋位数词＋量词”表示概数

在新加坡华语里，还常常用“位数词 ＋ 多 ＋ 二/两 ＋ 位数词 ＋ 量词”的格式来表示概数

㊾ 家才，这个地方，你也住了十多二十年了，就这么一句话，说走就走？（华文教材 4B 59）

㊿ （电话卡）只买了百多二百块。（新视第八波道 1995 年 8 月 25 日晚 10 点新闻）

(51) “一套多少钱？这么小看我。”“千多两千块！”（蓝天 50）

例㊾“十多二十年”就是“一二十年”的意思，余者类推。有时也用“量词＋多＋两＋量词”来表示概数，例如：

(52) 所花也不过块多两块钱。（风雨 88）

例(52)“块多两块钱”就是“一两块钱”的意思。

中国普通话里没有上面这种说法。

11.8 关于倍数

倍数用数词加量词“倍”的方法来表示。例如：

① 眼看着同学中当经纪人的收入竟超过自己薪水的二倍。（吾土·小说上 71）

② 小时候，他跟别的孩子打架，伤了些儿，我心里痛过他一百倍。（金狮奖

287)

③ 就这一届来说,英文组的冠军奖金比华文组的数目多了一倍多。(风筝 49)

④ 12 年来,讲英语的华族家庭增加了三倍。(△小小鸟 80)

⑤ 我们到住处附近的药房商店跑一趟,看了牙刷、牙膏、肥皂等日用品,一般上比新加坡贵了 2 到 3 倍。(风筝 196)

　　在中国普通话里,还可以用数词加量词"番"的方法来表示倍数(由此组成的数量词只能做动词"翻"的宾语)。例如:

⑥ 今年电脑的销售量比去年翻了一番。

⑦ 水产品的价格涨幅最大,像甲鱼、螃蟹与去年同期相比几乎翻了两番。

"翻一番"是比原先增加一倍的意思;"翻两番"是指在原有数量翻一番的基础上再翻一番,即比原先增加三倍的意思。因此,例⑥"销售量比去年翻了一番",意思就是"销售量比去年增加了一倍";例⑦价格"翻了两番",是说现在的价格是去年的四倍(即比去年增加了三倍)。新加坡华语里没有这样的说法。

11.9　关于序数

11.9.1　"第"＋表示整数的数目字形成序数词

最常见的序数词是由"第"加表示整数的数目字形成的。

如"第一、第三、第五十六"等。带"第"的序数词,常见的是出现在量词前面,即修饰量词,例如:

① 妈妈的视线永远绕着弟弟转,无论我为了博取她的注意,很努力地扮演乖巧的女儿,也无论我年年第一名。(撞墙 1)

② 第一天考两场,第一场考的是英文,第二场考的是华文。(跳舞 89)

③ 马来西亚的胡椒产量居世界第 4 位……(南北 26)

④ 第 7 届奥运会开幕时,大会第一次升起了象征五大洲团结的五个大圆环的会旗。(华文教材 4A 66)

⑤ 请大家翻开课本,今天讲第三十二页——(△大喜 20)

也可以后面不跟量词,这主要有四种用法:

一是做主语,例如:

⑥ 要发展新加坡文化,根据我的看法,有三方面值得留意。第一是语言的平衡发展…… 第二是多元文化的接触和融合…… 第三是文化的深入探讨……(华文教材 3B 20—22)

⑦ 让我反驳反方发言人所提出的两点意见:第一、段落年代我国工商业正处于大力发展的阶段,所以经济成长迅速。第二、进入 80 年代,我国面对的竞争越来越大。(华文教材 2B 120)

⑧ 三位前辈也谈及他们的一些宝贵经验:第一,要有献身教育的校长与教员、公众人士、家长合作无间。第二,校风要靠校长、教员的牺牲。第三……(薪传 109—110)

做主语时,如果后面紧跟系动词"是","第一"等序数词后没有停顿;如果后面不用系动词"是","第一"等序数词后一定有停顿,书面上或用顿号表示,或用逗号表示,前者如例⑦,后者如例⑧。

二是做谓语,例如:

⑨ 他深谙大卫·林的人生哲学是"金钱第一,万事第二",他的所谓"闯天下"即是赚大钱……(变调 49)

三是做宾语,例如:

⑩ 这次比赛,他得了第一,我得了第二。

四是直接修饰名词,不过能受序数词直接修饰的名词很有限,常见的如"夫人"(第一夫人)、"要素"(第一要素)等。再如:

⑪ 第二语文。(风筝 35)|第二阶段/第三阶段(华文教材 3B 5)|第二语言(华文 2)|第十一单元(△华文练习 2B 51)

我们把序数词里的"第",处理为助词,①例⑤里的"第三十二页"在语法上可分析为:

```
第　三　十　二　页
　　　　1　　　　2　　（"定-中"偏正关系）
3　　　4　　　　　　　（助词结构）
　　　　5　　　6　　　（联合关系,系位结构组合）
　　7　　8　　　　　　（"定-中"偏正关系,系位结构）
```

11.9.2　直接用表示整数的基数词表示序数词

序数词也可以不用助词,直接用表示整数的基数词来表示。

⑫ 这说明华文报章同时在扮演着两种角色,一是报道与评论,二是传播文化。(文艺 41)

⑬ 组成一个国家有三项要素:一是国民,二是领土,三是主权。(伦理·中三 116)

⑭ 华文知识分子……大概可分为三组:一、华文教学人员。二、华文专业工作者。三、华文文化工作者。(风筝 20)

上面例子里的"一""二""三"都表示序数,相当于"第一""第二""第三"的意思。书面上(主要是论说文中)也可以用汉字数目字加圆括号"()",或者阿拉伯字加小圆点"."或圆括号等方式来表示序数,例如:

⑮ 在我看来,若是下列三种情况继续恶化下去,很可能促使我们变成单语或无根的社会:

(一)母语社会地位日渐低落。……

(二)母语应用范围狭窄。……

---

① 对于"第",语法学界看法不一。有的把它看作词头(prefix,亦译作"前缀"),如丁声树等编的《现代汉语语法讲话》(商务印书馆,1961 年)和朱德熙的《语法讲义》(商务印书馆,1982 年);有的把它看作助词,如胡裕树主编的《现代汉语》(上海教育出版社,1979年)。我们认为把它处理为助词比较合适。

(三)母语水准继续下降,母语终归变成口头语。(风筝 4—5)

⑯《报告书》列明华文科的主要教学目标是:

　1. 通过语文技能,听、说、读和写的教导,培养学生的语文能力;

　2. 向学生灌输有利于建国工作的亚洲文化和优良的传统价值观;

　3. 注重发展学生的语言能力,而不是掌握语文知识的能力。(薪传 180)

⑰ 从表十我们可以得出以下的结论:

　(1)从双语能力看,马来组的学生双语能力最好,其次是印族学生,再次是华族学生。

　(2)英语能力最强的是华族学生。

　(3)母语能力最强的是印族学生,其次是马来族学生,华族学生母语能力最差。

　(4)华英组的学生是唯一一组英文比母语强的学生。(华文 18)

　在书面上,不带助词的序数词也可以用在少数名词(如"表、图、练习"等)的后面,例如:

⑱ 表二:听写字形错误举例(华文 2)

⑲ 练习二十一(第七单元总复习)(△华文练习 2B 7)

⑳ 单元十(△高级练习 2B 63)

㉑ 附录一:大旅行家来叩门(石头 225)

例⑱"表二"就是"第二个表"的意思;例⑲"练习二十一"就是"第二十一个练习"的意思;例⑳"单元十"就是"第十个单元"的意思,例㉑"附录一"就是"第一个附录"的意思。

　在日常生活中,不带助词的序数词还习惯使用在以下几个方面:

　第一,用来表示具体时间的世纪、年号、月份、日期和钟点等。例如"三月"不是"三个月"的意思,而是"一年中第三个月"的意思,可是人们从不把"三月"说成"第三个月"。再如:

㉒ 我国政府对于 21 世纪的来临,备有堂堂的"新的起点,新的生活"的蓝

图,人民的生活,预想中可达到与瑞士比美的地步。(风筝 121)

㉓ 相传唐代贞观 15 年(641)文成公主与藏王松赞干布联姻。(南北 71)

㉔ 一九九二年十一月十八日于狮城（怀旧·自序）

㉕ 傍晚七点三十分,许家一家四口仍然杳无踪迹。(再见 24)

第二,用来标明具体处所的街道号、门牌号、楼层、房号以及邮区号码。例如:

㉖ 丧居:武吉巴督 34 街大牌 348 楼下（报 1995 年 4 月 19 日 29 版）

㉗ 报告警长,案发地点是泉州街三十七号楼上,属于谋杀性质。(△断情剪 35)

㉘ 有时电梯坏了,唉哟哟,气喘吁吁地爬上十三楼,再汗流浃背的蹚下十三楼,什么赴宴的情趣,都破坏殆尽了。(△天长 65)

㉙ "那么,十号房在哪儿?"萍妹问。(△大喜 135)

㉚ 当他重回产房时,他才知道产妇已被转移到五号病房去了。(追云 35)

㉛ 报名表格请寄交下列地址:

新城中学校长

美名路 12 号

新加坡邮区 212525(△高级课本 2B 18)

第三,电讯方面的号码,包括电话号码、传真号码等。例如:

㉜ "你有电话吗?""有的! 你打 22345 大洋贸易公司找彼德黄就行了。"(△大喜 26)

㉝ Ginvera 美容服务中心,电话:2960364,学生热线:2980288。(薪传 247)

㉞ 和美发展私人有限公司电话:7487522,传真:7459167。(报 1995 年 4 月 22 日 18 版)

第四,公共交通方面的飞机航班号、巴士路数。例如:

㉟ 一月六日,他乘坐新加坡航空公司 SQ 802 航班的飞机到达了北京。

㊱ 八达控股有限公司文告说,乌节弯路的新停车站昨天启用。文告说,八达 167 号、182 号和 952 号巴士,市区短程巴士 3 号和 5 号,以及豪华小巴 9 号

与 10 号，将不会驶经乌节连路的停车站。（报 1995 年 5 月 8 日 4 版）

㊲ 最后一辆双层的七号巴士载了一群马来霹雳少年……（青青 32）

第五，一般的编号。例如

㊳ 在发掘的 13 座墓中，出土的砖壁画共有 660 幅……其中 6 号墓就有 122 幅，占出土总数的百分之二十。（南北 65—66）

㊴ 聘请日班或夜班巴士司机，须有 4 号驾驶执照和手牌。（报 1995 年 4 月 30 日 34 版）

㊵ “报告警长，这里发生了命案！”3721 号警员向我作了报告。（△断情剪 34）

㊶ 槟城赛马开彩揭晓，光业果然中了万字头奖，赢得十多千，他买的号码是“3108 ”。（追云 60）

11.9.3 关于序数的两点说明

第一，农历中有“初一”“初二”“初三”等这样的说法，例如：

㊷ 只有每年在农历大年初一，才有机会见见那衰老的容颜。（△大喜 172）

㊸ 农历七月初七，是七夕，也叫乞巧节。（报 1995 年 5 月 3 日副刊 2 版）

这里的“初”，其性质不同于助词“第”，不能把它看作表序数的助词。“初，始也。”这就是说，“初”是“第一个”的意思（参见《现代汉语词典》）。一至十各个数，一个月内都可以出现三次，就拿“七”来说，一个月内可出现三次“七”：七、十七、二十七。最早出现的“七”便是一个月中所出现的第一个“七”，所以古人称之为“初七”。“初一”“初二”“初三”等说法都是这样来的。所以，“初一”“初二”“初三”……“初十”等不同于“第一”“第二”“第三”……“第十”等，不能看作序数词。

第二，在亲属称谓中，有“老二”“三弟”这样的称呼，例如：

㊹ 老二刚踏入家门，就急不及待地冲着我说：“妈……”

㊺ 二哥和四弟换了衣服走出大门……（短篇 62）

㊻ 我的祖父、八叔一家，都葬于此！（至性 138）

在“老二”“二哥”“四弟”“八叔”这些说法里，毫无疑义，都含有排行的意思,但是"老二""二哥""四弟""八叔"本身不能看作序数词,只能看作指人的名词;其中的"二""四""八"也不能看作表序数的词,只能看作表数的语素。

11.10　关于量词

关于量词,我们在前面 3.8 节已做了一个简要的说明,指出"量词表示事物或动作、时间的计量单位"。

一般将表示事物(包括人)计量单位的量词称为"名量词",如"个、粒、间"等;将表示行为动作计量单位的量词称为"动量词",如"次、回、下"等;将表示时间的计量单位的量词称为"时量词",如"年、天、分钟"等。

因为量词是表示计量单位的词,所以量词最主要的语法功能是接受数词的修饰,共同构成数量词。例如:

三个(太阳 71)　　(数词 ＋ 名量词)

一次(太阳 54)　　(数词 ＋ 动量词)

十年(太阳 65)　　(数词 ＋ 时量词)

这种数量词,从语法上说该分析为"定-中"偏正结构,数词做定语,量词做中心语(见 8.3 节和 8.9 节)。

量词似乎也能跟指示代词"这"或"那",以及疑问代词"哪"相组合。以名量词"个"为例:

这个(笑眼 13)

那个(笑眼 21)

哪个(笑眼 164)

事实上,代词"这/那/哪"修饰的不是"个",而是"一个",只是把"一"

省略了,换句话说,"这个/那个/哪个"实际上是"这一个/那一个/哪一个"的省略形式。下面摘自《田流相声集·笑眼看人生》里的实例很说明问题:

① 个:a. 给你改了这一个名字,是最理想不过了。(笑眼 24)

　　　b. 这个姓太不理想……(笑眼 22)

② 句:a. 还是你这一句话比较有份量!(笑眼 34)

　　　b. 这句话就不合逻辑了。(笑眼 112)

③ 副:a. 就凭您老哥这一副长相,可真是"亮"得很哪!(笑眼 114)

　　　b. 瞧你这副模样,才像足了个"活死人"!(笑眼 9)

④ 首:a. 告诉你,我这一首是"无底诗"。(笑眼 41)

　　　b. 这首诗谜的谜底,应该是风!(笑眼 41)

⑤ 种:a. 我这一种在赌国里出身的"博士"……(笑眼 124)

　　　b. 像阁下您这种"麻将博士"……(笑眼 124)

⑥ 条:a. 这一条巷正在开辟中——(笑眼 245)

　　　b. 你就快要听人提起这条巷咯!(笑眼 245)

例①—⑥ a 句量词前有"一",b 句量词前没有"一"。如果把 a 句量词前的"一"省去,不影响句子意思的表达;如果在 b 句量词前加上"一",也不影响句子意思的表达。在新加坡华语中,"这/那＋量词"和"这/那 ＋ 一 ＋ 量词"这两种说法的使用频率孰高孰低,我们没有做全面的调查统计,下面仅提供田流的相声集《笑眼看人生》一书(全书正文共 258 页)的统计数字,以供参考:

格　　式	出　现　次　数
这/那 ＋ 一 ＋ 量词	52 次
这/那 ＋ 量词	99 次
哪 ＋ 一 ＋ 量词	25 次
哪 ＋ 量词	5 次

　　单音节量词,有许多都能够重叠,含有"每一""所有"这样的周遍意义,例如:

　　⑦ 个个容光焕发,衣着鲜华。(变调 72)

　　⑧ 朵丽丝样样都舍得,样样都点头,偏偏这两只马,她放不下、舍不得。(大胡子 16)

　　⑨ 有一阵子,几乎天天有诗。(△自然 106)

　　⑩ 想想人生几十年,怎能日日沉浸在无谓的伤感中?(梦 79)

　　⑪ 这些——全是"作家"们的条条财路。(笑眼 122)

例⑦—⑩里的量词重叠式是做主语,例⑪里的量词重叠式是做定语。例⑦"个个容光焕发"就是"每个都容光焕发"的意思;例⑪"条条财路"就是"所有财路"的意思。

　　下面分别对名量词、动量词和时量词做进一步的说明。

11.11　名量词

　　总起来说,名量词是表示事物(包括人)计量单位的量词,但还可细分为以下六小类:

11.11.1　个体名量词

　　可以一个一个数的事物往往有自己特定的量词,譬如说,书论"本",学生论"个"或者论"位",花论"朵",刀论"把",等等。这种量词称为"个体名量词"。下面略举一些:

间:一间商行(壁虎 3)|两间公司(胜利 58)|一间学校(△自然 59)

幢:一幢楼房(壁虎 4)|一幢公寓(大胡子 67)

只:三只眼睛(壁虎 2)|一只鸡(再见 28)|一只茶杯(扶轮 58)

条:一条尾巴(壁虎 6)|一条长裤(风雨 11—12)|一条小沟(追云 97)

个:一个玻璃瓶(壁虎 7)|一个男孩(一心 100)|三个庭院(沦陷 89)

　　粒：一粒石子(太阳 8)｜一粒橘子(跳舞 22)｜一粒球(笑眼 63)

　　张：一张白纸(晚上 28)｜一张单据(△南风 13)｜一张脸(△一壶 44)

　　把：一把雨伞(壁虎 10)｜一把刀(青青 48)｜一把匕首(无弦月 20)

　　朵：一朵荷花(壁虎 14)｜一朵玫瑰(渐行 11)｜两朵云(青青 8)

　　棵：一棵大树(壁虎 15)｜一棵椰树(追云 96)｜一棵小榆树(风筝 185)

　　件：一件乐器(壁虎 16)｜一件上衣(跳舞 119—120)｜一件事(八方 93)

　　本：一本书(壁虎 18/91)｜一本汉语辞典(牛车水 54)｜一本册子

　　根：一根鞭(无弦月 17)｜一根头发(金狮奖 310)｜一根棍子(八方 133)

　　位：一位女作家((笑眼 174)｜一位教员(一心 96)

　　片：两片落叶(壁虎 76)｜小片面包(风雨 6)｜一片丹心(渐行 13)

　　盏：一盏灯笼(壁虎 39)｜一盏灯(牛车水 133)

　　颗：一颗心(追云 97)｜一颗流星(△南风 13)｜一颗炸弹(金狮奖 13)

　　辆：一辆大卡车(△一壶 4)｜一辆的士(△大喜 55)｜一辆坦克(金狮奖 13)

　　首：一首歌(笑眼 175)｜4 首新诗(至性 4)

　　封：一封信(怀旧 8)｜一封信(女儿 17)

　　幅：一幅画(梦 94)｜一副宜人的景象(渐行 13)

　　扇：一扇门(八方 57)｜几扇窗(渐行 78)

11.11.2　集合名量词

　　用于表示成组或成群事物的计量单位的量词一般称为"集合名量词"。例如：

　　① 她低着头，一双手，紧张不安地抓着裙子；一双眼，惶恐不安地瞪着地板。(跳舞 72)

例①里的"双"就是集合名量词。"一双手"是指两只手，"一双眼"是指两只眼。下面是一些常见的集合名量词：

　　对：一对情侣(△大喜 191)｜一对近视眼(追云 110)｜一对耳朵(笑眼 4)

　　双：一双无形的手(跳舞 4)｜两双筷子(追云 18)｜一双运动鞋(青青 82)

群：一群乌鸦(八方 137)｜一群小孩子(风雨 2)｜一群好友

批：一批年轻人｜一批便衣警探和警察(短篇 17)｜一批人马(万花筒 30)

串：一串笑声(太阳 35)｜一串假珍珠(△大喜 230)｜一大串钥匙(心情 21)

套：一套沙发(渐行 78)｜六套邮票(南北 1)｜一套写实记录片(跳舞 13)

束：一束鲜花｜一束银柳(大胡子 35)

排：一排旧式房屋(渐行 14)｜一排座位(风筝 202)

打：一打啤酒(笑眼 189)｜上回那种人标背心还有货吗？再给我拿一百打吧。(追云 56)

系列：一系列散文(渐行·谢淑娴序)｜一系列行动(跳舞 99)

部分：一部分车辆(晚上 192)

11.11.3　度量名量词

表示度量衡单位的名量词一般称为"度量名量词"，如"尺、公斤、公里"等。表示钱币单位的量词，如"元(块)、角(毛)、分"等，我们也把它们归入度量名量词。下面略举些实例：

公里：210 公里(南北 51)｜二十一公里(追云 47)

公尺：一公尺(青青 65)

米：三米(太阳 25)｜413 米(南北 55)｜1.6 米(万花筒 33)

吋：十余吋(晚上 113)

里：八千里(青青 15)

丈：十丈(万花筒 35)

尺：十二尺(怀旧 11)｜一尺(扶轮 9)

寸：一寸(石头 154)｜二十八寸(再见 74)

斤：三斤(回忆 70)｜四斤(大胡子 35)

两：一两(金狮奖 187)

克：二十克(金狮奖 185)

元：五元(怀旧 103)｜一元(南北 17)｜五千八百八十元(扶轮 33)

磅:十几磅(回忆 45)

块:(大减价,三件)十块(△南风 7)│一百块钱│十块(△南风 7)

角:五角(风筝 196)│一角钱

毛:五毛(石头 29)

11.11.4　种类名量词

种类名量词只有两个:一个是"种",一个是"类"。下面分别举些实例:

种:两种果子:日本梨子和台湾蜜柑。(风雨 11)│寂寞是怎样一种苦味呢?(太阳 12)│人生的哭,少说些也该有一百几十种;人生的笑,多说些也恐怕有一万几千种!(笑眼 12)

类:现在还有点时间,好不好分析一下这三类文人的丑态?(笑眼 66)│我把语法教学的对象分为三类:(1)语文教师;(2)以华文为母语的语言学习者;(3)以华文为外语的语言学习者。(华文 151)│人选可分为两类,一是出钱的人,一是出力的人。(薪传 117)

11.11.5　不定名量词

不定名量词只有"些"和"点(儿)"这两个。当表示一个不定数量时,便往往用不定量词"些"和"点(儿)"。不定量词前面所加的数词只限于"一"。例如:

些:一些朋友(△浮萍 5)│一些蔬菜(南北 6)│一些工厂(风筝 203)│(有)一些道理(△断情剪 80)

点(儿):(出)一点力(太阳 16)│(花了)一点时间│吃了一点小亏(△大喜 31)│(喝了)一点酒(跳舞 101)

在新加坡华语里,不定名量词在使用上有这样一种倾向:说到具体的事物,特别是可数的事物,以用"些"为常;说到抽象的事物,以用"点(儿)"为常。

11.11.6　借用名量词

临时借用某些名词当量词用,即以这些名词所指称的事物的载容量作为计量单位,这样的名量词一般称为借用名量词,也称为临时名量词。请比较下面两个例句:

②　水槽碗碟堆积如山,粘在碗碟上的食物的残渣,干而硬……(跳舞 6)｜她一手拿碗,一手拿筷子……(追云 48)

③　买了一碗面,邓文茵独自一人静静地吃。(跳舞 91)｜去中餐馆吃一碗云吞面,也需三镑多……(风筝 196)

例②里的"碗"都是做名词用,是指一种"盛饮食的器具"。例③里的"碗"就都是借用作名量词,临时用来作为"面"和"云吞面"的一种计量单位。下面再举一些借用名量词的实例:

桶:一桶水(跳舞 59)

杯:一杯白开水(梦 4)

车:一车行李

盒:一盒蛋糕(牛车水 78)

篮:一篮冰糖糕(△大喜 45)

箱:一箱啤酒(痕迹 38)

壶:一壶香片(风雨 18)｜一壶水(△好儿童 3B 40)

盘:一盘炒粿条(引者注:一种类似河粉或米线的食品,通常炒来吃。)(追云 18)

碟:一碟炒面(跳舞 22)

罐:半罐萤火虫(追云 98)

瓶:一瓶金黄色的酒(跳舞 27)

桌:(忙出了)一桌拿手好菜(大胡子 80)｜数十桌喜宴(牛车水 35)

缸:一缸金鱼(△好儿童 3B 101)

下面这个例子一连用了几个借用名量词:

④　你说她三天吃两罐炼奶、一瓶酒,五天吃一盒饼、三罐鸡汁,谁又不相信

来着?(今后 74)

11.11.7　复合名量词

除上面所讲的六小类名量词外,还有复合名量词,常见的如"人次",例如:

⑤ 国人由海路出国旅游,去年达 70 万余人次。(报 1995 年 4 月 25 日 8 版)

⑥ 参观者多达 1542 人次。(报 1995 年 5 月 1 日 5 版)

⑦ 每 100 万人次,只有 1.2 地铁搭客投诉。(报 1995 年 5 月 27 日 20 版)

11.11.8　关于"粒"和"间"

新加坡华语里的名量词跟中国普通话里的名量词大多数是一样的,但也有不同之处,突出的是名量词"粒"和"间"的使用范围很广。

在新加坡华语里,"粒"的使用范围很广。很小的成粒儿的东西可以用"粒",如"一粒米、一粒芝麻";大的成球状的东西,如苹果、鸡蛋、西瓜、篮球等,也可以用"粒"。例如:

⑧ 几粒小桃(恶梦 30)|一粒苹果(微型 39)|几粒榴梿(吾土·小说上 199)|一粒重重的西瓜(短篇 16)|一粒鱼丸(吾土·小说上 34)|五粒鸡蛋(报 1995 年 3 月 5 日 14 版)|一粒气球(跳舞 129)|一粒乒乓球(青青 107)|一粒大火球(八方 22)|(踢进了)一粒好球(报 1995 年 3 月 14 日 13 版)

在中国普通话里,上面各例中的"粒"都说成"个"。

在新加坡华语里,有关商业、文教等单位或跟房屋有关的场所,都可用"间"。例如:

⑨ 两间公司(胜利 58)|一间制衣厂(吾土·小说上 40)|一间商店(吾土·戏剧 159)|这间银行(报 1995 年 3 月 12 日 16 版)|一间饭庄(报 1995 年 3 月 11 日 29 版)|8 间工厂(报 1995 年 3 月 5 日 23 版)

⑩ 一间健身院(报 1995 年 3 月 7 日 11 版)|一间学院(吾土·小说上 62)|某间中学(再见 76)|哪间学校(吾土·戏剧 110)|几十间幼稚园(风筝 11)|416 间托儿所(报 1995 年 3 月 3 日 13 版)|15 间小学(薪传 154)

⑪ 有课室 5 间(薪传 38)|神庙有好几间(胜利 37)|142 间公寓（报 1995年 3 月 15 日 21 版)|一间独立式洋房(想飞 131)

在中国普通话里,工商企业单位一般用"个"或"家",例如:

一个/家公司　　一个/家银行　　一个/家商店

一个/家饭店　　一个/家工厂

文教单位一般用"个"或"所",例如:

一个/所小学　　一个/所中学　　一个/所大学

一个/所学校　　一个/所学院　　一个托儿所

跟房屋有关的场所,除"屋子、卧室、客房"等还用"间"(也有被"个"取代的趋势),一般都用"个",有的也可用别的量词。例如:

一个课室　　一个仓库　　　一个大厅

一个/座公寓　一个/幢洋房　一个/座庙

11.12　动量词

动量词是表示行为动作计量单位的量词,它与数词结合,经常放在动词后边做准宾语,表示动作的次数。例如:

① 张望了一回,不见动静,哥哥又蹲到另一棵树下,挥手指示部下前进。(追云 96)

例①里的"一回"做"张望"的准宾语,表示"张望"这一行为动作的次数,其中的"回"就是动量词。动量词又可细分为下列四小类:

11.12.1　专用动量词

专用动量词是指专门用来表示行为动作计量单位的量词,常见的有以下一些:

次:跌了两三次(追云 26)|喷了五次(华韵 14)|再来一次(牛车水 29)

回:张望了一回(追云 96)|看一回(壁虎 69)|顿了一回说:"……"(华韵 32)

趟：送他一趟(追云 47)｜来一趟(跳舞 70)｜空走了一趟(痕迹 27)

下：钟声刚刚敲完十二下(太阳 21)｜点了一下头(短篇 6)

声：叫了我一声(△大喜 195)｜赞叹了一声(独上 70)｜哼了一声(△大喜 89)

遍：把全部旧作都翻阅过一遍(回忆 28)｜复述一遍(跳舞 39)｜再炸一遍(大胡子 100)

番：祭奠一番(太阳 19)｜游览一番(晚上 153)｜到处参观一番(怀旧 111)

顿：痛骂了自己一顿(扶轮 88)｜痛痛快快地吃了一顿(牛车水 69)｜揍了一顿(笑眼 57)①

场：闹了一场(大胡子 44)｜跟他们打了一场(牛车水 80)｜大病了一场(再见 91)

11.12.2　借用名词的动量词

这种动量词,所借用的名词,其所指在意念上通常是行为动作所凭借的工具。例如：

② 所以,你当时痛极生恨,索性在陆浩东中了你行刺的三两刀后,顺手就连连下刺十二刀之多。(△浮萍 41)

例②里的"刀",本是个名词,这里借用为量词,作为"刺"这一行为动作的计量单位；"刀"作为名词,在意念上是"刺"所凭借的工具。这个"刀"就是借用名词的动量词。以下是一些常见的借用名词的动量词：

口：啜饮一小口(大胡子 31)｜吸了一大口(跳舞 130)

脚：踢了一脚(狮子)｜踢了它一脚(△好儿童 3B93)

眼：望了一眼(金狮奖 231)

拳：揍了一拳(扶轮 10)

刀：被人在背后捅一刀(再见 83)

枪：没有发射一枪(痕迹 50)

---

① "吃了一顿饭"里的"顿"是名量词。

巴掌:刮你一巴掌(再见 64)

11.12.3　借用动词的动量词

这种动量词,所借用的动词只限于单音节能重叠的动词,这种动量词前所出现的数词只限于"一",由此形成的数量词只能处于宾语(准宾语)的位置,而且那述语动词与动量词一定是同一个词形。例如:

③ 先生,等一等。(金狮奖 29)

例③里的前一个"等"是动词,做述语;后一个"等"就是借用动词的动量词,"一等"是做前一个"等"的准宾语。下面略举些例子:

④ 你也说一说吧,说一说你历史沧桑的身世,说一说那些沉淀在你邋遢的河床里的许多故事。(牛车水 22)

⑤ 雷探长不动声色地按一按台铃,两名干探应声而入。(△浮萍 32)

⑥ 让我来考一考你……(笑眼 106)

⑦ 她含笑地往座位底下指了一指。(短篇 16)

⑧ 杨铭呆了一呆,有点吃惊(金狮奖 92)

⑨ 张大嫂把话锋转了一转,有意在炫耀自己的得宠。(冰灯 6)

11.12.4　不定动量词

不定动量词只有"下"和"通"(念去声)两个。"下"作为动量词,既可以是专用动量词,也可以是不定动量词。作为专用动量词,意思大致相当于"次",表示行为动作的次数,它前面的数词可以不限于"一";作为不定动量词,表示那行为动作是短促的,不定量的,它前面的数词只限于"一"。试比较:

⑩ 当钟声刚刚敲完十二下的一瞬间,所有的鞭炮仿佛约好似的,同时响了起来。(太阳 21)

⑪ 医生说,弟弟的残废太严重,又看得太晚,肌肉萎缩了。要彻底看好是不可能。但最好还是动一下手术,这样弟弟日后就可以撑着拐杖走路了。(太

阳 67)

例⑩"敲完十二下"里的"下"是专用动量词,前面的数词"十二"可换成别的数词;而例⑪"动一下手术"里的"下"是不定动量词,它前面的数词"一"不能换用别的数词。下面再举一些不定动量词"下"的实例:

⑫ 你和他们谈谈,商量一下住的问题。(金狮奖 70)

⑬ 杨仲钦和温朵朵同时抬起头来,彼此对看了一下……(跳舞 46)

⑭ 请队员互相照应一下……(南北 18)

⑮ 我想把剧本修改一下……(华文课本 3B 25)

⑯ 把房子里的一切略略收拾了一下……(△大喜 130)

不定动量词"通",它前面的数词也只限于"一"。例如:

⑰ 看到我那惊愕的表情,乐得他们嘻嘻哈哈地大笑一通。(南北 8)

⑱ 我高兴地奔上前去,胡抓一通,什么也抓不着。(壁虎 15)

11.13　时量词

时量词是表示时间的计量单位。时量词可以分为专用时量词和不定时量词两小类:

11.13.1　专用时量词

专门用来表示时间的确定的计量单位的时量词称为"专用时量词"。这有以下一些:

世纪:展望二十世纪的世界华文与华人文学(△新华文学 273)

年代:二十年代(△中国作家 12)

年:(这件绒线衣我已经)织了十年 (风雨 8)|数十年 (一心 13)

载:同窗六载(梦 13)|(在教育机关)服务十多载(晚上 139)

月:去年十一月(△含羞草 11)

天：工作了二十天（短篇 36）｜十三天？（青青 20）

日：何曾有安宁的一日（金狮奖 15）

点：星期天下午 2 点（南北 27）

点钟：九点钟有一个关系到擢升问题的会议（再见 5）

时：桌上的钟指着二时零八分（短篇 11）

小时：一天八小时全力以赴（青青 149）

分：只用了 9 天 21 小时 42 分（△高级课本 2B 108）

分钟：走十分钟（石头 203）｜等公车起码要二、三十分钟（怀旧 45）

秒：时间一分一秒地过去（课本 3B 20）｜过了一秒（青青 127）

秒钟：在几秒钟的沉思后（金狮奖 142）｜停顿了十来秒钟（△浮萍 117）

"岁"作为年龄的计量单位，我们也把它归入"专用时量词"。例如：

岁：七十岁（青青 34）｜八九岁（风雨 11）｜十八岁了（渐行 73）

关于专用时量词，还需说明几点：

A. 有些专用时量词，如"载、天、分钟、秒钟"等，前面加数词后所形成的数量词（如"三载、三年、三分钟、三秒钟"）只能表示时段，不能表示时点。

B. 有些专用时量词，如"点、点钟、时、月份"等，前面加数词后所形成的数量词（如"三点、三点钟、三时、三月份"）只能表示时点，不能表示时段。

C. 有些专用时量词，如"世纪、月"，前面加数词后所形成的数量词（如"二十一世纪、三月"）只能表示时点，不能表示时段，要表示时段，得另外加量词"个"，例如：

① 像送走了一个世纪，又仿佛只过了一秒。（青青 127）

② 毕竟我在这儿只生活了两三个月（怀旧 53）

严格地说，例①、例②里的"世纪""月"都不能再看作量词，都该看作名词,换句话说,"世纪""月"应看作名词兼量词——"公元三世纪""三月"里的"世纪""月"是量词,而"三个世纪""三个月"里的"世纪""月"是名词。

D. "小时"前既可以直接加数词,也可以加数量词,所形成的数量词组,只能表示时段,不能表示时点。例如:

③ 整整磨蹭了三十八小时,才来到这个人口只有五万的中西部小城。(怀旧 29)|比原有的记录缩短了 38 小时(△高级课本 2B 108)

④ 如果忘了带钥匙,就得在门口等上几个小时,或是到邻居家坐上几个小时……(△南风 12)|托儿所每天都提供三个小时的学前教育呀!(大胡子 102)

例③"小时"前直接加数词,例④"小时"前加数量词。严格说,"小时"也应看作名词兼量词。"小时"前直接加数词时,是量词;"小时"前加数量词时,是名词。

E. 有些词,如"礼拜、下午、钟头"等,似乎也能作为计时单位,例如:

⑤ 足足一个礼拜了。(变调 8)

⑥ 一整个下午或黄昏,便这样与阿花追逐着度过去了。(风雨 46)

⑦ 搭乘飞机,短则三两小时,长则二十好几个钟头。(再见 1)|我回家已经一个钟头多了。(华文教材 2B 116)

但是,这些词前面不能直接加数词,必须在这些词和数词之间加量词"个",换句话说,这些词前面只能加数量词。所以,像"礼拜、下午、钟头"等词不是时量词,而是名词。

11. 13. 2　不定时量词

不定时量词共有三个,一个是"下",一个是"会儿",一个是"阵"。"下"作为量词,除了用作不定时量词外,还能用作专用动量词和不定动量词(见 11. 12 节);"会儿"和"阵"只用作不定时量词。

在不定时量词的前面,只能加数词"一"。"一下""一阵"和"一会儿"都表示不确定的时量。例如:

⑧ 我等一下来领,可以吗?(跳舞 3)│子昀看了看子宇,稍微沉吟一下,终于点了点头。(金狮奖 74)│也该先休息一下嘛!(短篇 11)

⑨ 他首先打开了书桌的中间抽屉,翻了一会儿。(△大喜 110)│看了一会儿,突然重重地叹了一口气……(跳舞 14)

⑩ 克丝汀娜知道没有人伸出援手,哭一阵,喊一阵,便快快然地摸索着站了起来。(跳舞 144)│在风中追逐笑闹了一阵……(壁虎 26)

在中国普通话里,"一会儿"不能说成"一会";而新加坡华语中基本上不儿化,所以"一会儿"在口语中常常说成"一会",不少书上也写作"一会"。例如:

⑪ 让我歇一会吧!(撞墙 15)│我们聊了一会。(金狮奖 70)│女主人把我上下看了一会……(万花筒 22)

"一阵"也常说成"一阵子",例如:

⑫ 过了一阵子,门铃又响了一下。(跳舞 2)│他回忆了一阵子……(△大喜 102)│走了一阵子……(金狮奖 31)│她考虑了一阵子,决定不去领那笔钱。(华韵 8)

一般说,在表示不确定的时量上,"一下"短于"一会儿",而"一会儿"又短于"一阵(子)"。

11.14　关于数量词以及数和量的表达

上文说过,量词最主要的语法功能是接受数词的修饰,数词和量词组合成的词组称为"数量词词组",简称"数量词",属于"定–中"偏正词组。(分别见 3.8 节、8.3 节和 11.10 节)

11.14.1　数量词的主要语法功能

1. 做定语。中心语可以是名词,例如:

① 一个女子(撞墙 52)|一把小刀(石头 95)|一张书签(心情 127)

中心语也可以是名词性"的"字结构(见 8.3 节),例如:

② (要)一棵小的(牛车水 76)|(想起)两个小的……(再见 34)

中心语也可以是单音节形容词,条件是量词为度量名量词(见 8.3 节),例如:

③ 八尺宽,十二尺长(怀旧 11)|一点八米高(再见 2)

2. 做主语。做谓语的可以是动词性词组。例如:

④ 跟他同来的有两位比较年轻的作家:一位叫苏伟真,一位叫简祯。(怀旧 105)|楼下连带商店,有九间店铺,七间经营电器,二间经营五金生意。(晚上 13)|接受清洗的鸟共有 390 只,225 只已丧生,43 只已放回大自然。(扶轮 70)

⑤ 一美元换一万五千兹罗提。(石头 62)

⑥ 八万,还是买贵了。(撞墙 23)

做谓语的也可以是数量词,由此形成的主谓词组往往含有"每"的语法意义。例如:

⑦ 十元一盒。(△天长 15)|大减价,三件十块啊!(△南风 7)|(香皂)十元两块,二十元五块,多一块。(风雨 13)

⑧ 一次一个。(梦 149)

注意:例⑦的"十元一盒"似乎也可以说成"一盒十元",但这两种说法在意思上还是有所区别。"十元一盒",表示价格的数量词在前,表示事物数量的数量词在后,整个主谓词组是"十元买一盒"的意思;而"一盒十元",表示事物数量的数量词在前,表示价格的数量词在后,整个主谓词组则是"一盒卖十元"的意思。①

---

① 参见马真、伊井健一郎、山田留里子编《跟马老师学中国语》,骏河台出版社,1995 年,东京。

3. 做宾语。例如：

⑨ 连衣服也不留一件。(△南风 53)｜我怨怨地说了一句。(太阳 21)｜买了一条。(石头 25)

⑩ 在大门上轻轻地扣了几下……(△一壶 65)｜我赞叹了一声……（独上 70)｜前后改嫁了三回。(△浮萍 182)

⑪ 死了十年了(风雨 8)｜放映了十五分钟。(华韵 28)｜工作了二十天。(短篇 36)

例⑨是由名量词组成的数量词做宾语，这些宾语是真宾语；例⑩和例⑪是分别由动量词和时量词组成的数量词做宾语，这些宾语都是准宾语(参见 6.4 节和 6.5 节)。

4. 做谓语。做主语的，有的是名词性词语(不含数量词)，例如：

⑫ 他十四岁。(狮子 68)

⑬ 焚尸费一万元。(万花筒 34)

⑭ 小品文一本，散文一本，专栏一本，小说一本……(△天长 176)

⑮ 新鲜火腿肉两片，生鸡蛋两粒……(石头 48)

有的则是数量词组，由此形成的主谓词组含有"每"的语法意义。例如：

⑯ 一个人一美元(石头 47)｜一人一份(金狮奖 239)

⑰ 一种一包(胜利 26)｜一次一个(梦 149)

5. 可以受某些副词的修饰。例如：

⑱ 足足七个(△一壶 54)｜我已经十七岁了(华文教材 2A 205)｜才十七岁(金狮奖(四) 22)

此外，数量词也能带定语，所带定语只限于由"的"字结构所充任的定语。例如：

⑲ 独脚戏，也叫"滑稽"，也是曲艺的一种。(笑眼 139)

在数量词中间有时可以插入一个单音节形容词，最常见的是

"大"和"小",例如:

　　⑳ 闹了一大场(大胡子 44)｜一大群人(△小小鸟 14)｜一大片(跳舞 1)｜一大碗(太阳 26)｜一大笔钱(变调 100)

　　㉑ 一小碗菜(太阳 26)｜一小块自己熟悉的土壤(至性 144)｜一小碟黑瓜子(△大喜 43)｜吃了几小片年糕(△大喜 43)

　　㉒ 一长条(石头 48)

　　数量词可以重叠,其数词多为"一",整个重叠式含有"逐一""多量"的意思。例如:

　　㉓ 发现家里的东西一样一样少了。(太阳 30)｜日子一天一天地飞逝……(风雨 26)

　　㉔ 搅出一条一条细细长长、有韧性、有弹性的面条来。(△天长 7)｜一盏一盏的灯早已迫不及待地亮起……(牛车水 15)

例㉓数量词重叠式做状语,例㉔数量词重叠式做定语。

11.14.2　新加坡华语在数量表达上与中国普通话的不同

　　在数量表达上,新加坡华语与中国普通话基本上是一致的,但也有所不同。这主要有以下三点:

　　1. 百位以上的数词,起首的如为"一",以省略为常。例如:

　　㉕ 今年将耗资亿 2000 万元兴建一座新的机场大厦。(报 1995 年 3 月 2 日 24 版)

例㉕"亿 2000 万元"就是" 1 亿 2000 万元"的省略说法。再如:

　　㉖ 谁愿意为了千字区区数十元的稿费滥写滥登呢?(金狮奖 115)

　　㉗ 目前我是一个月入千元的女秘书,打扮也要显得高贵些啊!(短篇 56)

　　㉘ 千多公里长的旅途上他独占大床,一路打呼噜梦游美洲。(今后 17)

　　㉙ 有一次他花了百多元买了一双皮鞋,说是法国制造的。(八方 110)

　　㉚ 万套"花卉"硬币……今发售。(报 1995 年 4 月 19 日 5 版)

　　㉛ 俱乐部设有 60 多种儿童班级,学生人数超过千名。(报 1995 年 4 月 19

日 10 版)

㉜ 第 12 届亚太癌症大会将有各国代表千人参加。(报 1995 年 4 月 5 日 12 版)

在中国普通话里,基本上没有这种省略法。只是在做定语时偶有所见(如"千人大会""万元户"),但没有推广的趋势。现在,在新加坡华文报纸上,数目字一般都用阿拉伯数字表示,如"千元"写作"1000 元","千人"写作"1000 人",看不出"一"的省略了,但是在口语中还是常说成"千元""千人"。

第二,钱币数起首之"一",也以省略为常。例如:

㉝ 第四天,"飞力士"的上午行情竟落了毛七。(吾土·小说上 92)

㉞ 它居然起到块四钱,我在块二钱就卖掉。多可惜……(吾土·小说上 89)

㉟ 我的酿豆腐可以卖角半了。(吾土·小说上 35)

㊱ 块三? 你? ……对不起,我身上没有零钱。(再见 5)

㊲ "喂,老板,多少钱?""块七!"(我有 102)

中国普通话里也没有这种省略法。

第三,百位以上的两位数的数词,常常次一位的位数词省略而直接接量词。例如:

㊳ 有关代理公司被罚款九千五元。(报 1995 年 3 月 11 日 12 版)

"九千五元"就是"九千五百元"的意思,其中的位数词"百"省略了。再如:

㊴ 电子厂化学气体泄漏,千五名工友紧急疏散。(报 1995 年 4 月 20 日 14 版)

㊵ 一妇女判监 17 个月,罚万二元。(报 1995 年 3 月 11 日 12 版)

㊶ 电缆电视本月 23 日起进入淡滨尼万五户人家。(报 1995 年 6 月 8 日 1 版)

㊷ 南大国大三千二名留学生为千三老人筹款走上街头。(报 1995 年 7 月
日 5 版)

㊸ 两人合起来有千五六块钱的收入。(吾土·小说上 71)

在中国普通话里,百位以上的两位数的数词,次一位的位数词也
可省略,如"二百六十"可说成"二百六","三万四千"可说成"三万
四"。但是,这样省略后不能直接接量词,如"二百六十元"不能说成
"﹡二百六元",即"二百六十元"里的位数词"十"就不能省略。

数量词都表示数量,但是某些名量词所组成的数量词有时能同
时起指代作用,例如:

㊹ 高空与深海,一个是高不可攀,一个是深不可测。(青青 13)

很明显,例㊹里的前一个"一个",是指代上文的"高空";后一个"一
个",是指代上文的"深海"。下面再举两个例子:

㊺ 看你两位,准是同床异梦,一个想老婆,一个想爱人。(金狮奖 97)

㊻ 跟他同来的有两位比较年轻的作家:一位叫苏伟真,一位叫简祯。(怀
旧 105)

第12章 方位、时间、处所的表达

12.1 方位词、时间词、处所词概说

12.1.1 方位词

方位词,顾名思义是表示方位的词,它是名词中的一个小类。例如:

① 老李和老张由门前经过,他们的谈话声,使阿兰、阿英停止了说话,而注意向外看。(吾土·戏剧159)

② 朱穆朗一颗心忐忑不安,在巴士上思前想后。(金狮奖100)

③ 她决定进去店铺里看看。(跳舞60)

④ 左厢嘛,就只有两间房子,前边住着亚碰一家人,后边住的是虹姑娘。(△大喜5)

⑤ 伊班人死后,亦葬在森林的土地里,上面再覆盖了一座低矮的小屋,里面放置死者生前应用过的日用品及糯米酒瓮等。(南北31)

例①—⑤里的"前、外、上、后、里、左"以及"前边、后边、里面、上面"就都是方位词。

使用方位词一般都要在句中指明方位的参照点。例①"门"就是"前"这一方位的参照点;例②"巴士"便是"上"这一方位的参照点;例③"店铺"就是"里"这一方位的参照点;余者类推。例①的"外"似乎没有什么参照点,其实参照点就是"阿兰"和"阿英"所在的屋内。

12.1.2 时间词

时间词不是一个词类概念。时间词是指表示时间的词语,它包括以下两小类:一是表示时间的名词,如"今天、现在、明年、将来、下午"等。二是表示时间的词组,如"十二点一刻、上个星期、五个月、三年、两个星期"以及"吃饭前、放学后、劳动中、上课时"等。

从意义上看,时间词所表示的时间有两种情况:一种是指明"什么时候",如"星期天、后天、中午、明年、一九九七年、今天晚上"以及"吃饭前、放学后、劳动中、上课时"等,这些时间词说的都是某个时间,一般称之为"时点"。另一种是指明"多少时间",如"三个月、四年、三分钟、两天、五个晚上"等,这些时间词说的都是时间的长短,一般称之为"时段"。

上述第一类表示时间的名词都只表示时点;第二类表示时间的词组,有的表示时点(如上面所举的"十二点一刻、上个星期、中午、一九九七年、今天晚上"以及"吃饭前、放学后、劳动中、上课时"等),有的表示时段(如上面所举的"五个月、三个月、三年、四年、两个星期、两天、三分钟、五个晚上"等)。注意,表示时段的时间词如果在前面加上指示代词"这"或"那"(如"这两个星期、那两天"等),就转化为表示时点的时间词。例如:

⑥ 看来,这三天他们也很少在家。(再见 25)

⑦ 约定相亲的那一天,九婶把九叔那条"做皮"的老款西装裤和发霉的白皮鞋借给了阿秋。(△断情剪 152)

例⑥的"三天"和例⑦的"一天"本来都表示时段,加上"这"和"那"后,"这三天"和"那一天"就都表示时点了。表示时段的时间词如果后面加上"前"或"后",也转化为时点时间词。例如:

⑧ 二十年前的他与二十年后的他怎么画上等号?(△断情剪 73)

例⑧"二十年"本表示时段,后面一加上"前/后","二十年前"和"二十年后"就表示时点了。在这里,"二十年前"大体相当于"过去",二十年后"大体相当于"现在"。

这里还需要指出的是,像"已经、曾经、即将、将要、马上"等这一类词虽也含有时间的意味,但它们表示的不是时间,而是某种时态,这些词一般称为"时间副词",它们不属于时间词。注意:"刚才"和"刚刚、刚",从字面上看二者似乎差不多,实际上它们有本质的区别。"刚才"属于这里所说的时间词,而"刚刚、刚"都属于时间副词。

12.1.3　处所词

处所词也不是一个词类概念。处所词是指能做介词"在、到、往、从"的宾语并能用"哪儿"提问、能用"这儿、那儿"指代的表示处所的词语,如"北京、新加坡、门口、桌子上"等,它包括以下三小类:一是表示处所的名词,如"北京、上海、纽约、东京、新加坡、牛车水、金文泰"等。二是由名词与方位词组成的偏正词组,如"门外、桌子上、墙上、抽屉里、游泳池旁边"等。三是表示机关、学校、商店等企事业单位的名词以及表示楼、堂、馆、所的名词,如"教育部、移民局、南洋理工大学、华侨银行、华裔馆、图书馆、研究所"等。

前两类是专门表示处所的处所词,后一类则是一般名词兼处所名词。例如:

　⑨ 校长岗上建起了宏伟的新图书馆……(△母亲 95)

　⑩ 我在宿舍里便能听到同学们上新图书馆以及回去宿舍的脚步声。(△母亲 95)

例⑨里的"图书馆"是作为一般名词来用的,例⑩里的"图书馆"则是作为处所名词来用的。

12.2　关于方位词

12.2.1　方位词的分类

方位词有单纯的和合成的两小类。

1. 单纯方位词。

单纯方位词只有以下十六个：

上　下　里　外　前　后　东　南

西　北　左　右　中　间　内　旁

例如：

我向上仰望。（△一壶 10）

美术系馆隔着河边大道，一壁小山崖下有个池子。（怀旧 30）

厨房里发出水壶碰击的声音……（短篇 85）

门外来了个白发苍苍的老头儿……（△大喜 177）

站在那一列小食店前……（△天长 12）

一个穿血红丝衫的女郎，在车后帮着扶柜。（太阳 38）

秦毅民来到东海岸一间小巧别致的咖啡座……（变调 101）

清朝衰亡的时候，随着家族携着金银财宝南下狮城，一晃五十余年。（青青 18）

50 年前的报界前辈，有的老成凋谢，驾鹤西归。（沦陷 8）

车队、人群、牛羊畜牧，从北向南在群山大地蠕动……（金狮奖 36）

那刺刀已插在将军的左肩，血流了出来。（金狮奖 23）

阿凤粗壮的身躯上的小头颅习惯性地向右倾斜……（追云 106）

另一个在厨房中不知在忙些什么。（华韵 16）

各种建筑格局迥异的农舍分散在林荫小道间。（南北 40）

你报案说是在裕廊 A 组大牌四号的电梯内……（△浮萍 7）

几个收工的小贩，围在一张圆桌旁聚赌。（牛车水 24）

2. 合成方位词。

合成方位词有以下三种情况：

一种是由单纯方位词加"边、面、头、方、当"组成的。组合情况如下：

	边	面	头	方	当
上	上边	上面	上头	上方	—
下	下边	下面	下头	下方	—
里	里边	里面	里头	—	—
外	外边	外面	外头	—	—
前	前边	前面	前头	前方	—
后	后边	后面	后头	后方	—
东	东边	东面	东头	东方	—
西	西边	西面	西头	西方	—
南	南边	南面	南头	南方	—
北	北边	北面	北头	北方	—
左	左边	左面	—	左方	—
右	右边	右面	—	右方	—
中	—	—	—	—	当中
间	—	—	—	—	—
内	—	—	—	—	—
旁	旁边	—	—	—	—

另一种是由单纯方位词互相组合成的，组合情况如下：

	上	下	里	外	前	后	东	西	南	北	左	右	中	间	内	旁
上	—	上下	—	—	—	—	—	—	—	—	—	—	—	—	—	—
下	—	—	—	—	—	—	—	—	—	—	—	—	—	—	—	—
里	—	—	—	里外	—	—	—	—	—	—	—	—	—	—	—	—
外	—	—	—	—	—	—	—	—	—	—	—	—	—	—	—	—
前	—	—	—	—	—	前后	—	—	—	—	—	—	—	—	—	—
后	—	—	—	—	—	—	—	—	—	—	—	—	—	—	—	—

续表

	上	下	里	外	前	后	东	西	南	北	左	右	中	间	内	旁
东	—	—	—	—	—	—	—	东西	东南	东北	—	—	—	—	—	—
西	—	—	—	—	—	—	—	—	西南	西北	—	—	—	—	—	—
南	—	—	—	—	—	—	—	—	—	南北	—	—	—	—	—	—
北	—	—	—	—	—	—	—	—	—	—	—	—	—	—	—	—
左	—	—	—	—	—	—	—	—	—	—	—	—	左右	—	—	—
右	—	—	—	—	—	—	—	—	—	—	—	—	—	—	—	—
中	—	—	—	—	—	—	—	—	—	—	—	—	—	中间	—	—
间	—	—	—	—	—	—	—	—	—	—	—	—	间中	—	—	—
内	—	—	—	内外	—	—	—	—	—	—	—	—	内中	—	—	—
旁	—	—	—	—	—	—	—	—	—	—	—	—	—	—	—	—

其中"间中"一词是新加坡华语所有而中国普通话所无的一个方位词。下面试举几个实例：

　　① 左右两爿，间中为通道。（吾土·戏剧 58）

　　② 游客吸引了无数的小贩，多数是卖纪念品的，间中只有几摊是卖小食品的。（石头 25）

　　③ 只见客房以弧状分布在外围，间中安插着共同的盥洗室，至于接待处、消闲室及餐厅等集合在中间。（南北 14）

例①里的"间中"，意思相当于"中间"；而例②、例③里的"间中"，意思相当于"其中"。

　　还有一种，是由"东西、东南、东北、西南、西北、南北"这几个合成方位词再加上"方""面"或"部"形成的三音节合成方位词。例如：

　　④ 丹绒峇莱，位于新加坡的西南方。（南北 33）

　　⑤ 位于瑞丽西北面的盈江……（南北 90）

　　⑥ 位于印度西北部的拉惹斯坦州，远在中古时代，已是商旅发达的地区。（南北 61）

12.2.2　方位词的语法功能

　　方位词是名词中的一个小类，它与一般名词在语法功能上有同

有异,具体如下:

1. 关于修饰名词和受名词修饰。

一般名词都可以直接修饰另一个名词,做定语(分别见 3.4 节和 8.6 节)。方位词也能修饰名词,例如:

⑦ 阮程元与汪末原居越北,七二年美军大举轰炸时,他们被强编入伍,随后受伤为美军所俘,一段日子后他们投诚南方政府军,又开始了他们的作战生涯。(金狮奖 7—8)

⑧ 小鸭躲在车底下,年轻人在左边捉它,小鸭却将身体偏移到右边。当右边那位年轻人伸手去捉它时,它又跑向左边。(一心 47)

⑨ 一个不小心,上头一杯咖啡受到震颤而溢出少许。(无弦月 7)

但因为方位词的出现往往要伴随作为方位参照点的名词,所以单独的一个方位词直接修饰名词的用法还是比较少见,至少在书面上是这样。翻检了二十本小说、游记、散文集,只发现很少的几个实例。至于像"左手、右手、左脚、右脚、前门、后门、东半球、西半球、里屋、外衣"等,都应把它们看作词了。

但是,方位词接受名词性词语修饰的能力则很强,绝大部分方位词都能受名词性词语的修饰,[①]而且随处可见。下面举一些实例:

⑩ 我把全部旧篇都翻阅过一遍,向它们作最后的告别,然后分别装在两个塑胶袋中,提到楼下,塞进那个黑色的大垃圾桶里。(回忆 28)

⑪ 现今岛上建有佛寺,好些僧人在岛上修行。(南北 72)

⑫ 一群穿着院服的铜乐队员正忙着搬运乐器,负责老师站在铁门内,他身旁的看守员陌生得令我愕然。(牛车水 124)

⑬ 她深怕那个淘气的弟弟偷吃她的巧克力,就把巧克力藏在放衣服的柜子里。(报 1995 年 3 月 11 日副刊版)

---

① 单纯方位词里的"左"和"右",合成方位词里的"间中"和"内中"不受名词修饰。

⑭箱子旁边,蹲着她两个稚龄的孙儿。(石头 38)

⑮山头后方被燃得一片通红……(金狮奖 7)

⑯屋子前面是花园……(独上 27)

⑰叶子上面有记号吗?(追云 121)

例⑩—⑬是单纯方位词受名词性词语的修饰,例⑭—⑰是合成方位词受名词性词语的修饰。当受名词性词组修饰时,要注意由此形成的偏正词组的内部层次构造。如例⑬"放衣服的柜子里"该分析为A,不能分析为 B:

A. <u>放衣服的</u> <u>柜子</u> <u>里</u>
　　　　1　　　 2 　(偏正词组)

B. <u>放衣服的</u> <u>柜子</u> <u>里</u>
＊　　　1　　　 2 　(偏正词组)

单纯方位词受名词修饰时,定语不能带"的",如例⑩的"垃圾桶里"就决不能说成"＊垃圾桶的里";合成方位词受名词修饰时,定语一般不带"的",但也可以带"的",如例⑭的"箱子旁边"也可以说成"箱子的旁边"。再如:

⑱在城市的北方,天上被一阵阵的火光照得炽烈通红。(金狮奖 33)

　2. 关于受数量词修饰。

　一般名词大多能受数量词修饰。(见 3.4 节和 8.9 节)方位词则不是都能受数量词修饰,能受数量词修饰的方位词常见的有以下十二个:

单纯方位词:里　中　前　后　间　内

合成方位词:里边　里面　里头　当中　中间　前后

其中,"前""后""间""内"和"前后"似只受表时量的数量词修饰,例如:

⑲写到这里,无意又追溯五十年前的情景。(晚上 39)

⑳几天后我曾收到巫汉明的信……(△狮城 6)

㉑叶时候死于 1945 年 5 月间,距离日本投降只有三个月。(沦陷 12)

㉒ 他说战后五年内,很多反法西斯主义战争,反殖民地的作品发表,这些都是……(△新华文学 14)

㉓ 远在一九三二年前后,已经在汕头的正报副刊《绿茵》与《活地》上发表作品了。(△狮城 13)

其余的既能受表时量的数量词修饰,也能受其他数量词修饰。例如:

㉔ 两老认为一年中最快乐的时候就是儿女带着外孙回娘家小住的那两个星期了。(风雨 37)

㉕ 在这两个月零七天里,人心惶惶,谁也不知道大英帝国的军事力量是否能保卫得住新加坡。(沦陷 23)

㉖ 那时住的房子也很破旧,三间中有两间都漏雨。(沦陷 62)

㉗ 现在的学生,十个里有四个戴眼镜。(报 1995 年 3 月 12 日 6 版)

同为方位词"中""里",例㉔、例㉕受表时量的数量词修饰,例㉖、例㉗受其他数量词修饰。

上述十二个方位词虽能受数量词修饰,但与一般名词受数量词修饰还有所不同:

A. 一般名词受数量词修饰,对量词有选择性,譬如说"书"论"本"(三本书),"纸"论"张"(三张纸),"笔"论"支"(三支笔),"面包"论"个"(三个面包),等等。但是,方位词受数量词修饰,则没有选择性,试以"里面"为例,既可以说"三本里面",也可以说"三张里面""三支里面""三个里面"。

B. 一般名词受数量词修饰后,在一定的语境下,那数量词可以指代整个"数·量·名"词组,例如有时"三本"就是"三本书"的意思,即"三本"指代"三本书"。但是,方位词受数量词修饰后,那数量词就不能指代整个偏正词组,例如"三本"在任何情况下都不能用来指代"三本里面"。

C. 从意义上说,数量词修饰一般名词是说明被修饰的那个名词所指的事物的数量,如"三本书","三本"说明"书"的数量;数量词修饰方位词,不是要说明那方位的数量,而整个词组表示事物或时间的范围,前者如"三本中间",后者如"三年前"。

3. 关于做主语。

一般名词做主语比较自由,方位词做主语则有不同的情况。一般说合成方位词做主语比较自由,例如:

㉘ 里面有个试管婴儿呢!(跳舞 152)

㉙ 左边是正在建造中的新式组屋和挖掘已深的蓄水池。(心情 112)

㉚ 当时,后面坐着一位印度汉,我坐在前座。(一心 52)

㉛ (略偏的落日泛着橙黄之光,)左右是长长的一条云带染上五彩色泽。(寻庙 38—39)

㉜ (我躺在四层床上,)上面躺着一个人,下面躺着一个人,再下面又躺着一个人。(牛车水 48)

㉝ 车行两三小时,除了稻田以外还是稻田。前面是稻田。后面是稻田。左边是稻田。右边是稻田。(八方 21)

㉞ (它的东面连接着红桃绿柳、芳草如茵的白堤,)西北又和西泠桥紧紧相连。(华文教材 1B 163)

㉟ 东西长 1040 公尺,南北宽 820 公尺。(华文教材 2B 77)

㊱ 中间横放着一张桌子、四张椅子,还有四个杯子。(华韵 19)

㊲ 右边是上楼的唯一楼梯。(扶轮 14)

单纯方位词做主语就很不自由,只在对比的说法中偶见。例如:

㊳ 前怕狼,后怕虎。(华文教材 2A 155)

㊴ 上有天堂,下有苏杭。(华文教材 2B 77)

㊵ (两座大亭似的建筑物分置左右,)左为看台,右为舞台。(冰灯 77)

4. 关于做宾语。

做动词的宾语，一般名词是比较自由的，方位词则不多见。下面略举几个例子：

㊶ 好一阵子，他翻身，倚着树干，眼也不眨地瞪着前方。（金狮奖 14）

㊷ 母亲要他去东边，他偏偏去西边。（狮子 65）

㊸ 我的儿子，他、他、他就在前面，撞车了，头部不停地流血……（再见 48）

注意，单纯方位词做宾语通常出现在对比的说法中，例如：

㊹ 振强在前，振威在后。地上的影子，一个长长，一个短短。（狮子 87）

㊺ 你这个吃里扒外的家伙，狼心狗肺，真是狗屎不如！（跳舞 50）

"吃里扒外"已经成为一个凝固的格式。

常见的是方位词做介词的宾语，例如：

㊻ 程元急急忙忙地往前走。（金狮奖 29）

㊼ 阿凤粗壮的身躯上的小头颅习惯性地向右倾斜……（追云 106）

㊽ 他不由自主地朝后退了一步。（狮子 68）

㊾ 这几位有儿女在外求学的父母，聆听了几个隐藏在出国的喜悦的后面的故事。（回忆 72）

㊿ 她偷偷摸摸地在外头借宿下来。（鞭子 105）

○51 眼梢微微斜向上面，似笑非笑的。（狮子 18）

○52 其中有两只候鸟……遥遥领先，把同伴们遗落在后面。（回忆 53）

○53 有一次，他把"郑"字耳旁儿写在左边，结果又吃了二十大板。（华文教材 2B 38）

12.3　方位词的引申意义

方位词表示事物的方位，这是它的本义。方位和处所密不可分，指明事物的方位，实际上也就指明了事物所在的处所，所以表示处所也可以看作是方位词的本义。

　　有时，方位词不是表示方位和处所，举例来说，"新年前的那几天，大街小巷热闹非常"（华文教材 1A 76）这句话里的"前"就表示时间；上面举过的"三本里面"里的"里面"则是表示范围；而"欺上瞒下"里的"上""下"又都用来指人，可以分别用来指上级（领导/长辈）和下级（群众/小辈）。方位词所表示的非指方位和处所的意义，都称为方位词的引申意义。下面例句里的方位词都不表示方位，它们表示的都是引申意义：

　　① 祖母走后，我又问：……（太阳 21）

　　② 这个仪式很简单，前后只有一两分钟，便大功告成了。（鞭子）

　　③ 这个字只是在名字当中用到……（△华语 29）

　　④ 天天在风里、雨里、太阳酷晒里挣扎咬牙，在粗茶淡饭里自苦，日子很难挨过了。（鞭子 7）

　　⑤ 阿婵有个哥哥，下面还有好几个弟弟妹妹。（鞭子 18）

例①、例②里的"后""前后"表示时间，例③里的"当中"表示范围，例④里的"里"又表示条件，例⑤里的"下面"则是说排行。

12.4　方位词与"以""之"的组合

12.4.1　"以/之＋单纯方位词"的具体情况

　　单纯方位词大都可以与"以/之"组合，组合的方式是"以/之"在前，单纯方位词在后，具体如下：

	上	下	里	外	前	后	东	西	南	北	左	右	中	间	内
以	＋	＋	－	＋	＋	＋	＋	＋	＋	＋	－	－	－	－	＋
之	＋	＋	－	＋	＋	＋	＋	＋	＋	＋	－	－	＋	＋	＋

（"＋"表示能组合，"－"表示不能组合。）

12.4.2　"以/之十单纯方位词"组合的分类

"以/之＋单纯方位词"这一类组合实际可分成以下两组：

1. 已单独成词,这有以下八个：

以上　以下　以外　以前　以后　以内

之前　之后

例如：

① 以上三个理由说明了为什么我认为华族文化的前景是不乐观的。(风筝 11)

② 它与以前出版的书目最大不同点,在于⋯⋯(△新华文学 77)

③ 大颗饱满圆肥的胡椒就装在麻包袋里,浸在水中大约 7 至 9 天;再用手搓洗干净,之后,再暴晒至干透为止。(南北 26)

例①—③里的"以上""以前"和"之后"都是作为词的身份在句中出现的。

2. 还未成词,这有以下十四个：

以东　以西　以南　以北

之上　之下　之外　之东　之西　之南　之北　之中　之间　之内

"以/之 ＋ 单纯方位词"这一类组合,大多得放在别的词语后边,例如：

④ 我们做人,在天地之间,该做得光明磊落,堂堂正正。(牛车水 55)

⑤ 如适遇阴天,一切陷身于白茫茫的云雾里,似坠入五里云雾之外。(一心 76)

⑥ 长城像一条巨大的游龙,连绵起伏于高山丘陵之间,草原沙漠之上。(华文教材 2A 174)

⑦ 他张开的眼睛,看不见三寸以外的东西,只看见自己。(八方 39)

⑧ 厨房里,杯和盘,胶着层层的油渍与辣椒酱狼狈而沮丧地挤在皿盆之中。(再见 23)

12.4.3 "以/之＋单纯方位词"组合的引申意义

"以/之 ＋ 单纯方位词"这一类组合,除了"以/之 ＋ 东/南/西/北"这些组合外,一般也都能表示多种引申意义,最常见的是表示时间,例如:

⑨ 在我们离开之前,大伙儿便与众老人及负责人拍照留念。(华韵 6)

⑩ 娜尼雅未来以前,他们夫妻两人便好像已经有了裂痕。(跳舞 7)

⑪ 有了这次惨痛经验之后,笔者终于大彻大悟,学会"一分为二"的不二法门。(八方 24)

⑫ (那鲜鱼刺身)硬生生吞下以后,好似有人在抠我的胃部,有呕吐的恶心感。(△天长 47)

⑬ 谈话之间,远处连续传来几声炮响。(华文教材 3B 126)

⑭ 在一天之内,他们的几处落货地点都被人从中破坏。(短篇 92)

也有表示范围的,例如:

⑮ 她在他身旁的座位坐下,出乎他意料之外地以一句纯正的华语问他:"怎么啦? 对这些风景都没有兴趣吗?"(牛车水 61)

⑯ 在破坏公物者之中,有许多是青少年。(平心 58)

也有表示条件的,例如:

⑰ 后来在卢毕福的指导之下,他终于发现了电离层,获得了诺贝尔奖。(华文教材 4A 24)

下面实例中的"之间"则表示关系:

⑱ 我们希望建屋局与居民之间建立更融洽的关系,为社区发展做出更大的贡献。(平心 27)

下列例句中的"之中""之下"又说的是一种情景:

⑲ 母亲仿佛陶醉在那一阵精神的胜利之中。(短篇 19)

⑳ 而且,在气愤之下,竟扬言若超云要与那孤女结婚,就要脱离父子的关系。(短篇 81)

"以上""以下"又常用来分别指"上面说的(话)"和"下面将要说的(话)",例如:

○21 以上所述揭示了现代汉语中存有甚多的文言成分。(△语法修辞 28)

○22 以下所述的分流所造成的弊病是基于教育原理、教育研究成果,以及配合本国实施情况而得到的结论。(风筝 76)

又可以表示界限,例如:

○23 人数是越多越好,至少也必须有十人以上。(△断情剪 6)

○24 十岁以下的孩子都有家长带着。

12.4.4 "动词性词语＋之/以前"和"动词性词语＋之/以后"表示时间

"动词性词语 ＋ 之/以前"和"动词性词语 ＋ 之/以后"都只能表示时间,如上面所举的例○9、例○10和例○11、例○12。这里需要指出的是,"动词性词语 ＋ 之/以前"里的动词性词语可以是肯定形式,也可以是否定形式,而意思基本一样。请看:

○25 在结婚之前,他们曾经很冷静。(鞭子 77)

○26 都是发生在他诞生以前。(牛车水 55)

○27 在未经法庭定罪之前只能是嫌凶、嫌犯。(△断情剪 36)

○28 娜尼雅未来以前,他们夫妻两人就好像已经有了裂痕。(跳舞 7)

例○25、例○26,"之/以前"前面的动词性词组是个肯定形式,如将它们改为否定形式,意思不变,试比较:

○29 a.在结婚之前,他们曾经很冷静。(肯定形式)

　　b.在没有结婚之前,他们曾经很冷静。(否定形式)

○30 a.都是发生在他诞生以前。(肯定形式)

　　b.都是发生在他未诞生以前。(否定形式)

例○27、例○28,"之/以前"前面的动词性词组是个否定形式,如将它们改为肯定形式,意思也不变,试比较:

㉛ a. 在未经法庭定罪之前只能是嫌凶、嫌犯。（否定形式）

　　b. 在经法庭定罪之前只能是嫌凶、嫌犯。（肯定形式）

㉜ a. 娜尼雅未来以前，他们夫妻两人就……（否定形式）

　　b. 娜尼雅来以前，他们夫妻两人就……（肯定形式）

　需要指出的是，肯定形式如果是"临 ＋ 动词"的话，则不能改为否定形式。例如：

㉝ 临走之前，她又嘱咐了他几句。（报 1995 年 3 月 18 日副刊 3 版）

㉞ 临死之前，他看着围在床边的儿女……（太阳 48）

例㉝的"临走之前"就不能改为"＊没临走之前"；同样，例㉞的"临死之前"不能改为"＊没临死之前"。反之，否定形式如果否定词前带有副词"还"，则不能改为肯定形式。例如：

㉟ 在还没有坐飞机以前，常常听到许多可怕的传闻。（八方 10）

例㉟的"没有坐飞机以前"就不能改为"坐飞机以前"，因为前面有个"还"，我们不能说"＊还坐飞机以前"。

　此外，"动词性词语 ＋ 之/以前"如果处于定语位置上，那就只能采取肯定形式。例如：

㊱ 我正在作上课之前的准备。

这里的"上课之前"不能改用否定形式"没上课之前"，即不说"＊没上课之前的准备"。

12.5　关于表时点的时间词

　这里有必要先对时点做一点补充说明。作为一个点，其所占面积可以很小，小到肉眼看不见，需要用显微镜来看；也可以很大，如新加坡可以看作地球上的一个点，地球可以看作太阳系中的一个点，太阳系可以看作银河系中的一个点,银河系可以看作宇宙中的一个点。同样道理,作为时点,其时间范围可以很小,也可以很大。譬如说,"六点"的时间范围就比"刚才"小,而"刚才"则比"上午"小,"上午"则比"今天"要小,"今天"则比"这个星期"要小,"这个星期"则比"五月"要小,"五月"则比"一九九七年"要小,"一九九七年"则比"九十年代"要小,"九十年代"则比"二十世纪"要小。

12.5.1　表时点的时间词的类型

表时点的时间词主要有以下一些类型:

1. 表时间的名词。如"今天、刚才、目前、明晚、上午、以前、星期日"等。例如:

① 今天是他女朋友的生日,他们已准备共度烛光晚餐。(华韵 33)

② 刚才的不快,全都烟消云散了。(石头 203)

③ 目前她还在警察署里等候进一步的调查。(△断情剪 39)

④ 妈! 让我考虑一天,明晚才说。(微型 98)

⑤ 外子时常把三岁的浩儿在上午的时间内带去工厂工地巡视……(△含羞草 48—49)

⑥ 现在家中的仙人掌不及以前的一半……(壁虎 23)

⑦ 星期日,我和 T 小两口子,照例提了篮子去买菜。(△含羞草 28)

表时间的名词,新加坡华语与中国普通话基本相同,但也有些细微的差别。在新加坡华语里,星期的表达法除了用"星期……"或"礼拜……"外(如"星期一、星期二""礼拜一、礼拜二"等),还可以用"拜……",例如:

⑧ 今天拜六,不上课,只有课外活动。(吾土·戏剧 144)

⑨ 拜六还有股票交易? (吾土·小说上 95)

⑩ 那天,拜三,好像是拜三。(苏明美 1995·附录《会话录音抄录(八)》)

这种表达法,无论在口语或书面语中,用得都很普遍。中国普通话里则没有这种表达法。

此外,在新加坡华语里,"礼拜天"可以略为"礼拜",例如:

⑪ 不过看戏每次都要等到拜六礼拜。(苏明美 1995·附录《会话录音抄录
(二)》)

例⑪里的"礼拜"就是"礼拜天"的意思。中国普通话里已没有这样的
用法。

2. "序数词 + 时量词"所形成的数量词,如"一九五九年、六月、
九时"等。例如:

⑫ 一九五九年摄于星洲。(△狮城 12)

⑬ 六月的夏夜这般漫长……(无弦月 11)

⑭ 我们九时出发……(怀旧 89)

在新加坡华语里,作为时点的"……分"的表达法,除了像中国普
通话那样用"……分"来表达外,如"十一点四十五分"(再见 15)、"十
二时五十分"(青青 81),还有一种特殊的表达法,那就是用"……个
字"(一个字代表五分钟)。例如:

⑮ "差一个字半十一点。"我又看看表。(长哭当歌 53)

"差一个字半十一点"就是"差七八分钟十一点"的意思。这种说法在
口语里还比较多见。中国普通话里没有这种表达法。

3. 由前两类表时点的时间词互相组合所形成的偏正词组。就
汉民族共同语说,这种组合一般遵循"由大到小"的原则,譬如"二十
世纪九十年代"不能说成"﹡九十年代二十世纪",因为"二十世纪"的
时间范围要比"九十年代"大;再如"今天下午"不能说成"﹡下午今
天",因为"今天"的时间范围比"下午"大。下面举些实例:

⑯ 去年今日……耳边是你们的朗朗笑语。(心情 75)

⑰ 今天下午,当她将宝真送回家……之后,立刻又匆匆赶回公司。(金狮

奖(四)33)

⑱ 晚上两点才到达。(风筝 187)

⑲ 它在今天,在五月八日早上,已被宣判为危楼……(回忆 17—18)

⑳ 1941 年 12 月 8 日凌晨 12 时 45 分在空军的掩护下,杀人不眨眼的日本蝗军跳下日本战舰而登陆哥打峇鲁了。(沦陷 4)

中间也可以带"的",例如:

㉑ 星期五的晚上,老大就这样对我说:……

㉒ 在五月八日的傍晚六点,当我离去时,夕阳正挂在西边……(回忆 21)

由于受英语的影响,在新加坡华语书面语里,说明年、月、日的日期也常常采用由小到大,即由日到年的表达方式。例如:

㉓《学生》编辑

　方叔叔

　22.10.1992 (小学 6A 6)

㉔ 文华民众联络所青年团

　3-1-1994 　(课本 1A 8)

㉕ 报案日期:16-8-1988 (华文教材 4B 117)

㉖ 翻开日记:

　"25-4-1985,星期三,清晨阵雨,阴天。"(青青 64)

条件是不写出"年、月、日"。如果写出"年、月、日",则还是采用由大到小的表达方式。例如:

㉗ 学生　曾华丰上

　一九八二年一月十日　　　(青青 104)

㉘ 截止日期:1994 年 2 月 2 日　(课本 1A 8)

㉙ 光华学校在 1953 年 1 月 10 日诞生了。(薪传 37)

在中国普通话里,不管口语、书面语,也不管是否写出"年、月、日",日期的表达都是从大到小,即都是从年到日。

4."X ＋ 方位词"所形成的偏正词组。方位词主要是"前、以前、之前"和"后、以后、之后"等。X 常见的是动词性词语,例如:

㉚ 临走前,卿嘱我把梅花带着走。(独上 23)

㉛ 下车以前,听到 P 安慰那位司机……(△自然 120)

㉜ 在认识雪云之前,他几乎每个周末往夜总会跑。(梦 55)

㉝ 回新加坡后,内人说,浸温泉后,老人斑就脱了,皮肤比较润滑,头发柔软有光泽。(一心 78)

㉞ 在绿园演出那出《父归》以后,我便不愿再演悲剧了。(心情 87)

㉟ 毕业之后,我到那个以湖泊著名于星马的小市镇——太平去工作。(风雨 2)

X 也可以是量词为时量词的数量词,例如:

㊱ 他绝少在九点钟以前离开办公室……(金狮奖(四)36)

㊲ 一八九五年后,新抵达的中国移民每年约在十五万到二十万之间。(△新华文学 4)

㊳ 我用钥匙开启那道绿色栅门,那一道常敞开着、却在三小时前才被锁上的门。(回忆 17)

㊴ 三十年后,我这一代人已经长大……(△小小鸟 39)

例㊱、例㊲的数量词由序数词加时量词组成,本来就表示时点,加上"前/后"之后还是表示时点;例㊳、例㊴的数量词由基数词加时量词组成,原先表示时量,加上"前/后"之后,就表示时点了。

X 也可以是指示代词,常见的是"这",例如:

㊵ 新加坡在这之前,一直是海盗的窝巢。(△新华文学 4)

㊶ 这以后,当有人问我:"教书有意义吗?"我说:"做别行吧,别贻害子孙!"

㊷ 这之后,我又在碧仪美容美发专科学校的毕业典礼上见过酆碧仪。(变调 25)

X 也可以是含有时间意义的名词,例如:

㊸ 新年前(华文教材 1A 76)|第二次大战后(风筝 128)|午餐后(追云 59)

5. “动词性词语 ＋ 时”。例如：

㊹ 当年买下这幢大房子时，曾经当着众儿女面前声明要跟大儿子住到老去……(追云 27)

㊺ 牵回车子时，永福桥上的灯都点亮了。(寻庙 39)

㊻ 我们冲进房间时，您已倒地不醒。(变调 2)

12.5.2　表时点的时间词在句中的位置

表时点的时间词在句中通常放在动词性词语的前边。有时头上有介词，例如：

㊼ 我在上个月被调升到教育部去。

㊽ 在会考来临前，我开了不少夜车。(回忆 27)

有时头上没有介词，例如：

㊾ 我现在才懂得珍惜它……(△南风 47)

㊿ 刚才冯老跟你说了些什么？(金狮奖(四) 58)

如果头上有介词，那么整个介词结构，如例㊼里的“在上个月”和例㊽里的“在会考来临前”，在句中都是做状语。如果头上没有介词，那时间词在句中是做什么成分呢？这要看那时间词表示什么意思，然后才能确定是什么成分。如果表示的是“在……时候”的意思，那么那时间词是主语，如例㊿里的“刚才”就是主语。再如：

(51) 本月七日宗乡会馆联合总会的章程已拟就，最近即将向社团注册官申请注册。(文艺 128)

(52) 我昨天跟他打了一场架……(牛车水 80)

例(51)里的“本月七日”和“最近”，以及例(52)里的“昨天”，也都是主语。如果表示的是“到……时候”的意思，那么那时间词是状语，如例㊾里的“现在”。平时两个人分别时常常说“明天见”，这里的“明天”也是“到明天”的意思，所以那“明天”也是状语。再如：

(53) 平：明天再说吧！（说完关灯）（金狮奖（四）130）

例(53)里的"明天"也是状语。

表时点的时间词出现在动词之后直接做动词的宾语的实例很少见，例如：

(54) 掌声迎来了1988年……（科学171）

较多的是做动词"是"的宾语。例如：

(55) 大概是去年吧。（金狮奖（四）104）

(56) 今天是星期天。（△南风73）

如果出现在其他动词之后，通常要由介词引导。例如：

(57) 我生于1917年。（沦陷60）

(58) 孟毅的《新加坡华文文学作品选集》出版于一九七零年。（△新华文学69）

(59) 书里的文章大多写于92至93年。（△小小鸟191）

12.6 关于表时段的时间词

表时段的时间词都不是真正的词，都是词组，都是偏正词组。这可以分为两小类：一是"基数词 ＋ 量词"所组成的数量词，例如"二十年""三天""两小时"等。二是"基数词 ＋ 个 ＋ 含时间意义的名词"所组成的偏正词组，例如"一个月""三个星期""五个小时"等。

如果说表时点的时间词在句中主要用在动词性词语之前，那么表时段的时间词在句中主要用在动词性词语之后。例如：

① 走了51天……（△新华文学58）

② 灰姑娘与王子结婚十八年……（金狮奖（四）119）

从语法上说，时段时间词在动词之后都是做宾语，这种宾语称为"时量宾语"，属于"准宾语"。从表达上看，例①与例②还有所区别。

例①说的是行为动作持续的时间,"走了 51 天"就是说"走"这个动作持续了 51 天。类似的例子如:

　　③ 我们工作了几十年了,在这里。(华韵 28)

　　④ 我已经注意了三天。(△自然 71)

例②说的是行为动作完成之后到说话时为止所间隔的时间,"结婚十八年"就是说"结婚"这一行为动作完成之后到说话时为止已间隔了十八年。类似的例子如:

　　⑤ 鲁迅逝世 50 年了。(△朝雨 102)

　　⑥ 搬家三年了。(壁虎 23)

　　表时段的时间词用在动词性词语之前远不如用在动词性词语之后多见,但情况非常复杂。例如:

　　⑦ 一年过去了。(冰灯 16)

　　⑧ 十二年我受的是传统华文教育。(梦 16)

　　⑨ 一个月有二百多元的补贴。(短篇 63)

　　⑩ 三千年你还在吗?(△自然 47)

　　⑪ 一天 Y 对我说想买一个柜子给孩子放衣服。(梦 154)

　　⑫ 二十年不算短哪!(报 1995 年 3 月 11 日 22 版)

　　⑬ 半天读书,半天工作。(△母亲 1)

例⑦"一年"是指流失的时光;例⑧"十二年"实际表示的是"过去的十二年内"的意思;例⑨含有"每"的意思,"一个月"就是"每个月"的意思;例⑩"三千年"实际是表示"三千年以后"的意思;例⑪"一天"相当于"有一天"的意思,这种用法,其数词只限于"一",而且常见的也就是"一天";例⑫是对"二十年"时间长短的评论;例⑬的"半天"则又是"用半天时间"的意思。从语法上说,这些置于动词性词语之前的表时段的时间词,都可以看作主语。

12.7 关于处所词

处所词在句中可以放在动词性词语之后,也可以放在动词性词语之前。前者如例①—③,后者如例④—⑥:

① 那妇人带我们进入厅内。(短篇 21)

② 离开了巴黎……(再见 94)

③ 我们一伙人浩浩荡荡地沿着不是很宽的楼梯爬上二楼。(华韵 19)

④ 木橱上堆着厚厚的被褥,木桌上堆着叠叠的书籍,木床下堆满了锻炼身体的器材。(石头 205)

⑤ 屋外有铁丝网,门外有人看守。(短篇 99)

⑥ 屋子四周前后种了好些果树花木。(鞭子 94)

处所词在动词性词语后,都是做宾语,像例①—③里的"厅内""巴黎"和"二楼"就分别是"进入""离开了"和"爬上"的宾语。处所词在动词性词语前,一般都是主语,像例④—⑥ 里的"木橱上""木桌上""木床下""屋外""门外"和"屋子四周前后"都是做主语。但有时是状语,例如平时口语里常说的"屋里坐!"里的"屋里"就是状语。再如:

⑦ 你们前厅休息去吧。(鞭子 57)

例⑦里的"前厅"也是状语。

对于出现在动词性词语前的处所词,怎么分辨它们是主语还是状语呢?一般可以从处所词在句中所表示的意思上去判别。如果那处所词在句中表示"在……地方"的意思,那么那处所词在句中是做主语,否则便都是状语。上面所举的例④—⑥里的处所词在句中都表示"在……地方"的意思,"木橱上"即"在木橱上"的意思,"屋子四周前后"即"在屋子四周前后"的意思,余者类推,所以这些处所词在句中都是主语。而像例⑦里的处所词"前厅"在句中是表示"到前厅"的意思,所以它在句中是状语。

处所词更常见的用法是做介词的宾语。例如:

⑧ 我们在云顶高原停留了大半天。(华文教材 1B 10)

⑨ 舅舅一家三口从中国来探访我们。(△好儿童 3B 38)

⑩ 大哥跟着大嫂往厨房走去。(鞭子 53)

⑪ 雨肆意地向伞下侵略着。(撞墙 41)

⑫ 我跌坐在单人床上……(撞墙 38)

⑬ 这时,有一个瘦子出现了,双手直直地伸到我面前来……(石头 1)

⑭ 张金燕是粤籍人,一九零一年诞生于中国。(△狮城 23)

⑮ 娇小的她今年 26 岁,来自中国海南省。(报 1995 年 3 月 10 日 20 版)

⑯ 随着世界各国的文学走向中国,世界各地的华文文学也逐渐走向世界。(△新华文学 253)

由"介词 + 处所词"所形成的介词结构,可以出现在动词性词语前做状语,如例⑧—⑪,也可以出现在动词性词语之后做补语,如例⑫—⑯。

处所词也经常做定语。表示处所的名词类处所词做定语,可以带"的",也可以不带"的"。例如:

⑰ 尼泊尔首都(南北 1)

⑱ 泗水的交通(冰灯 67)

例⑰也可以说成"尼泊尔的首都",而例⑱也可以说成"泗水交通"。不过,有时带"的"不带"的",意思会有些不同,例如"海南鸡饭"(南北 7)与"海南的鸡饭"就有所区别。新加坡人常说:"我们去吃海南鸡饭。"这绝不能说成:"＊我们去吃海南的鸡饭。"

由名词与方位词组成的偏正词组类处所词做定语以带"的"为常。例如:

⑲ 纸盒里的剩菜剩饭(△好儿童 3B 28)｜房间外面的牌子(痕迹 111)｜屋后的窗(△母亲 84)｜门前的鞭炮屑(太阳 23)｜船上的灯火(寻庙 29)

但是,如果所修饰的中心语含有数量词,或含有指示代词,或含有"的"字结构,那么通常就不带"的"。例如不说"＊桌上瓷碗",得说"桌上的瓷碗",但如果"瓷碗"前有数量词、指示代词或"的"字结构,就可以不带"的",而说成"桌上一个瓷碗""桌上那瓷碗""桌上那个瓷碗"或"桌上盛了菜的瓷碗"。再如:

⑳ 主席台上几位学有专长的演讲者(怀旧 58)｜门前那棵树(晚上 119)｜桌上那个浅浅的碟子(跳舞 20)｜咖啡店内品茶的顾客(一心 46)

　　处所词本身可以修饰另一个处所词,最典型的就是地址。处所词修饰处所词,其排列顺序也遵循"由大到小"的原则。例如一般说"新加坡牛车水",不说"＊牛车水新加坡"。再如:

㉑ 香港荷李活道 92 号 3 楼(华文教材 2B 43)

㉒ 总行:新加坡武吉智吗律十条石八八二号

分行:武吉智吗律七条石美世界中心地下层 B1—K14(华韵 附:新香港校服公司广告)

㉓ 台湾售楼处:台湾省台南市东丰路 649 之二号(报 1995 年 3 月 11 日 10 版)

㉔ 总行:新加坡惹兰苏丹二百号布业中心门牌零二/一八号(报 1995 年 3 月 11 日 14 版)

但是由于受英语的影响,书面上也有按"从小到大"的顺序来书写地址,例如:

㉕ 永平大厦 130 号,永平,柔佛州,马来西亚(华文教材 2A 65)

不过口语中还是按"从大到小"的顺序来说地址。

　　中国普通话里,不管口语还是书面,凡地址都遵循"从大到小"的原则来说、来书写。

12.8　处所主语动词谓语句

　　由处所词充任的主语一般称为"处所主语"。由处所词做主语、由动词性词语做谓语的主谓句,一般称为"处所主语动词谓语句"。

　　像"巴黎是个花花世界。"(怀旧)、"希腊是第一个基督教国家。"(南北 49)、"荷兰是世界镶造钻石的中心。"(△天长 20)这样一些处所主语动词谓语句实际就是一般的"是"字句(见 5.6 节)。这类处所主语动词谓语句,做主语的只限于表示处所的名词。这一小节我们要描写、说明的是由名词与方位词组成的偏正词组类处所词充任主语的处所主语动词谓语句。下面按照句子所表示的语法意义,分三类来介绍。

12.8.1　含"存在"义的处所主语动词谓语句

　　这主要有四种格式:

　　1. 格式 1:处所词 ＋ 有 ＋ 名词性词语。例如:

　　① 身上有数不清的细菌。(△好儿童 3B 28)

　　② 眼前有这么好的路。(撞墙 25)

　　③ 酒店旁边有人工湖和儿童游乐场。(华文教材 1B 10)

　　④ 屋外有铁丝网。(短篇 99)

　　⑤ 皇宫前面有一方石砖地广场。(怀旧 4)

例①"身上有数不清的细菌"就是"身上存在着数不清的细菌"的意思,余者类推。

　　有时,"有"后也可以带"着",例如:

　　⑥ 面前有着一个万丈深渊。(跳舞 42)

不过,这种带"着"的句式在新加坡华语里仅见于书面语,而且即使在书面语中也比较少见。

　　2. 格式 2:处所词 ＋ 是 ＋ 名词性词语。例如:

　　⑦ 桌上是凌乱的讲义。

　　⑧ 他家屋后是一个花园。(华文教材 1A 106)

　　⑨ 门内是一间课室。(回忆 3)

　　⑩ 湖的对面是总统的标致别墅。(冰灯 63)

　　⑪ 眼前是一个很大很圆的坑。(△一壶 7)

　　以上两种格式都表示存在,但所用动词不同。格式 1 用"有",格式 2 用"是",所以在意义表达上有细微的区别。用"是"含有排他性,意味着在说话人心目中所存在的事物除了句中所说的以外,没有别的;用"有"不含有排他性,意味着在说话人心目中所存在的事物除了句中所说的以外,还有别的。试比较:

　　⑫ a. 书包里有奶油饼干。

　　　　 b. 书包里是奶油饼干。

⑫a 句用"有",说话人只是肯定书包里存在奶油饼干,至于书包里是否还存在别的东西,则不做肯定;⑫b 句用"是",说话人不仅肯定书包里存在奶油饼干,而且在他心目中书包里只是存在奶油饼干,或者即使还有其他东西,也可以忽略不计。只因为用"是"含有排他性,所以在"是"前常常可以接受表示"单纯而没有别的"的副词"净"的修饰,像⑫b 可说成"书包里净是奶油饼干"。再如:

　　⑬ 海边净是大大小小失去棱角的石头。(怀旧 112)

　　⑭ 眼前净是白茫茫的浓雾。(华文教材 1B 10)

"有"前则绝不能用"净"来修饰,决不能说"＊书包里净有奶油饼干"。

　　3. 格式 3:处所词 ＋ 动词 ＋ 着 ＋ 名词性词语。例如:

　　⑮ 沙发上面搁着枕头和被子。(狮子 41)

　　⑯ 海面上停泊着多艘巨大的轮船。(石头 210)

⑰ 高速公路的两旁矗立着一盏盏洒着黄光的路灯。（青青 83）

⑱ 书堆中夹着一些剪报。（短篇 11）

⑲ 奴隶塑像的脚下坐着一堆堆的男男女女。（怀旧 5）

4. 格式 4：处所词 ＋ 动词 ＋ 满 ＋ 了 ＋ 名词性词语。例如：

⑳ 马路两旁挤满了争睹热闹的人群。（华文教材 1A 62）

㉑ 墙上画满了图案花纹。（怀旧 52）

㉒ 礼品店里摆满了各种各样的纪念品。（△好儿童 3B 38）

㉓ 篱外沟边的砖缝间长满了蔓条杂草。（追云 51）

㉔ 书桌上放满了中文与捷克文互译的文件。（石头 11）

12.8.2　含"出现"义的处所主语动词谓语句

这时动词谓语部分或含有趋向动词"来"，例如：

㉕ 眼前来了一位中年的客人。（追云 55）

㉖ 门外传来了女佣的声音。（狮子 96）

㉗ 那边跑来一个人。（华文教材 1A 41）

或含有语素"出"的动词，如"出现""露出""显出"等，例如：

㉘ 高空中出现三架飞机。（华文教材 2B 103）

㉙ 苍白的圆脸上露出了疲乏但却满足的笑容。（追云 35）

㉚ 脸上显出痛苦的神情。（华文教材 2A 208）

12.8.3　含"动态状况持续"义的处所主语动词谓语句

其格式是：处所词 ＋ 动词 ＋ 着 ＋ 名词性词语。例如：

㉛ 讲堂外下着雨。（青青 74）

㉜ 手上摇着手帕。（扶轮 33）

㉝ 大街上舞着狮子。

㉞ 课室里上着课。

注意：含"动态状况持续"义的处所主语动词谓语句跟含"存在"义的处所主语动词谓语句格式 3，在格式上完全一样，都是"处所词

＋ 动词 ＋ 着 ＋ 名词性词语"。但它们在语法上有区别,这主要表现在以下两方面:

第一,含"存在"义的处所主语动词谓语句,其名词性词语部分可以而且经常带有数量成分,如例⑯—⑲分别带有"多艘""一盏盏""一些"和"一堆堆"等数量成分;例⑮没有带数量成分,但可以加进数量成分,说成:

⑮′沙发上面搁着一个枕头和两条被子。

加进数量成分后,句子仍然表示"存在"义。

可是,含"动态状况持续"义的处所主语谓语句,其名词性词语部分绝不带有数量成分,也加不进数量成分,如㉛—㉞绝不能说成:

㉛′＊讲堂外下着一场雨。

㉜′＊手上摇着两块手帕。

㉝′＊大街上舞着一只狮子。

㉞′＊课室里上着一节课。

第二,含"存在"义的处所主语动词谓语句可以变换为"名词性词语 ＋ 动词 ＋ 在 ＋ 处所词"格式而基本意思不变,仍然表示"存在"义。如例⑮—⑰可以分别改说为:

㉟ 枕头和被子搁在沙发上面。

㊱ 多艘巨大的轮船停泊在海面上。

㊲ 一盏盏洒着黄光的路灯矗立在高速公路的两旁。

而含"动态状况持续"的处所主语动词谓语句可以变换为"处所词 ＋ 正 ＋动词 ＋ 着 ＋ 名词性词语 ＋ 呢"格式而基本意思不变,仍然表示"动态状况持续"义。如例㉛—㉞可以分别改说为:

㊳ 讲堂外正下着雨呢。

㊴ 手上正摇着手帕呢。

㊵ 大街上正舞着狮子呢。

㊶ 课室里正上着课呢。

　　这里值得注意的是,含"存在"义的处所主语动词谓语句不能变换为"处所词＋正＋动词＋着＋名词性词语＋呢"格式,如例⑮—⑰不能换说成:

　　⑮″＊沙发上面正搁着枕头和被子呢。

　　⑯″＊海面上正停泊着多艘巨大的轮船呢。

　　⑰″＊高速公路的两旁正矗立着一盏盏洒着黄光的路灯呢。

反之,含"动态状况持续"的处所主语动词谓语句则不能变换为名词性词语＋动词＋在＋处所词格式,如例㉛—㉞不能换说成:

　　㉛″＊雨下在讲堂外。

　　㉜″＊手帕摇在手上。

　　㉝″＊狮子舞在大街上。

　　㉞″＊课上在课室里。

　　上述区别说明,含"存在"义的处所主语动词谓语句和含"动态状况持续"的处所主语动词谓语句,只是表面格式相同,而无论在语义上或语法上是完全不同的。在语法学上通常把"处所词 ＋ 动词 ＋ 着 ＋ 名词性词语"这样的句式称作"同形句式"。

第13章　复句

13.1　复句概述

复句是与单句相对的一种句子。下面先看一些实例：

① 我们自己要生活得快乐,也要让别人生活得快乐。(伦理·中四 91)

② 你不替我设法,我自己走好了。(吾土·戏剧 92)

③ 你们开多少价,我就给多少。(回忆 44)

④ 媚媚谈过她太多,却忘了告诉我她长得怎么样。(想飞 40)

⑤ 一条小溪,不分昼夜地向前奔流;山谷里,总是响着他愉快的笑声。(华文教材 1A 36)

⑥ 现在国家发展部又推行一项别出心裁的计划:在每年植树节那天展开"种植果树运动",由政府首长领导人民栽种果树。(华文教材 2A 59)

⑦ 这绝不是一小撮,而是一大群人啊!(风筝 14)

⑧ 既然读不来,又何苦去读呢?(追云 30)

⑨ 吃,吃多一点。(狮子 27)

例①—⑨都是复句。

13.1.1　关于复句的几点认识

1. 单句只包含一个造句单位,复句起码包含两个造句单位。像例①我们之所以把它叫作复句,因为它包含了两个造句单位——"我们自己要生活得快乐"和"也要让别人生活得快乐"。例①—⑤以及例⑦—⑨都包含两个造句单位,例⑥包含三个造句单位。复句里的

各个造句单位,我们一律称之为"分句"。有的复句可以包含好几个造句单位,即包含好几个分句,例如:

　　⑩ 他年纪大了,/不能参加游击队,/有一天他回到他被毁的烟店废墟堆中看看,/刚好附近停了一辆满载军火的日本军车,/他用火柴点燃了车底的汽油,/把军车引爆了,/他也同归于尽。(△新华文学 63)

例⑩这个复句就包含了七个分句。

　　2. 构成复句的造句单位通常是一个词组,如上面所举的例①—⑧里的各分句都是一个词组;但也可以是个单词,如例⑨里的前一个分句就只是一个单词"吃"。再如:

　　⑪ 好,就让你先走!(金狮奖 272)

　　⑫ 对,Miss 林是选购衣物的专家。(追云 17)

例⑪、例⑫的前一个分句都只是一个单词。至于作为造句单位的词组,可以是主谓词组,如上面所举的例②、例③、例⑤里的各个分句就都是主谓词组。也可以是其他类型的词组,如例①里的第二个分句就是一个述宾词组(述语是"也要",宾语是"让别人生活得快乐");再如例⑧的第二个分句则是一个"状-中"偏正词组(状语是"又",中心语是"何苦去读呢")。

　　3. 分句与分句之间一定有停顿,在书面上通常用逗号(,)表示,如上面所举的各例,其分句之间大多用逗号。但有时也可以用分号(;),如例⑤的第一个分句"一条小溪,不分昼夜地向前奔流"后面用的就是分号。再如:

　　⑬ 国家富强,人民就安乐;国家衰弱,人民就痛苦。(伦理·中三 99)

例⑬的第二个分句"人民就安乐"后面用的也是分号。有的情况下,也用冒号(:),如例⑥的第一个分句"现在国家发展部又推行一项别出心裁的计划"的后面,用的就是冒号。再如:

⑭ 如果一切不变,我们将会面对这么一个困境:我们的文坛依然会有少数的杰出的作者,然而我们却会缺乏足以维持文学生命的读者群。(文艺 212)

至于什么情况下用分号,什么情况下用冒号,我们将在下文介绍各类复句时附带谈到。

整个复句的末尾有一个较大的停顿。如果整个复句表示的是一种陈述语气,在书面上就用句号(。)来表示这种句末停顿,如上面所举的例①—⑥、例⑨、例⑩以及例⑫—⑭;如果整个复句表示的是一种感叹语气,那么就用感叹号(!),如上面所举的例⑦和例⑪,再如:

⑮ 我几乎认不出我们的孩子,他已经长这么大了!(建屋 14)

⑯ 今天晚上如果她有回来,我可得要好好教训她一顿!(吾土·小说上 120)

如果整个复句表示的是一种疑问语气,那么就用问号(?),如上面的例⑧,再如:

⑰ 如果有机会,你还会回去家乡吗?(微型 195)

⑱ 我一天两、三元的收入,怎么应付得了每日的生活费用及父亲的医药费?(短篇 36)

4. 构成复句的各造句单位之间,即各分句之间,不是"主语-谓语""述语-宾语""述语-补语"或"定语-中心语""状语-中心语"那样的语法关系,而是某种密切的逻辑关系。如例①,两个分句之间是并列关系;例②、例⑯、例⑰,两个分句之间是假设关系;例⑨,两个分句之间是递进关系;而例⑮、例⑱,两个分句之间是因果关系(关于"并列""假设""递进""因果"等关系见 13.2 节至 13.17 节)。注意:上面所举的例⑤这个复句里面用了两个逗号,一个分号,把整个复句分成了四段——"一条小溪"/"不分昼夜地向前奔流"/"山谷里"/"总是响着他愉快的笑声"。但是,这个复句不是包含四个分句,而是只包含两个分句：一个是"一条小溪，不分昼夜地向前奔流"，另一个是"山谷里，总是响着他愉快的笑声"。换句话说，例⑤里的"一条小溪"，它不是一个独立的分句，原因是它和"不分昼夜地向前奔流"是按"主-谓"关系组合在一起的，而不是按某种逻辑关系组合在一起的；同样，"山谷里"也不是一个独立的分句，原因也是它和"总是响着他愉快的笑声"是按"主-谓"关系组合在一起的，而不是按某种逻辑关系组合在一起的。总之，复句里的各分句之间一定有某种密切的逻辑关系。

　　5. 复句中各分句之间的逻辑关系，常常通过关联词语来显示，如例①分句之间的并列关系，是通过"也"这个关联成分来显示的；例④、例⑦分句之间的转折关系，是分别通过关联成分"却"和"而"来显示的；而例⑯、例⑰分句之间的假设关系，是通过关联成分"如果"来显示的。至于复句里用哪些关联词语，将在下文介绍每一类复句时加以说明。这里需要先说明一点：在英语里，复句里的各分句一般都要由关联词语来连接，而包括新加坡华语在内的现代汉民族共同语里的复句，其各分句之间不一定非用关联词语不可。例如：

　　⑲ If it weren't for him, we would have gone astray certainly.

　　⑳ I've got a cold, so I'm going to bed.

例⑲里的连词 if 和例⑳里的连词 so，都绝不能省掉，可是这两个句子译成华语的话，可以用连词，也可以不用连词，请看：

　　⑲′a. 如果不是他(呀)，我们肯定迷路了。

　　　　b. 不是他(呀)，我们肯定迷路了。

　　⑳′a. 我感冒了，所以我得睡觉了。

　　　　b. 我感冒了，得睡觉了。

例⑲′a 句用了连词"如果"，b 句就没有用任何关联词语。同样，例⑳′a 句用了连词"所以"，b 句就没有用任何关联词语。一般说来，

特别在口语里，b 句更常说。像前面所举的例②、例⑤、例⑥、例⑨
和例⑱就都没有用关联词语。再如：

　　㉑ 清晨，我必须在六点钟前起身，帮忙父亲准备早餐。（短篇 36）

　　㉒ 叫他多在家里休息，他偏放不下心。（胜利 88）

　　㉓ 我常常去找符喜泉女士，找到自己都不好意思了。（报 1995 年 4 月 22
日 19 版）

　　㉔ 你先惹他骂他，是你不对！（今后 11）

　　㉕ 你有本事，你去报告好了！（建屋 13）

例㉑分句之间是目的关系，例㉒分句之间是转折关系，例㉓分句之间
是递进关系，例㉔分句之间是因果关系，例㉕分句之间是假设关系。
在这些复句中，都没有用任何关联词语。在语法学里，一般称不用任
何关联词语来组合复句的方法为"意合法（parataxis）"。

13.1.2 联合复句和主从复句

1. 复句的两大类。

　　根据分句之间意义上的联系，可以把复句分为两大类：联合复句
和主从复句。联合复句的各个分句在意义上是平等的，并列的，没有
主要次要的明显区别；主从复句的各个分句在意义上则有明显的主
次之分。试比较：

　　㉖ 你讲你的，我们讲我们的。（风筝 137）

　　㉗ 昨晚我功课太多做不完，所以没有来。（风雨 13）

例㉖前后两个分句地位平等，不分主次。例㉗前一个分句说明原因；
后一个分句说出结果，是句子之正意所在；后一分句和前一分句之间
显然有主次之分。例㉖就属于联合复句，例㉗就属于主从复句。

　　正因为主从复句的前后分句有主次之分，所以主从复句总是一
分为二，最简单的主从复句只能包含两个分句；如果一个主从复句里

包含了三个或者更多的分句,那么这些分句一定不在一个层面上。例如:

㉘ a.只有守着这三宝——老伴、老本、老窝,b.银发生涯才能有保障,c.银发族也才能过得长春、快乐。(报 1995 年 6 月 19 日副刊 5 版)

这是一个表示条件关系的主从复句,包含三个分句,但这三个分句不在一个层面上,我们对这个复句还得一分为二,分为两部分,然后对包含两个分句的那一部分再一分为二。请看:

㉘　a……,　　b……,c……。

而联合复句里的分句因为没有主次之分,所以除了只包含两个分句的联合复句外,一般都得多分。例如:

㉙ a.一扇扇小窗为你敞开,b.一座座心房以你为帘,c.一枚枚命运的纸牌因你飞动,d.一束束微笑因你甜蜜。(太阳 113)

例㉙是个联合复句,包含四个分句,它们是在一个层面上,该一分为四。请看:

㉙　a……,b……,c……,d……。

2. 联合复句。

联合复句的总的特点是,各分句地位平等,没有明显的主次之分。但是联合复句内部各个分句之间意义上的联系还是多种多样的。从分句与分句之间的意义联系看,联合复句主要有以下七小类:并列复句、连贯复句、对立复句、选择复句、递进复句、注解复句、分合复句(详见 13.2 节至 13.8 节)。

3. 主从复句。

主从复句都由两部分组成。最简单的主从复句只包含两个分句,表示次要意思的分句称为“从句”,表示主要意思的分句称为“主句”。根据从句与主句间不同的意义联系,主从复句常见的有转折复句、假设复句、条件复句、因果复句、推论复句、目的复句、时间复句、倚变复句。①

　　主从复句，一般都是从句在前，主句在后。有时，从句也可以在主句后出现，这通常是为了突出主句的意思，而让从句只处于补充说明的地位。例如：

　　㉚ 我必须去闯荡一番，虽然未来依旧茫然不可测。（寻庙 75）

　　㉛ 他们的苦难也就是我们的不幸，因为我们同样是在殖民地统治下的人民。（沦陷 85）

　　㉜ 距离是美的，不管是时间的距离或者空间的距离。（渐行 80）

例㉚是让步转折复句，表示让步的从句出现在主句后；例㉛是因果复句，表示原因的从句出现在主句后；例㉜是无条件复句，表示无条件的从句出现在主句之后。这些倒置的从句，在表达上都含有补充意味。这些从句都可以复原回主句之前，只是复原时需加上适当的关联词语。请看：

　　㉚′虽然未来依旧茫然不可测，但我必须去闯荡一番。

　　㉛′因为我们同样是在殖民地统治下的人民，所以他们的苦难也就是我们的不幸。

　　㉜′不管是时间的距离或者空间的距离，距离都是美的。

　　需要指出的是，有几类复句已形成了主句在前、从句在后的凝固格式，从句不能移位至主句前，譬如因果复句里的"之所以……，是因为……"（详见 13.12 节），目的复句里的"……，以便……""……，为的是……""……，以免……"等（详见 13.14 节）。

---

　　① 这里列了八种，事实上主从复句的从句和主句，在意义上的联系是多种多样的，并不只限于这八种。例如："他们踏着稳健的步伐，英勇地向前速步迈进。"（△断情剪 176）这个主从复句，其从句是说明主句所叙述的行为动作的方式的，这个主从复句就归不到上面所列的八种主从复句中去。

13.2　并列复句

13.2.1　并列复句的两种情况

并列复句表示并列关系,这又可分两种情况:

1. 各分句分别说明或描写不同的事或不同的情况。例如:

① 你讲你的,我们讲我们的。(风筝 137)

② 我每时每刻在找她,她日日夜夜在寻我。(太阳 45)

③ 卷起的袖管松垮垮,两截胳膊瘦瘦如柴。(今后 18)

④ 文艺是文艺,生意是生意。(吾土·小说上 114)

⑤ 首被告山卡拉达斯,24 岁;次被告斯柏库玛,18 岁。(报 1995 年 3 月 5 日 13 版)

⑥ 紫的是葡萄酒,红的是樱桃酒,橙的是橘子酒,黄的是柠檬酒。(石头 59)

2. 各分句说明或描写同一事物或同一事件的几个方面。例如:

⑦ 我要买大间的房子,买汽车,去环球旅行。(跳舞 113)

⑧ 我用起来一点也不自在,我一点也不觉得舒服。(醒醒 93)

⑨ 生活里的惊涛骇浪击它不碎,砍它不断。(大胡子·序)

⑩ 这个女人太阴险,太毒辣了!(再见 17)

⑪ 后者个子娇小玲珑,皮肤白皙,声音甜甜,嘴角常蕴笑意。(追云 15)

⑫ 这是个可爱的小岛,这是个幸福的小岛。(独上 36)

13.2.2　常用关联词语

上面所举的并列复句,不管是第 1 类还是第 2 类,都没有用关联词语。但是,并列复句中也经常用关联词语,所使用的关联词语主要有:

1. "……,也……"。

⑬ 出国,它系住了父母对我最高最大最光荣最体面的期望,它也系住了我

年轻的幻想。(梦 11—12)

⑭ 丽美是我的邻居,也是我的玩伴。(△好儿童 3B 49)

⑮ 力匡似乎在六十年代中期以后不再写诗,小说也不见他写了。(△狮城 164)

⑯ 我们自己要生活得快乐,也要让别人生活得快乐。(伦理·中四 91)

有时也可以前后分句都用"也",构成"也……,也……"格式。例如:

⑰ 自从祖母去世后,妈妈也不再去打牌或是逛百货公司了,她也不跟爸爸吵架了。(短篇 41)

⑱ (钟依琳麻将打上了瘾。)她在家里也"打",回娘家时也"打",去朋友家也"打"。(追云 34)

有时在前一分句用一个"既",构成"既……,也……"的格式。例如:

⑲ 她既要服侍公婆,也要服侍丈夫。(鞭子 167)

⑳ 那些孩子既不乞讨,也不纠缠。(石头 189)

凡是用关联词"也"连接的并列复句,都同时含有后者与前者类同的语法意义。

2. "……,又……"。

㉑ 田田看看爸爸,又看看妈妈。(短篇 43)

㉒ 在书中人物身上的动人故事使我那一串串烛光里的日子充满了欢乐,又充满了悲哀。(风雨 20)

㉓ 小莹看看杯子,又碰碰银亮夺目的刀叉。(梦 101)

有时在前一句也用一个"又",构成"又……,又……"的格式。例如:

㉔ 小黑狗像是在控诉似的又尽往两人的怀里乱钻,又在他们的嘴脸上乱舔。(追云 118—119)

有时在前一分句用"既",构成"既……,又……"的格式。例如:

㉕ 在那愁雨绵绵之时,我既不能出外远游,又不能东跑西逛。(心情 100)

㉖ 鄞碧仪既有风韵,又有头脑。(变调 23)

　　用关联词"又"连接的并列复句,同时含有追加或多重性的语法意义,这一点在"又……,又……"和"既……,又……"的格式里表现得特别明显。例如:

　　㉗ 他这个人呀,又喝酒,又抽烟。

　　㉘ 她既爱游泳,又爱打网球,又爱打乒乓球。

例㉗在说话人眼里,"他"坏习惯不少;例㉘是说"她"对体育运动有多方面的爱好。有时也用关联词"还",构成"……,还……"或"既……,还……"这样的并列复句来表示追加或多重性的语法意义。例如:

　　㉙ 她会绘画,会做小针织品,还会做小菜。(梦 65)

　　㉚ (每逢节假日,大家都愿到这个公园里来休闲。)在这里,既能游泳,还能钓鱼,晚上还能烧烤。(报 1995 年 3 月 12 日星期刊)

　　3."一面……,一面……"。

　　㉛ 爷爷一面吃,一面看报纸。(风雨 25)

　　㉜ 她一面说,一面展示她的新装。(追云 18)

　　㉝ 大家一面兴高采烈地吞食妈妈巧手烹制的菜肴,一面如饥似渴地吞咽暌违已久的亲情。(△天长 60)

　　㉞ 我们一面听着小罗的讲解,一面在猎取四周的美景了。(冰灯 168)

　　前后用关联词"一面"连接的并列复句含有几个行为动作同时进行的语法意义。有时也用"一边……,一边……"或"边……,边……"来连接,以表示上述语法意义。例如:

　　㉟ 这小子心不在焉地一边扒饭,一边盯着手上的课本不放。(再见 51)

　　㊱ 大家一边喝着新沏的茶,一边吃着松脆的花生,一边天南地北地聊。(风雨 18)

　　㊲ 我和孩子们边赏月,边观赏孩童提灯的情趣。(晚上 15)

有时也用"一手……,一手……"来连接,不过所说的同时进行的两个行为动作一定是跟左右手有关的行为动作。例如:

㊳ 潘展恒一手夹着厚厚的宗卷,一手提着黑皮的 Samsonite 公文箱。(变调 46)

㊴ 当她喝了几杯酒后便一手握杯,一手指指点点胡乱咒骂。(晚上 27—28)

有时也用"一路……,一路……"来连接,不过所说的两个行为动作一定是在行进中同时进行的。例如:

㊵ 孩子们一路走,一路口手并用地剥着果壳吃着红毛丹。(冰灯 1)

㊶ (数砖块并不是一件洒脱的事,它显示了自己心中的失落和空虚。)我一路走,一路数。(寻庙 4)

4. "时而……,时而……"。

㊷ 她时而蜕变成柔媚万状的小青蛇,时而蜕变成轻若无物的小蜻蜓,时而蜕变成灵活敏捷的孙悟空,时而蜕变成冰天雪地的独行侠。(跳舞 20)

㊸ 母亲时而织一条裤带,时而织一块绸,时而织一段缎。(晚上 27)

用"时而……,时而……"连接的复句,一般都用来说明交替发生的情况。有时也用"一会儿……,一会儿……"或"一忽儿……,一忽儿……"来连接,例如:

㊹ 他一会儿敲冰块,一会儿捧咖啡;一忽儿提高嗓子喊叫"茶乌,厚",一忽儿又对刚坐下的顾客问道:"……"

在新加坡华语里也还有用"一会子……,一会子……"来连接的,例如:

㊺ 婆婆一会子赞房子好,一会子赞她的儿子与媳妇勤劳。(梦 134—135)

中国普通话里则不用"一会子……,一会子……"。

5. "一则……,二则……"。

㊻ 新媳妇有孕一则意味着新的生命的孕育,二则有望传递下去,三则此乃天经地义、最正常、最自然不过的生理现象。(再见 82)

用"一则……,二则……"连接的复句,一般都用来说明理由或原因。有时也用"一来……,二来……"连接。例如:

㊼ 翻版外地书一来可以省下稿费,二来不必负起什么责任。(△大喜 143)

㊽ 这一来是继任他父亲的缺;二来是希望仙长送子后嗣有人;三来,使他最感兴趣的是……(追云 59)

13.2.3 并列复句内分句间停顿的书面表示

并列复句各分句之间的停顿,在书面上通常用逗号表示。但如果分句内部又有小的停顿,已用了逗号,那么分句间的停顿就用分号表示。如上面的例㊼、例㊽。例㊽由于最后一个分句的"三来"后用了逗号,所以各分句之间便都用分号。再如:

㊾ 风,在城市上空盘旋;树,脱帽为它送行;街,成了叶的舞台;人,瑟缩在鸭绒中急速行走。(太阳 110)

例㊾这个并列复句由四个分句组成,各个分句都是主谓句,而主语和谓语之间都用了逗号,所以在各分句之间便都用了分号。

13.3 连贯复句

连贯复句表示事件或行为动作的先后连贯关系,所以这种复句总是按时间顺序叙述接连发生的几件事或接连进行的几个行为动作。例如:

① 他搓了搓手,端端正正地坐在椅子上。(胜利 92)

② 小妮子笑着把食物盒推过去,顺手递过一双筷子。(金狮奖 217)

③ 他丢下书本,从新拿出他那宝贝似的信笺来,又选了一个合意的信封,写上地址,再加以封妥。(短篇 12)

④ 绿灯亮了,翁美枝突然冲过了马路,截住了一辆"得士",即刻钻入车厢里。(△大喜 91)

⑤ 上了活动中心,找到了一个靠窗的位子,坐下,翻开书签夹着的那页,读着。(青青 35)

有时后一个分句开头用"然后"来显示这种连贯关系。例如：

⑥ 她将落地的玻璃窗门都拉拢来，然后回去厨房。（吾土·戏剧 146）

⑦ 她仰头把酒性极烈的廊酒一口喝干，然后倒在床上，紧闭双目。（石头 47）

在华语中，"一……，就……""一……，便……"和"一……，即……"这样的格式，也是比较常见的表示连贯关系的格式，这些格式用来强调前后的事件或行为动作是紧接着发生的。例如：

⑧ 论文一通过，就马上赶回去和她结婚。（金狮奖 98）

⑨ 一想到这个问题，我就有一种无以名状的感觉。（变调 41）

⑩ 学生一见老师带了圣经来，就嚷着要老师讲耶稣的故事。（梦 40）

⑪ 婆婆一啰唆，她便跑回娘家去。（追云 34）

⑫ 一倒下去，便呼呼入睡。（石头 5）

⑬ 一踏进家门，黄雪嫘即向黄老太太报讯。（△断情剪 8）

连贯复句内各分句间的停顿都用逗号表示。

13.4　对立复句

对立复句表示对立关系，前后分句语义相反，或者正反对举。后一分句有时用连词"而"连接。例如：

① 母亲要他去东边，他偏偏去西边。（狮子 65）

② 有些人只会空想，不会做事。（华文教材 134）

③ 消费人应节制自己的花钱方式，而不应太过依赖金融管理局制订的保护措施。（报 1995 年 3 月 6 日 6 版）

常见的是在句中用"不是……，而是……"或者"是……，不是……"等关联词语，以显示这种对立关系。前者如例④—⑦，后者如例⑧—⑩：

④ 这绝不是一小撮,而是一大群人啊!(风筝 14)

⑤ 这不是老人联欢会,而是老少联欢。(心情 33)

⑥ 不是她不要朋友,而是人家不要她。(梦 23)

⑦ 不是我不愿意,而是我不能。(短篇 33)

⑧ 现在是工人决定到哪里工作,而不是公司决定聘不聘请工人。(报 1995 年 3 月 3 日 8 版)

⑨ 她是你妈,不是我妈啊!(撞墙 92)

⑩ 人们喜欢看到的是欢笑,而不是悲泣。(独立 101)

对立复句的各分句间的停顿也都用逗号表示。

13.5　选择复句

选择复句表示选择关系,各个分句分别说出不同的情况,要求从中选择一种。具体说,选择复句还可分为三小类:

13.5.1　表示"或此或彼"的意思

常用的关联词语是"或""或者""或是""要么……,要么……"以及"还是""抑或"等。例如:

① 仿佛他们彼此互不认识,或彼此不知道对方的存在。(△断情剪 69)

② 原先是计划下午到那边坐坐谈谈,或者拉她去看一场影片,或去八佰伴走走。(梦 5)

③ 这个时期,就到同学家里玩乐,或者三五成群地去逛街。(△母亲 110)

④ 穷苦的,是在公家机构里按月赚取薪酬的,或是那些没有外快可赚的专业人员。(石头 116)

⑤ 要嘛,就快快乐乐地相聚,要嘛,就爽爽快快地分离。(青青 60)

⑥ 遇上你是我一生的对,或错?(想飞 63)

⑦ 巩俐答应前往,究竟是张艺谋大力游说,抑或是上海电影制片厂的要求

呢?(报 1995 年 5 月 16 日副刊 4 版)

⑧ 这是人生的缺陷呢,还是社会的悲哀?(恶梦 8)

⑨ 是人,还是神?(醒醒 116)

⑩ 到底是沟通渠道出了问题,还是政策决定者未能把握民意,或二者兼有?(风筝 170—171)

这类选择复句,其关联词语的运用,新加坡华语与中国普通话还有些不同:一是在中国普通话里,"或者""或是"只用于陈述句,不用于疑问句,而在新加坡华语里可以用于疑问句,如例⑥、例⑩,这显然是受闽、粤方言影响的结果;二是"抑或"是近代白话书面语用词,在新加坡华语里还保留着,而且在书面上还用得很普遍,而在中国普通话里"抑或"已基本不用;三是"或"在新加坡华语里用来连接分句是常见的,如例①、例⑥和例⑩,在中国普通话里"或"很少用来连接分句。

13.5.2　表示"非此即彼"的意思

前后所用的关联词语是"不是……,就是……"或"不是……,便是……"。例如:

⑪ 她每看到我时,不是叫我用功念书,就是说要送我到外地去读书。(变调 33)

⑫ 他不是静静听老师讲课,就是自己默默地自修。(报 1995 年 3 月 15 日副刊 11 版)

⑬ 许多中国人终老南洋,不是因为太穷无脸回乡,便是因为太富有舍不得将千辛万苦建立起来的生意产业放弃。(△新华文学 7)

13.5.3　表示"衡量得失而后选择其一"的意思

这类选择复句常用关联词语"与其……,不如……""与其……,勿宁……"。例如:

⑭ 与其让别人道听途说胡乱报道,不如由你根据事实,写一篇比较具意义的报道。(变调 37)

⑮　与其将来后悔,倒不如现在慎重地考虑。(狮子 116)

⑯　("上巴刹"早就成为家庭主妇重要的生活内容。)这种内容,与其说是物质的,不如说是精神层面的。(△小小鸟 13)

⑰　与其说我依然钟爱那一本小说(指巴金的《家》——引者注),勿宁说我仍怀念着最初看白话小说的那一段日子。(△自然 38)

有时也用"宁可"或"宁愿"等连词,后面常有"总""也不"与之呼应。例如:

⑱　宁可让人看做木头明哲保身,总比祸从口出好。(今后 52)

⑲　宁可住自己的老房子,也不愿意被"轮流奉养"。(报 1995 年 6 月 19 日副刊 5 版)

⑳　您宁可疏远他们,也不愿趋炎附势。(变调 3)

㉑　(若容选择,)我宁愿把花瓶空置,也不希望在今天这个情人节有人给我送一支玫瑰。(再见 69)

选择复句的各分句之间的停顿也都用逗号表示。

13.6　递进复句

递进复句表示递进关系,即表示后一个分句比前一个分句在意思上进一层。根据关联词语的使用情况,又可分为两小类:

13.6.1　只有后一分句用关联词语

前一分句不用关联词语,只在后一个分句里用"而且""更""尤其""甚至"或"何况""进而"等关联词语,以显示递进关系。例如:

①　我考中了四主二副,而且还是四优二良的卓越成绩呢!(短篇 3)

②　他不懂得爱惜自己,更不懂得照顾别人。(梦 45)

③　也许,我秉承了太多父亲的性格,尤其是那一股倔强。(△青春 116)

④　一般年轻人只会说说日常会话的华语,甚至只能用华、英掺杂的语言会

话。(风筝 9)

⑤ 我看不起他,甚至恨他。(太阳 70)

⑥ 各科成绩都优异的学生,在母语的学习上也不应该会有太大的困难,更何况是华人学华文。(平心 17)

⑦ 他觉得一个星期做两三小时的练习不算多,更何况是自己感兴趣的活动。(报 1995 年 3 月 8 日 7 版)

⑧ 它制造了一股对美国充满敌意的亚洲联合力量,也会把美国和欧洲分开,进而瓦解整个世界贸易体系。(报 1995 年 8 月 21 日 7 版)

有时,后一分句也不用关联词语,例如:

⑨ 我常常去找符喜泉女士,找到自己都不好意思了。(报 1995 年 4 月 22 日 19 版)

不过前后分句都不用关联词语的递进复句比较少见。

13.6.2　前后分句都用关联词语

前一分句用"不但""不仅""不只"等关联词语,后一个分句用"而且""同时""还""更""也""反而"等关联词语。例如:

⑩ 电子游戏机不但款式繁多,而且设计也十分精巧。(中学 1A 110)

⑪ 一般上,对于自己感兴趣的事,不但会自动去做,而且会越做越愉快。(伦理·中三 30)

⑫ 独立桥不但有它的交通用途,同时有它的历史价值。(独上 98—99)

⑬ 研究和出版,不但需要人力、时间,还须有资金在背后支助。(风筝 110)

⑭ 学习儒家伦理,不但可以培养正确的价值观,更能够充实我们的精神生活。(伦理·中三 2)

⑮ 多元种族的社会,不但使我们的饮食多样化,也使到各种族间的来往更加密切。(小学 6A 19)

⑯ 孔子不但是伟大的教育家,也是杰出的思想家。(伦理·中三 3)

⑰ 自从医生劝告他运动后,现在不但没有生病,反而精神奕奕呢!(一心 11)

⑱ 他们的儿女不仅没来参加他们的婚礼,反而觉得父亲或母亲这种"老恋"大大地为自己丢了面子。(太阳 47)

⑲ 儒家伦理不只要我们注重知识,更要我们注重实践。(伦理·中三 3)

有时,递进复句也用"尚且……,何况……"来连接两个分句,这种复句含有逼进一层的意思,后一分句通常是一个反问句式。例如:

⑳ 蝼蚁尚且偷生,何况是人呢?(恶梦 63)

㉑ 对事务尚且如此,何况对人?(△自然 7)

递进复句的各分句间的停顿也都用逗号表示。

13.7　注解复句

注解复句表示注解关系,即后一分句是对前一分句进行注解。例如:

① 村镇的马路上行人十分稀少,只有几个行走匆忙的下午班学生。(△断情剪 185)

② 大海和人一样,都是生命的精灵。(太阳 82)

③ 村子里的神庙有好几间,关帝庙、天公坛和包公府等都是。(胜利 37)

④ 征选空中小姐的条件非常苛刻,太过林黛玉和楚霸王的妹妹都不适合担任。(八方 11)

⑤ 天空,竟然已经消失了——消失在一片蓊翳翠绿之中。(壁虎 24)

⑥ 哭与笑都不能改变一个事实:蝴蝶断气了!(短篇 33—34)

⑦ 它说明了一个真理:爱美是人类的天性。(文艺 45)

例①后一分句对前一分句的"马路上行人十分稀少"做了注解性的说明;例②后一分句对前一分句所说的"大海和人一样"做了注解性的说明;例③后一分句"关帝庙、天公坛和包公府等都是"就是来注解说明前一分句"村子里的神庙有好几间"的;例④后一分句具体说明前一分句所说的征选空中小姐条件的苛刻;例⑤后一分句对前一分句所说的"天空消失"做具体的注解说明;例⑥和例⑦的后一分句则分别对前一分句的"事实"和"真理"做了具体注解。下面的例⑧也属于注解复句:

⑧ 子昀开始恨自己,恨自己没真正下苦功读书。(金狮奖 165)

例⑧的后一个分句就是对前一分句里的"恨自己"做注解性的说明。

　　注解复句各分句间的停顿有时用逗号,如例①—④;有时用破折号,如例⑤;有时则用冒号,如例⑥和例⑦。一般说来,后一分句是对前一分句里的宾语成分做注解性说明的话,分句间的停顿往往用冒号表示。

13.8　分合复句

　　分合复句表示分述和总说的关系。表示总说的部分一般只有一个分句,表示分述的部分至少有两个分句。这还可以分两种情况:

　　A. 先总说,后分述。这是比较常见的一种。例如:

　　① 社会上各种各样的人都有,有的人道德修养高,有的人道德修养低,有的人甚至没有道德。(伦理·中三 38)

　　② 众姊妹七手八脚地忙起来了:有的去打电话通知她的丈夫施迪文,有的扶送她去医院。(追云 34)

　　③ 不久,我打算做两件事:第一,写一部关于我父亲的书,让天下人都来崇拜他;第二,劝我姐姐跟她那个有其名无其实的丈夫离婚。(太阳 76)

　　④ 香港最畅销的书有两种,一是消闲性的,二是实用性的。(心情 175)

　　B. 先分述,后总说。例如:

　　⑤ 做,要靠想来指导;想,要靠做来证明;想和做是紧密地结合在一起的。(华文教材 1B 136)

⑥ 外面的雷轰轰地响,风呼呼地吹,雨哗哗地下,仿佛要把人世的脏乱一扫而光。(吾土·戏剧 147)

分合复句中表示分述的分句和表示总说的分句之间的停顿比较多的用冒号来表示,如例②、例③和例⑤;有时也用逗号表示,如例①、例④和例⑥。

13.9　转折复句

转折复句都表示转折关系,即主句不是顺着从句的意思说下去,而是口气一转,说出与从句相矛盾甚至相对立的意思来。例如:

① 他薪水比人家低,工作却比人家多。(胜利 79)

例①就是转折复句,从意思上看,它后一分句显然不是顺着前一分句说下来的,而是与前一分句的意思相矛盾的。

转折复句,根据从句用不用关联词语,用什么样的关联词语,又可分为以下三类:

第一类:从句不用关联词语。主句有时也不用关联词语,例如:

② 有些人搬去加东那么远,还是时常跑回来巴刹买东西。(回忆 43)

③ 叫他多在家里休息,他偏放不下心。(胜利 88)

但更常见的是主句里用"但(是)""可(是)""只是""就是""却""然而""不过""反之"等关联词语来显示转折意思。例如:

④ 现在姐姐已婚,但婚姻生活并不愉快。(华文教材 3A 133)

⑤ 我并不反对用藤条处罚孩子,但不能把孩子打到昏沉沉的。(报 1995 年 3 月 14 日 12 版)

⑥ 我当然是义不容辞的啦,但我没车子呀。(追云 17)

⑦ 你不一定需要相信什么,或者证明什么,但是这些画面会让后人提供另一些思考的材料。(报 1995 年 4 月 22 日 19 版)

⑧ 在飞机上,我的头,千支针齐扎着似的,可我不敢告诉同行的人。(再见 92)

⑨ 她伸出来与我相握的手,是冰冷冰冷的,可是手劲相当有力。(跳舞 138)

⑩ 他批评的原则和立场没有改变,只是以口代笔而已。(胜利 102)

⑪ 我什么都肯学,就是不知道学什么才好。(微型 2)

⑫ 媚媚谈过她太多,却忘了告诉我她长得如何。(想飞 40)

⑬ 我的费用占总支出的十巴仙,却要付一半。(胜利 118)

⑭ 现在我送你回去,今晚你却要陪我玩个痛快。(吾土·小说 187)

⑮ 我的思路就是这样地随着飘飞的黄叶和红叶,天高地阔地飞驰着,然而惊心动魄的时刻,终于到来了。(壁虎 26)

⑯ 人生常有不如意,不过只要肯拼就一定会赢。(扶轮 88)

有时主句里用两个表示转折意思的关联词语,例如:

⑰ 白人原本就是白的,但是,她却比一般的白人来得更白。(大胡子 88)

⑱ 在微风轻拂下,湖水对着青山细细低语,而青山则对着湖水顾影自怜。(石头 115)

⑲ 崎岖泥泞的路途,会使到年轻人趋向成熟;反之,舒服平稳的生活,却只有使他们浪掷青春!(心情 94)

例⑰主句中用了"但是"和"却",例⑱主句中用了"而"和"则",例⑲主句中用了"反之"和"却"。

这类转折复句转折的意味相对说来略为轻些,所以一般把这类转折复句称为"表示轻转的转折复句"。

第二类:从句里先用"虽(然)""虽则""尽管""固然"等关联词语来表示让步的意思,主句里再用"却""但(是)""可(是)""倒是""就是"等关联词语表示转折,形成"虽(然)……可是……""虽(然)……但(是)……""虽(然)……却……""尽管……却……"以及"固然……

可……"等格式。这一小类转折复句一般称为"让步转折复句",也叫作"表示重转的转折复句",因为这类转折复句的转折意味比较重。例如:

⑳ 花园中野草虽有请人拔除,可是却"春风吹又生",奈何它不得。(八方 6)

㉑ 他们对人性虽然有不同的看法,但都相信教育能使人向上向善。(伦理·中四 94)

㉒ 方法虽然不同,目标和理想却是一致的。(伦理·中三 20)

㉓ 虽然有些字儿看不太懂,图片倒是很清楚的。(微型 47)

㉔ 虽则多次护送曾裕仪归家,但从未踏入她的家门。(△断情剪 51)

㉕ 尽管有人喜爱淑女的弄姿、绅士的作状,我却认为毫无掩饰者的心胸更光明磊落。(文艺 118)

㉖ 尽管每一只胸针的设计大同小异,可是,聪颖的制作者却灵巧地利用轻铜片边缘波浪起伏翻腾样式的不同,使每个胸针都具备了迥然而异的特色。(石头 144)

㉗ 他死了固然一干二净,可他的老婆,他的孩子,以后怎么生活下去呢?(吾土·小说上 15)

㉘ 勤学固然重要,但更重要的还是先要立志。(伦理·中三 46)

动词"是"有时也能起表示让步的作用,例如:

㉙ 不错,我们开除他学校是少了一粒烂苹果,但社会却因此增加了一粒烂苹果。(风雨 78)

㉚ 豪华旅馆是有好几间,但数量总不及小旅舍多。(南北 16)

用"是"表示让步的从句更常见的是采用"A 是 A"的格式(即"是"前后出现的词相同)。例如:

㉛ 腊肠狗好玩是好玩,却也给妈妈制造了许多的麻烦。(追云 6—7)

㉜ 这学生好是好,就是静了些。(牛车水 92)

㉝ "老师没有教你?""有是有,只是我学的不是那些。"(微型 2)

第三类:从句里用"即使"或"就是""哪怕""纵(使)""就算""再"等关联词语,表示假设让步;主句里用"也"表示转折,有时也用"还是"。这类转折复句一般就称为"假设让步转折复句"。例如:

㉞ 即使是在温书的时候,也常要被他们的芝麻小事所干扰。(吾土·小说上 190)

㉟ 她老爸我即使是一辈子做牛做马,也赚不了一百万。(再见 54)

㊱ 即使是前途堪虞,有能力写作的人,还是应该写下去的。(文艺 27)

㊲ 就是到工厂去当个女工,也强过做这般烦而厌、厌而烦的杂务。(追云 28)

㊳ 哪怕你做牛做马为他服务一辈子,他也未必会感激你。(报 1995 年 3 月 15 日副刊 11 版)

㊴ 哪怕四周尽是魑魅魍魉,前面崎岖的道路布满荆棘,胜利也还是属于她的。

㊵ 我头上纵有再多的名衔,也换不回青年时识梦的快乐。(梦 77)

㊶ 纵使伞已和行人混杂在一起,我也仍看到他一间书局一间书局地寻找那些医科学生的参考书。(青青 20)

㊷ 就算给你伏在我的肩上抽泣,我也说不出几句安慰的话来。(渐行 68)

㊸ 就算一个月赚区区那几百元的薪水,也好过一天到晚面对着永远都做不完的家务。(梦 131)

㊹ 外国再好,也不比家里好。(金狮奖 117)

13.10　假设复句

假设复句表示假设与结论的关系,从句提出一种假设,主句说出根据前面的假设所推出的结论。

假设复句,可以在从句和主句中都不用关联词语。例如:

① 你有本事，你去报告好了。(建屋 13)

② 君子抛弃了仁德，怎么还能被称为君子呢？(伦理·中四 5)

也可以只在主句中用"就""便""那(么)"来表示这种假设与结论的关系，例如：

③ 搬到新居，就不能种那么多仙人掌了。(壁虎 23)

④ 尽了大责任，便得大快乐，尽得小责任，便得小快乐。(△含羞草 12)

⑤ 买半独立的、有花园的双层洋房，那就不会再给楼上芳邻吵到。(吾土·戏剧 128)

但常见的是从句中用"如果""假如""假若""要是""倘若""一旦""万一"以及"要""若"一类连词，以显示假设与结论的关系。主句中有时不用任何关联词语，例如：

⑥ 如果对方真的比他差，他自然十分满意。(八方 66)

⑦ 如果不是在这里碰见你，我真不敢认你。(金狮奖 131)

⑧ 如果有机会，你还会回去家乡吗？(微型 195)

⑨ 如果每个人都成为君子，我们的社会自然更加和谐安定了。(伦理·中三 69)

⑩ 要是没有遇到你，我现在也不会比少梅和若萍好。(恶梦 92)

⑪ 倘若看到水果摊前排了长长的人龙，一定是摊子上有香蕉出售。(石头 27)

⑫ 他们一旦看透我，他们会受不了我的。(青青 5)

⑬ 万一煤气越漏越多，后果真不堪设想。(梦 154)

⑭ 要保持华族传统文化的特性，就必须使年轻一代扎稳根基。(报 1995 年 3 月 5 日 2 版)

⑮ 若可能，再细研布局。

有时主句中用"就""那(么)"或"便"与前面的连词呼应。例如：

⑯ 你如果逼我回去，我就立刻飞回去澳洲。(大胡子 47)

⑰ 如果世界上的人都像你那样慈悲,那么,恐怕巴刹里没有牛肉可卖了。（△新华文学 120）

⑱ 假如你置身在这绿的境界,那么你就静静地坐一坐。（独上 81）

⑲ 假如把人生比喻为四季,那么年轻可以说是四季里的春晨了。（青青 21）

⑳ 假若父亲聪明一点的话,就应该悄没声息地转身从另一个地方回家。（太阳 60）

㉑ 倘若无法打开这个结,我们就徒具一箩筐的管理知识。（△小小鸟 24）

㉒ 一旦认定我是她爸的"传声筒",她可能便会拂袖而去了。（石头 40）

有时从句里用了"如果"一类连词外,在句末还用个助词"的话",以增强假设语气。如例⑳,再如：

㉓ 如果要唱的话,可就有令人鼻酸的五十多个感人的故事了。（青青 40）

㉔ 如果是的话,那么,我们今天就是陪黄状元和夫人游河了。（冰灯 181）

13.11 条件复句

条件复句,总起来说,表示条件和结果的关系,从句指出条件,主句说出结果。但条件复句内部又可细分为四小类：

13.11.1 表示充足条件的条件复句

从句总是用连词"只要"引出具体的条件,而主句里则常常用"就""便"或"总"与之呼应,表示有这个条件就行了。例如：

① 今后只要我们多为自己打算点,那就不必担心"老来无依"了。（恶梦 7）

② 一个字只要差那么一点,意义可就大不相同了。（笑眼 62）

③ 只要学生有作答,他便给分。（胜利 19）

④ 只要回家去休息休息,便没事了。（狮子 99）

⑤ 只要有生的希望,总好过马革裹尸。（金狮奖 19）

⑥ 只要她用"这位"、"女士"、"太太"或"小姐"的称呼,听起来总要比"女

人"来得顺耳而有礼。(风筝 167—168)

13.11.2　表示唯一条件的条件复句

常见的是从句里用连词"只有"引出具体的条件,而主句里常用关联词语"才"与之呼应,表示非有这个条件不行。例如:

⑦ 只有学习与日常生活息息相关的语文,才能培养青少年的独立思考与分析的能力。(文艺 13)

⑧ 只有和平共处,人类才能自救。(伦理·中四 91)

⑨ 只有守着这三宝——老伴、老本、老窝,银发生涯才能有保障。(报 1995 年 6 月 19 日副刊 5 版)

⑩ 只有对足球赛了解不深的人,才会认为那粒球是可以抢救的。(报 1995 年 3 月 15 日 7 版)

⑪ 只有对己严格绝不敷衍塞责,我们才会谦虚,才会随时反躬自省,鞭策自己力争上游。(华文教材 1A 181)

⑫ 只有扩大了华语的底部基地,使华人觉得说华语是天经地义的事,我们才有可能提高层次,议论文化课题。(△小小鸟 83)

有时从句也用连词"唯有",例如:

⑬ 唯有按部就班地前进,唯有脚踏实地地钻研,才可以化雄心为现实。(华文教材 4A 80)

有时从句里不用"只有"一类连词,只在主句里用"才"来显示这种唯一条件与结果的关系。例如:

⑭ 科学知识和道德知识这两方面的知识都具备了,才可算是一个真正有修养的人。(伦理·中三 61)

⑮ 到了真正去从事劳动,去钻研书本的时候,"知"才会渐渐转变为我们的习惯。(华文教材 1B 54)

13.11.3　表示无条件的条件复句

从句里常常用"不管""不论""无论"或"任凭"等连词,主句里常

常用"都"与之呼应,表示在任何情况下都如此。例如:

⑯ 不管买进哪一只股票,都会在三两天里就赚了几百元。(恶梦 28)

⑰ 不管家里是否支持我念大学,我自个儿一定要力争的。(短篇 5)

⑱ 不管怎样,你所接触的人只是代表社会的一部分。(吾土·戏剧 31)

⑲ 不论是木雕品、瓷制品、皮革品,都做得很好。(石头 206)

⑳ 不论是什么瞳色的眼睛,都该让它看到一样的光明与希望。(牛车水 68)

㉑ (夸复是个奇才。)不论是什么舞蹈,是优美典雅的古典舞也好,是激动荡漾的情绪舞也好,夸复都能以熟练高超的舞艺,把该舞蹈应有的意念、精神具体地表达出来。(扶轮 76)

㉒ 无论夏日炎炎,或者淫雨霏霏,都是那样默默的模样。(太阳 52)

㉓ 无论使用怎样好的洗发乳,都必须将头发冲洗干净。(报 1995 年 3 月 15 日副刊 2 版)

㉔ 任凭他怎么花言巧语,我们都不会上当。(华文教材 1B 60)

㉕ 任凭多么尊贵、多么娇美的女人,都免不了青春老去。(太阳 53)

有时在从句末尾用"也好"或"也罢"来表示这种"不讲条件"的意思,不过从句不能只是一个,起码要有两个。例如:

㉖ 是舅父也好,是爱人也好,总比外人好。(今后 101)

㉗ 得一百分也好,得鸡蛋也好,从没有人问过她的学习情况。(梦 24)

㉘ 青山知我也罢,不知我也罢,我"料青山见我应如是"的要求。(△自然 37)

有时在同一个复句里"无论"一类连词和末尾的"也好"合着用。例如:

㉙ 无论什么事情,工作也好,学习也好,"空想"和"盲干"都不会使人进步。(华文教材 1B 135—136)

13.11.4　表示排除条件的条件复句

这有三种格式:

　　1. 从句里用连词"除非"，主句里用连词"否则"，表示如果排除"除非"所引出的条件，那么其结果就将是主句所说的情况。例如：

　　㉚ 除非美国经济能够迅速复苏，否则我国下半年的经济前景也将很暗淡。（华文教材 3A 73）

　　㉛ 除非政府明文禁止香烟入口，宣布吸烟是非法的，否则反烟运动就难以奏效了。（华文教材 4B 10）

有时，只在从句里用"除非"，主句里不用"否则"。例如：

　　㉜ 除非有子女陪伴着，他们不敢贸然去搭地铁。（风筝 13）

不过，这种说法并不多见。

　　2. 从句里不用连词"除非"，只在主句里用连词"否则""不然"或"要不然"。所表示的意思与第 1 类相同，只是从句的句式二者会有所不同。例如：

　　㉝ 爸爸要我们向爷爷道歉，否则圣诞舞会就不准开了。（牛车水 78）

　　㉞ 今晚你一定要来，否则，我可不饶你。（梦 59）

　　㉟ 在机上不可吃得太饱，不然，你会变成沙特的一本作品：《呕吐》。（八方 10）

　　㊱ 我得回去了，要不然，老太太又要唠叨个不停了。（再见 91）

例㉝所要排除的条件是"我们向爷爷道歉"，而不是"爸爸要我们向爷爷道歉"，所以如果要用连词"除非"的话，须将"爸爸要"三个字去掉，即改为：

　　㉝′除非我们向爷爷道歉，否则圣诞晚会就不准开了。

　　3. 从句里用"除非"，主句里用关联词语"才"，表示如果排除"除非"所引出的条件，就不可能出现主句里所谈的情况。所以，这种表示排除条件的条件复句，跟由"只有"和"才"连接的表示唯一条件的条件复句，意思很接近，只是强调的角度略有不同。例如：

　　㊲ 除非以一种关切旧的自己的怜悯来读自己前几个星期写的东西，才可

以忍住笑。(渐行 55)

　　㊳ 除非他亲自请我,我才会出席。(华文教材 1B 59)

例㊲、例㊳里的"除非"如改用"只有",句子意思基本一样,请看:

　　㊲′只有以一种关切旧的自己的怜悯来读自己前几个星期写的东西,才可以忍住笑。

　　㊳′只有他亲自请我,我才会出席。

只是例㊲、例㊳是从排除条件的角度说的,而例㊲′、例㊳′则是从强调唯一条件的角度说的。

　　排除条件的条件复句,其实包含了三段内容:

除非 a,才 b,否则 c。

例如:

　　㊴除非主人意志坚定,才有扭转乾坤的可能,否则消极地宣传不可能收效。(△小小鸟 41)

不过 a、b、c 三段内容齐全的说法实际上是很少的。说话总要求经济,所以一般只需取其中两段内容就足以表达那三段内容了。上述第 1 类和第 2 类句,就只取了 b 和 c 两段;而第 3 类句,就只取了 a 和 b 两段。上述第 1 类和第 2 类排除条件复句也有人称为"反意条件复句"。[①]

13.12　因果复句

　　因果复句表示原因和结果的关系。因果复句,也可以前后分句都不用关联词语。例如:

---

　　① 参见马真《简明实用汉语语法教程》第七讲·二·(二)·2,北京大学出版社,1997 年。

① 昨夜淫雨绵绵,所有的配备都已淋湿了。

② 马夫人生得花容月貌,落雁沉鱼,臭男人见到她哪个不失魂落魄。(八方 25)

这种不用关联词语的因果复句,口语里边特别多见。例如:

③ 我很累,我先睡了。(金狮奖 210)

④ Miss 林是选购衣物的专家,由她陪你去包没错。(追云 17)

⑤ 我几乎认不出我们的孩子了,他已经长得这么大了。(建屋 14)

⑥ 我和家人都很忙,没太多时间看电视。(小学 6B 6)

⑦ 目前我是个月入千元的女秘书,打扮也要显得高贵些呀!(短篇 56)

⑧ 逛了整十个摊子都找不到满意的,她决定进去店铺看看。(跳舞 60)

像例③,在口语里通常不会说成:

③′ 因为我很累,所以我先睡了。

余者类推。可是在书面语里,特别是议论文里,则常常在从句或主句里使用表示因果关系的关联词语,以显示分句间的因果关系。这大致有三种情况:

情况 1:在从句里用"因为""由于""因"一类连词,而在主句里用"所以""因此""因而"以及"就""便"一类关联词语,以显示因果关系。例如:

⑨ 因为还年轻,所以,喜欢幻想。(扶轮 36)

⑩ 因为翻阅您的书,因而使我和文字结缘。(变调 4)

⑪ 由于性格内向,因此她的社交活动范围不广。

⑫ 孔子由于对教育作出了伟大的贡献,所以便成为世世代代教师的模范。(伦理·中三 11)

⑬ 由于隔岸观火,就难免无法掌握全面的资料。(文艺 95)

⑭ 由于他大学一年级成绩卓越,第二年便进入"直接荣誉学位班"。(△朝雨 42)

⑮ 有不少组织和行政能力强的华文教师,只因英文程度不够,所以不能或不敢接受行政任务。(风筝 41)

情况 2:只在从句里使用"因为""由于"一类连词,主句里不用关联词语。例如:

⑯ 因为他们不懂英文,他们的活动范围只限在唐人街内。(风筝 12)

⑰ 由于玫瑰的枝茎上长满了尖刺,初当采花者,双手常常会被尖刺弄得鲜血淋漓。(石头 141)

情况 3:从句里不用连词,只在主句里用显示因果关系的"所以""因此""因而"以及 "于是""以致""致使"一类关联词语。例如:

⑱ 我爱自己的文化,所以当初抱着不愿存憾的心理去学字。(渐行 49)

⑲ 在我的同事和朋友中,受华文与英文教育的人都有,因此,我希望以公正客观的角度,去分析华文知识分子的想法和心态。(风筝 21)

⑳ 成君的诗歌创作忽略了诗的独特性,因而出现像上述两首诗的缺点。(科学 6)

㉑ 他决定不吵醒她,于是,又轻飘飘地走出了病室。(△断情剪 20)

㉒ 后来,经过调查,发现你已经离开了本土到国外去了;我于是知道那是怎么回事了。(△断情剪 142)

㉓ 我们的一位男团员独自背着相机东拍西照四处猎景,以致与我们失去了联络。(冰灯 131)

㉔ 他这项突然的声明使很多人感到吃惊,以致引起舆论的强烈反应。(平心 25)

以上三种情况中,情况 1、情况 3 出现的频率较高;情况 2 相对说来用得少些。

一般,表示原因的从句在前,表示结果的主句在后。除非是为了突出主句的意思,才把从句放在主句后,让它处于补充说明的地位。例如:

㉕ 沙茇巷一条街热热闹闹,俗称死人街,因为那里有太多等着老终的人。(△小小鸟 45)

㉖ 原文没有读到,因为这本杂志并不公开发售。(八方 15)

但是,也已形成一些主句在前、从句在后的凝固格式,"之所以……,是因为……"就是最常见的一种。例如:

㉗ 它之所以能够吸引游客,完全是因为坟场里的"居民"声名显赫。(石头 37)

㉘ 中国古典文学史上的这些大家,之所以是艺术家范畴内之一的文学家,是因为他们所藉以表现他们思想的是诉诸形象的文学,而不是摆事实讲道理的议论文字。(文艺 1)

有时也可以主句里不用"之所以",只在从句里用"是因为",这种从句也一定得放在主句后。例如:

㉙ 我恨他,是因为我断定他是一个阴谋家。(太阳 70)

㉚ 你们读书没有长进,是因为不会怀疑。(伦理·中三 58)

13.13　推论复句

推论复句表示推论关系,从句说出某个既成的事实,主句说出说话人根据那既成的事实所推出的结论。推论复句有两种类型:

13.13.1　从句用连词"既然"或"既",主句常用"就"与之呼应

① 既然我们把许多好条件集中到这类学校,就应该注入更多的理想。(△小小鸟 125—126)

② 既然你要留他,我就再给他一个机会。(风雨 78)

③ 既然对方要给钱,就让他给好了。(报 1995 年 3 月 14 日 13 版)

④ 她既然说有,我们也就信了。(梦 139)

⑤ 既然神仙是跟常人大不相同的一种超人,他们自然就不住在人间了。

（平心 109）

⑥ 我们既已得到了，就应该感到满足。（短篇 71）

有时主句以反问的形式来表示说话人的推论意见，这时主句里常用"又"。例如：

⑦ 既然读不来，又何苦去读呢？（追云 30）

⑧ 既然是自己人，为什么要自己人打自己人！（渐行 65）

⑨ 既是一种无奈，试想你我又能奈何呢？（心情 89）

13.13.2 从句里不用关联词语，只在主句里用连词"可见"

这种复句的推论意味更强。例如：

⑩ 华语运动进入第 15 个年头了，政治领袖还得再三强调运动的动机，可见观念的传达还面临若干障碍。（平心 84—85）

⑪ 在印度，老鼠的数目比人口还多；在香港，老鼠连人都咬；可见这种动物狂傲到了人们不能忍受的程度了。（八方 4）

有时主句用关联词语"由此可见"，例如：

⑫ 在先阶段政治人物眼中，南大精神是华族文化的代号；由此可见，政府所说的南大精神，更多时候涉及华文课程与活动如何在教育系统中发挥文化作用。（△小小鸟 111）

13.14 目的复句

从句说明目的，主句指出为要达到那目的所采取的行动。目的复句有两种类型：

13.14.1 从句在前，主句在后。其格式为"为了……，……"

① 1979 年，为了保留华校传统，政府选了九间优良的华文源流中学成为特选中学。（薪传 153）

② 身为警员的他，为了维持秩序，立刻吹起了警笛。（小学 6A 12）

③ 为了帮助黄昆松重返社会,曾家成积极活动四出奔走。(△断情剪 6)

④ 为了不迷失自己,为了找回自己,我最近细心地读着这一本本在八十年代推出的诗集。(△新华文学 139)

⑤ 人们为了生活得更舒适更方便,常常在不觉中,破坏了大自然的秩序。(壁虎 28)

13.14.2　主句在前,从句在后

这有两种情况:

1. 从句不用任何关联词语。例如:

⑥ 工会应监督雇主,使他们跟得上时代的步伐。(报 1995 年 4 月 29 日 2 版)

⑦ 清晨,我必须在六点钟前起身,帮忙父亲准备早餐。(短篇 36)

这种目的复句,从句都可以加上连词"为了"移回到主句前,例如:

⑥′ 为了使他们跟得上时代的步伐,工会应监督顾主。

⑦′ 为了帮忙父亲准备早餐,清晨,我必须在六点钟前起身。

2. 已形成某种凝固格式,主要有以下一些:

格式 1:"……,是为了……"。例如:

⑧ 请假回家陪孩子读书,是为了疏导孩子紧张情绪。(报 1995 年 3 月 5 日周刊 4 版)

⑨ 许多人不远千里而来,是为了要听他的演说。(华文教材 4A 70)

格式 2:"……,为的是……"。例如:

⑩ 他们长年累月地工作,省吃俭用,为的是维持唐山的父母和亲人的生活。(回忆 4)

⑪ 艺术家燃烧了自己的生命,发出热和光,为的就是要把美丽、真理和幸福带给人们。(△朝雨 7)

格式 3:"……,以(便)……"。例如:

⑫ 新一代的演唱员应学习乐理、乐器并接受声乐训练,以开拓可能的新的

延长方法。(壁虎 178)

⑬ 常和公众人士接触的政府部门应该应用华文,以方便只懂华文的人士。(风筝 14)

⑭ 春节前夕,家庭主妇们都要把家里大扫除一番,以便除旧迎新。(△母亲 120)

格式 4:"……,以免……"。例如:

⑮ 大多数年轻的夫妇不愿意太早生儿育女,以免个人自由受到束缚。(华文教材 4A 11)

⑯ 我国必须有一套全盘的道德教育计划,以免将来种子学校的一切努力白费。(平心 177)

格式 5:"……,免得……"。例如:

⑰ 没有事就不要开开关关的,免得弄坏了锁头。(牛车水 111)

格式 6:"……,目的是……"。例如:

⑱ 哥打峇鲁的这座纪念碑是由日本出钱兴建的,目的是"祝愿永远和平与自由"。(沦陷 6)

13.15　时间复句

时间复句,顾名思义,从句是用来说明主句所说的情况或事件发生、进行的时间的。不过这种时间不是用时间词来表示的,而是由从句所说的另一个情况或事件来衬托的。例如:

① 吃饱晚饭,行李终于平安到达。(冰灯 132)

② 赶到学校,我已迟到约十五分钟。(短篇 13)

例①实际是说"行李平安到达"的时间是在"吃饱晚饭"之后。例②实际是说当我"赶到学校"时,"已迟到约十五分钟"了。下面的也都是时间复句:

③ 母亲走了,我怯生生地坐在一个空位上。(回忆 3)

④ 过了几分钟,乙和尚气愤愤地跑进房来。(八方 37)

⑤ 众人唱完,淑珍自己独唱了一遍。(追云 25)

⑥ 走下台阶,已是十一点左右。(冰灯 40)

⑦ 每想到这些,我就免不了发笑。(△断情剪 55)

⑧ 大家说到这里,发觉一向意见多多的林安安却缄默无言。(想飞 115)

13.16　倚变复句

倚变复句是这样一种复句,主句的意思依着从句意思的变更而变更。倚变复句的各分句一定有相同的词语,起着前后呼应的作用。例如:

① 他们开多少价,我们就给多少。(回忆 44)

例①前后分句用"多少"相呼应,全句等于说,他们开 60 元的价,我们就给 60 元;他们开 70 元的价,我们就给 70 元;他们开 80 元的价,我们就给 80 元……反正给的钱数随开的价的变更而变更。再如:

② 目的地越是靠近,心情越是激荡紧张。(冰灯 131)

例②前后分句用"越"呼应,全句意思是,随着目的地的逐渐靠近而心情逐渐紧张。

倚变复句可分为两小类:

一类前后用疑问代词呼应。如例①,再如:

③ 你高兴什么时候来,就什么时候来。(报 1995 年 6 月 19 日副刊 7 版)

④ 你爱呆多久,就呆多久。(报 1995 年 6 月 19 日副刊 7 版)

⑤ 哪里有土壤,哪里就有它的踪迹。(△高级课本 2B 124)

⑥ 哪儿请我,我就到哪儿去。(牛车水 37)

另一类前后用"越"呼应。如例②,再如:

⑦ 男人越是对你痴迷,你就越应该吊高他的胃口。(△断情剪 64—65)

⑧ 阳光越炽,它们就长得越茂盛。(壁虎 19)

⑨ 我越在意,就痛得越厉害。(△天长 94)

⑩ 人越有钱,越是空虚得可怕。(梦 101)

13.17　多重复句

上面我们在介绍各类联合复句也好,主从复句也好,所举的例子一般都只包含两个分句。事实上,无论在口语中或是书面语中,常常是一个复句包含许多个分句,以表达一个较为复杂的意思。例如:

① a 国有国法,b 校有校规,c 今天请你来,d 是要你为杨仲钦签一份行为保证书。(跳舞 37)

② a 国家富强,b 人民就安乐;c 国家衰弱,d 人民就痛苦。(伦理·中三 99)

例①是对话中的一段,例②是论说文里的一段,它们都是包含四个分句的多重复句。值得注意的是,那四个分句不在一个层面上。例①和例②应分别分析为:

① a……,b……,c……,d……。
　　└───┴───┘　└───┴───┘　(因果关系)
　　　　1　　　　　　2
　　└──┴──┘　└──┴──┘　(3-4 并列关系;5-6 目的关系)
　　3　　4　　5　　6

② a……,b……;c……,d……。
　　└───┴───┘　└───┴───┘　(并列关系)
　　　　1　　　　　　2
　　└──┴──┘　└──┴──┘　(3-4 假设关系;5-6 假设关系)
　　3　　4　　5　　6

下面的例③也包含四个分句,请看:

③ a 没有锣鼓,b 没有乐队,c 没有花圈,d 没有纸钱。(太阳 8)

但它不是多重复句,因为这四个分句处于同一个层面上。例③应分析为:

③ a……, b……, c……, d……。
　　└─┘　　└─┘　　└─┘　　└─┘　　（1-2-3-4 并列关系）
　　　1　　　2　　　3　　　4

由此可见,所谓多重复句是指包含三个或三个以上的分句而各分句不处于同一层面的复句。下面列举的都是多重复句:

　　④ a 适婚女子找不到老公,b 原因之一是太过保守,c 因此缺少社交机会。（报 1995 年 3 月 14 日 15 版）

　　⑤ a 他比我先走,b 是他的福;c 要是我先走啊,d 你们才惨呢!（今后 152）

　　⑥ a 只要有人能使用一流的技巧与语言文字来创作,b 而且对自己的社会人民,甚至全世界全人类有不平凡的认识,c 以后一定会有一流作家带着伟大的作品出现,d 所以问题不是客观的环境,e 而是作家自己。（△新华文学 274）

　　⑦ a 孟子相信人性是善的,b 所以要人发展善性,c 以达到至善;d 荀子相信人性是恶的,e 所以要人节制恶性,f 以由恶变善。（伦理·中三 20）

例④—⑦分句与分句的组合情况如下:

④ a……, b……, c……。
　　└──┘　　└──┘　　（因果关系）
　　　1　　　　2
　　　　└──┘　　└──┘（因果关系）
　　　　　3　　　　4

⑤ a……, b……;c……, d……。
　　└──┘　　　└──┘　　（并列关系）
　　　　1　　　　　2
　　└┘　└┘　　└┘　　└┘（3-4 假设关系;5-6 假设关系）
　　3　　4　　　5　　　6

⑥ a……, b……, c……, d……, e……。
　　└──┘　　　　　└──┘　　（因果关系）
　　　　1　　　　　　　2
　　└┘　└┘　　　└┘　　└┘（3-4 条件关系;5-6 对立关系）
　　3　　4　　　　5　　　6
　　└┘　└┘　　　　　　（递进关系）
　　7　　8

⑦ a……, b……, c……;d……, e……, f……。
　　└───┘　　　　└───┘　（并列关系）
　　　　1　　　　　　　2
　　└┘　└──┘　　└┘　└──┘（3-4 因果关系;5-6 因果关系）
　　3　　　4　　　5　　　6
　　　　└┘　└┘　　　└┘　└┘（7-8 目的关系;9-10 目的关系）
　　　　7　　8　　　9　　10

学会分析多重复句对正确理解文章内容很有帮助。分析多重复句时,需要注意以下三点:

第一,复句里的各个分句总是按一定的逻辑联系组织起来的,因此在分析复句时,一定要充分注意并把握好分句之间的逻辑关系。

第二,复句里各分句在组合上是有层次的,所以我们在分析一个复句时一定要有层次观念,以便看清句子的脉络。

第三,复句里往往含有像"因为""所以","虽然""但是","不但""而且","即使""也"等一类关联词语,它们是分句间逻辑关系的一种标志,我们在分析复句时就要充分利用句中所包含的关联词语。例如:

⑧ a 由于石油大幅度涨价,b 因此各国为了解决经济衰退、工业生产萎缩和失业率高等难题,c 只好采取各种措施,d 限制外国货物入口,e 以扶助本国的工商业,f 于是贸易保护主义也就应运而生了。(华文教材 4A 119)

例⑧这个多重复句一共包含六个分句,这六个分句的组合层次比较复杂。好在前后分句中使用了关联词语——"由于""因此""为了""只好""以""于是",这对我们分析这个复句有帮助,但还是要注意这个复句内各分句之间的逻辑联系。分句 a 用了表示原因的连词"由于",这说明后面有表示结果的分句。可是,后面分句 b 和分句 f 都使用了表示因果关系中的结果的连词——分句 b 用了"因此",分句 f 用了"于是"。那么直接与"由于"呼应的到底是哪一个呢? 由于在分句 b 前没有另外的表示原因的分句,所以与"由于"呼应的只能是"因此"。下面需要考虑的是"因此"一直管到哪里。值得注意的是,在用"因此"的分句 b 里又用了表示目的的连词"为了",后面分句 c

紧接着有关联词语"只好"与"为了"呼应。就"只好"这个关联词语来说,只管到分句 c,但 d、e 这两个分句跟分句 b 有联系,它们又层层说明目的——分句 d 是来说明分句 c"采取各种措施"的目的的,而分句 e 又是来说明"采取各种措施,限制外国货物入口"的目的的。这就是说,由"因此"带起的结果是通过一个表示目的关系的复句形式来表示的。由"于是"引出的分句 f 是说明最终的结果,它以前面所谈的整个内容作为它的原因。以上所说可图示如下:

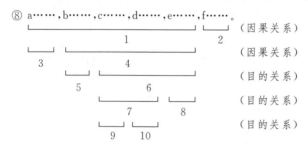

13.18　复句中使用的关联词语

13.18.1　"关联词语"与"连词"

首先需要说明,"关联词语"和"连词"是两个概念。连词是指专门用来连接词、词组、分句或句子而不充任任何句法成分的一类词。关联词语则特指在复句中用来连接分句的词语,其中包括连词,但不限于连词。

13.18.2　复句中使用的关联词语

1. 连词。

这是最常使用的关联词语。如上面联合复句里所用到的"并""而""并且""而且""不但""不仅""或者""还是""与其"等;主从复句里所使用到的"虽然""尽管""但是""可是""即使""如果""假如""只要""只有""不论""无论""因为""由于""所以""因此""既然""为了"等。

2. 副词。

这也是比较常用的一种关联词语。最常见的有"也""又""一""就""即""便""更""尤其""还""却""才""都""越""再"等,如:

① 丽美是我的邻居,也是我的玩伴。(△好儿童 3B 49)(并列复句)

② 孔子不但是伟大的教育家,也是杰出的思想家。(伦理·中三 3)(递进复句)

③ 她老爸我即使是一辈子做牛做马,也赚不了一百万。(再见 54)(转折复句)

④ 田田看看爸爸,又看看妈妈。(短篇 43)(并列复句)

⑤ 不久,雪片竟在此时反常地纷纷洒落,一见下雪,大家立即要求朱诺将车停放在路旁,以体验雪飘落在身上的滋味。(南北 54)

⑥ 学生一见老师带了圣经来,就嚷着要老师讲耶稣的故事。(梦 40)(连贯复句)

⑦ 你如果逼我回去,我就立刻飞回去澳洲。(大胡子 47)(假设复句)

⑧ 一个字只要差那么一点,意义可就大不相同了。(笑眼 62)(条件复句)

⑨ 由于隔岸观火,就难免无法掌握全面的资料。(文艺 95)(因果复句)

⑩ 既然你要留他,我就再给他一个机会。(风雨 78)(推论复句)

⑪ 一踏进家门,黄雪嫘即向黄老太太报讯。(△断情剪 8)(连贯复句)

⑫ 婆婆一啰唆,她便跑回娘家去。(追云 34)(连贯复句)

⑬ 一旦认定我是她爸的"传声筒",她可能便会拂袖而去了。(石头 40)(假设复句)

⑭ 只要回家去休息休息,便没事了。(狮子 99)(条件复句)

⑮ 由于他大学一年级成绩卓越,第二年便进入"直接荣誉学位班"。(△朝雨 42)(因果复句)

⑯ 他不懂得爱惜自己,更不懂得照顾别人。(梦 45)(递进复句)

⑰ 也许,我秉承了太多父亲的性格,尤其是那一股倔强。(△青春 116)(递进复句)

⑱ 研究和出版,不但需要人力、时间,还须有资金在背后支助。(风筝 110)(递进复句)

⑲ 媚媚谈过她太多,却忘了告诉我她长得如何。(想飞 40)(转折复句)

⑳ 只有和平共处,人类才能自救。(伦理·中四 91)(条件复句)

㉑ 不论是木雕品、瓷制品、皮革品,都做得很好。(石头 206)(条件复句)

㉒ 我越在意,就痛得越厉害。(△天长 94)(倚变复句)

㉓ 外国再好,也不比家里好。(金狮奖 117)(让步复句)

3. 代词。

常见的如"那""那么",例如:

㉔ 买半独立的、有花园的双层洋房,那就不会再给楼上芳邻吵到。(吾土·戏剧 128)(假设复句)

㉕ 假如你置身在这绿的境界,那么你就静静地坐一坐。(独上 81)(假设复句)

4. 某些固定词组。

常见的如"一手""一路""不是""由此可见""之所以""是因为""是为了""为的是""目的是",例如:

㉖ 潘展恒一手夹着厚厚的宗卷,一手提着黑皮的 Samsonite 公文箱。(变调 46)(并列复句)

㉗ 孩子们一路走,一路口手并用地剥着果壳吃着红毛丹。(冰灯 1)(并列复句)

㉘ 这不是老人联欢会,而是老少联欢。(心情 33)(对立复句)

㉙ 她是你妈,不是我妈啊!(撞墙 92)(对立复句)

㉚ 他不是静静听老师讲课,就是自己默默地自修。(报 1995 年 3 月 15 日

副刊 11 版)(选择复句)

㉛ 在先阶段政治人物眼中,南大精神是华族文化的代号;由此可见,政府所说的南大精神,更多时候涉及华文课程与活动如何在教育系统中发挥文化作用。(△小小鸟 111)

㉜ 它之所以能够吸引游客,完全是因为坟场里的"居民"声名显赫。(石头 37)(因果复句)

㉝ 我恨他,是因为我断定他是一个阴谋家。(太阳 70)(因果复句)

㉞ 许多人不远千里而来,是为了要听他的演说。(华文教材 4A 70)(目的复句)

㉟ 艺术家燃烧了自己的生命,发出热和光,为的就是要把美丽、真理和幸福带给人们。(△朝雨 7)(目的复句)

㊱ 哥打峇鲁的这座纪念碑是由日本出钱兴建的,目的是"祝愿永远和平与自由"。(沦陷 6)(目的复句)

5. 某些动词。

常见的如"是",例如:

㊲ 她是你妈,不是我妈啊!(撞墙 92)(对立复句)

㊳ 豪华旅馆是有好几间,但数量总不及小旅舍多。(南北 16)(转折复句)

13.19　华语中的连词

13.19.1　华语连词

连词是专门用来连接词、词组、分句和句子的一类虚词。我在新加坡住了半年(1995.2—1995.8)。在这半年时间里,就我所接触到的书面语语料(见附录"语料来源")和口语语料(电视、广播和我与新加坡人的交谈),搜集整理到的连词有以下一些:

并	并且	不单	不但	不管	不过	不仅	不论	不然	不问
不只	除非	此外	从而	但	但是	而1	而2	而且	反之
否则	故	故此	固然	还是	和	何况	或	或者	及
即使	既1	既2	既然	假如	假若	尽管	进而	就是1	就是2
就算	可	可见	可是	况且	哪怕	免得	乃至	宁可	宁愿
且1	且2	然而	然后	任	任凭	如	如果	若	若果
若是	尚且	设若	甚至	虽	虽然	虽说	虽则	所以	倘
倘若	万一	唯有	为了	无论	要	要不	要不然	要么(嘛)	要是
一旦	以	以便	以及	以免	以至	以致	以致于	抑或	因
因此	因而	因为	因之	由于	于是	与	与其	再说	则
只要	只有	总之	纵	纵然	纵使				

例如：

① 以华文选修儒家伦理的学生比较能够了解儒家伦理，并较能吸收儒家概念。(风筝 45)

② 舅公安慰说："没关系的，你只不过丢失一本书罢了。"并且再补充一句："他们却丢失了一个传统。"(△新华文学 229—230)

③ 我们不单在经济方面有表现，在教育、社会和政治方面也有高水平表现。(报 1995 年 8 月 21 日 7 版)

④ 他站起马步来，不但似模似样，而且经久不累。(狮子 3)

⑤ 不管是什么通告，只要不是大减价的消息，是不会引起注意的。(再见 65)

⑥ 听人家说看见流星可以许一个愿，不过我却来不及许愿，它就已消失得无影无踪了。(△南风 13)

⑦ 在云顶看书，不仅有助调剂身心、精神，还可以培养写文章的灵感呢！(笑眼 221)

⑧ 这几天来，不论我日找夜找，左等右等，还是无法找到她。(变调 8)

⑨ 不能预先想得太多，不然甚至都做不成。(梦 4)

⑩ 他不问我同意不同意，就把我的雨伞拿走了。(口语)

⑪ 儒家伦理不只要我们注重知识,更要我们注重实践。(伦理·中三 3)

⑫ 你必须掌握方向盘,乘着好风势朝向目标前进,除非你是搭客。(心情 135)

⑬ 我们前往水村参观,建在水面上的屋子栉比鳞次……此外,在水村中还有回教堂和学校,蔚为可观。

⑭ 人类污化环境,严重破坏自然生态循环规律,从而为地球带来无穷祸害。(扶轮 22)

⑮ 一个人平时没有什么病痛,虽属健康,但却不能永保健康的。(△母亲 44)

⑯ 廿世纪的科学家很多,但是真正伟大的科学家并不多。(八方 32)

⑰ 把它们(指洋娃娃——引者)藏在家里,好似藏了六个善良而又快乐的灵魂。(△天长 33)|谈吐文雅而诚挚。(△狮城 27)

⑱ 这些人是来喝喜酒,而不是专程来听音乐的。(牛车水 37)|白白的沙,烫得好似在冒着袅袅的烟气,而他,竟赤足。(△一壶 24)

⑲ 我考中了四主二副,而且还是四优二良的卓越成绩呢!(短篇 3)

⑳ 军靴的忠实之处在于,不论你是踏在硬石或者沙砾上,它都不肯令你的脚板受到损伤;反之,它的边缘部分会慢慢地被磨蚀,然后出现裂缝。

㉑ 这既是我的工作,我就有责任认真地弹,投入地弹,否则我不但对不起自己,也对不起钢琴了。(牛车水 37)

㉒ 连日来,在闸北沪西一带,我方的军事调动相当的频繁,故大有"山雨欲来风满楼"之势。(痕迹 11)

㉓ 因工作地点更换,故此,每天都须踏进后港新镇那段路程。(一心 59)

㉔ 我得到的固然很多,然而,我所付出的代价更大。(青青 56)

㉕ 这是人生的缺陷呢,还是社会的悲哀?(恶梦 8)

㉖ 我和老刘都一直注意老徐的神情。(华韵 28)

㉗ 原先,他老人家一心一意想赶回家去,谴责女儿燕华,何况女儿的精神已经受到沉重的打击。(△浮萍 114)

㉘ 每当等着上课的时候,我总会徘徊在小塘的附近,或看鱼戏莲叶,或看水牟涟漪……(青青 10)|老人掏出一小片一小片的面包或饼干什么的,抛到池塘里喂鲫鱼。(风雨 6)

㉙ 军靴的忠实之处在于,不论你是踏在硬石或者沙砾上,它都不肯令你的脚板受到损伤。(无弦月 44)|她曾经受过极严重的刺激,或者遭遇过凄惨之创伤。(一心 8)

㉚ 我们对弗洛尔受到公正的审判及合理的判刑未曾置疑。(报 1995 年 8 月 21 日 6 版)

㉛ 虚拟语气是一种用法普遍而重要的语言结构,即使是古代汉语,也不乏用例。(△语言文字 19)

㉜ 石湘棠感觉到自己的心变成了一块巨大的冰石,既冷又重,沉沉地横在胸腔里。(跳舞 96)

㉝ 这既是我的工作,我就有责任认真地弹,投入地弹。(牛车水 37)

㉞ 既然你不愿尽责,那你又为什么要做它呢?(△大喜 27)

㉟ 假如我是外星人,我会驻足下此人间漫游一番的。(怀旧 41)

㊱ 假若父亲聪明一点的话,就应该悄没声息地转身从另一个地方回家。(太阳 60)

㊲ 尽管天气这样冷,他却只穿了一件普通的衬衫。(大胡子 4)

㊳ 它制造了一股对美国充满敌意的亚洲联合力量,也会把美国和欧洲分开,进而瓦解整个世界贸易体系。(报 1995 年 8 月 21 日 7 版)

㊴ 就是到工厂去当个女工,也强过做这般烦而厌、厌而烦的杂务。(追云 28)

㊵ 我什么都肯学,就是不知道学什么才好。(微型 2)

㊶ 就算你说重复着日子,但是岁月没有重复。(渐行 55)

㊷ 在飞机上,我的头,千支针齐扎着似的,可我不敢告诉同行的人。(再见 92)

㊸ 一般听华语聚集的人是中年人和老年人,而听英语聚集的都是年轻

人……可见英语在年轻一代通用,而方言和华语只在老一辈人中使用。(风筝4—5)

㊹ 这里蒜苗很多,可是,捷克人都不懂得蒜苗可以入菜。(石头 10)

㊺ 世界并非那么单纯,况且,又是这与祖国一洋之隔的南岛。(扶轮 3)

㊻ 哪怕四周尽是魑魅魍魉,前面崎岖的道路布满荆棘,胜利也还是属于她的。

㊼ 没事就不要开开关关的,免得弄坏了锁头。(牛车水 111)

㊽ 姐告(地名——引者注)亦是通往缅甸和东南亚各国及南亚的重要通商孔道,对中国云南省,乃至西南各省与亚太区经济的发展具有重大的意义。(南北 88)

㊾ 宁可让人看做木头明哲保身,总比祸从口出好。(今后 52)

㊿ 若容选择,我宁愿把花瓶空置,也不希望在今天这个情人节有人给我送一支玫瑰。(再见 69)

51 我的同年,既平凡且平淡。(回忆 2)

52 不但找钱收钱不能有稍疏忽,且要把顾客的需求牢牢记住!(无弦月 52)

53 我得到的固然很多,然而,我所付出的代价更大。(青青 56)

54 两架直升机在高空盘旋,然后朝前向地面俯冲。(金狮奖 13)

55 任我将门铃按哑,屋里始终没有反应。(变调 8)

56 任凭他怎么花言巧语,我们都不会上当。(华文教材 1B 60)

57 英语被动句式,如有施事者,必须在动词之后加 by。(△语法修辞 123)

58 如果十年前让他听到这一番话,他一定会把电话连同友情一起摔掉。(狮子 23)

59 这种叫做人类的生物,若让他们自由发展,将是我们绿星人的大敌。(万花筒 81)

60 若果女方不喜欢堆放,则找诸多借口,以拒绝男方的再次探访。(南北 31)

61 母亲若是病好了之后,不还是会像往常一样,天天起个大清早,到厨房里去弄早点。(风雨 42)

㉒ 天地尚且容得下我们这些不曾努力过就平白拥有一个精彩世界的人，我们又凭什么容不下其他与我们一起拥有它的人呢？（牛车水 92）

㉓ 设若在主观意愿上就排除探讨母族文化的价值，则着实令人难过和费解了。（无弦月 80）

㉔ 没有人歌颂它们，甚至没有人理睬它们。（△天长 6）

㉕ 虽没有超人的智慧，也敢于作"百分之一百的努力"。（△含羞草 9）

㉖ 母亲虽然嘴里没说出来，但她的意思我心里明白。（独上 18）

㉗ 虽说路已不通，但希望尚存。（渐行 25）

㉘ 虽则多次护送曾楚仪归家，但从未踏入她的家门。（△断情剪 51）

㉙ 因为没有离别，所以我们从不思念。（渐行 14）

㉚ 倘将例句㉓译为"你被规定可以接受一份免费礼物"，似乎略含厌恶之意。（△语法修辞 132）

㉛ 倘若有一位诗人，天真地相信能用诗篇改变现实，那将是十分可笑的一回事。（八方 68）

㉜ 万一煤气越漏越多，后果真不堪设想。（梦 154）

㉝ 唯有按部就班地前进，唯有脚踏实地地钻研，才可以化雄心为现实。（华文教材 4A 80）

㉞ 为了想理解这位教师的感受，我昨天亲自去这个健康展览看看。（风筝 12）

㉟ 在屋内则无论黑白与彩色电视机，荧光屏上都永远散发着耀目的光芒（风雨 20）

㊱ 要习惯汉语的表达方式，先须熟悉若干基本的句子结构。（△语言文字 10）

㊲ 见人便笑，会被误认为是神经病，要不，就是精神病。（笑眼 16）

㊳ 信上所有不会写的字，就用笔打个"×"来代替。还好他是念医科的，简体字"医"他还会写，要不然全都打×！（笑眼 166）

㊴ 要嘛，就快快乐乐地相聚，要嘛，就爽爽快快地分离。（青青 60）

㊵ 我要是有当老板的福气就好了。（撞墙 88）

⑧ 身为一名军人,倘若经不起磨练,一旦面临保家卫国的大任,又岂能担当得了?(无弦月 8—9)

⑫ 若果女方不喜欢堆放,则找诸多借口,以拒绝男方的再次探访。(南北 31)

⑬ 现在三四十岁的人,便应开始保健,以便在老年时能保持健康。(风筝 157)

⑭ 星期六下午,他要帮助割草,清理周围环境的垃圾,修理破损的门窗,以及其它一些琐碎的工作。(一心 35)|为了方便理事会的工作,以及争取更多时间品尝那座城的韵味,我在学校住宿。(牛车水 44)

⑮ 大多数年轻的夫妇不愿意太早生儿育女,以免个人自由受到束缚。(华文教材 4A 11)

⑯ 由此可说明,当时颜料的应用,有着非常独特的秘方,以至科学发达的今日,还未能找到其中的奥秘所在。(南北 66)

⑰ 他这项突然的声明使很多人感到吃惊,以致引起舆论的强烈反应。(平心 25)

⑱ 这世上最欠缺的,恐怕就是幸福了,以致于那些侥幸享有幸福的人,都被不安的情绪困扰着。(牛车水 68)

⑲ 10 月以后,这间业务鼎盛的老电发室是否另觅新的"栖身处",抑或结束营业,现在还是一个未知数。(沦陷 113)|跑到森林边的水潭抑或低洼的水沟处捉鱼,热天与雨季未曾间断过。(一心 50)

⑳ 因多位理事带陪孩子出国旅行,此展期召开的会议仍凑不足法定人数。(万花筒 9)

㉑ 壁虎以捕食蚊子、苍蝇之类的害虫为生,因此对人类来说可说是一种益虫。(壁虎 6)

㉒ 作者发挥审美的想象塑造了艺术形象,因而艺术形象体现了作者的审美想象。(科学 8)

㉓ 因为母亲和姐姐斗出外去工作,家里没人看管和照顾他。(鞭子 1)

㉔ 知道短时之内,日军必然不会打到这里,因之我们便决定冒险返回学

校。(痕迹 13)

⑨ 由于受到教学时间的局限,"深化"教学可以通过口头的方式进行。(华文 197)

⑨ 人家告诉我,读工程有"钱途",于是我就毅然地挺起胸,走进工程系。(心情 30)

⑨ 作为一个大学生,是不大可能有机会与精力去完全了解自己的学校的。(寻庙 77)

⑨ 与其按旧有的学习程序死记死背,不如就汉语的语音特征对症下药,更能掌握方法和规律。(△语言文字 6)

⑨ 屋子里要那么多人干嘛,一个人省事,再说没女人也惯了。(患病 27)

⑩ 若果女方不喜欢堆放,则找诸多借口,以拒绝男方的再次探访。(南北 31)

⑩ 远远望去,门前的那棵红毛丹树依然健在,只是落尽了叶子。(患病 23)

⑩ 只要林主任一出现,他们立即作鸟兽散。(再见 17)

⑩ 只有娴熟地掌握了语文,才有可能写出成功的作品来。(文艺 61)

⑩ 自古以来,老鼠就是不受人类欢迎的动物,不利于老鼠的形容词,比比皆是,如鼠子是对人轻视的骂语,鼠辈是喻小人,总之是乏善可陈。(南北 59)

⑩ 这幅画里自有其哭笑悲欢,纵你不愿参加,请记住呀,我的朋友:我仅是一抹风采,我也是一整幅画。(牛车水 96)

⑩ 他纵然去世了,但艺术的生命却是永垂不朽、长照汗青的。(△朝雨 7)

⑩ 纵使在黑暗的夜里,仍有星光给你照明。(渐行 4)

13.19.2 华语中起连接作用的格式

除了上面所列举的连词以外,华语中也还有一些专门起连接作用的格式,常见的如:

边……边……　　　时而……时而……　　　一边……一边……

一来……,二来……　一面……一面……　　　一则……,一则(二则)……

例如:

⑩ 他把小纸张平放在掌心里,边看边抄……(狮子 77)

⑩ 那卷发,时而翘起如飞,时而垂下如睡,充分显示其饱满的生命力。(无月 61)

⑩ 房东太太一边说着一边溜着走开了。(△大喜 128)|邓文茵一边仔细地看,一边啧啧赞赏。(跳舞 78)

⑪ 假如文章太长了,一来没有时间去阅读,二来花费太多精神,实在受不了。(一心 10)

⑫ 父亲一面走,一面摇头,叹气……(牛车水 17)

⑬ 姐弟俩又凑钱到 NTUC 去买了两根假骨头来给它玩,一则可以排遣寂寞,一则可以用来作磨牙的工具。(追云 8)|设立联络所的目的,一则可以发掘人才、铸造人才,二则使青年人有一个理想/健全的场所。(一心 28)

13.19.3　华语连词连接的成分

从所连接的成分来看,有的连词只能连接词或词组,不能用来连接分句或句子,如“和、与、及、而 1”等;有的连词则只能连接分句或句子,不能用来连接词或词组,如“除非、固然、既然、尽管、哪怕、宁可、宁愿、任、任凭、尚且、虽(然)、倘、万一、要(＝如果)、一旦、与其、只要、纵、纵然、纵使和不过、不然、此外、从而、但是、反之、否则、故(＝所以)、何况、进而、就是 2、可见、可是、况且、然而、然后、所以、要不然、以、以便、以免、以致、因此、因而、于是、再说、只是”等;有的连词则既能用来连接词或词组,也能用来连接分句,如“或”,试以梁文福的《最后的牛车水》和光辉(原名曾真广)的杂文集《一心想写》为例:

⑭ 在那蓝色的沙漠上,星期一或星期日都一样。(牛车水 50)|应该多方面组织协会或工会,好让爱好者相聚研究。(一心 21)

⑮ 他们高兴时或生气时都有如流的粗化。(牛车水 49—50)|仍旧有非法者输入的暴力与色情影片或非法录影带。(一心 29)

⑯ 一旦消失几个,或增添一些,也不会有人特别留意的。(牛车水 131)|有些学生在椰树下倾谈,或阅读书籍和课文。(一心 6)

例⑭中"或"连接的是词;例⑮中"或"连接的是词组;例⑯中"或"连接的是分句。

13.19.4 华语连词的分类

从它们所表示的逻辑意义看,连词大致可以分为以下十四类:

1. 表示并列关系,如"和、与、及、以及"和"而 1、且 1、既 1"等。

2. 表示连贯关系,如"然后"。

3. 表示对立关系,如"而"。

4. 表示选择关系,如"或、或者、抑或、要么(嘛)、还是"和"与其、宁可、宁愿"等。

5. 表示递进关系,如"不但、不单、不仅""并、并且、而且、且 2"和"甚至、况且、何况、再说"等。

6. 表示分合关系,如"总之"。

7. 表示让步转折关系,其中表示让步的如"虽、虽然、尽管、固然"以及"尚且",表示转折的如"但、但是"以及"然而、可、可是、而、则、不过、只是、就是 2"等。

8. 表示假设让步关系,如"即使、就是 2、就算、哪怕"等。

9. 表示假设关系,如"假如、假若、如、如果、若、若果、若是、设若、倘、倘若、要、要是、万一、一旦"和"纵、纵然、纵使"等。

10. 表示条件关系,如"只要、只有、不管、不论、无论、任、任凭"和"除非",以及"否则、不然、要不然、反之"等。

11. 表示因果关系,其中表示原因的如"因、因为、由于",表示结果的如"所以、因此、因之、因而、故、故此、于是、以致、以致于、从而"等。

12. 表示推论关系,如"既 2、既然"和"可见"。

13. 表示目的关系,如"为了"和"以便、以免、免得"等。

14. 表示追加补充关系,如"此外"。

13.19.5 新加坡华语的连词与中国普通话的连词的差异

第一,中国普通话里用得很多的连词,新加坡华语里则不用。最明显的是,表示并列关系的连词"跟、同"(特别是"跟"),在中国普通话里都用得比较多;然而在新加坡华语里,不敢说绝对不用,但就我所接触的书面的或口语的资料里尚未发现。下面在中国普通话里能见到的连词,在新加坡华语里没有接触到(以音序排列):"不独、不光、不问、非但、跟、即便、假使、如若、倘使、同、以至于、纵令"等。

第二,中国普通话里现在已基本不用或极少用的连词,在新加坡华语里却用得比较多。例如,在因果关系中表示结果的连词"故此、因之",表示假设关系的"若果、设若、纵使",表示选择关系的"抑或",表示递进关系相当于"而且"的"且"等,在新加坡华语里用得比较多,而中国普通话里就不怎么用。

第三,有些连词,在中国普通话里用得比较普遍,而在新加坡华语里虽然也用,但是用得很少;反之,有些连词在新加坡华语里用得比较普遍,而在中国普通话里则很少用。试以表示转折关系的连词为例。"但、但是、可、可是、然而",这是一组意思相近的转折连词。在中国普通话里,"可、可是、但是"用得比较多,使用频率比较高(特别在口语里,主要用"可、可是");"但"和"然而"只在书面上用,而且使用频率也很低。但是,在新加坡华语里,"可"和"可是"极为少见,"但"和"然而"却用得很多,使用频率相当高,无论在书面上或是在口语里。我们统计了四种有代表性的论著——吴作栋总理在国庆三十周年群众大会上的演说《寻找新加坡本身前进的道路》(报 1995 年 8 月 21 日 6—7 版,简称"总理演说")、刘蕙霞的《别做断了线的风筝》、梁文福的《最后的牛车水》和李约庆的《南北游踪》，上述四个表示转折关系的连词在这四个论著中的使用情况分别如下：

	总理演说	风筝	牛车水	南北
但	37	79	34	83
但是	8	13	11	1
可	0	0	0	2
可是	2	4	5	4
然而	3	26	43	2

不难看出，新加坡华语里总的倾向是很少用"可"和"可是"。这里值得一提的是，新加坡著名作家田流的相声集《笑眼看人生》，书中的每个相声里，只用"可是"（用了 34 次）和"可"（用了 5 次），却没有用一个"但""但是"或"然而"；而就在那本书的后记里，却就只用"但"和"然而"，不用"可是"。原因很简单，相声是按北京话写的，后记是按新加坡华语写的。再如，表示假设让步的"就是（＝即使）"，在中国普通话里很常见，新加坡华语里则用得也很少。反之，"就算（＝即使）"在新加坡华语里用得很多，甚至林万菁先生径直用"就算"注释"即使"。而中国普通话里则很少用，收集现代汉语虚词比较全的《现代汉语虚词例释》（北京大学中文系 1955、1957 级语言班编，商务印书馆，1982，北京）都没有收入这个连词。

　　第四，有些连词，无论在新加坡华语里或是中国普通话里，都常用，但在具体用法上，二者有差异。这特别表现在表示并列关系和表示选择关系的连词上。

　　我们在本书中不可能对每个连词都做介绍，只是选择一些主要的、常用的连词，特别是对一些意思相近而用法不尽相同的连词，做些说明。

第14章　新加坡华语语法的特点

14.1　引言

特点是因比而显的。我们说新加坡华语语法的特点,这是就与中国普通话语法相比较而言的。新加坡华语是新加坡华人的共同语。新加坡华语与中国普通话基本上是一致的,但由于种种原因,在语法方面也还是有区别,最明显的如:在中国普通话里双音节动词、形容词构成反复问时,通常得说成"参观不参观? /干净不干净?",可是在新加坡华语里,既可以说"参观不参观? /干净不干净?",也可以说"参不参观? /干不干净?",而且后一种说法更常见。再譬如,在新加坡华语里存在"我也有想过。""你妈妈有在家吗?"这样的说法,在中国普通话里就没有这样的说法,中国普通话得说成"我也想过。""你妈妈在家吗?"。

造成新加坡华语与中国普通话区别的原因是多方面的。

首先,新加坡是一个独立的国家,在社会制度和经济、文化发展方面与中国不同,而新加坡与中国又曾经隔绝了大约四十年,也就是说新加坡与中国大陆在相当长的一段时间里没有或者说很少接触,而语言是不断发展的,华语和普通话在不同国家发展,势必会造成差别。

　　其次,共同语常常会受到方言的影响,新加坡的华人绝大多数来自中国福建、广东两省,所以新加坡华人的母语绝大多数是方言(包括闽方言、粤方言和客家方言等)。在这种情况下,新加坡华语所受到的闽、粤、客家等方言的影响远远超过中国普通话所受到的闽、粤、客家等方言的影响,从而也势必会造成新加坡华语与中国普通话的差别。

　　再次,新加坡是一个多元种族社会,实行双语制,而且规定行政语言或者说主要媒介语是英语,新加坡华人一般都掌握两种语言。在这种情况下,华语也不能不受到英语和其他种族的语言的影响,特别是在词汇和语法上。这也是造成新加坡华语与中国普通话有所区别的原因之一。

　　上述原因就形成了新加坡华语的特点。这种特点是客观存在的。语言学工作者的任务是去发现这些特点,描写这些特点,以便为华语的规范化提供某方面的依据。

　　我们是要考察新加坡华语语法的特点,但是不能认为凡见到、听到与中国普通话在语法上不同的就都是华语语法的特点。"不同"是由多种因素造成的:

　　一是确实是特点。如比较句用"XA 过 Y"格式(X、Y 分别代表比较项,A 代表形容词),例如:

　① 乌敏岛的维修费高过我国本岛(报 1995 年 3 月 5 日 8 版)

　　二是还未被华语吸收的方言成分。如单音节形容词"AAAA"重叠形式,这是受闽方言影响所产生的一种说法。例如:

　② 今晚的星空很漂亮,小小小小的白点缀满整个黑色的天幕……(金狮奖206)

三是语法错误。如反复问句末尾用疑问语气词"吗"。例如：

③ 林东海这位后卫是否能再攀上另一个高峰吗？（报1995年3月7日24版）

在"绪论"部分已交代，我们以新加坡华语的书面语为主要考察对象，同时兼顾口语，并对为什么要以书面语为主要考察对象，做了一定的说明。

中国普通话也在不断发展，在发展过程中也在不断吸取方言中富有表达力的成分。因此，新加坡华语中一些由于受闽、粤方言影响而出现的语法现象在先前可视为特点，到现在则不成为特点了，因为中国普通话里也吸收了这一语法现象。举例来说，"我小他两岁""姐姐大我三岁"的说法以及"来""去"带处所宾语的用法（如"来新加坡""去上海"），在20世纪80年代中期还被认为是新加坡华语语法的特点（新加坡标准华语委员会语法小组，1985；吴英成，1986），但现在上述说法和用法也已在中国普通话里流行，所以现在上述说法和用法就不能再看作新加坡华语语法的特点之一。

新加坡华语语法的特点具体说明如下。

14.2　双宾句式

在新加坡华语里，双宾句式有两种：

格式1："V＋间接宾语＋直接宾语"（V代表动词，下同）。例如：

① 忍着气，给了他三块钱，并嘱咐他不必再来了。（追云52）

② 老板，请给我一盒双黄月饼。（微型16）

③ 事后，您借了我一本书，书名依稀是《怎样做个优秀的领导人》。（青青103）

④ 告诉你一个好消息。（跳舞107）

⑤ 我的邻居送了我一只猫。（报 1995 年 3 月 5 日副刊 11 版）

　　格式 2:"V＋直接宾语＋间接宾语"。这种格式多用于口语。例如：

⑥ 我给钱他，叫他去买票。

⑦ 他刚才给这本书我。

使用格式 2 要受到一定的限制,那就是 V 只限于"给"。

　　中国普通话里只有格式 1,没有格式 2。

14.3　复合趋向动词带处所宾语

　　在新加坡华语里,复合趋向动词以及由复合趋向动词充任补语的述补结构可以带处所宾语,所带的处所宾语有两种位置：

　　位置 1:处所宾语直接放在复合趋向动词的后面。例如：

① 听祖父说,他们已经回去印度了。（吾土·小说上 223）

② 两人分手后,她带着孩子回去美国。（大胡子 101）

③ 于是柯主任回去办公室,张石珍也道了个歉上课去了。（追云 15）

④ 她是在南洋出生的,她没有回去过唐山。（报 1995 年 6 月 18 日副刊 9 版）

⑤ 她决定进去店铺里看看。（跳舞 60）

⑥ 新加坡已通知陈成财大使回来新加坡。（报 1995 年 4 月 12 日 1 版）

⑦ 他想父母亲这一去就永远留在唐山,可能不会再回来南洋。（报 1995 年 6 月 18 日副刊 9 版）

　　上面是复合趋向动词直接带处所宾语的实例。下面是由带复合趋向补语的述补结构直接带处所宾语的实例：

⑧ 想不到过了半个钟头后,同一辆车又驾回来我们这里。（风筝 186）

⑨ 有些人……还时常跑回来巴刹买东西。（回忆 43）

⑩ 当初也是你自己把他带进来这厂里的。（吾土·小说上 44）

⑪ 你如果逼我回去，我就立刻飞回去澳洲。（大胡子 47）

⑫ 没有想到，他今天晚上就把她带过来我们家了。（大胡子 25）

位置 2：处所宾语放在复合趋向动词的中间。例如：

⑬ 他总是那么可怜兮兮的问我什么时候可以回"家"去？（风雨 38）

⑭ 过了几分钟，乙和尚气愤愤地跑进房来……（八方 37）

⑮ 她抱着录音机，几乎是飞奔进房里去。（微型 68）

⑯ 婆婆一啰唆，她便跑回娘家去。（追云 34）

在新加坡华语里，位置 1 更为常见。在中国普通话里，复合趋向动词以及带复合趋向补语的述补结构则都不能在后面直接带上处所宾语，那处所宾语一定得放在复合趋向动词的中间。这也就是说，在中国普通话里，复合趋向动词如果要带处所宾语，其处所宾语只有位置 2，没有位置 1（吕叔湘，1980；朱德熙，1982）。

14.4　动词重叠式带数量宾语

在新加坡华语里，动词重叠式可以带数量宾语，特别是带动量宾语"一下"。例如：

① 然后找一天和书小姐谈怎么拍照。谈谈几次，就可以约她去拍照。（劳达剧作 23）

② 啊！真的，骂骂一下就下来了！（劳达剧作 43）

③ 你和同学们可以彼此先认识认识一下。（追云 16）

④ 其实给父亲骂骂一下又有什么关系……（追云 88）

在中国普通话里，动词重叠式不能带任何数量宾语（张先亮，1994）。

14.5　带可能补语的述补结构带宾语的语序

在新加坡华语中,带可能补语的述补结构带宾语的语序有两种:

格式 1:"V 得/不 C＋宾语"(V 代表动词,C 代表补语,下同)。例如:

① 那动辄千万元的合同,他放得下心?(想飞 89)

② 我们斗不过他们。(金狮奖 18)

③ 心里兀自放不下那口乌气。(恶梦 118)

　格式 2:"V＋宾语＋不＋C"。这多见于口语。例如:

④ 小黑子向来就瞧他不起。(恶梦 37)

⑤ 生活里的惊涛骇浪击它不碎,砍它不断。(大胡子·序)

格式 2 有条件:只限于否定式;宾语只能由人称代词充任。

中国普通话里只采用格式 1 的语序。格式 2 语序是早期白话的用法,现在中国普通话里已不采用。

14.6　"V 回"述补结构里趋向补语"回"的特殊引申意义

在新加坡华语中,"回"做趋向补语可表示一种特殊的引申意义,即表示"回复"的意思。这时 V 不是表示位移的动词,而是一般的动词。例如:

① 天冷,快些演好,穿回大衣。(报 1995 年 3 月 22 日副刊 5 版)

② 倘若电疗,你体内的癌细胞能得到良好的控制,你便能得回你曾一度失去的平静与安宁。(尘世 97)

③ "快,快给回我!""不给!"(金狮奖 220)

④ 我爱人家多少,我一定要得回相等的爱。(年岁 27)

⑤ 说回德士司机。德士是旅游业里重要的一环,对我国的经济活动扮演积极的角色。(平心 73)

⑥ 这部动作片是离开新视的陈秀环的告别作,她笑言,连续拍了多部动作片后,她的"打女"形象越来越深入民心,再不离开的话,怕难以抽身,做回她的窈窕淑女。(报 1995 年 8 月 11 日副刊 6 版)

这种"V 回"是一种十分经济、很富于表现力的述补结构,上面各例中的"V 回",有的还勉强可译为普通话,如例②—④、例⑥似可分别译为:

②′……你便能重新得到你曾一度失去的平静与安宁。

③′快,快还给我!

④′……我一定也要从人家那儿得到相等的爱。

⑥′……再成为窈窕淑女了。

有的,如例①、例⑤,则很难用一句简短的话翻译为中国普通话。例①"穿回大衣"是说"穿上你刚才脱下的那件大衣",例⑤"说回德士司机"则是"现在再回过头来说德士司机"的意思。

中国普通话里"回"做趋向补语似不表示这种引申意义。

14.7　特殊的同位性偏正结构"N 的人"

在新加坡华语里有一种特殊的同位性偏正结构"N 的人",意思相当于中国普通话里的"N 这个人",N 限于人称代词或指人的名词。例如:

① 你知道,我的人一向是懒散惯,叫我做这种吃力不讨好的事,我才不。(年岁 68)

②　你的人为什么这样的噜唆。（新马 197）

③　你哪里可以这样说？院长的人很好的。（木子 100）

④　与其说看阿甘的人是为了满足好胜心，不如说大家都希望看到善良正直得到伸张。（报 1995 年 4 月 17 日副刊 4 版）

例①"我的人"就是"我这个人"的意思，例②"你的人"就是"你这个人"的意思，例③"院长的人"就是"院长这个人"的意思；例④"阿甘的人"就是"阿甘这个人"的意思。

中国普通话里没有这种同位性偏正结构。

14.8　特殊的"形容词＋量词"结构

在中国普通话里，数量词中间可以插入一个形容词，如"一大个、两小粒"等；在新加坡华语里，也有这种用法。例如：

①　这绝不是一小撮，而是一大群人啊！（风筝 14）

这里我们所说的"形容词＋量词"的结构不是指上述这种现象（上述"形容词＋量词"之前有数词）。这里我们要说的是，前面没有数词的单音节形容词（常见的是"大"）跟量词结合后所构成的形容词性结构，这种结构可做谓语，可受副词修饰，特别是可受程度副词修饰。例如：

②　咱们这里的刀鱼顶呱呱，又大条，又多肉……（吴韦材 166）

③　年轻的小贩，把蛇皮果摆放在竹箩里，很大粒，是爸爸爱吃的水果。（尘世 209）

④　可以买大汽车送你上学，比小雯的爸爸的车更大辆……（再见 55）

⑤　他心里想：越大只的，颜色越漂亮的，越好。（胜利 8）

⑥　那件毛衣，已完成了三分之二……"钩织得真好。"邓文茵由衷地称赞，又顺口问道："这么大件，给谁钩织的呢？"（跳舞 74）

⑦ 你怎么一个人住在那么大间的旧屋里呢？（青青 68）

例⑥、例⑦里的"这么""那么"这两个代词都是副词性的。

中国普通话里没有这种用法。

14.9　单音节形容词重叠式的功能

在新加坡华语里，单音节形容词重叠式做谓语、补语、定语时可以带"的"，例如：

① 我看了看姐姐，她双颊红红的。（跳舞 107）

② 潮也退得远远的，留下那座大石冷冷地对着我们。（水言珠语 163）

③ 车子拐进长长的小路，来到一个臭臭的地方。（MD 65）

例①"红红的"做谓语，例②"远远的"做补语，例③"长长的""臭臭的"做定语。但是，在新加坡华语里单音节形容词重叠式也可以不带"的"直接做谓语，例如：

④ 养病回来，少奶奶就老不高兴，整日脸黑黑……（风雨 27）

⑤ 他鼻梁高高，嘴唇微翘，像一尊美丽高雅的石膏像。（吾土·小说上 156）

⑥ 她眉毛弯弯，双眸圆圆。（跳舞 120）

⑦ 女同学头低低，男同学脸红红，没有一个敢出一声。（花雨 22）

⑧ 落地长窗外，天鹅河狭狭、长长、静静。（大胡子 89）

可以直接做补语，例如：

⑨ 瞧啊！蜡烛的亮光把我们的影子拉得长长。（风雨 17）

⑩ 问他又不答，只把头压得低低。（胜利 23）

可以直接做定语，例如：

⑪ 最回味的是家门前那棵老树下，与哥哥姐姐攀长长树藤荡秋千玩森林王子"泰山"游戏的日子……（报 1995 年 5 月 3 日 6 版）

根据朱德熙(1961)的研究,中国普通话里的单音节形容词重叠式从语法功能上看,可分为 A、B 两类:A 类能单独做状语,也只能做状语,所以是副词性的。例如:

　　好好:好好学习/好好工作(＊身体好好/＊衣服叠得好好/＊好好衣服)

　　高高:高高举起/高高翘起(＊那楼房高高/＊鸟飞得高高/＊高高宝塔)

　　大大:大大提高生活水平(＊那西瓜大大/＊字写得大大/＊大大球)

类似的如"慢慢、快快、远远、轻轻"等。B 类则是非词,即不成词,它们不能做任何句法成分,如"热热、红红、扁扁、胖胖、瘦瘦"等。值得注意的是,不管 A 类还是 B 类,带上形容词后缀"de"(书面上写作"的"或"地"——状语位置用"地",其他位置用"的")以后,就都转化为状态形容词了,就都能做状语、谓语、补语、定语了。试以"好好 de、高高 de"和"热热 de、红红 de"为例:

　　好好 de:好好地学习〔状语〕　　　　　身体好好的〔谓语〕

　　　　　衣服叠得好好的〔补语〕　　　　好好的衣服〔定语〕

　　高高 de:高高地举起〔状语〕　　　　　那楼房高高的〔谓语〕

　　　　　鸟飞得高高的〔补语〕　　　　　高高的宝塔〔定语〕

　　热热 de:热热地喝了杯茶〔状语〕　　　那茶热热的〔谓语〕

　　　　　水烧得热热的〔补语〕　　　　　热热的咖啡〔定语〕

　　红红 de:红红地抹了一脸〔状语〕　　　那枫叶红红的〔谓语〕

　　　　　炉火把她的脸映得红红的〔补语〕　红红的太阳〔定语〕

所以,在中国普通话里,单音节形容词重叠式是不能够不带上 de(书面上或写作"的",或写作"地")而直接做谓语、补语、定语的,它一定得带上 de 转化为状态形容词之后才能做谓语、补语和定语。而新加坡华语里,单音节形容词重叠式可不带 de 而直接做谓语、补语和定语。这一点是很值得注意的。

14.10　个别词词性转移

14.10.1　名词用作形容词,受程度副词修饰

① 他很君子地问:"重不重? 帮你提上去好不好?"(想飞 54)

② 这两个问题大概你会比较兴趣。(金狮奖 85)

③ 噢,"男人和女人",这个课题大家一定会很兴趣。(新视第八波道 1995 年 4 月 14 日《早安,您好!》节目)

④ "外表西化,作风西化,但某些方面,非常非常的中国。"我指指头部。(想飞 101)

⑤ 我觉得爱情很贵族。(年岁 17)

⑥ 一轮圆月像大风灯悬挂在天上,非常希腊的星空,打着一闪一烁的密码。(年岁 28)

⑦ 生疏冷漠的气氛不适合谈话,尤其是谈一些很个人的问题。(人生 79)

⑧ 还有歌声呢! 多半都非常抒情,非常文艺,使人听了觉得舒服……(榴梿 43)

⑨ 他驻足于池塘边,把脸贴近那非常玻璃的水面……(木子 93)

⑩ 阿公真坏蛋。(胜利 7)

⑪ (那顾客)头摇手摆地自圆其说,可以想象当时脸部表情一定非常卡通。(报 1995 年 6 月 30 日副刊 4 版)

⑫ 蚝是非常营养的食物。(新视第八波道 1995 年 5 月 13 日《早安,您好!》节目)

　　在中国普通话里有名词临时活用为形容词的情况,如"他比阿 Q 还阿 Q",其中的名词"阿 Q"就临时活用为形容词——用在"比"字句中受程度副词"还"的修饰。可是上面句子里受程度副词修饰的"君子、兴趣、中国、贵族、希腊、个人、文艺、玻璃、坏蛋、卡通、营养"等

不是活用,其中有些说法,如"比较兴趣、很兴趣、很个人、非常抒情、非常营养"等,都已很固定。在中国普通话里上面这些词都是地道的名词,都不能受程度副词修饰。

14.10.2　名词用作副词,做状语

⑬ 他们礼貌地向他握手道谢。(胜利 56)

⑭ 我兴趣地看着他。(青青 107)

⑮ 他奇迹地出现,绅士地吻她的手。(报 1995 年 3 月 5 日副刊 13 版)

这种现象在中国普通话里也有,如"我们要历史地看问题",但用得很少。上面例句中的"礼貌、兴趣、奇迹、绅士"在中国普通话里还不能当副词来用,不能做状语。

14.10.3　形容词用作动词,带宾语

⑯ 用外国学籍和地位来骄傲国人……(金狮奖 76)

⑰ 平,你生气妈妈?(新马·剧本 19)

⑱ 亲爱父母和兄弟姐妹,就是仁的表现。(伦理·中四 4)

⑲ 佛经有一则故事,说有一个人,为了恐惧自己会老死,便去修行。(八方 142)

⑳ 我应该恼怒你的直率,抑或感谢你的提醒?(牛车水 94)

形容词用作动词,带宾语,这在中国普通话里近年来也有发展的趋势,但都表示使动意义,例如:

方便顾客=使顾客方便

清醒头脑=使头脑清醒

清洁环境=使环境清洁

熟练技术=使技术熟练

上面举到的新加坡华语里的"骄傲国人"等都不表示使动意义。"骄傲国人"是"向国人显示自己的骄傲"的意思,"生气妈妈"是"对妈妈生气"的意思,"亲爱父母和兄弟姐妹"是"与父母和兄弟姐妹相亲相

爱"的意思,而"恐惧自己会老死"是"想到自己会老死而感到恐惧"的意思,"恼怒你的直率"则是"对你的直率感到恼怒"的意思。这些用法在中国普通话里似还没有。

14.10.4 不及物动词用作及物动词,带宾语

㉑ 不断地修养自己。(伦理・中四 5)

㉒ 只和他见了一次面的陈老师,竟这么的关心他,帮忙他,他怎么不感动呢?(恶梦 44)

㉓ 你看看有什么地方可以帮忙的,尽量帮忙他们。(大胡子 67)

㉔ 小五那年我以为自己没有机会参加作文比赛了,但他仍提名我。(报 1995 年 6 月 15 日副刊 8 版)

㉕ 她正忙着备战本月举行的全英羽毛球赛及法国羽球公开赛。(报 1995 年 3 月 2 日 6 版)

㉖ 让顾客拥有 7 天的时间来考虑是否要作废已签下的购物合约。(报 1995 年 3 月 10 日 11 版)

㉗ 没有一个国家愿意站出来挑战中国大陆的立场,即使美国也不愿意。(报 1995 年 5 月 1 日 16 版)

上面各例中的"修养、帮忙、提名、备战、作废、挑战"等动词在中国普通话里都是不及物动词,都不能带宾语。

不及物动词带宾语,以及前面所谈的形容词带宾语,有的是受英语影响造成的,如"挑战"带宾语可能就是受英语影响造成的。英语动词 challenge 可以带宾语,例如:

He challenged me.(他向我挑战。)

但是,从根本上说,部分不及物动词和形容词逐渐演化,能带宾语,这主要还是语言表达要求简洁、经济的结果。因此这些说法都将有生命力。

14.11　虚词使用的特殊性(上)——副词

14.11.1　副词"有"

众所周知,在现代汉民族共同语中有两个"没有":一个是动词"没有",后可带名词性宾语,如"没有钱""没有房子""没有词典";一个是副词,用在动词、形容词性词语前做状语,如"没有看电视""没有洗干净""没有熟""没有亮"。

值得注意的是,在新加坡华语中,存在着与"没有"相对的两个"有":一个是动词"有",后面可以带名词性宾语,如"有许多人""有两个苹果""有五块钱";另一个是副词"有",主要用在动词性词语前面做状语,如"你有去过吗?""我有去过"。在新加坡华语里,这个副词"有"用得比较普遍,它来源于闽、粤方言,表示"肯定事实的存在或出现"这样的语法意义。下面例①—⑨是用在动词性词语前做状语的实例,例⑩、例⑪是用在形容词前做状语的实例:

① 虽然在外国留学或自命前进的新潮的少数青年有实行同居,但他们是不公开的。(风筝 150)

② 学生时代有读过一点历史。(八方 12)

③ 我也有想过。(醒醒 33)

④ 最近你有回家吗?(跳舞 131)

⑤ "这几天有下雨呀!"我说。(吾土·小说上 127)

⑥ 海伦紧张地问:"爹地走了,有骂我吗?"(恶梦 105)

⑦ "他几时有说过?"子昀一脸迷惑。(金狮奖 155)

⑧ 刚才有人来捉贼,有到你家去吗?(吾土·戏剧 184)

⑨ 昨晚上东方世界选举舞后,有去参加吗?(吾土·戏剧 44)

⑩ 她哪里有生气,她也是在跟你开玩笑呀,不信,我去叫她来!(追云 111)

⑪"有乖一点吗?""她会乖一点就好了。"(春风 114)

以上用于已然,也可用于未然和假设句。例如:

⑫ 明天国庆大检阅,我们有参加表演节目。(吾土·戏剧 59)

⑬ 妈咪,如果今天晚上爹地有回家的话,你说,我好不好把这个秘密讲给爹地听?(微型 25)

⑭ 今天晚上如果他有回来,我可得要好好教训她一顿。(吾土·小说上 120)

副词"有"也像副词"不、没有"一样可以独用。例如:

⑮"难道你的公司没替你投保?""有,不过那是劳工险……"(微型 82)

⑯"他没有告诉你买刀的意图?""有。"(微型 212)

⑰"刚才有听到什么声音吗?""有。一声猫叫。"(吾土·戏剧 183)

⑱"你上学期有修柏斯的课吗?""有。"(金狮奖 162)

⑲ 访员:你们有雇佣向导吗?

　　培雄:有。(华文教材 1B 3)

中国普通话里"有"只有动词用法,还没有用作副词。不过近几年来,受粤方言广告影响,在普通话广告里也开始出现"有售""有出售"的说法,但仅此而已,还未扩散、推广。

14.11.2　副词"才"

在中国普通话里,"才"和"再"都能用于未然,例如:

⑳ 他明天才走。

㉑ 你唱得真好,再给大家唱一个。

㉒ 今天没买到电影票没关系,我们明天再看好了。

但二者表示的语法意义有所区别:"才"用于未然表示事情发生或出现得晚,如例⑳;"再"用于未然表示重复,包括实际的重复和空缺的重复。所谓实际的重复,是指所重复的动作是先前已进行过的动作,所以叫实际的重复,如例㉑;所谓空缺的重复,是指所重复的动作先前实际上并未进行过,只是计划中要进行,所以叫空缺的重复,如例㉒。在新加坡华语里,"才"和"再"也有跟中国普通话一样的用法,但是,"才"用于未然可以表示"再"一样的意义,即"才"用于未然也能表示重复(特别是空缺的重复)的语法意义。这种用法很普遍。例如:

　　㉓ 婆婆,叫人家十五才来看花灯吧!(今后 76)

　　㉔ 有什么就吃什么吧,别叫媳妇难做了,明早我才给你煮粥吧!(再见 28)

　　㉕ "怎么好好的忽然吃不下了?""等下才吃。"(微型 120)

　　㉖ 妈!让我考虑一天,明晚才说。(微型 98)

　　㉗ 凯德琳……站了起来,说道:"我要走了,改天才和你联络。"(大胡子 118)

　　㉘ 这个问题,我们等一下才讨论……(方块 93)

　　㉙ 吃了饭才走吧!(华文教材 1A 65)

　　㉚ 钱请你先付,等你回来才奉还。(华文教材 1B 8)

　　㉛ 天气太热了,你喝点茶才慢慢告诉我你要写些什么。(风雨 23)

　　㉜ 你明天就把她带回来家里吃顿饭,也好让我们看看,然后才选一个黄道吉日把她迎娶回来。(短篇 80)

　　㉝ 对不起,下次有时间才陪你聊,今天的确有事。(蓝天 61)

"才"这种用法是新加坡华语所特有的。以上各例如用中国普通话说,都要将"才"换用为"再"。

14.11.3　副词"太过"

　　在新加坡华语里,有一个既表程度高,又表过分的程度副词"太过",使用频率很高。例如:

　　㉞ 那也未免太过天真了。(报 1995 年 3 月 14 日 15 版)

　　㉟ 适婚女子找不到老公,原因之一,太过保守,因此缺少社交机会。(报 1995 年 3 月 14 日 15 版)

　　㊱ 做事情不可太过野蛮。(新马·剧本 23)

㊲ 从更高的层次看,人类太过依赖语言,反而束缚了人类的思考境界。
(八方 109)

㊳ 其他的食客看见毛遂大言不惭,认为他未免太过狂妄自大,都投以轻蔑
的眼光。(华文教材 2A 21)

㊳ 一般人都忽略了精神生活,太过重视金钱、地位和物质享受。(伦理·
中三 2)

㊵ 不要太过掉以轻心,文笔好的人通常历史考得不好。(牛车水 119)

在中国普通话里没有这样的副词,一般用"太""过于"来表示上
述语法意义。

14.11.4　副词"太"

在中国普通话里,"太"表示两种语法意义:一是表示程度极高,
用于赞叹,后面总有"了"与之呼应,如"这太棒了!""这节目太精彩
了!"。二是表示过分,如"他太保守了""这衣服太贵"。在新加坡华
语里,"太"也能表示这两种语法意义。例如:

㊶ 哇!香喷喷的炸鸡翅膀,太好了。(小学 6A 32)

㊷ 有些司机把车子开得太快,是很危险的。(小学 6A 15)

但是,在新加坡华语里,"太"还能表示另一种语法意义,那就是跟
"很"一样,只是表示程度高,而既不带赞叹语气,也不表示过分,最常
见的是用来修饰"多"。例如:

㊸ 也许,我秉承了太多父亲的性格,尤其是那一股倔强。(青青 116)

㊹ 你有太多知识分子的缺点。(吾土·戏剧 31)

㊺ 有太多的感觉不是这些还没经历过的人能够体会的。(金狮奖 77)

㊻ 她很早就知道天底下太多事情是冥冥注定的。(想飞 53)

㊼ 目前有太多因素影响市场的表现。(报 1995 年 3 月 7 日 20 版)

这里的"太多"就是"很多"的意思。有时也用来修饰别的形容词,
例如:

㊽ 我知道太久没来这儿了,不然怎么会相见不相识呢?(微型59)

这里的"太久"也就是"很久"的意思。中国普通话里的"太"不表示这一语法意义。

14.11.5 副词"一般上"

"一般上"是新加坡华语里所特有的一个副词,用得很普遍。例如:

㊾ 一般上第(1)类(指语法结构的分析——引者)讲得很多,讲得最详,争论也最多。(华文150)

㊿ 一本微型小说集,一般上都有好几十篇作品。(胜利·序)

(51) 一般上,"续集"都比"正集"差劲。(八方27—28)

(52) 我国大多数人的家庭用语相当复杂,一般上,华语、英语和方言时常混用。(华文教材4B 31)

(53) 一般上在一所监狱里工作几年后,就会被调到另一所监狱。(报1995年3月10日2版)

(54) 自主学校的师生比例一般上较小。(报1995年3月5日1版)

(55) 在本地,一般上需要用4年的时间才能考获荣誉学位。(报1995年3月5日22版)

(56) 一般上,人对于自己感兴趣的事,不但会自动去做,而且会越做越愉快。(伦理·中三30)

这"一般上"大致相当于中国普通话里的"一般""一般说来"。

14.12 虚词使用的特殊性(中)——助词

14.12.1 助词"到"

在新加坡华语里,当动词或形容词带状态补语时,那动词或形容词后常常得跟一个助词"到",例如:

① 还是死了的好。真的！我做人都做到厌了。(吾土·小说上 193)

② "你今天玩到好高兴呀！"小倩说。(年岁 54)

③ 黄先生本来邀你一起去,看你睡到那么甜,不忍心叫醒你。(金狮奖 101)

④ 隔壁的林太平,也一样的炒股票,却赚到笑迷迷……(恶梦 24)

⑤ 他的争吵,闹到左邻右舍都点燃烛火,出来看个究竟。(短篇 89)

⑥ 他给狐狸精迷到不像一个人了……(吾土·戏剧 48)

⑦ 最后天快黑了,温度转冷,我们等到又疲倦、又口渴。(风筝 186)

⑧ 我常常去找符喜泉女士,找到自己都不好意思了。(报 1995 年 4 月 22 日 19 版)

⑨ 单单"理解与写作"这一科,就搞到头很疼。(年岁 45)

这个助词"到"相当于中国普通话里的助词"得"。有时也跟"得",例如:

⑩ 儒家重视仁德,把仁德看得比生命还重要。(伦理·中四 6)

⑪ 他贴身在垒壁上,炮火照耀得他无处可逃。(金狮奖 4)

⑫ 学校开课以后,我自己忙得分身乏术,便没有主动地去联络那一对父女了。(大胡子 33)

但是,跟"到"的用法更普遍。也可能是受这一用法的影响,因此在新加坡华语里,动词"使得"一般也都说成"使到"。例如:

⑬ 江浪笔锋锐利,文艺理论修养高,为人又正直,敢评敢言,使到写作的人出书时都战战兢兢。(胜利 102)

⑭ 现在姐姐已婚,但婚姻生活并不愉快,常吵着要离婚,使到我的情绪大受影响。(华文教材 3A 133)

⑮ 多元种族的社会,不但使我们的饮食多样化,也使到各种族间的来往更加密切。(小学 6A 19)

⑯ 舜既不走愚孝的极端,造成骨肉相残,也不走不孝的极端,使到父子反目……(伦理·中四 59)

⑰ 过去一个星期,美元连续下跌了好几天,使到国际金融体系经历了另一

次震荡。(报 1995 年 3 月 11 日 20 版)

⑱ 我国环境部对于维持及改进住宅及工业区的环境状况向来都不遗余力,这使到新加坡被誉为一个花园城市。(报 1995 年 3 月 3 日 17 版)

在中国普通话里,在带状态补语的述补结构中只用"得",不用"到"。当然,也没有"使到"的说法。

14.12.2　"来"

在新加坡华语中,有一个特殊的助词"来",它专门加在述补结构"V 好"的后边。"V 好来"在意思上大致跟"V 好"相当,但含有强调希望达到预期的好结果的语法意义。例如:

⑲ 他又想起小学时候的那位爱穿旗袍的女老师来。是她教他应该怎样把"人"给写好来。(机密 64)

⑳ 要搞就搞好来,别让人笑话。(牛车水 76)

㉑ 坐好来,腿放下来,脚不可以摇,小孩子坐要有坐相……(水晶集 96)

14.13　虚词使用的特殊性(下)
——语气词和叹词

14.13.1　语气词"啦"

中国普通话里的"啦"是语气词"了"和"啊"的合音(如"他回来啦=他回来了啊"),这种"啦"新加坡华语里也有,但用得很少,例如:

① 会啦,会啦! 我这样吃习惯啦! (吴韦材 70)

(=会了啊,会了啊! 我这样吃习惯了啊!)

下面句子里的"啦"则不是"了"和"啊"的合音:

② "不是骗你的。"仲钦的声音一本正经:"不过呢,是哄你的啦!"(跳舞 24)

③ 终于又来找我了是不是? 我都说过会联络的啦。(吴韦材 29)

④ 他那种人是这样的啦! (木子 95)

⑤ 我当然是义不容辞的啦……（追云 17）

⑥ "那边的生意怎样？""马马虎虎啦。"（追云 56）

这个"啦"实际相当于"啊"，表示确认的语气。中国普通话里"啦"没有这样的用法。

14.13.2　叹词"嗨"

在新加坡华语口语里，常用叹词"嗨"打招呼，表示问候或用以唤起注意。这是从英语中借用来的（"嗨"是英语 hi 的译音）。例如：

⑦ "嗨，密斯游。""嗨，柏斯教授，早。"（金狮奖 127）

⑧ "嗨，大家好。"柏斯教授踏着矫健的步伐，频频点头。（金狮奖 118）

⑨ 杰：嗨！

妮：嗨！

杰：一个人？

妮：两个人。（吾土·戏剧 79）

⑩ 嗨，想不想去游泳？（青青 67）

⑪ 嗨！阿 X 正在隔壁替那家新开张的美容院剪彩呢。（微型 219）

中国普通话里还没有叹词"嗨"。

14.13.3　叹词"哇"

"哇"，也写作"哗"，在新加坡华语口语里用得很多，表示赞美或出乎意外的感情色彩。这个"哇（哗）"来自粤方言。下面是"哇（哗）"表示赞美的例句：

⑫ 哇，九十二分，我的宝贝，你真行，（胜利 82）

⑬ 哇，这么好的成绩！（短篇 4）

⑭ 哇！又有人送花来了，爱琳，还是你行！（再见 69）

⑮ 哇！香喷喷的炸鸡翅膀，太好了。（小学 6A 32）

⑯ 哗！好美的丝带花球！（今后 86）

⑰ 哗！太妙了。（微型 206）

下面是"哇(哗)"表示出乎意外的例句：

⑱ 哇！这么苛刻！（醒醒 46）

⑲ 哇，如果不是在这里碰见你，我真不敢认你……（金狮奖 131）

⑳ 哇！我国的会馆有一百年的历史?!（小学 6A 23）

㉑ 哗！一共有一千一百五十元呢！（吾土·小说上 27）

㉒ 哗，想不到几个月不见，你倒发福了！（恶梦 83）

中国普通话里也没有这个叹词"哇(哗)"。

14.14　数量表达

14.14.1　数词中的省略现象

百位以上的数词，起首的"一"以省略为常。例如：

① 千多公里长的旅途上他独占大床，一路打呼噜梦游美洲。（今后 17）

② 谁愿意为了千字区区数十元的稿费滥写滥登呢？（金狮奖 115）

③ 目前我是一个月入千元的女秘书，打扮也要显得高贵些啊！（短篇 56）

④ 今年将耗资亿 2000 万元兴建一座新的机场大厦。（报 1995 年 3 月 2 日 24 版）

⑤ 有一次他花了百多元买了一双皮鞋，说是法国制造的。（八方 110）

⑥ 万套"花卉"硬币……今发售。（报 1995 年 4 月 19 日 5 版）

⑦ 俱乐部设有 60 多种儿童班级，学生人数超过千名。（报 1995 年 4 月 19 日 10 版）

⑧ 第 12 届亚大癌症大会将有各国代表千人参加。（报 1995 年 4 月 5 日 12 版）

如果是整数，常常在省"一"后的位数词之前加"整"，例如：

⑨ 校方在路税上每年可节省整千元。（报 1995 年 3 月 5 日 23 版）

⑩ 富裕制造厂共有 8 间工厂……员工大约有整千名。（报 1995 年 3 月 5 日 23 版）

⑪ 她并没有令我们失望,两小段整百个字的短文没有念错一个字。(机密 51)

⑫ 在本地装刹车灯,最便宜的 25 元,最贵的要整百元。(新视第八波道 1995 年 8 月 7 日晚 10 点新闻)

现在华文报纸上数目字一般都用阿拉伯数字表示,如"千元"写作"1000 元","千人"写作"1000 人",看不出"一"的省略了,但是在口语中还是常说成"千元""千人"。

在中国普通话里,基本上没有这种省略法。只是在做定语时偶有所见,如"千人大会""万元户",但没有推广的趋势。

钱币数起首之"一"也以省略为常。例如:

⑬ 第四天,"飞力士"的上午行情竟落了毛七。(吾土·小说上 92)

⑭ 它居然起到块四钱,我在块二钱就卖掉。多可惜……(吾土·小说上 89)

⑮ 我的酿豆腐可以卖角半了。(吾土·小说上 35)

⑯ "块三? 你? ……对不起,我身上没有零钱。"(再见 5)

⑰ "喂,老板,多少钱?""块七!"(我有 102)

中国普通话里也没有这种省略法。

百位以上的两位数的数词,常常次一位的位数词省略而直接接量词。例如:

⑱ 有关代理公司被罚款九千五元。(报 1995 年 3 月 11 日 12 版)

"九千五元"就是"九千五百元"的意思,其中的位数词"百"省略了。再如:

⑲ 电子厂化学气体泄漏,千五名工友紧急疏散。(报 1995 年 4 月 20 日 14 版)

⑳ 一妇女判监 17 个月,罚万二元。(报 1995 年 3 月 11 日 12 版)

㉑ 电缆电视本月 23 日起进入淡滨尼万五户人家。(报 1995 年 6 月 8 日 1 版)

㉒ 南大国大三千二名留学生为千三老人筹款走上街头。(报 1995 年 7 月 7 日 5 版)

㉓ 两人合起来有千五六块钱的收入。(吾土·小说上 71)

在中国普通话里,百位以上的两位数的数词,次一位的位数词也可省略,如"二百六十"可说成"二百六","三万四千"可说成"三万四"。但是,这样省略后不能直接接量词,如"二百六十元"不能说成"二百六元",即"二百六十元"里的位数词"十"就不能省略。

14.14.2　百分数表达法

1. 用阿拉伯数字加"％"。只用于书面,而且多见于报纸。例如:

㉔ 根据估计,到公元 2030 年,我国的老人将达八十二万,占总人口的 22％。(华文教材 2A 143)

㉕ 公积金局从 7 月 1 日起,调整公积金会员的存款利率,从目前的 3.1％ 调高到 3.82％。(报 1995 年 5 月 13 日 3 版)

㉖ 佳果联营冷仓有限公司的佳果冷藏大厦租用率已达 100％。(报 1995 年 5 月 5 日 19 版)

2. 用"百分之……"。广播里多用这种表达法,也偶见于书面。例如:

㉗ 路税又高涨了,调高百分之三十。(胜利 83)

㉘ 新加坡来的新闻工作者有的说听懂百分之十,有的说百分之六十…… (平心 116)

3. 用数词加"巴仙"("巴仙"是英语 per cent 的音译)。这是受英语影响的一种表达法,口语、书面语都用得很普遍。在书面上,数词可用汉字数目字,也可以用阿拉伯数字。例如:

㉙ 我看到她时,她正埋首于一叠法律书本里……那种一百巴仙的认真神情令我心折。(想飞 129)

㉚ 当初新厂合股……自己只占四十五巴仙的股份。(吾土·小说上 41)

㉛ 你们不是加了五巴仙薪水喽?(吾土·小说上 31)

㉜ 马来西亚的胡椒产量居世界第 4 位,沙捞越就占了其中的 95 巴仙。(南

北 26)

㉝ 预备班所授的课程,60 巴仙用华语,40 巴仙用英语教,以加强双语础。
(薪传 154)

㉞ "电脑医生"的效率很高,以心脏病来说,已证实有 90 巴仙的准确性。
(华文教材 2A 97)

在中国普通话里,只有前两种表达法,没有第 3 种表达法。

14.14.3　万位数数目的表达法

1. 用位数词"万"。例如:

㉟ 至少一万二!(再见 87)

㊱ 可口可乐有限公司以及亚洲乳酪品私人有限公司各捐 2 万 5000 元(报
1995 年 3 月 12 日 1 版)

㊲ 预料在今年完成的私人房地产有 8200 个单位,明年有 1 万 6400 个单
位,后年有 1 万 5700 个单位。(报 1995 年 3 月 7 日 3 版)

2. 只用"千",不用"万"。这是受英语影响的结果。例如:

㊳ "多少?""好象是——好象是二十千的税务回扣。"(生命 141)

㊴ 小全上礼拜赌马输了二十几千……(吾土·小说上 14)

㊵ 准备一炫自己这装修了数十千元的华屋。(再见 83)

㊶ 今早这后来进来的胡太太,买下了翡翠玉钻镯,值十几千块钱……(金
狮奖 186)

㊷ 我看他这一次输了几十千,大概是跑掉了吧!(新马 199)

㊸ 获利 80 千。(新视第八波道 1995 年 4 月 27 日晚上 10 点新闻)

㊹ 3 房估价:新元 25 千到 50 千,现金。(豪丰产业广告)

在中国普通话里,要表示万位数数目只用第 1 种表达法,不用第
2 种表达法。

14.14.4　约数表达法

在中国普通话里,有一种约数用相邻两个数字来表示,如"七八

个""五六个"等。新加坡华语里也有这种表达法,例如:

㊺ 我一天两、三块的收入,怎么应付得了每日的生活费用及父亲的医药费?(短篇 36)

㊻ 那时候,有个五六十岁的老头,常划着艘小舢舨在河中来来往往。(金狮奖 352)

㊼ 我一日的收入仅得一、两元而已。(短篇 35)

但是当表示"一两……"这一约数时,更常见的是用"量词(或位数词)＋多＋两＋量词(或位数词)"的表达法。例如:

㊽ 所花也不过块多两块钱。(风雨 88)

㊾ "一套多少钱? 这么小看我。""千多两千块!"(蓝天 50)

㊿ 家才,这个地方,你也住了十多二十年了,就这么一句话,说走就走?(华文教材 4B 59)

51 (电话卡)只买了百多二百块。(新视第八波道 1995 年 8 月 25 日晚 10 点新闻)

"块多两块钱"就是"一两块钱"的意思,"千多两千块"就是"一两千块"的意思,"十多二十年"就是"一二十年"的意思,"百多二百块"就是"一二百块"的意思。中国普通话里没有这种说法。

14.14.5　询问年龄的表达法

在新加坡华语里,不管是询问小孩儿的年龄,还是大人、老人的年龄,都能用"几岁"的表达法。例如:

52 您今年几岁啊?(节目主持人问俞崇豪先生——引者注)(新视第八波道 1995 年 4 月 3 日《早安,您好!》节目)

53 "凤娇今年才几岁?""不满十六岁。"(吾土·小说上 120)

54 "小熊,你几岁了?""二十。"(金狮奖 208)

55 "你知道我今年几岁了?""你还年青。""快三十七了。""你看来才二十七。"(吾土·小说上 107)

在中国普通话里,只有询问小孩儿的年龄时才能用"几岁",询问大人、老人的年龄都不能用"几岁",得用"多大"或"多大年纪""多大岁数"。

14.14.6　时间表达法

1. 日期表达法。在新加坡口语里,表示日期都是从大到小,即从年到日,如"1995 年 5 月 8 日"。在书面上则有两种表达法:

A. 从大到小,即从年到日。条件是写出"年""月""日",具体日期可用汉字数字表示,也可以用阿拉伯数字表示。例如:

㊏ 学生　曾华丰上

一九八二年一月十日　　　(青青 104)

㊐ 截止日期:1994 年 2 月 2 日　(课本 1A 8)

㊑ 光华学校在 1953 年 1 月 10 日诞生了。(薪传 37)

B. 从小到大,即从日到年。条件是不写出"年""月""日"。这是受英语影响的结果。例如:

㊒《学生》编辑

方叔叔

22.10.1992(小学 6A 6)

㊓ 文华民众联络所青年团

3-1-1994　(课本 1A 8)

㊔ 报案日期:16-8-1988(华文教材 4B 117)

㊕ 翻开日记:

"25-4-1985,星期三,清晨阵雨,阴天。"(青青 64)

在中国普通话里,不管口语、书面语,也不管是否写出"年""月""日",日期的表达都是从大到小,即都是从年到日。上述 B 种表达法,中国普通话里没有。

2. 星期表达法。在新加坡华语里,星期的表达法除了用"星期……"或"礼拜……"外(如"星期一、星期二""礼拜一、礼拜二"等),

还可以用"拜……"，例如：

⑥ 今天拜六，不上课，只有课外活动。（吾土·戏剧 144）

⑥ 拜六还有股票交易？（吾土·小说上 95）

⑥ 那天，拜三，好象是拜三。（苏明美 1995 附录《会话录音抄录（八）》）

这种表达法，无论在口语或书面语中，用得都很普遍。中国普通话里则没有这种表达法。

此外，在新加坡华语里，"礼拜天"可以略为"礼拜"，例如：

⑥ 不过看戏每次都要等到拜六礼拜。（苏明美 1995 附录《会话录音抄录（二）》）

例⑥里的"礼拜"就是"礼拜天"的意思。中国普通话里已没有这样的用法。

3．"分钟"的表达法。在新加坡华语里，"分钟"的表达法，可用"……分"来表达，例如：

⑥ 十一点四十五分，主人的车笛叫门了！（再见 15）

⑥ 下意识地看一看表，十二时五十分。（青青 81）

除此之外，还有一种特殊的表达法，那就是用"……个字"（一个字代表五分钟）。例如：

⑥ "差一个字半十一点。"我又看看表。（长哭当歌 53）

"差一个字半十一点"就是"差七八分钟十一点"的意思。中国普通话里没有这种表达法。

14.15　关于量词的使用

新加坡华语里的量词跟中国普通话里的量词大多数是一样的，但也有不同之处，突出的是量词"粒"和"间"的使用范围很广。

14.15.1　"粒"

在新加坡华语里,"粒"的使用范围很广。很小的成粒儿的东西可以用"粒",如"一粒米、一粒芝麻";大的成团的东西,如苹果、鸡蛋、西瓜、篮球等,也可以用"粒"。例如:

① 他到水果摊去买了几粒小桃……(恶梦 30)

② 我拉开了抽屉,翻出一把小刀,还有一粒苹果。(微型 39)

③ 钦明婶并非单为了少吃几粒榴梿就离家出走。(吾土·小说上 199)

④ 国才两手各挽着一粒重重的西瓜。(短篇 16)

⑤ 老福也吓了一跳,掉了一粒鱼丸。(吾土·小说上 34)

⑥ 一个幼儿一个星期至少应该吃三次鱼和不超过五粒鸡蛋。(报 1995 年 3 月 5 日 14 版)

⑦ 整个脑子,不知怎的,渐渐地变成了一粒气球。(跳舞 129)

⑧ 前排的老人握着筷子,从纸盘里夹起一粒乒乓球……(青青 107)

⑨ 尤其在下午,太阳吐出一粒大火球,把整条街烘成一条面包。(八方 22)

⑩ 他认为玻璃市队踢进了一粒好球。(报 1995 年 3 月 14 日 13 版)

在中国普通话里,上面各例中的"粒"都说成"个"。

14.15.2　"间"

在新加坡华语里,有关商业、文教等单位或跟房屋有关的场所,都可用"间"。例如:

两间公司(胜利 58)

一间商店(吾土·戏剧 159)

一间饭庄(报 1995 年 3 月 11 日 29 版)

一间健身院(报 1995 年 3 月 7 日 11 版)

一间学院(吾土·小说上 62)

哪间学校(吾土·戏剧 110)

416 间托儿所(报 1995 年 3 月 3 日 13 版)

有课室 5 间(薪传 38)

142 间公寓(报 1995 年 3 月 15 日 21 版)

一间制衣厂(吾土·小说上 40)

这间银行(报 1995 年 3 月 12 日 16 版)

8 间工厂(报 1995 年 3 月 5 日 23 版)

某间中学(再见 76)

几十间幼稚园(风筝 11)

15 间小学(薪传 154)

神庙有好几间(胜利 37)

一间独立式洋房(想飞 131)

在中国普通话里,工商企业单位一般用"个""家",例如:

一个/家公司　　一个/家工厂　　一个/家银行

一个/家商店　　一个/家饭店

文教单位一般用"个""所",例如:

一个/所小学　　一个/所中学　　一个/所大学

一个/所学校　　一个/所学院　　一个托儿所

跟房屋有关的场所,除"屋子、卧室、客房"等还用"间"(也有被"个"取代的趋势),一般都用"个",有的也可用别的量词。例如:

一个课室　　　一个仓库　　　一个大厅

一个/座公寓　　一个/幢洋房　　一个/座庙

14.16　疑问句的特点(上)
——反复问句的特点

14.16.1　用"没有"形成的反复问句式

在中国普通话里是"VP＋没有"(VP 代表谓词性词语,下同),

例如："你吃了没有?""他来了没有?""昨天你们看电影没有?"在新加坡华语里也有"VP＋没有"的问话方式,例如:

①"国才,你吃过午饭了没有?"门外传来母亲对他关怀的呼唤。(短篇 11)

② 论文大纲拟好了没有?(金狮奖 87)

③ 怎样? 问清楚了没有? 在哪一班?(追云 45)

但是,更普遍的说法是"有没有＋VP"。例如:

④ 我这次访英,有没有得到新的心得?(风筝 194)

⑤ 小妹妹,你有没有替我向我姐姐说?(吾土·戏剧 124)

⑥"你有没有跟他谈谈?""有,我跟他谈过不知多少次。"(醒醒 96)

⑦ 幺七,你有没有做梦啊?(金狮奖 194)

⑧ 爸爸有没有买东西给珍珠吃呀?(吾土·小说上 199)

⑨ 你们有没有听过用刀子削指甲?(胜利 24)

⑩ 有没有给医生看呀?(恶梦 125)

⑪ 你有没有跟你叔叔提起这件事呢?(华文教材 1B 129)

⑫ 调查人员问卡南:"王有没有拿那笔钱?"卡南说有。(报 1995 年 3 月 14 日 13 版)

中国普通话里现在一般用"VP＋没有"格式。不过,随着广州、深圳、珠海等地区经济的高速发展对全国经济的影响,粤语对普通话的影响也越来越大,因此"有没有＋VP"的问话格式也开始在普通话中出现,但说得并不普遍(陈建民,1984;邢福义,1989)。

中国普通话里还有一种用"没有"的反复问格式,那就是"V 没(有)V",例如:

⑬ 你昨天看没(有)看电影?

⑭ 他上礼拜见没(有)见过汪先生?

在新加坡华语里我们没有发现这种问话方式。

14.16.2　用"不"的反复问句式

在新加坡华语里,单音节动词或形容词由"不"形成的反复问句式跟中国普通话一样,都是"X 不 X"(这里 X 代表单音节动词或形容词),例如:

⑮ 外面打雷他怕不怕?(吾土・戏剧 147)

⑯ 小萱,听说她在谈恋爱,是不是?(梦 91)

⑰ 女姐,去不去买菜?(梦 152)

⑱ 妈妈,您说对不对?(今后 68)

可是,双音节动词或形容词由"不"形成的反复问句式跟中国普通话有所不同。新加坡华语可以有以下两种问话形式:

格式 1:"XY 不 XY"(这里 XY 代表双音节动词或形容词),例如:

⑲ 你知道不知道,我是未来的跑车冠军哪!(跳舞 30)

格式 2:"X 不 XY"(这里 XY 代表双音节动词或形容词,X 代表双音节词的第一个音节),例如:

⑳ 这是刘冲的基本观众,你们知不知道?(醒醒 83)

㉑ 记不记得你以前曾经把婚姻比作"框子"?(大胡子 116)

㉒ 沈先生,你可不可以长话短说呀?(吾土・戏剧 68)

㉓ 他拉着小黑子,不管对方愿不愿意,就朝左邻的那一间咖啡店走去。(恶梦 38)

㉔ 这些好处能不能够和其他零售商分享一下?(报 1995 年 3 月 3 日 11 版)

㉕ 他问我到底信不信任他办理买卖契约。(今后 32)

㉖ 现在是工人决定到哪里工作,而不是公司决定聘不聘请工人。(报 1995 年 3 月 3 日 8 版)

㉗ 你怎么啦?要不要紧?(恶梦 125)

㉘ 到底他的话可不可信？（吾土·小说上 152）

㉙ 同学们，这样的指甲好不好看？（胜利 24）

㉚ 究竟这种说法正不正确？（报 1995 年 3 月 15 日副刊 2 版）

㉛ 怎样看墨鱼新不新鲜？（新视第八波道 1995 年 4 月 3 日《早安，您好!》节目）

在这两种格式中，格式 1 更常见。中国普通话则用格式 1，即用"XY不 XY"格式（马真，1991）。这种"X 不 XY"的反复问句式，在中国很多方言中存在。这种问话方式也已开始渗透到普通话中（陈建民，1984），但现在普通话还未接受这一说法。

　　与此相应的，对带可能补语的述补结构，新加坡华语基本也采用格式 2 的方式进行反复问，即采用"V 不 V 得 C?"格式（V 代表动词，C 代表补语）。例如：

㉜ 明日也不知见不见得着你。（想飞 55）

㉝ 对于任何理论或建议，我只问一件事，就是行不行得通？（报 1995 年 5 月 1 日 6 版）

中国普通话用"V 得 C＋V 不 C"格式，上面这两句话得说成：

㉜′明日也不知见得着见不着你。

㉝′……我只问一件事，就是行得通行不通？

　　在中国普通话里，还有一种用"不"的反复问句式，那就是"VP＋不"格式，用得也很普遍。例如：

㉞ 羊肉你吃不？

㉟ 今晚上你还回来不？

新加坡华语里则很少见到这种说法。我们只发现两例：

㊱ 昨晚她穿得很漂亮，是不？那是我给她打扮的……（大树下 102）

㊲ 一齐去吃个饭好不？我们总不能一直站在这里。（想飞 63）

14.17　疑问句的特点(下)
——选择问句的特点

在新加坡华语里,选择问句内所用的连接成分有三种:

14.17.1　"还是",构成"……,还是……?"选择问句式

① 这是人生的缺陷呢,还是社会的悲哀?(恶梦 8)

14.17.2　"抑或",构成"……,抑或……?"选择问句式
这种句式见于书面语。

② 消息到底是真实抑或炒家在故弄玄虚?(吾土·小说上 74)

③ 这对瑞宁是好抑或是坏?是力量抑或是勇气?我有点迷惑。(人生 77)

④ 对方是何许人啊?男的抑或女的?(第一 8)

⑤ 它是在苦求?抑或是在忏悔?——谁也说不上来。(追云 12)

⑥ 巩俐答应前往,究竟是张艺谋大力游说,抑或是上海电影制片厂的要求呢?(报 1995 年 5 月 16 日副刊 4 版)

⑦ 他们是认为自己还没有喊累的资格?抑或上述问题在他们看来根本都不像是问题?(报 1995 年 3 月 12 日副刊 9 版)

14.17.3　"或/或者/或是",构成"……,或/或者/或是……?"选择问句式

⑧ 遇上你是我一生的对,或错?(想飞 63)

⑨ 他们是真的没有丝毫不舍?或者是那份憾然的别情已经被瀚然的人潮冲淡了,淹没了?(牛车水 15)

⑩ 此时该是得意?或是羞愧?(吾土·小说上 146)

⑪ 现在究竟是回到了乡下或是被卡在半路,还不知道。(报 1995 年 6 月 3 日副刊 21 版)

14.17.4 "还是"和"或(是)"混着用

⑫到底是沟通渠道出了问题,还是政策决定者未能把握民意,或二者兼有? (风筝 170—171)

在中国普通话里,选择问句内的连接成分只用"还是",不用"抑或",也不用"或/或者/或是"。换句话说,在中国普通话里,只有"……,还是……?"选择问句式,没有"……,抑或……?"和"……,或/或者/或是……?"这两种选择问句式。"抑或"是近代白话书面语用语,现在中国普通话已不用。"或/或者/或是"在中国普通话里只用于陈述句,不用于选择问句。

14.18 比较句式

当要表示二者相比时,新加坡华语主要有三种表达法:

14.18.1 "X 比 Y……"(X、Y 代表比较项)

① 他在工作单位里,薪水比人家低,工作却比人家多。(胜利 79)

② 在你的心目中,我比你儿子重要?(吾土·戏剧 25)

③ 中四是会考班,功课比中三更多、更繁、更重。(跳舞 76)

这种表达法跟中国普通话相同,但又略有区别,新加坡华语里常常在Y 后用一个"来得",做后面形容词的修饰语。例如:

④ 自己承认总比人家审问来得干净利落。(吾土·戏剧 38)

⑤ 他比谁都来得沉默、安静。(金狮奖 69)

⑥ 不论②句或③句,都比①句来得生动。(华文教材 2A 150)

⑦《海峡时报》的一项调查显示:电子游戏机的噪音,比车辆发出的还来得强烈。(中学 1A 111)

⑧ 白人原本就是白的,但是,她却比一般的白人来得更白。(大胡子 88)

⑨ 所以在我脑子里的小说永远比我写在稿纸上的小说来得多。(木子 129)

⑩ 我国今年的预算案比香港来得慷慨得多。（报 1995 年 3 月 3 日 10 版）

中国普通话里一般没有这种用法。

14.18.2　"XAY＋数量词"（X、Y 代表比较项，A 代表形容词）

⑪ 我父亲虽然只小他四岁，但……（新马 255）

⑫ 男的大女的三岁。（胜利 64）

这种表达法现在中国普通话里也很流行。

14.18.3　"XA 过 Y"（X、Y 代表比较项，A 代表形容词）

⑬ 和邻居和睦相处，总好过正面冲突。（吾土·戏剧 149）

⑭ 小时候，他跟别的孩子打架，伤了些儿，我心里痛过他百倍。（金狮奖 287）

⑮ 它自己所订的公务员起薪却低过最低生活费。（报 1995 年 3 月 9 日 26 版）

⑯ 曾经在病中被逼看土产电视剧，其难受程度"惨过吃药"。（报 1995 年 3 月 22 日副刊 5 版）

在这种比较句格式里出现的形容词一般为单音节形容词。中国普通话里没有这种用法。

14.19　欧化句式

由于受英语的影响，新加坡华语中，特别在书面语上，欧化的句式比较多。

14.19.1　人称代词前带定语

这种用法很普遍。例如：

① 火车最终还是走了，泪眼模糊中，我向下了车、在月台上的你挥手。（青青 56）

② 饿得肚子呱呱叫的他，只那么几口就吃完了。（恶梦 121）

③ 目前育有一个 3 岁女儿的他说："……"（报 1995 年 3 月 10 日 6 版）

④ 作为义顺中组屋区居民的我,向这些荣获最佳安全住家称号的住户表示敬意。(报 1995 年 4 月 19 日 8 版)

⑤ 比他年轻了将近十岁的她,看起来却分明像他的姐姐。(恶魔 44)

⑥ 身为主办国的我们,将来就永没机会争取到冠军和亚军的荣誉了。(风筝 53)

⑦ 那个蹲着看蚂蚁的小孩,童心未泯地端详着将自己忙碌成蚂蚁的我们。(牛车水 109)

⑧ 对于这样的事实,跟他们呼吸同一种空气的我们,会有什么感想呢?(华文教材 2B 165)

在中国普通话里,特别在翻译作品中,也有这种欧化句式,但不太多。

14.19.2　形容词谓语句中用"是"(不重读)

⑨ 本地手工艺品,如贝壳纪念品、手织帕子、大理石日用品等,都是价廉物美。(风筝 190)

⑩ 五、六十年代,市区中心的房屋,一般上是拥挤、杂乱和陈旧。(风筝 139)

⑪ 银行的业务一直是蒸蒸日上。(雾锁 10)

⑫ 没有人知道他是痛苦到什么程度。(新马 183)

⑬ 我认为这是很不公平。(报 1995 年 4 月 5 日 18 版)

在中国普通话里没有这种欧化句式。

14.19.3　"被"字句使用广泛

受英语影响,新加坡华语里"被"字句用得很广泛,不只出现在翻译作品中。像下面这些"被"字句用中国普通话来说的话都得删去"被":

⑭ 信已被投入了邮筒。(都市 1)

⑮ 君子抛弃了仁德,怎么还能被称为君子呢?(伦理·中四 5)

⑯ 这件事,立刻流传开去,成了美谈,一直到今天,还被传颂着。(伦理·

中四 37)

⑰ 你可以看见"爱华小学"四个无限豪气的字,被悬挂在礼堂的墙上。(新马 248)

⑱ 那个书橱在我们家已有 40 多年的历史,买的时候是二手货,在别人家已不知被用了多少年了。(报 1995 年 6 月 12 日副刊 9 版)

⑲ 大厦附近 6 条街的居民都已被撤离一空。(新明日报 1995 年 4 月 20 日 26 版)

14.20　附带说构词

14.20.1　前缀"阿"和"老"

1. 前缀"阿"。

在新加坡华语里,前缀"阿"用得很普遍,由"阿"构成的名词都是指人的名词。它经常加在名字(限于单音节)头上,例如:

① 你们阿宝也该买些背心、裤子的了。(金狮奖 279)

② 他们的谈话声,使阿兰、阿英停止了说话,而注意向外看。(吾土·戏剧 159)

③ 阿音! 快快请先生进来! (今后 46)

④ 阿芊! 做人要自量! (今后 77)

⑤ 阿娇是新来的红头巾。(课本 2A 56)

也可以加在亲属称谓(限于单音节)的头上,例如:

⑥ 进门后,阿妈帮我把行李搬进房子……(微型 13)

⑦ 嫂:阿婆!

　　婆:哦,是林嫂啊! (吾土·戏剧 179)

⑧ 阿伯,你对潮乐很有研究吗? (青青 106)

⑨ 给你阿爸打! (今后 136)

⑩ 阿舅是怕你遇到老千上了当……（追云 57）

⑪ 对呀！阿嫂，你的话很对！（恶梦 126）

⑫ 新视大阿哥陈澍承就半开玩笑半带认真地对记者说，他正在努力地学好广东话……（报 1995 年 5 月 3 日副刊 5 版）

⑬ 新视阿姐郑惠玉也有一人演两人的经验。（报 1995 年 6 月 15 日副刊 1 版）

⑭ 阿妹！你爸爸在家么？（今后 45）

它也可以加在姓氏头上，例如：

⑮ 阿宋，怎么不回来看看我们住过的宿舍，工作忙走不开吧？（牛车水 126）

⑯ 被告的朋友阿张告诉被告说，他要用股票作抵押，向人家借钱。（报 1995 年 5 月 20 日 4 版）

也可以加在其他指人的语素头上，例如：

⑰ 也有结党成群的阿兵哥。（吾土·小说上 65）

这里的"兵"是指士兵。

中国普通话里没有这个前缀"阿"。

2. 前缀"老"。

前缀"老"在新加坡华语里，有四种用法：

A. 加在指动物的语素头上，例如"老虎、老鼠、老鹰"等。

B. 加在指人的排行的语素（如"大、二、三"等）头上，例如：

⑱ 他是黄家的老二，律师。（胜利 88）

⑲ 黄卫民在家排行老大。（报 1995 年 3 月 7 日副刊 2 版）

C. 加在单音节姓氏语素的头上，例如：

⑳ 喂，老李，怎样？"巨人"跑第几？（追云 62）

㉑ 我必须关照老刘，从今天起，更要特别呵护这座不幸的可怜的城啊。（回忆 21）

D. 加在亲属称谓的语素头上，例如：

㉒ 给老爸买电视？算了吧！（再见 73）

㉓ 老爸叫我回家吃饭。(报 1995 年 3 月 5 日 9 版)

㉔ 我老爹便是其中的一个。(金狮奖 113)

　跟中国普通话相比较,新加坡华语里的前缀"老"有两点值得注意:第一,上述 C 种用法较少见,而这在中国普通话里是用得非常普遍的。第二,上述 D 种用法,中国普通话里只有"老兄""老弟"的说法,没有"老爸""老爹""老妈"的说法。"老兄、老弟"中的"老"跟"老爸、老妈"中的"老"是不是一个层次上的东西,还待研究。此外,新加坡华语里还有"老姑""老姨"的说法,这里的"老"又是另一个层次上的东西。"老姑"不是指姑姑,而是指姑婆;"老姨"不是指姨,而是指姨婆。中国普通话里也没有这样的说法。

14.20.2　"佬""仔""族"

1. 后缀"佬"。

　由"佬"构成的名词都是指人的(指成年男子),多含轻视意。中国普通话里也有这个后缀,但用得很少,现在能见到的就是"阔佬""美国佬""英国佬"等少数几个词。可是在新加坡华语里用得很普遍。例如:

㉕ 对他一瞪眼,骂道:"衰佬。"(金狮奖 182)

㉖ 哼! 这个碧眼佬! (今后 28)

㉗ 老细是个老于世故的生意佬。(写作人 23)

㉘ 唔,刚刚找到这个肥佬,你来得正好,让我们趁机喝个饱,享受一番吧? (追云 114)

㉙ 她叫我们不要理睬爸爸,说爸爸是"神经佬"。(短篇 64)

㉚ 本来,我是要下坡找写信佬写的,不过……(风雨 23)

㉛ 三年前老伴诀别而去,他成了伶仃仃的寡佬。(MD 37)

有时用来称呼亲密的朋友,反而有一种亲切感。例如:

㉜ 喂,近视佬,这封什么信? (梦 28)

以上各例的用法中国普通话里都没有。

2. 后缀"仔"。

后缀"仔"在新加坡华语里用得很普遍,由它构成的名词也可以指小动物,例如:

㉝ 我们吃饭的时候,你就爬上椅子,跟爸爸讨江鱼仔吃。给了一条,跑去阳台站一下,又跑回来嚷嚷:"我要江鱼仔,江鱼仔!"(金狮奖 306)

但更常见的是指孩子,例如:

㉞ 黄老头又带着那活泼的小孙儿明仔在散步了。(恶梦 9)

㉟ 小狗仔! 我的爸爸要卖榴梿了!(恶梦 120)

㊱ "你的物理科得分多少?""90 分。""这一个肥妹仔呢?"(微型 216)

㊲ 你看这个小鬼,公然在簿子上画公仔。(胜利 19)

㊳ 这夭寿仔交给你。(今后 1)

晚辈在长辈的心目中永远是孩子,所以虽已年龄很大,长辈还是可以用"……仔"来称呼。例如:

㊴ "爸、妈、妹妹,我回来了。""成仔啊,几年不见了,长得还结实啊。"杨成的母亲拉着他,打量个不停。(梦 64)

㊵ 吉仔! 你回来啦! 妈以为,今生今世再也见不到你啦!(浊流 220)

㊶ 喂! 德仔,好久不见,你不会是来补鞋吧?(浊流 221)

在中国普通话里也有后缀"仔",但由它构成的名词不用来指人,只用来指小动物,如"猪仔""猫仔"等。

3. 后缀"族"。

"族"是一个新兴的后缀,构成指人的名词,指群体。这个词缀源于日语,后为中国台湾"国语"所借用,然后传入新加坡华语(汪惠迪,1995)。在新加坡华语书面上见得最多的是"上班族"的说法,例如:

㊷ 她感到懊恼,上班族的懊恼。(胜利 76)

㊸ 家里光我们两个上班族。(想飞 39)

㊹ 我于是厚着脸皮走向正拾级而上的一位上班族小姐。(再见 5)

㊺ 我们每天乘地铁的千千万万的上班族,有多少人能注意到礼让?(风筝 166)

㊻ 有一群上班族以独特的方式来度过他们每一个珍贵的周末傍晚。(报 1995 年 3 月 8 日 7 版)

不过使用范围在扩大,特别在报纸上。例如:

㊼ 一上台总是脸臭臭、脾气很坏、口出恶言的,通常给归入"坏人"族,如……;样子比较正直、上镜的,不时有点亲善举动的,则会给归入"好人"族,如……(报 1995 年 6 月 14 日副刊 1 版)

㊽ 只有守着这三宝——老伴、老本、老窝,银发生涯才能有保障,银发族也才能过得长春、快活。(报 1995 年 6 月 19 日副刊 5 版)

㊾ 中国人喝酒少说也已经有六七千年的历史了,古往今来的喝酒族累积了许多喝酒时的禁忌。(报 1995 年 8 月 8 日副刊 7 版)

往细里说,新加坡华语语法的特点还很多。例如副词"乱""硬"可重叠,"像极了"可带宾语,量词"只""支"的用法也跟中国普通话不完全一样,等等。我们的描写不准备包罗万象、细大不捐,我们只是拣重要的说。

新加坡华语语法的每一个特点,都有它的由来。这里对每一特点的来源基本上都未加说明。前人时贤论著中有一些说明,但大都未做考证,我们不想泛泛引用。所以就干脆不谈了。

第 15 章　新加坡华语的规范问题

15.1　造成新加坡华语和中国普通话在语法上差异的原因

前面我们谈了新加坡华语语法的一些特点。新加坡华语语法与中国普通话是一脉相承的,那为什么二者还会有差异呢? 在回答这个问题之前,先要说这样一层意思,那就是在确定新加坡华语与中国普通话在句法上的差异时,需要进行认真的鉴别工作;不能凡是看到、听到跟中国普通话说法不同的就认为是二者的差异,就认为跟普通话不同之处就是新加坡华语的特点。

从新加坡书上、报刊上所看到的,或者从新加坡华人口里所听到的跟中国普通话不同的说法,事实上存在着不同的情况:(1)确实是差异。如比较句,新加坡用"XA 过 Y"格式(X、Y 分别代表比较项,A 代表形容词),例如:"乌敏岛的维修费高过我国本岛"(报 1995 年 3 月 5 日 8 版)。中国普通话不用这种格式,得用"X 比 YA",得说成"乌敏岛的维修费比我国本岛高"。(2)还未被华语吸收的方言成分。如单音节形容词"AAAA"重叠形式,这是受闽方言影响所产生的一种说法。例如:"今晚的星空很漂亮,小小小小的白点缀满整个黑色的天幕……"(金狮奖 206)这种"AAAA"重叠形式,中国普通话里当然没有,但至少说目前也还没有进入新加坡华语之中。(3)语法错误。如反复问句末尾用疑问语气词"吗"。例如："林东海这位后卫是否能再攀上另一个高峰吗?"(报 1995 年 3 月 7 日 24 版)

新加坡华语与中国普通话事实上存在着差异,第 14 章所谈内容说明了这一点。现在我们要探究"为什么"。我们认为原因是多方面的:

首先,新加坡是一个独立的国家,在社会制度和经济、文化发展方面与中国不同,而新加坡与中国自 1949 年以来又曾经隔绝了大约四十年,也就是说新加坡与中国大陆在相当长的一段时间里没有或者说很少接触,而语言是不断发展的,华语和普通话在不同国家发展,势必会造成差异,其中包括句法上的差异。

其次,共同语常常会受到方言的影响,新加坡的华人绝大多数来自福建、广东两省,所以新加坡华人的母语绝大多数是方言(包括闽方言、粤方言和客家方言等)。在这种情况下,新加坡华语所受到的闽、粤、客家等方言的影响远远超过中国普通话所受到的闽、粤、客家等方言的影响,从而也势必会造成新加坡华语与中国普通话在句法上的差异。

再次,新加坡是一个多元种族社会,实行双语制,而且规定行政语言,或者说主要媒介语是英语,新加坡华人一般都掌握两种语言——英语和母语。在这种情况下,华语也不能不受到英语和其他种族的语言的影响,其中也包括句法上的影响。这也是造成新加坡华语与中国普通话句法上有所差异的原因之一。

上述原因就形成了新加坡华语在句法上有别于中国普通话的特点。这种特点是客观存在的。语言学工作者的任务是去发现这些特点,描写这些特点,以便为新加坡华语的规范化提供某方面的依据。而探讨新加坡华语跟中国普通话存在差异的原因将有助于澄清新加坡华语规范中的一些问题。

15.2 新加坡华语存在规范问题

新加坡华人绝大多数都来自中国的广东、福建两省,而来自北方方言区,特别是来自北京地区的华人很少很少。但是由于社会交际的需要,加之新加坡于 1917 年创办华校(南洋女学校)以来,华文教学中基本上一直以现代汉民族共同语(有人称为"标准华语")作为媒介语,在书面上更是一直以"标准华语"作为媒介语,所以新加坡绝大多数华人的母语虽非华语,但华语在新加坡逐步成为超越方言的华族共同语。新加坡华语的历史少说也已有七八十年了。新加坡独立后,政府实行双语(英语和母语)政策,英语作为第一语言要求每个公民学习使用;而在华族中大力推行华族共同语华语。新加坡华人平时在家里、在亲戚朋友面前虽然都说自己的方言,但走到社会上,特别是在正式的场合,华人之中就都努力说华语,尽管不少人在他们所说的华语中掺杂有很多母语成分;而书面上更是要求使用华语写作。现在虽然大家对新加坡华语有不同的理解,但华语是"现代的、标准的、包括口语和书面语两种形式的华族共同语"(卢绍昌,1984),这一点大家基本是承认的。同时我们也不能不看到,正如许多学者已经指出的,特殊的历史背景和社会环境使新加坡华语中存在着比较多的方言成分和外来语言影响的痕迹,特别在口语中。虽然新加坡教育部提倡在华文教学中用标准华语教学,电视和广播的华文节目也提倡用真正的标准华语广播,而从 1979 年开始更是大张旗鼓地推广标准华语,但是在新加坡华人的口语中华语事实上还没有达到作为新加坡华人共同标准语的成熟阶段;新加坡华人的书面语虽已形成共同语,但也还掺杂有不少方言成分,存在着外语影响的痕迹。因此,从目前新加坡华语的实际状况看,新加坡华语存在规范的问题。

15.3　新加坡华语句法规范中所碰到的主要问题及解决思路

新加坡华语句法规范中所碰到的主要问题是,如何对待和处理方言成分和外来语的影响。

15.3.1　如何处理方言影响

方言中的某一句法现象,华语是否要吸收？我们认为,这得考虑两个因素:

一个因素是普遍性,即考虑方言中的某一句法现象是否为新加坡华人所普遍接受。如果为新加坡华人普遍接受,则可考虑吸收,否则不可吸收。例如"有没有＋VP"句式(如"你有没有看电影?")已为新加坡华人所普遍接受,因此,这种句式成为新加坡华语的有机组成部分,那是理所当然的。可是像下面种种说法似还未为新加坡华人所普遍接受(至少从书面语看是这样):

"V＋看看"(V代表动词,下同),如"吃看看、穿看看";

"V＋AA"(AA代表单音节形容词重叠式),如"跑快快、讲好好";

"数量词＋出",如"三千出就可以了、我来新加坡四年出了";

"V＋有/没有",如"我听有、我找没有";

"VV＋补语"(VV代表单音节动词重叠式),如"吃吃掉、做做完";

"V＋输过/给＋宾语",如"他跑输过/给我、他游输过/给我";

"V＋到＋C"(C代表补语),如"输到光、吃到饱";

"V(O)＋了(liǎo)＋了(le)"(O代表宾语),如"学费已经交了(liǎo)了(le)、

我已经问他了（liǎo）了（le）"。

以上各种说法在书面上基本上看不到。因此，这些说法新加坡华语目前还不能吸收。

另一个因素是系统性，即考虑方言中的某个句法现象如果吸收到华语中来会不会破坏华语语法的系统性。如果不会破坏华语语法的系统性，又具有一定的普遍性，就可以考虑吸收；如果会破坏华语语法的系统性就得取慎重态度，以不吸收为宜。例如粤方言里有"VP＋先"的说法（如"你行先"），由于受粤方言的影响，不少新加坡华人说华语时也会说出"你走先"这样的话。那么"VP＋先"这一说法华语要不要吸收呢？我们知道，副词做动词、形容词性词语的修饰语（即状语）都位于动词、形容词之前，这是现代汉民族共同语的一条普遍规则，当然也应该是新加坡华语语法的一条规则。"VP＋先"这一说法显然与上述规则不符，所以不宜吸收。就我们所接触的书面材料看，"先＋VP"的用例是大量的。例如：

① 好，就让你先走！（金狮奖 272）

② 小孩子先回。（微型 7）

③ "饭好了，要吃吗？""你先吃吧。"（金狮奖 204）

④ 我先走了。（胜利 90）

⑤ 阿婆，你先坐下。（再见 44）

⑥ 你先喝杯咖啡。（吾土·戏剧 153）

⑦ 我要先吃嘛！（恶梦 102）

⑧ 你先坐下，我去倒杯水来。（风雨 23）

⑨ 先去问问，看谁肯让你参加？（今后 5）

⑩ 先回去，我们以后会通知再来的。（吾土·小说上 142）

⑪ 刚吃饱了，怎么可能马上做功课哩，也该先休息一下嘛。（短篇 11）

而"VP＋先"的用例虽也有，例如：

⑫ 给你尝先。(金狮奖 267)

但并不多见。这说明,事实上大多数新加坡华人都很理智地不把
"VP＋先"的句式作为新加坡华人共同语的有机组成部分。因此,
"VP＋先"的句式就不宜吸收到新加坡华语中来。

　　普遍性和系统性这二者之中,普遍性是首要的,系统性最终要服
从于普遍性,因为语言的变异是绝对的,语言的变异必然会跟语言的
系统性发生矛盾;而语言又是约定俗成的,某个语言成分(无论是语
音的、词汇的或语法的)在某个语言里是否具有合法性,主要就看使
用该语言的全体成员是否都说它,都用它,是否都承认它。因此,普
遍性是语言规范化中首先要考虑的因素。但是,系统性也不是可有
可无的,因为语言所产生的变异现象有两种情况:一种是原语言系统
能容忍的,即该变异现象未越出或不足以破坏该语言原先的系统性。
例如近 20 年来,中国普通话里,形容词产生明显的变异现象,那就是
越来越多的形容词后面带上了致使宾语,如"方便顾客、清洁城市、繁
荣市场、清醒头脑、温暖人心、满意群众"等。在中国普通话里,形容
词后面带上致使宾语的现象原先就有(如"丰富我们的精神生活、健
全组织"等),所以这种变异现象是原语言系统能容忍的现象。另一
种是原语言系统不能容忍的,即该变异现象越出了该语言原先的系
统性。一般说来,前一种变异现象容易为该语言所吸收;而后一种变
异现象则会遇到极大的阻力,除非它有特殊的表达力,才会为该语言
所吸收。在这中间,系统性无形中成为一个考虑的因素。当然,语言
的变异现象,不管属哪一种情况,最后到底能否为该语言所吸收,最
终决定于普遍性。

15.3.2　怎样处理外来语影响

　　在新加坡华语规范化的过程中,怎样考虑外来语的影响? 基本

原则跟处理方言成分一样，那就是一考虑普遍性，二考虑系统性。

就句法方面看，我们所见到的受英语影响的痕迹，主要是：

A. 百分数用"数量词＋巴仙"表达；

B. 万位数不用"万"而只用"千"来表达；

C. 在书面上，日期用从小到大（即从日到年）的表达法；

D. 人称代词前带定语；

E. 形容词谓语句中用"是"；

F. "被"字句广泛使用。

其中 D 这一现象，不仅在翻译作品中，在新加坡华人中使用得也很普遍，把它吸收到新加坡华语中来，应该没有什么疑问。C 这一现象与华语的系统性相抵触，现代汉民族共同语在时间和处所的表达上都遵循从大到小的原则。C 现象只出现在书面上，口语中一律是从大到小。我们估计，C 这一现象最终将不会为新加坡华语所吸收。其他四种（即 A、B、E、F 四种），与华语的系统性没有什么抵触，能不能吸收主要看普遍性，这方面似还需做进一步的观察，还需进行广泛的调查，然后才能做出决定。

总之，对于书刊报纸中出现的病句，毫无疑问，得匡正；而对于来自方言或外语的一些词语或语法现象，到底取不取、取多少，考虑和解决这些问题的基本原则是普遍性和系统性。

15.4　新加坡华语的规范，是否完全要受中国普通话规范的限制？

在讨论新加坡华语规范化问题中，有人认为新加坡华语的规范要跟中国普通话看齐；有人认为新加坡华语的规范要向普通话靠拢，但不一定要完全受中国普通话规范的限制。关于这个问题,到底该怎么看?

由于新加坡华语跟中国普通话一样,也是以北京语音为标准音,以北方话为基础方言,所以在考虑新加坡华语规范化时,能与中国普通话靠拢的,应尽量与中国普通话靠拢。例如前面已提到的"VP＋先"这些说法,据我们调查,在口语中占一定优势,在书面语中则不占优势,书面语中还是"先＋VP"占极大的优势。考虑到无论在中国普通话里,还是新加坡华语里,副词在动词或形容词前做状语,这是带普遍性的规则,因此为了维持现代汉民族共同语这一规则,新加坡华语在"VP＋先"的规范问题上应该考虑跟中国普通话靠拢,不取"VP＋先"的说法,而取"先＋VP"的说法。

但是,新加坡华语的规范化,在我看来,也不一定要完全受中国普通话规范的限制。这是为什么呢? 我们知道,语言是随着社会的发展而不断发展的,语言又是约定俗成的,由于新加坡是一个独立的国家,由于新加坡华人所处的历史背景和生活环境与中国不同,所以新加坡华语不可能跟中国普通话同步发展。这是不以人的意志为转移的客观事实。正因为如此,所以我们考虑新加坡华语规范化问题时绝不能感情用事,而需要面对现实,严肃对待,认真思考。对于那些虽然是从方言或外语来的,但很有表达力,而又不破坏汉民族共同语的规则,则可以接受,成为新加坡华语的组成部分。譬如说,前面已经谈到,新加坡华语里复合趋向动词后面可以带上处所宾语(如"回去家里、跑出来教室"等),虽是从方言来的,但在新加坡华语中使用范围很广,新加坡华语就可以接受,成为新加坡华语的组成部分,而不必因为在中国普通话里还未被普遍接受就视为不标准。

有人担心,新加坡华语如果不按照中国普通话的规范来规范,那么会不会过些时候新加坡华人跟中国汉族人就没法通话了呢？这种担心完全没有必要。

首先，必须明了，要求新加坡华语与中国普通话同步发展，这是不可能的，也是不现实的，因为正如上面已经指出的，语言是随社会的发展而发展的，语言是约定俗成的，而新加坡是一个独立的国家，新加坡的历史背景和生活环境与中国不同，因此新加坡华语的发展面貌不可能与中国普通话完全一样。这是一个方面。另一方面我们也应该看到，新加坡华语与中国普通话基本是一致的，从语音、词汇、语法看，"相同"是主要的，起主导作用的，"相异"是次要的。今后也必将如此。

其次，语言是相互影响的，特别是同族共同语之间更是如此。随着新加坡与中国在经济、政治、科技、文化等各方面的交流日益加强，新加坡华人与中国汉族人之间的接触也将越来越频繁，在这种发展趋势下，新加坡华语与中国普通话之间的相互影响必然越来越大，最后将会造成一个"你中有我、我中有你"的发展面貌。事实上，自新加坡和中国建交以来，随着中国实行对外开放政策，中国普通话也在不断根据交际需要吸收新加坡华语、中国港台"国语"中的某些成分。1995 年我在新加坡调查新加坡华语语法特点的时候，有一些语法现象，例如"X 不/没 XY"疑问句式（如"参不/没参观科技展览会？""干不干净？"），当时还是新加坡华语所有而中国普通话所没有的，而时隔五六年，随着香港、深圳、广州经济对内地的影响，随着两国的交流和来往日益频繁，这种语法现象已逐渐渗透到中国普通话中，在报纸上、在文学作品中已比较多见，因为它既有表达力，又符合语言表达要求经济的原则。

再次，语言有自我调整的机制。同一民族的共同语，虽然由于历史背景和生活环境的不同而在不同社区会有所差异,但又会随着不同社区人员的频繁交往而自我调整。这种自我调整表现在当彼此互相进行交际时会自觉不自觉地相互吸取和自我摒弃,从而在互相的实际交际中使共同的成分逐渐增加,不同的成分逐渐减少,以达到通畅交际的目的。

　　基于以上的认识,我同意这样的意见:新加坡华语的规范,不一定要完全受中国普通话规范的限制。同时有必要指出,我们不必担心"会不会由于新加坡华语不必完全按照中国普通话的规范来规范,因此今后过些时候新加坡华人跟中国汉族人就没法通话"这样的问题。

参考文献

（按论著出版、发表的先后排列）

袁家骅等，1960，《汉语方言概要》，文字改革出版社，北京。

朱德熙，1961，《说"的"》，《中国语文》第 12 期。

丁声树等，1961，《现代汉语语法讲话》，商务印书馆，北京。

郭振羽，1976，《从社会学的观点论新加坡的语言》，《华语研究中心学术讲演汇录》，新加坡南洋大学华语研究中心，新加坡。

谢云飞，1976，《华语的标准问题》，《华语研究中心学术讲演汇录》，新加坡南洋大学华语研究中心，新加坡。

吴元华，1978，《新加坡的社会语言》，教育出版社，新加坡。

吕叔湘（主编），1980，《现代汉语八百词》，商务印书馆，北京。

高华年，1980，《广州方言研究》，商务印书馆，香港。

朱德熙，1982，《语法讲义》，商务印书馆，北京。

卢绍昌，1984，《华语论集》，金昌印务，新加坡。

陈建民，1984，《汉语口语》，北京出版社，北京。

郭振羽，1985，《新加坡的语言与社会》，正中书局，台北。

新加坡标准华语委员会语法小组，1985，《华语语法研究报告——词法和句法》，新加坡华语标准委员会，新加坡。

吴英成，1986，《新加坡华语语法研究》，新加坡文化研究会，新加坡。

李如龙，1986，《闽南话的"有"和"无"》，《福建师大学报》第 6 期。

黄国营，1988，《台湾当代小说的词汇语法特点》，《中国语文》第 3 期。

李英哲，1988，《华语语法标准问题的探讨》，《第二届世界华语文教学研讨会论文集——教学与应用篇（上册）》，世界华文出版社，台北。

吴永德，1989，《香港汉语与大陆汉语的词汇、语法差异》，《双语双方言》，中山大学出版社，广州。

李成业（编），1989，《推广华语运动开幕演讲专集》（1979—1989）。

邢福义,1989,《"有没有 VP"疑问句式》,《双语双方言》,中山大学出版社,广州。

周小兵,1989,《新加坡华语小说的语法特点》,《双语双方言》,中山大学出版社,广州。

吴英成,1990,《从新加坡华语句法实况调查讨论华语句法规范化问题》,《世界华文教学研讨会论文集》,新加坡华文研究会,新加坡。

郑良伟,1990,《从台湾当代小说看汉语语法演变》,《世界华文教学研讨会论文集》,新加坡华文研究会,新加坡。

陈恩泉,1990,《试论粤语在中国语言生活中的地位》,《第二届粤方言研讨会论文集》,暨南大学出版社,广州。

马　真,1991,《南充话里的反复问句与"没得"和"没有"》,《语言学论丛》第十六辑,商务印书馆,北京。

陈重瑜,1993,《新加坡华语——语法与词汇特征》,《华语研究论文集》,新加坡国立大学华语研究中心,新加坡。(本文于 1981 年先由新加坡国立大学华语研究中心印发单篇论文,部分内容曾以"新加坡华语语法特征"为题在《语言研究》1986 年第 1 期上发表。)

北京大学中文系现代汉语教研室,1993,《现代汉语》,商务印书馆,北京。

周清海,1994,《语法研究与语法教学》,《新加坡华文教学论文集》,北京语言学院出版社,北京。

田惠刚,1994,《海外华语与现代汉语的异同》,《湖北大学学报》(哲学社会科学版)第 4 期。

张先亮,1994,《试论重叠式动词的语法功能》,《语言研究》第 1 期。

陈垂民,1994,《闽南话和普通话"有"字用法的比较》,《双语双方言》(三),汉学出版社,深圳。

汪惠迪,1995,《××族》,《狮城语文闲谈》,联邦出版社,新加坡。

苏明美,1995,《新加坡华语中的言谈标志研究》,新加坡国立大学中文系荣誉学士学位论文。

附录　语料来源

（本语料基本按作者姓氏汉语拼音音序排列）

艾　桦《科学与诗的汇合》，中外翻译书业社，1993（科学）*

白　荷《独上高楼，新加坡华文中学教师会》，1981（独上）

白　荷《风雨故人来》，胜友书局，1989（风雨）

陈华淑《追云月》，胜友书局、新加坡作家协会，1988（追云）

陈华淑《冰灯辉映的晚上》，新加坡潮州八邑会馆，1994（冰灯）

陈妙华《河上风云》，最爱出版发行服务社，1995（河上）

丁之屏《鳄鱼潭边的恶梦》，教育出版社，1977（恶梦）

非　心《渐行渐远》，华中初级学院，1990（渐行）

风沙雁《文艺絮语集》，中外翻译书业社，1993（文艺）

冯炳张《心灵之眼》，点线出版社，1992（心灵）

冯焕好《不凋萎的回忆》，中外翻译书业社，1989（回忆）

光　辉《一心想写》，胜友书局，1994（一心）

光　辉《没有电灯的晚上》，胜友书局，1991（晚上）

郭宝崑《喂！醒醒！》，表演艺术出版社，1969（醒醒）

郭　逸《春风化雨》，教育出版社私人有限公司，1983（春风）

郭永秀《壁虎之恋》，新加坡潮州八邑会馆文教委员会出版组，1989（壁虎）

韩劳达《劳达剧作》，新加坡潮州八邑会馆文教委员会出版组，1986（劳达剧作）

何乃强《儿童病房》，中外翻译书业社，1987（儿童）

洪友和《话剧表演训练百例》，文化出版社，1995（话剧）

胡月宝《有缘再见》，新加坡作家协会、大地文化事业公司，1994（再见）

胡月宝《撞墙》，华中初级学院，1993（撞墙）

---

*　每个作品年代后括号内的文字为该作品的代称。

华之风《舞台二卷》,新加坡潮州八邑会馆委员会出版组,1988(舞台)

柯思仁《寻庙》,新加坡华中初级学院,1988(寻庙)

李　过《新加坡拉焚城记》,新育出版社,1984(焚城记)

李　建《山城故事》,胜友书局,1990(山城)

李　建《放下你的鞭子》,山景出版社,1991(鞭子)

李约庆《南北游踪》,双鱼广告设计私人有限公司、美中印务私人有限公司,1993(南北)

梁文福《最后的牛车水》,冠和制作出版,1988(牛车水)

林　晨《建屋工地上》,南洋文艺出版社,1961(建屋)

林　锦《我不要胜利》,新亚出版社,1990(胜利)

林　康《长哭当歌》,新加坡潮州八邑会馆文教委员会出版组,1986(长哭当歌)

林　康《邂逅一条黑狗》,仙人掌出版社,1988(邂逅)

林秋霞《想飞》,点线出版社,1993(想飞)

灵　犀《花雨中的梦》,万里书局,1989(花雨)

刘蕙霞《别做断了线的风筝》,山景出版社,1992(风筝)

刘文注《患病的太阳》,新加坡作家协会,1989(患病)

流　军《浊流》,新加坡潮州八邑会馆文教委员会出版组,1987(浊流)

流　苏《人生是花》,新加坡华中初级学院,1991(人生)

柳　舜《MD是这样选出来的》,仙人掌出版社,1987(MD)

卢　涛《痕迹》,山景出版社,1989(痕迹)

孟　紫《今后我是真的》,胜友书局、新加坡作家协会,1988（今后）

木　子《木子小说》,新华文化事业(新)有限公司,1990(木子)

木　子《我有话要说》,胜友书局,1990(我有)

木　子《我还有话要说》,胜友书局,1993(我还有)

南　子《八方风雨》,文学书屋,1985(八方)

南　子《年岁的齿痕》,新加坡潮州八邑会馆文教委员会出版组,1987(年岁)

区如柏《沦陷岁月》,胜友书局,1993(沦陷)

彭志凤《新加坡微型小说选》,阿裕尼文艺创作与翻译学会出版,1989,(微型)

孙爱玲《碧螺十里香》,新加坡文艺研究会,1988(碧螺)

孙爱玲《水晶集》,胜友书局,1993(水晶集)

田　流《笑眼看人生》,胜友书局,1989(笑眼)

吴赐苏《梦》,万里书局,1986(梦)

吴韦材《吴韦材怪谈》,泛太平洋出版私人有限公司,1989(吴韦材)

吴元华《平心而论》,胜利出版私人有限公司,1991(平心)

伍　木《无弦月》,七洋出版社,1989(无弦月)

伍　木《至性的移情》,新加坡潮州八邑会馆文架委员会出版组,1993
(至性)

希尼尔《生命里难以承受的重》,新加坡潮州八邑会馆文教委员会出版
社,1992(生命)

小　信《女儿回来了》,南亚出版社,1991(女儿)

谢　清《水言珠语》,新加坡潮州八邑会馆文教委员会出版组,1988(水
言珠语)

谢泽文《新加坡华文教学论文集》,北京语言学院出版社,1994(华文)

馨　竹《第一个梦》,胜友书局,1992(第一)

姚　紫《九月的原野》,陈龙玉,1988(九月)

易　梵《大树下两个老人》,泛太平洋出版私人有限公司,1990(大树下)

英培安《孤寂的脸》,草根出版社,1988(孤寂)

尤　今《太阳不肯回家去》,东升出版社,1988(太阳)

尤　今《人间乐土》,新亚出版社,1989(人间)

尤　今《大胡子的春与冬》,新亚出版社,1989(大胡子)

尤　今《尘世浮雕》,成功出版社,1990(尘世)

尤　今《燃烧的狮子》,教育出版社私营有限公司,1990(狮子)

尤　今《燃烧的狮子》,教育出版私营有限公司,1991(燃烧)

尤　今《跳舞的向日葵》,教育出版私营有限公司,1992(跳舞)

尤　今《石头城》,新亚出版社,1992(石头)

张　挥《45·45会议机密》,新加坡作家协会,1990(机密)

张　挥《十梦录》,新加坡作家协会,1992(十梦录)

张曦娜《变调》,草根书室,1990(变调)

周　粲《榴梿树下》,泛太平洋书业(星)私人有限公司,1980(榴梿)

周　粲《方块文章》,新加坡新闻与出版有限公司图书出版部,1983(方块)

周　粲《恶魔之夜》,东升出版社、热带出版社,1988(恶魔)

周　粲《都市的脸》,胜友书局,1988(都市)

周　粲《迷路的童年》,成功出版社,1990(迷路)

周　粲《磁化人》,胜友书局,1991(磁化人)

庄　歆《也是怀旧》,智力出版社,1993(怀旧)

＊　　＊　　＊　　＊　　＊　　＊　　＊　　＊　　＊　　＊

怀　鹰、张　挥、洪　笛、田　流《蓝天在旋转》,新文化机构、新明日报,1989(蓝天)

李一翔、许福吉、曾集丰《心情叠在青青的日记里》,心情工作室,1991(心情)

许福吉、李一翔、曾集丰《青青之旅》,人民书店,1987(青青)

黄孟文(编)《写作人小说选》,世界书局,1982(写作人)

田　流(编)《新马小说选集》,大地文化事业公司,1980(新马)

云　开(编)《雾锁南洋》,新加坡广播局,1984(雾锁)

周　粲(编)《万花筒》,新加坡作家协会、大地文化事业公司,1994(万花筒)

南洋大学学术人员协会《星马小说佳作选集》,教育出版社,1986(星马)

新社新华文文学大系编辑委员会《新马华文文学大系·剧本》,教育出版社,1971(新马·剧本)

《第二届狮城扶轮文学奖得奖作品集》,狮城扶轮社、华初校友会中文学会,1990(扶轮)

《短篇小说创作比赛》(佳作特辑),教育出版社,1977(短篇)

《金狮奖获奖作品集》(第一届 1981—1982),南洋商报、星州日报,1982(金狮奖)

《金狮奖获奖作品集》(第四届 1989),联合早报、教育出版私营有限公司,1990(金狮奖(四))

《薪传——光华学校四十周年纪念特刊》,胜利出版私人有限公司,1993(薪传)

《吾土吾民创作选·戏剧》,南洋商报,1982(吾土·戏剧)

《吾土吾民创作选·小说》(上),南洋商报,1982(吾土·小说上)

新加坡课程发展署《中学华文教材》1A,教育出版私营有限公司,1984(华文教材 1A)

新加坡课程发展署《中学华文教材》2A,教育出版私营有限公司,1985(华文教材 2A)

新加坡课程发展署《中学华文教材》3A,教育出版私营有限公司,1986
(华文教材 3A)

新加坡课程发展署《中学华文教材》4A,教育出版私营有限公司,1987
(华文教材 4A)

新加坡课程发展署《中学华文教材》1B,教育出版私营有限公司,1989
(华文教材 1B)

新加坡课程发展署《中学华文教材》2B,教育出版私营有限公司,1989
(华文教材 2B)

新加坡课程发展署《中学华文教材》3B,教育出版私营有限公司,1990
(华文教材 3B)

新加坡课程发展署《中学华文教材》4B,教育出版私营有限公司,1992
(华文教材 4B)

新加坡课程发展署《小学华文教材》6A,教育出版私营有限公司,1992
(小学 6A)

新加坡课程发展署《小学华文教材》6B,教育出版私营有限公司,1993
(小学 6B)

新加坡课程发展署《实用华文课本》1A,教育出版私营有限公司,1993
(课本 1A)

新加坡课程发展署《实用华文课本》2A,教育出版私营有限公司,1994
(课本 2A)

新加坡课程发展署《实用华文课本》1B,教育出版私营有限公司,1994
(课本 1B)

新加坡课程发展署《中学华文课本》1A,教育出版私营有限公司,1994
(中学 1A)

新加坡课程发展署《儒家伦理》(中四课本),教育出版私营有限公司,
1988(伦理·中四)

新加坡课程发展署《儒家伦理》(中三课本),教育出版私营有限公司,
1988(伦理·中三)

华韵,第十八期,华中初级学院,1993(华韵)

联合早报,1995 年 2 月——1995 年 8 月(报)

新加坡电视机构第八波道 1995 年 3 月——1995 年 8 月部分华语节目
(新视第八波道)

后记

　　1994 年年底，我接到新加坡南洋理工大学中华语言文化中心主任周清海教授的邀请函，邀请我作为客座教授前往他们中心从事新加坡华语语法的研究。我当然十分乐意。1995 年 2 月 25 日至 8 月 31 日我就生活在南洋理工大学中华语言文化中心。访问的目的很明确，从事新加坡华语与现代汉语标准语的比较研究；具体任务是在结束访问之前给中心交上一份有关新加坡华语语法特点的报告。

　　我与周清海教授相识于 1985 年在北京香山饭店举行的"第一届国际汉语教学讨论会"上。有人给我介绍说，周清海先生是新加坡唯一的一位汉语言文字学教授，而且是李光耀总理的汉语老师。在交往中感知，他学识渊博，有很好的小学功底，对语言很敏感。他来北京只几天就敏锐地感觉到我们的普通话跟他们的新加坡华语有差异。他知道我主要从事现代汉语语法研究，所以就把他的想法跟我说了，并说"不知到底有多大差异"。我只随口说了一句："这恐怕得做些调查研究，调查了解新加坡华语的特点，并与我们的普通话做对比研究。"可能是这句话放在周教授心里了，所以 1994 年在他一手创建的南洋理工大学中华语言文化中心成立不久，就邀请我来从事新加坡华语与现代汉语标准语的比较研究。

　　考虑到我在中心访问的时间不长，所以周教授请新加坡张楚浩先生和从中国昆明到新加坡访学的钱萍女士来帮助我搜集材料并一起讨论，形成一个研究小组，以确保在我结束访问之前能交出研究报告。

　　起先，我们既注意新加坡的华语书面语，也注意新加坡的华语口语。一个多月后，我明显地感觉到，在新加坡华人的口语中，华语事实上还没有达到作为新加坡华人共同标准语的成熟阶段；新加坡华人的书面语则已形成共同语，虽然也还掺杂有不少方言成分，存在着外语影响的痕迹。于是我决定集中精力搜集华语书面材料。我们不仅将南洋理工大学图书馆里所有的文学作品几乎都借来了，而且还从国立新加坡大学图书馆以及某些中学图书馆借来了那里馆藏的文学作品以及华文教材等。先确认为新加坡人所撰写的作品，然后我们一本一本一页一页地翻阅并随手抄卡片做笔记。在此过程中，周清海教授虽事务繁忙，但我们每一次讨论会他都亲临参加，提出了许多宝贵的意见；可以说在我们搜集、考察、分析、研究、写作的每一个环节都得到了他的指导与帮助。

　　这里说个插曲。我第一天到中心上班，周教授在带我参观了整个中华语言文化中心之后，就把我领到了我的研究室，指着一台电脑说，这是你的电脑。我马上说，我不会用电脑，我不需要这个。周教授笑着说，"不会就学。你结束访问时要交给中心的研究报告不能是手写的文稿，得是打印的文稿和报告的电子版。你不自己学，谁帮你录入打印哪？你要知道，新加坡的人工费是很贵的。"于是他叫中心女秘书来教我如何使用电脑。用电脑，我就是在那个时候慢慢学会的。到现在简直就离不开它了，甚至到了这样的程度，用手写东西不要说来不了灵感，连思路都没有了。

　　在研究过程中，我觉得真要了解新加坡华语语法的特点，最好对新加坡华语语法的全貌能有一个了解，以便于比较。于是，在后三个月，我除了完成既定任务，思考、形成有关新加坡华语语法特点的思路与具体想法,同时决定撰写一本简明的新加坡华语语法。那三个月,除了上班时间,晚上和周末假日的休息时间也都在工作。生活虽然紧张一点,但颇有收获。1995 年 6 月 16 日我应新加坡华文报纸《联合早报》的约请,发表了《关于新加坡华语规范化问题》一文,在新加坡华文学界获得很好的反映;在结束访问前一周,完成了题为"新加坡华语语法的特点"的研究报告,该报告后来发表在南洋理工大学中华语言文化中心创办的《南大中华语言文化学报》的创刊号上(1996)。但简明新加坡华语语法只完成了句法部分,原计划还要写的"词法"和"虚词"那两部分未能在离开新加坡之前完成。离开新加坡时,所有资料都留在了中华语言文化中心,而我也没法将书报带回中国,所以回来后也就无法续写,只能不了了之,让已经写好的句法部分在电脑里待着了。

周清海教授是一位热爱华文教学、热心于华文教学的学者,而且具有世界眼光、国际视野。20 世纪末以来,周教授不仅倡导编写了《全球华语词典》《全球华语大词典》(已先后由商务印书馆出版),而且倡导研究"全球华语语法"。后一项工作正由华中师范大学邢福义教授领衔进行,部分研究成果即将由商务印书馆出版。受周清海教授倡导研究"全球华语语法"的影响,我想到先前所撰写的新加坡华语语法虽然只有句法部分,且已过去 20 年了,但由于所用实例丰富,且又都引自书报真实文本,如果付梓出版,倒可成为新加坡华语语法的一个历史印记。我这一想法获得了周清海教授的积极支持,并答应为拙作写序。原想在新加坡出版,周清海教授也为我联系好了一家出版社,后考虑到读者面,于是与商务印书馆周洪波总编辑联系,看是否有出版的价值。周洪波总编辑听完介绍当即拍板,认为有出版价值,且正好跟商务印书馆即将出版的由邢福义先生主编的《全球

华语语法》各分册相映称。周清海教授闻讯也很高兴，不几日就将序
文发送来了。周教授的序文别具一格，语言平实，融知识性、真实性、
情感性于一炉，且富有学术深度，称得上大家手笔。周教授的序文无
疑为拙作增色不少。

　　从上面所述，可以了解到，本书名为"新加坡华语语法"，实际只
有句法部分，且只进行了描写，未做解释，所以这仅仅是一个描写性
的新加坡华语句法。而我们对新加坡华语句法所做的考察、描写难
免会有疏漏和不当之处，望广大读者批评指正。

　　最后还想说明两点：

　　第一，作为人类最重要的交际工具的语言，它是随着社会的发展
而不断发展变化的，其中的动因之一就是不同语言或不同方言或不
同社区语言的相互接触和影响。随着 20 世纪 70 年代末开始中国实
行改革开放政策，与境外的联系日益频繁，中国大陆的汉语普通语逐
步走向世界，而同时也不断受到中国港台地区"国语"和新马泰华语
的影响。因此，在 20 世纪 90 年代新加坡华语里有些可视为不同于
我们普通话的语法现象，慢慢地也通过频繁接触进入汉语普通话，不
再成为新加坡华语语法的某个特点了。突出的例子是，"有没有
VP？"（有没有做梦？/有没有拿那笔钱？）、"干不干净？/学不学习？"
这样的疑问形式，"很＋N"（很贵族/很希腊）格式，叹词"哗"和"老
爸/老爹"的说法，以及"～族"（上班族/银发族）一类词，现在普通话
里也普遍用开了。从这个视角看，本书对新加坡华语语法的描写确
实也不失为一个历史的印记。

　　第二，第 14 章"新加坡华语语法的特点"的"引言"部分提到："我
们是要考察新加坡华语语法的特点，但是不能认为凡见到、听到与中
国普通活在语法上不同的就都是华语语法的特点。'不同'是由多种

因素造成的"。在那"多种因素"中,原先提到新加坡华语中有"生造"的情况,举的例子是"有者"。当时我的两位合作者也没有提出异议。直到参与李宇明主编的《全球华语词典》才知道"有者"并非生造之词,而后来看到邱克威的文章《马来西亚华语中"有者"的词汇描写分析》(《世界华文教育》2016 年第 4 期)更知道"有者"一词并非后来才有,早在 20 世纪 20 年代的马来西亚报刊上就已经普遍使用了,其意义相当于表示分述的"有的人""有的东西""有的现象"这样的意思。有鉴于此,因此本书第 14 章的"引言"里删去了原先所谓"生造"的那部分内容。

　　本书能与读者见面,我得由衷地感谢周清海教授和周洪波总编辑他们二位。没有周教授当年邀请我来做这项研究工作,不会写这本小书;没有他们二位的积极支持,那书稿将会永久地躺在电脑里。

陆俭明

2016 年 12 月 16 日